高等院校财经类专业系列教材

U0661104

国际结算

（第二版）

配套精美PPT课件、教案、习题库及试卷

主　编　杨巧　蒋　勇
副主编　王　玮　李雪平　胡珊珊

微信扫码　　申请资源

南京大学出版社

内容提要

本书对国际结算理论和实务进行了系统性地介绍。第一章主要是对国际结算做了一个总括性的介绍，包括国际结算的含义、分类、主要的国际结算清算系统及其发展趋势和特点等；第二章介绍了国际结算中常用的票据即汇票、本票和支票的相关知识；第三章至第五章分别介绍了传统的结算方式即汇付、托收和信用证；第六章和第七章主要涉及了除传统结算方式以外的贸易和融资方式即银行保函、备用信用证、国际保理和福费廷业务；第八章介绍了国际结算中的风险与防范；第九章主要介绍了国际结算中的各种商业单据；第十章简要介绍了国际非贸易结算的相关知识。本书的重点是各种结算方式，包括传统的和新的贸易结算和融资方式，票据相关知识是学习各种结算和融资方式的基础。

图书在版编目（CIP）数据

国际结算 / 杨巧，蒋勇主编. —2 版. —南京：
南京大学出版社，2019.1(2022.8 重印)
ISBN 978-7-305-21465-3

Ⅰ. ①国…　Ⅱ. ①杨… ②蒋…　Ⅲ. ①国际结算
Ⅳ. ①F830.73

中国版本图书馆 CIP 数据核字(2019)第 011211 号

出版发行　南京大学出版社
社　　　址　南京市汉口路 22 号　　　邮　　编　210093
出 版 人　金鑫荣

书　　　名　国际结算(第二版)
主　　编　杨 巧 蒋 勇
责任编辑　代伟兵　武 坦　　　　编辑热线 025-83592315

照　　排　南京开卷文化传媒有限公司
印　　刷　南京人民印刷厂有限责任公司
开　　本　787×1092　1/16　印张 16.5　字数 455 千
版　　次　2022 年 8 月第 2 版第 2 次印刷
ISBN　978-7-305-21465-3
定　　价　42.00 元

网　　址：http://www.njupco.com
官方微博：http://weibo.com/njupco
微信服务号：njuyuexue
销售咨询热线：(025)83594756

第二版前言

近几年来,随着经济全球化的发展和"一带一路"倡议的推动,各国之间的经贸合作进一步加强。尤其是作为"一带一路"倡议首倡者的中国,自"一带一路"倡议提出以来与沿线各国的贸易额逐年增长,同时中国对沿线国家的直接投资额也在不断刷新历史记录,贸易和投资的快速增长推动了国际结算的发展,我国对国际结算专业人才的需求不断增加,同时对国际结算专业人才有了更高的要求,因此,我们的国际结算教材也应该顺应时代发展,不断与时俱进。

本版在第一版突出专业性,结构合理,注重理论与实践结合,中英对照、双语教学的特点的基础上,为了保证书本内容的时效性,反映国际结算的新变化和新发展,我们对书中所涉及的数据及部分案例进行了更新,并对一些不规范的票据和单据进行了修正,另外一并更正了书中的错别字和符号等小错误,希望能为读者提供一本理论与实务更加紧密结合,更加严谨的教材或者参考书。

本书可以作为国际经济与贸易类、金融类本专科阶段教学用书,也可作为国际贸易与金融从业人员培训教材。

在本次修订过程中,由杨巧提出教材总体的修改思路,然后各编者根据总体思路修改各自编写的章节,最后由杨巧和蒋勇对全书的修改进行校正和汇总。在本书修订过程中,一些使用过本书的同行和同事对全书的修改提出了诸多有益的意见和建议,在此一并表示感谢!

本版由杨巧、蒋勇担任主编,王玮、李雪平、胡珊珊担任副主编。本书在修订和再版过程中得到了南京大学出版社工作人员的大力支持,在此向他们表示由衷的感谢!同时,我们在修订过程中参考了大量同行编写的最新的教材和专著,在此也向这些作者致谢!

本书在修订和再版过程中得到了南京大学出版社工作人员的大力支持,在此向他们表示由衷的感谢!同时,我们在修订过程中参考了大量同行编写的最新的教材和专著,在此也向这些作者致谢!

虽然本版在第一版的基础上进行了修改和完善,但是在内容、编排等各个方面难免存在一些纰漏甚至错误,恳请广大读者不吝赐教,您的意见将是本书不断完善的源泉和动力!

杨 巧

2018 年 10 月

目　录

第一章　国际结算概述

学习目标和要求：

1. 掌握国际结算的概念和分类。
2. 了解国际结算的起源、发展及特点。
3. 了解当今国际结算中的银行网络和主要电子清算系统。

国际间由于政治、经济、文化以及各种事务性的交往，必然带来债权和债务关系，引起国际间资金的流动，这就产生了国际结算。本书重点介绍国际贸易结算的理论和实务，对非贸易国际结算作简单介绍。

第一节　国际结算的含义及分类

一、国际结算的含义

国际结算（International Settlement）是指国际间出于政治、经济、军事、文化、外交等方面的交往或联系而发生的以货币表示的债权债务的清偿行为或资金转移行为。它是一项国际间的综合经济活动。

这项综合经济活动主要包括：支付工具及结算方式的选择与运用，各种商业单据的处理与交接，商品货款及劳务价款的索取与偿付，国际间资金单方面的转移与调拨，短期或中长期贸易的融资与运营，信用担保的提供与应用，国际清算系统及支付体系的建设与运行，国际银行间资金的转账与划拨等。国际债权债务清偿的过程中需要运用一定的金融工具（如汇票、本票、支票等），采取一定的方式（如汇付、托收、信用证等），利用一定的渠道（如通信网络、计算机网络等），借助一定的中介机构（如银行和其他金融机构等），实现直接的货币收付，最终完成债权债务关系的清偿。

二、国际结算的分类

（一）根据国际债权、债务产生的原因划分，可以分为国际贸易结算和国际非贸易结算

1. 国际贸易结算

国际贸易结算是指由于国际贸易原因而引起的货币收付行为，也称为有形贸易结算。国际贸易结算的背景是商品进出口，其特点是货物与金钱的相对给付及卖方交货、买方付款。

2. 国际非贸易结算

国际非贸易结算是指由无形贸易引起的货币收付活动,也可以说,除国际贸易结算以外的其他结算都属于非贸易结算,比如国际捐款、出国留学、出国旅游、劳务输出等引起的支付活动。非贸易结算的目的一般有两个:一是清偿债权债务关系;二是转移资金。

(二)根据是否直接使用现金,可以分为现金结算和非现金结算

1. 现金结算

现金结算是指通过收付货币金属或货币现金来结清国际间的债权债务关系。现金结算具有风险较大、流通费用高、占用资金和影响周转的特点。

2. 非现金结算

非现金结算是指使用各种支付工具,通过银行间的划账冲抵来结清国际债权债务关系。非现金结算和现金结算相比,具有迅速、简便、节约现金和流通费的特点,有利于资金的循环周转。

第二节 国际结算的起源与发展

一、国际结算的发展阶段

国际结算是随着国际贸易的发展而产生和发展的,主要经历了以下几个阶段。

(一)现金结算发展到非现金结算

早期的国际结算是现金交易,比如我国古代陆上的丝绸之路和对南洋各国的海上贸易,除直接以货易货交易外,都长期使用金、银等贵金属进行交换和清算。但这种现金结算具有很大的局限性,如成本高、风险大、占压资金等。

15世纪末16世纪初,随着资本主义的发展,国际贸易规模不断扩大,逐渐形成了区域性的国际商品市场。通过运送金银来偿债的方式已不能适应当时贸易的发展,于是就出现了以商业票据来结算债权、债务的方式。早期的非现金结算仅仅局限于商人间的自找对象的直接结算,其主要局限性有:一是两笔交易的金额和付款期限必须完全一致;二是当事双方要有密切的业务联系和相互了解的信用基础;三是任何一方要有垫付资金的能力。在实务中,要同时具备以上三个条件是非常困难的,因此,这种机会十分偶然。这些局限性使商人间的直接结算难以推广,必须加以改革。

(二)从买卖双方直接结算发展到通过银行结算

到了18世纪60年代,随着航运事业的发达,结算与贸易有了分工,且海洋运输保险业也应运而生。银行从国内遍设机构扩展到在国外设点,使银行网络覆盖全球,银行成了国内外结算的中心。银行通过买卖转让不同种货币、不同期外汇票据,将进出口贸易所形成的大量债权、债务关系予以最大限度的抵消清算,节省了手续费和利息。商人间的直接结算逐步被银行间的间接结算所代替。此时,买卖双方可以集中精力开展贸易,货款结算则完全通过银行办理。

（三）从凭货付款到凭单付款

原始的结算,卖方一手交货,买方一手交钱,钱货两清,通常称为现金交货方式。当商业与运输业有了分工以后,卖方将货物交给承运人运至买方,承运人将货物收据交给卖方转寄给买方向承运人提货,海上运输继续扩大,简单的货物收据发展变化为比较完善的海运提单。由于提单有物权单据的性质,它把货物单据化了。交单代替交货,持有单据等于持有货物的所有权。海运提单因此成为可以流通转让的单据,卖方凭单交货,买方凭单付款,银行也可以凭单融通资金。货物单据化为银行办理国际结算创造了一个良好条件。对于不熟悉商品专门知识的银行,只需凭审核相符的单据付款给卖方,再凭单据向买方索取货款。

（四）从人工结算发展到电子结算

随着现代通讯手段和电子计算机技术的飞跃发展,最新的科技成果逐步运用到国际结算中。到 20 世纪 70 年代中期,国际结算已经广泛采用了综合电子技术,使得国际结算朝着电子化、无纸化、标准化和一体化的方向发展。其中比较有代表性的如 SWIFT 系统和 EDI 的运用、电子商务、电子支付、网上贸易等。

二、当今国际结算发展的特点

（一）非信用证的融资结算方式所占比重越来越大

国际结算中的非信用证结算方式正取代信用证结算方式,成为国际贸易结算方式的主流,主要是适应市场向买方市场的转变。非信用证结算方式包括电汇(T/T)、记账赊销(O/A)、承兑交单(D/A)、付款交单(D/P)以及在 O/A、D/A 方式基础上发展起来的国际保理、福费廷业务。这些方式对买方比较有利,可以降低费用,加速资金周转。

（二）国际结算的单据日趋多样化、复杂化

由于世界经济全球化、一体化的发展,国际贸易领域的竞争日益激烈,促使贸易保护主义重新抬头,出现了新形式的贸易壁垒。这些壁垒多出于对本国环境保护和生态平衡的考虑,导致对国际结算的单据要求越来越多,越来越苛刻。这些单据包括商业、保险、检验、多式运输等方面,以及双方国家管理机构所规定的各种单据。

（三）国际结算走向电子化、标准化,提高了结算效率

由于电子信息技术的飞速发展,计算机的广泛使用,使银行可以使用新技术,如 SWIFT(环球银行金融电信协会)系统和 EDI(电子数据交换),实现单据标准化、业务电脑化,使之快速、安全、高效地完成国际间收付,并出现了建立在计算机和计算机网络基础上为客户提供新的金融服务的电子银行。

（四）国际贸易结算的法律规范日益健全

国际惯例、公约在结算中起着重要作用。随着经济、贸易和科技的发展,贸易结算规则不断推陈出新,如于 1999 年生效实行的适合备用信用证的《国际备用证惯例》(ISP98)规则,在1991 年版本的基础上进行修改,2000 年 6 月颁布的《国际保理业务惯例规则》,以及 2007 年 7月 1 日正式生效的《跟单信用证统一惯例》(国际商会第 600 号出版物)等。

【阅读资料：EDI 在国际贸易中的应用发展】

EDI(电子数据交换)是以计算机和数据通信网络技术为基础发展起来的现代化信息处理和信息通信技术,是"无纸化技术"在经贸中的应用,被称为"无纸贸易"或"贸易电子化",它是对传统贸易方式进行的一次划时代的结构性的变革。可以这样给 EDI 下一个定义:按照协议,对具有一定结构性的标准经济信息,经过电子数据通信网络,在商业贸易伙伴的电子计算机系统之间进行交换和自动处理。

一、产生

EDI 的产生可以追溯到第二次世界大战。特别是 20 世纪 70 年代以来,世界科技重点转向以微电子为核心的高新领域;国际贸易空前活跃,其增长率超过了世界经济的增长率;通信技术和运输工业的发展,缩小了各国之间的经贸距离,导致市场竞争日益激烈。全球贸易额的上升带来了各种贸易单证、文件数量的激增。据美国有关专家的统计,平均每做成一笔生意需要 30 份纸面单证。以此推算,世界范围内因贸易活动而产生的纸面文件就要以"亿"为单位计算。纸面文件的缮制、邮寄和管理工作之繁重可想而知。虽然计算机和自动化设备的出现,减轻了一定的劳动强度,但没有从根本上消除传统纸面文件的成本高、传递慢、重复处理等问题,阻碍了贸易的发展。为此,欧洲经互会各国于 1960 年筹备成立了联合国欧经会贸易程序简化工作委员会。同一时期,市场竞争愈演愈烈。为了适应瞬息万变的市场行情,减少销售商、供应商的风险,贸易链中的所有成员对提高商业文件的传递速度和处理速度提出了共同的需求。正是这种需求刺激了信息技术及其应用的发展。以计算机、网络通信和数据标准化为基本框架的 EDI 应运而生,并显示了巨大的生命力,在主要的发达国家和地区得到迅速和广泛的应用。正如中国香港 Tradelink 的一份资料指出的那样:"当电子数据交换于 60 年代末期在美国首次被采用时,只属于当时经商的途径之一,但时至今日,美国和欧洲大部分国家,以及愈来愈多的亚太地区国家,均已认定电子数据交换通信是经商的唯一途径。"

EDI 的信息通过计算机和通信网络被送到各有关部门和公司,进行必要的数据传输处理后,即可完成以贸易为中心,包括海关、运输、银行、保险等部门的全部业务过程。例如,一个生产企业的 EDI 系统通过通信网收到一份订单,系统便可以自动处理订单,检查订单是否符合要求,向订货方发出报文,通知企业内部管理部门安排生产,向零配件供应商订购零配件,向交通运输部门预订货运集装箱,向海关、商检等有关部门申请出口许可证,通知银行结算;开具 EDI 发票,从而将整个订货、生产、销售过程贯穿起来,并自动完成。

EDI 可将贸易全过程通过网络自动地完成,因而其作用显而易见,即可与贸易伙伴建立更好、更密切的关系;使内部运作过程合理化;增加贸易机会;改进工作质量和服务质量;降低成本与获得竞争优势。应用 EDI 产生的效益,可通过下列一组有关方面的研究分析数据略见一斑:商业文件传递速度提高 81%;文件成本降低 44%;由于错漏造成的商业损失减少 40%;文件处理成本降低 38%;竞争能力提高 34%。美国通用电器公司的有关统计表明,由于应用 EDI,其产品零售额上升了 60%;库存由 50 天降至 6 天;每年仅连锁店的文件处理费一项就节约了 60 万美元。英国煤炭公司用 EDI 补充存货、订货和跟踪货物,每年可节省 300 万英镑。新加坡全国贸易网 Tradenet 建成后,使一份进出口贸易的清关手续,从原来的 3~4 天缩短到只需 10~15 分钟,效率得到极大提高,每年可为新加坡节省 10 亿新元(约合 6 亿美元)。

二、EDI 在我国的发展和应用

20 世纪 90 年代初,我国有关主管部委办将 EDI 列为国家"八五"重点开发应用项目。1991 年 8 月 23 日,由国务院电子信息系统推广应用办公室牵头,成立了"中国促进 EDI 应用协调小组",成员包括国家技术监督局、经贸部、海关、银行、保险、交通运输、国家商检局等部门。同年 9 月,经贸部代表中国 EDI 应用协调委员会加入了亚洲 EDIFACT,成为正式成员国。EDI 应用总目标是:"八五"抓好基础,抓好试点,"九五"建立中国贸易网,并尽早实现与国际贸易网的大联通,全面推进 EDI。

1995 年 11 月,联合国贸易网络北京中心正式成立。已开通的 EDI 系统有:外贸制单系统、商检局普惠制证书、原产地证书、报验 EDI 系统、保单申请 EDI 系统、银行的信用证通知系统、EDI 海关报关系统等,均是与北京市商检局、北京市贸促会、中保财险北京市分公司、北京海关、中国银行北京市分行等共同开发的。

以下以我国某行的进口开证为例,说明 EDI 在国际贸易结算业务中的流程:

(1) 由进出口公司通过 EDI 网络将开证申请书发送到银行的信箱,该申请书一旦到达银行信箱,公司端就会显示发送成功。

(2) 银行开证部门通过 EDI 网络从自己信箱中将申请书取出,银行取走申请书后,系统会自动给该进出口公司一条银行已取走申请书的回执。

(3) 银行通过外管局通信服务器的自动审批程序检验开证申请人的身份、备案表、货物的合法性及企业资金现状等内容,如无问题,自动给该公司发出同意的回执。

(4) 银行对开证申请书进行审核,如无错误,则作批汇、收取保证金等手续,并通过 SWIFT 对外开证,且将回执通过 EDI 网络发送给公司。

(5) 如有错误,则将错误信息回执通过 EDI 发送回公司,公司修改后再将申请书发给银行,直至正确为止。

第三节　国际结算业务中的往来银行

银行在开展国际结算业务,必须通过海外的分支机构和代理行来完成。例如,中国 A 公司向日本 B 公司出口一批货物,价值 100 万美元,合同规定货到后,由买方通过银行以汇付方式来支付货款。货到后,日本 B 公司委托其开户行东京银行将 100 万美元汇往中国 A 公司。那么东京银行怎样才能完成这 100 万美元的汇款业务呢? 东京银行不能把这笔钱亲自送到中国,也不可能让 A 公司去日本取款,因为这都不可行。要完成这笔业务,东京银行首先必须在中国,最好是 A 公司所在城市或地区找一家银行,如与中国银行合作。先由东京银行将款项汇给中国银行,然后由中国银行记入 A 公司的账户,B 公司从而完成汇款业务。在这里,中国银行就是东京银行完成汇款业务不可缺少的合作行或往来银行。因此,在国际结算业务中,每笔业务都至少要涉及两家以上的银行机构。

根据与本行的关系,可将往来银行分为两种类型。

一、商业银行分支机构与联行

(一)商业银行分支机构

一般来说,经营外汇和国际结算业务的商业银行都在海外设有分支机构。商业银行在国内外设置的分支机构一般有以下六种形式。

1. 代表处

代表处(Representative Office)是商业银行设立的非营业性机构。它不能经营真正的银行业务,其主要职能是探索新的业务前景,寻找新的盈利机会,开辟当地信息新来源。代表处是分支机构的最低级和最简单形式,它通常是设立更高形式机构的一种过渡形式。

2. 办事处

办事处(Agency Office)也称代理处、经理处,是商业银行设立的能够转移资金和发放贷款,但不能在东道国吸收当地存款的金融机构。代理处是银行的一个组成部分,不具备法人资格。它是介于代表处和分行之间的机构。代理处可以从事一系列非存银行业务,如发放贷款、提供贸易融资、开证、承兑、票据买卖和交换等业务。代理行由于不能吸收当地居民存款,所以其资金主要来源于总行和其他有关机构,或从东道国银行同业市场拆入。

3. 分行

分行(Branch)是商业银行设立的营业性机构,下设支行,不是独立的法人。分行可以经营完全的银行业务,但不能经营非银行业务。分行的业务范围和经营政策与总行保持一致,但受总行的资本、资产与负债的限制;总行对分行的活动负有完全的责任。

4. 子行

子行(Subsidiary)是商业银行设立的间接营业机构,是在东道国登记注册而成立的公司性质的银行机构,在法律上是一个完全的经营实体,它自身的债务仅以其注册资本为限负有限责任。股权全部或大部分为总行控制。业务活动可以是东道国允许的全部银行业务,甚至包括东道国国内银行不能经营的非银行业务。

5. 联营银行

联营银行(Affiliate)类似子行,区别在于任一外国投资者拥有的股权在50%以下,即少数股权,其余股权为东道国所有。其最大优势是可以集中两家或多家参股者的优势。

6. 银团银行

银团银行(Consortium Bank)由两个以上不同国籍的跨国银行共同投资注册而组成的公司性质的合营银行,任一投资者所持股份都不超过50%。作为一个法律实体,银团银行有自己的名称和特殊功能。它既接受母行委托的业务,也开展自己的业务。其业务范围一般包括:对超过母行能力和愿意发放的大额、长期贷款作出全球性辛迪加安排;承销公司证券;经营欧洲货币市场业务;安排国际间企业并购;提供项目融资和公司财务咨询等。与其他形式的银行相比,银团银行具有以下特点:

(1)其母行大多为世界著名跨国银行。

(2)注册地多为一些国际金融中心或离岸金融中心。

(3)专门从事成本高、风险大、技术性强、规模大的业务(辛迪加贷款、承销国际证券、经营欧洲货币市场业务、安排国际兼并、提供项目融资和公司财务咨询等)。

(4)业务对象一般是政府、跨国公司。

(二)联行

联行(Sister Bank)就是指银行根据业务发展的需要,在国内外设置的分支机构。总行与分行、分行与支行之间以及相互间都是联行关系。根据设立的地点不同,联行可分为国内联行和海外联行两种。

1. 国内联行

国内联行(Domestic Sister Bank)是指设立在国内不同城市和地区的分、支行。国内联行往来是国际结算中不可缺少的组成部分。例如,总行在国外开立了账户,分、支行办理国际结算时即可通过国内联行与总行办理资金的划拨;异地办理国际结算需要在国内异地划拨资金时,也可通过国内联行在分、支行之间办理。

2. 海外联行

海外联行(Overseas Sister Bank)是指设置在海外的分、支行。设立海外联行的目的是开拓海外市场,方便国际结算,扩大银行业务范围。但设立海外联行必须具备一定条件。首先,拟设立联行的城市或地区要具备良好的自然地理、政治经济条件;其次,关键是要看该地业务量的多寡,若业务量充足,其盈利足以维持分支机构的开支,则可设立分支机构,否则,不需设立分支机构。

二、代理关系与代理行

在办理国际结算业务时,银行除了在国外设置分支机构外,还需要外国银行的业务合作与支持。因为,一家或一国的银行不可能在发生债权债务关系的所有国家或地区都建立分支机构,这样做既无必要也无可能。以中国银行为例,虽然它已在海外设立了数百家分支机构,但这些分支机构的数目与中国银行所肩负的国际结算业务相比,还是不相适应的。于是,中国银行根据业务发展的需要,与外国银行广泛建立了代理关系。目前,中国银行已与世界上近200个国家或地区的1 500多家银行的5 000家左右的分支机构建立了代理关系。

(一) 代理关系和代理行

代理关系是指两家不同国籍的银行通过相互委托办理业务而建立的往来关系。建立了代理关系的银行互为代理行(Correspondent Bank)。

(二) 代理关系的建立

代理关系即代理行关系,一般由双方银行的总行直接建立,支行不能独立对外建立代理关系。代理行关系的建立一般要经过三个步骤。

1. 考察了解对方银行的资信

代理行关系是建立在一定资信基础上的,因此在建立代理关系前,应对对方银行的基本情况有所了解,以便决定是否同对方银行建立代理关系。

一般而言,银行只同那些资信良好、经营作风正派的海外银行建立代理关系。

2. 签订代理协议并互换控制文件

如果双方银行同意相互建立代理关系,则应签订代理协议。代理协议一般包括双方银行名称、地址、代理范围、协议生效日期、代理期限、适用分支行等。

为使代理业务真实、准确、快捷、保密,代理行之间还要相互发送控制文件(Control Documents)。控制文件包括:

(1) 密押(Test Key)。密押是银行之间事先约定的,在发送电报时,由发电行在电文中加注密码。密押具有很强的机密性,使用一段时间后,应予以更换。

(2) 印鉴(Specimen Signatures)。印鉴是银行有权签字人的签字式样。银行之间的信函、凭证、票据等,经有权签字人签字后,寄至收件银行,由收件银行将签名与所留印鉴核对相符,即可确认其真实性。代理行印鉴由总行互换,包括总行及所属建立了代理关系的分行的有权签字人的签字式样。

(3) 费率表(Schedule of Terms and Conditions)。它是银行在办理代理业务时收费的依据。一般由总行制定并对外发布,各分支行据此执行。对方银行委托我方银行办理业务,按照我方银行费率表收取费用;我方银行委托国外银行办理业务,则按对方银行费率表收费。费率表应定得适当、合理,过高会削弱我方竞争力,过低则影响经济效益。

3. 双方银行确认控制文件

收到对方银行发来的控制文件后,如无异议,即可确认,此后便照此执行。

（三）代理行的种类

代理行可分为账户行和非账户行。

1. 账户行

账户行(Depository Bank)是指代理行之间单方或双方相互在对方银行开立了账户的银行。账户行是在建立代理行关系的基础上,为了解决双方在结算过程中的收付而建立的特殊关系。账户行间的支付,大都通过开立的账户进行结算。选择建立账户行,一般应是业务往来多、资金实力雄厚、支付能力强、经营作风好、信誉卓著、地理位置优越以及世界主要货币国家的银行。账户行必然是代理行,而代理行并不一定是账户行。

账户行可以是单方开立账户和双方互开账户。单方开立账户是指一方银行在对方银行开立的对方国家货币或第三国货币账户,如中国银行在美国纽约的若干家银行(美国或外国)开设有美元现汇账户。双方互开账户是指代理行双方相互在对方国家开立对方国家货币账户,如中国银行在美国纽约花旗银行开立美元账户,花旗银行在北京中国银行开立人民币账户。

2. 非账户行

非账户行(Non-depository Correspondent)是指除账户行以外的其他代理银行,或者说是没有建立账户行关系的代理行。非账户行之间的货币收付需要通过第三家银行办理。

三、往来银行的选择

在代理关系中,账户行的关系更密切、更方便,因此要尽可能地在双方签订代理协议后,直接结成账户行关系。在选择代理行时应该考虑以下影响因素:银行自身业务发展的状况和长远的发展目标及经营战略;拟选择的代理行的业务范围、资本实力和金融状况;该行在世界银行界的地位;该行所在地及所在国的政治、经济状况,尤其是社会稳定状况。代理行的选择要优先考虑本国贸易发展的需要,可考虑在主要的贸易伙伴国设立银行分支机构或海外联行,然后与伙伴国的大银行建立代理行关系,扩大自己的银行网络,以便有助于今后业务的开展。如果是一些贸易往来较少的国家,一般就不用设立海外联行,以节约业务成本,这时最好的办法就是选择一家当地资信状况、业务范围、资本实力都比较合适的代理行,以帮助双方解决业务往来中的具体问题。

第四节　主要的国际支付清算系统

一、SWIFT 系统

（一）SWIFT 简介

环球同业银行金融电讯协会(Society For Worldwide Interbank Financial Telecommunication,简称 SWIFT)是一个国际银行同业间非盈利性的合作组织。该组织成立于 1973 年 5 月,董事会为最高权力机构。其总部设在比利时的布鲁塞尔,同时它的环球计算机数据通讯网在荷兰和美国设有运行中心,在各会员国设有地区处理站。它是为了解决各国金融通信不能适应国际间支付清算的快速增长而设立的非盈利性组织,负责设计、建立和管理 SWIFT 国际网络,以便在该组织成员间进行国际金融信息的传输和确定路由。SWIFT 运营着世界级的金融电文网络,银行和其他金融机构通过它与同业交换电文(Message)来完成金融交易。除此之外,SWIFT 还向金融机构销售软件和服务,其中大部分的用户都在使用 SWIFT 网络。SWIFT 具有以下几个明显的特点:安全可靠,高速度、低费用,自动加核密押,为客户提供快捷、标准化、自动化的通讯服务。由于 SWIFT 的格式具有标准化,目前信用证的格式主要都是用 SWIFT 电文。目前全球大多数国家大多数银行已使用 SWIFT 系统。

(二)SWIFT 的特点

(1)可以十分便利地直接同用户及其他会员行(可以是本国的,也可以是外国的)联系。SWIFT 协会提供了连接全球众多银行的途径与方法。SWIFT 协会的服务项目全天 24 小时都可利用,在正常的工作时间内可以进行各种业务交易,而不限地理位置。

(2)降低了业务费用。在国际业务执行过程中,产生了大量的通信业务,SWIFT 协会的服务费用仅为其他的电报用户、电话用户做相同业务所消耗的通信费用中的很小一部分。

(3)业务交易能够立刻完成。在 SWIFT 系统中,银行间的交易指令可以立即在各会员行之间传递。由于 SWIFT 系统的控制程序具备了快速核实的功能,因此交易可即刻开始进行而不需要其他核实手续。

(4)提高工作效率。由于 SWIFT 协会内的各会员行的通信格式都采用统一的 ISO 标准格式,因此会员行的业务交易量能够自动处理,这样就可以降低业务处理的时间消耗,从而减少了部分银行业务员的一些日常工作。

(5)资金得到更有效地管理。从各会员行传送来的财务报表和结算报表等银行原始数据,经过 SWIFT 系统的处理后,能够快速地、准确地公布,从而满足了各会员行对各种债务及流通的需要。其次,SWIFT 系统的查询交易能够快速查出某账目的一些信息。

(6)减少风险差错。SWIFT 系统提供了 ISO 标准化格式进行通信,从而避免了各会员行之间由于语言及翻译问题所产生的障碍。

(7)安全保密。由于系统软件、硬件的兼容性,应用软件采用多重保密控制,从而保障了 SWIFT 系统网络的安全,避免了外在因素的干扰。

(三)SWIFT 电讯分为十大类

第一类　客户汇款与支票(Customer Transfers,Cheques)。

第二类　银行头寸调拨(Financial Institution Transfers)。

第三类　外汇买卖和存放款(Foreign Exchange Deals,Deposits and Loans)。

第四类　托收(Collections)。

第五类　证券(Securities)。

第六类　贵金属和辛迪加(Precious Metals and Syndications)。

第七类　跟单信用证和保函(Documentary Credits and Guarantees)。

第八类　旅行支票(Travellers Cheques)。

第九类　银行账务(Statement etc)。

第十类　SWIFT 系统电报。

二、CHIPS 系统

纽约作为美元的清算中心,有由一百多家银行参加组成的纽约"银行间支付系统清算所"(Clearing House Interbank Payment System,缩写为 CHIPS)。它于 1970 年 4 月建立,逐步发展成为纽约银行间电子支付系统,也是当前最重要的国际美元支付系统,经该系统支付的美元金额占国际银行全部美元收付的 90%。

现在参加 CHIPS 的一百多家美国银行和外国银行在纽约的分支机构中,有 12 家是清算银行(Clearing Bankers),它们都在联邦储备银行开立账户,作为联储系统成员银行(Member Bankers)。各家非成员银行须在一家成员银行开立账户作为它们自己的清算银行,用于每天 CHIPS 头寸的清算。成员银行要把它们的电支付头寸通过设在联储的账户进行最后清算。

参加 CHIPS 的银行必须向纽约清算所申请,经该所批准后接收为 CHIPS 会员银行,每个会员银行均有一个美国银行公会号码(American Bankers Association Number),即 ABA 号码,作为参加 CHIPS 清算时的代号。每个 CHIPS 会员银行所属客户在该行开立的账户,由清算所发给通用认证号码(Universal Identification Number),即 UID 号码,作为收款人(或收款行)的代号。

凡通过 CHIPS 支付和收款的双方必须都是 CHIPS 会员银行,才能经过 CHIPS 直接清算。凡通过 CHIPS 的每笔收付均由付款一方开始进行;即由付款一方的 CHIPS 会员银行主动通过其 CHIPS 终端机发出付款指示,注明账户行 ABA 号码和收款行 UID 号码,经 CHIPS 计算机中心传递给另一家 CHIPS 会员银行,收在其客户的账户上,而收款行则不能通过它的 CHIPS 终端机直接向付款行索款,但它可以拍发索款电报或电传,注明 ABA 号码、UID 号码和最终受益人名称,要求付款行通过 CHIPS 付款。

三、CHAPS 系统

1984 年在英国伦敦设立的"自动支付系统清算所"(Clearing House Automated Payment System,缩写为 CHAPS)不仅是伦敦同城电支付清算中心,也是世界所有英镑电支付清算中心。CHAPS 系统向它的会员和参加者提供一套高效、无风险、可信赖的当天支付运行机制。每一笔 CHAPS 系统的支付都是无条件、不可逆转和有保证的。CHAPS 系统在英国全国范围内都有效,它由各清算银行通过计算机进行传递,银行间的清算每天通过清算银行将英格兰银行的账户电子支付。

四、TARGET 系统

1995 年 5 月,位于德国法兰克福的欧洲中央银行宣布拟建立一个跨国界的欧洲间实时全额自动清算系统(Trans-European Automated Real Time Gross Settlement Express Transfer System,简称 TARGET),1999 年 1 月 1 日正式启动。目前,它已经成为世界上最重要的欧元跨国支付清算系统。

TARGET 系统由 12 个欧元区国家和 4 个欧盟国家的实时金额支付清算系统 RTGS 和 ECB 支付机制构成,通过 Interlinking 公共网络相互连接,可以处理欧盟国家间所有的欧元贷记转账业务,而且还能够为成员与 EUROI 系统、CLS 系统之间的欧元支付提供最终结算。因此,TARGET 系统实际上成了欧元区统一支付清算的核心系统。

本章小结

1. 国际结算(International Settlement)是指国际间出于政治、经济、军事、文化、外交等方面的交往或联系而发生的以货币表示的债权债务的清偿行为或资金转移行为。它是一项国际间的综合经济活动。

2. 国际结算可按照是否使用现金、债权债务产生的原因进行相关的分类。

3. 当今国际结算发展的特点主要有:非信用证的融资结算方式所占比重越来越大;国际结算的单据日趋多样化、复杂化;国际结算走向电子化、标准化,提高了结算效率;国际贸易结算的法律规范日益健全。

4. 银行在当今国际结算中起到了非常重要的作用,为了更好地开展国际业务,许多银行不仅在海外建立了分支机构,而且还与海外很多银行和分支机构建立了代理关系。

5. 当今世界主要的支付清算系统主要有:SWIFT 系统、CHIPS 系统、CHAPS 系统、TARGET 系统等。

基本概念

国际结算　国际结算方式　往来银行　联行　代理行　SWIFT

复习思考题

1. 国际结算的含义是什么?
2. 国际结算的发展趋势如何?
3. SWIFT 有什么特点?

第二章　国际结算中的票据

学习目标和要求：

1. 了解票据的定义、性质和作用。
2. 掌握汇票的分类和几个相关业务处理环节。
3. 掌握本票和支票的定义及其与汇票之间的区别。

第一节　票据概述

一、票据的概念

票据（Bills）是指具备一定格式的货币债权凭证；由出票人签名于上，承诺由本人或指定他人于一定的时间，无条件地向持票人支付规定金额的证券。

在国际结算领域，票据占有极其重要的位置。因为现金结算的支付工具是货币，而国际结算的基本方法是非现金结算。在非现金结算中担任支付工具和信用工具角色的就是票据。它在货币和商品的让渡中，为反映债权债务关系的发生、转移、偿付而诞生，首先是以支付一定金钱为目的的特定证券。在商务实践中，它又被赋予了可流通转让的功能和反映当事人债权债务关系的功能。它被誉为"有价证券之父"，在它之后，又衍生出一系列代表商业上的各种权利的凭证，如商业发票、货运单据、股息凭证等被称为是广义的票据。我们在本章中要讲述的票据则是狭义的票据，即依据票据法签发和流通的、以无条件支付一定金额为目的的有价证券，包括汇票、本票和支票。

二、票据的特性

（一）设权性

所谓设权性，是指票据持有人的票据权利随票据的设立而产生，票据一经设立并交付出去，票据的权利和义务便随之而确立。这是指票据上的权利，完全由票据行为所创立。票据的签发，不是为了证明已经存在的权利，而是为了创设一种权利，即支付一定金额的请求权。这种权利一旦创设，即与创设该权利的背景相分离，成为一种独立的、以票据为载体的权利。它强调票据的成立，建立了一种受票据法所保护的债权、债务关系。例如，甲国 Q 公司从乙国 R 公司进口了价值 10 万美元机器设备，Q 公司应向 R 公司支付货款 10 万美元。付款方式有两种：一是可以直接支付现金；二是通过签发票据付款。由于直接付现不方便，Q 公司和 R 公司商定以票据支付。于是 Q 公司命令 S 银行在见票时向 R 公司付款 10 万美元。本来 R 公司和 S 银行之间是没有任何债权债务关系的,现在 S 银行却成了票据债务的承担者(债务人),虽然 R 公司和 Q 公司之间因购货而存在债权债务关系,但票据的产生并非是为了证明这种关系,而是 Q 公司通过票据这种工具来向 R 公司付款,S 银行因与 Q 公司存在某种特定关系(存款行或债务人等)而被 Q 公司指定为票款的支付者。

(二)要式性

票据是要式证券,票据的形式和内容,即票据上所记载的事项,必须符合法律规定。这种符合有两层含义:其一是法律规定必须记载的事项应当记载齐全,否则票据无效;其二是票据上所记载的各种事项均应符合法律规定,记载事项不符合法律规定的票据也会影响其效力甚至无效。我国制定的《中华人民共和国票据法》(以下简称《票据法》)第 22 条规定了汇票必须记载的事项,并规定"未记载其中规定事项之一的,汇票无效";第 23 条对汇票非必须记载的事项应如何记载,也作了规定。有关本票和支票的条款,也有类似的内容。

(三)文义性

文义即文字的含义。文义性是指票据所创设的权利、义务内容,完全依据票据上所载文字的含义而定,而与其他非票据记载的事项无关。

(四)无因性

票据是一种无因证券,"因"是指产生票据权利和义务的原因,即票据的基础关系。票据上权利的发生,当然是有原因的。付款人代出票人付款不是没有缘故的,他们之间一般存在资金关系,要么是付款人处有出票人的存款,要么是付款人欠出票人的款项,也可能是付款人愿意向出票人贷款;出票人让收款人去收款,他们之间通常存在对价关系,即出票人对收款人肯定负有债务,可能是购买了货物,也可能是以前的欠款。"无因"则指持票人行使票据权利时,无须证明其取得票据的原因,只要票据合格(即符合要式性),就能享有票据权利。票据的无因性强调票据产生之后就与其产生的原因相分离,这一特性保证了票据的流通。

国际惯例和大多数国家的票据法都将原因与票据权利义务区别开来,不能混为一谈,承认票据只要"式"不要"因",有关当事人或关系人的权利义务完全以票据的法定记载文义为准。比如,甲因欠乙 1 000 元而出具以乙为债权人的字据,让乙凭字据向丙去取,但乙原来曾欠着丙 200 元没还,这时,按照民法原则,无论是乙自己去向丙索款,还是乙将此 1 000 元债权转让给丁后再由丁去向丙取款,丙都可以凭此冲抵乙欠的 200 元而只付 800 元(如果是丁去索款,则丙可采取将其对乙的 200 元债权转让给丁的办法来冲抵,而不管丁是否事先知道丙有权利缺陷)。但是,如果这里甲向乙出具的是一张票据而非普通字据,情况就不同了。按照票据法,只要票据受让人丁是正当持票人,丙就必须向丁足额付款,而不能以乙的权利缺陷来对抗丁的票据权利。这保障了票据受让人不必耗费精力去事先了解转让人有无权利缺陷而放心受让票据,使得票据能够广为接受。

【案例 2-1:票据的无因性】

永固房地产有限责任公司从丽德贸易进出口公司购进 2 000 吨水泥,总价款 50 万元。水泥运抵后,永固房地产有限责任公司为丽德贸易进出口公司签发一张以永固房地产有限责任公司为出票人和付款人、以丽德贸易进出口公司为收款人三个月后到期的商业承兑汇票。一个月后,丽德贸易进出口公司从吉祥有限责任公司购进木材一批,总价款45.5万元。丽德贸易进出口公司就把永固房地产有限责任公司开的汇票背书转让给吉祥有限责任公司,余下的4.5万元用支票方式支付完毕。后来,永固房地产有限责任公司发现2 000吨水泥中有一半质量不合格,双方发生纠纷。汇票到期时,吉祥有限责任公司把汇票提交永固房地产有限责任公司要求付款,永固房地产有限责任公司拒绝付款,理由是丽德贸易进出口公司供给的水泥不合格,不同意付款。

问题:永固房地产有限责任公司是否可以拒绝付款?

分析:永固房地产有限责任公司不可以拒绝付款。永固房地产有限责任公司的做法是违反法律规定的。根据票据法的规定,票据行为特征之一是票据行为的无因性,票据是无因证券。票据的无因性是指票据关系虽然需要基于一定的原因关系才能成立,但是票据关系一经成立,就与产生或转让票据的原因关系相分离,两者各自独立。票据具备票据法上的条件,票据权利就成立,至于票据行为赖以发生的原因关系是否存在和有效,与之无关。原因关系是否存在和有效,对票据关系不发生影响,票据债权人只要持有票据即可行使票据权利。票据债务人不得以原因关系无效为理由,对善意的持票人进行抗辩。

对于票据的无因性有两种理解:一是认为只要票据行为已经具备法定要件,纵使票据行为有瑕疵,票据关系依然有效。此意见是从维护票据流通的安全性出发,来理解无因性。票据制度发达国家常常采用此意见。二是认为票据关系只有在合法成立以后,才能与原因关系相分离。如果当事人是以欺诈、盗窃、胁迫手段取得票据的,不得享有票据权利。此意见是从票据活动的合法性理解无因性的。我国采用此意见。

我国《票据法》第13条对此也有明确规定:"票据债务人不得以自己与出票人或者与持票人的前手之间的抗辩事由,对抗持票人。"

本案中,丽德贸易进出口公司与永固房地产有限责任公司之间的水泥购销关系是本案汇票的原因关系。汇票开出后,永固房地产有限责任公司就与票据持有人产生票据关系。原因关系与票据关系是相互分离的。永固房地产有限责任公司提出水泥质量不合格是原因关系有瑕疵。其拒绝付款就是用原因关系来对抗票据关系。但现在汇票已被背书转让,持票人不再是原因关系的当事人,所以永固房地产有限责任公司不得以水泥不合格为由来对抗吉祥有限责任公司,永固房地产有限责任公司必须付款。付款后票据关系消灭,原因关系不消灭,永固房地产有限责任公司仍可根据原因关系的瑕疵请求丽德贸易进出口公司赔偿损失。

(五)流通性

根据《英国票据法》的规定,凡票据未标明"禁止转让"字样者,持票人以正当手段取得票据后,有权将其转让他人。我国《票据法》规定了票据的流通功能,它具有流通转让的特点,这些特点是:第一,持票人可经交付或背书后交付将票据转让他人,而不必通知原债务人;第二,票据的受让人接受票据即获得了票据上的全部权利,若票据被拒付或出现其他问题,受让人有权以自己的名义提出诉讼;第三,善意而又支付过对价的票据受让人不因其前手票据权利的瑕疵而影响其票据权利。

上述无因性、要式性和流通性,都从不同的角度保障了票据交易的安全,从而促进了票据的流通,使其成为国际结算的主要工具。

(六)可追索性

票据的可追索性是指票据的付款人或承兑人如果对合格票据拒绝承兑或拒绝付款,正当持票人为维护其票据权利,有权通过法定程序向所有票据债务人起诉、追索,要求得到票据权利。

(七)提示性

票据的持票人在行使其付款请求权或追索权时,必须向票据债务人出示票据,票据债务人才能进而履行其债务。无论是向付款人请求承兑,还是要求付款或是向前手行使追索权,同样要向其出示票据。否则,付款人有权不予理会。若票据债权人丧失票据,经法院判决,可以继续行使票据权利。

(八) 返还性

票据债权人在受领票据金额之后,应将票据返还给付款人,作为付款人已付清票款的凭证,从而结束票据的流通。这是因为付款人虽然可因付款而免除债务,但若不收回票据,票据有可能被恶意再次转让。票据一经付款,就不能流通,这也说明其货币功能有局限性。

在票据的基本特性中,最重要的是流通性、无因性和要式性三大特性,其中流通性是最基础的特性,无因性和要式性都是取决于流通性或服务于流通性的。

三、票据的功能

(一) 支付功能

支付功能是票据的基本功能。用票据(包括汇票、本票和支票)代替现金支付,有着明显的省时、省力和安全的作用。从单边支付的角度来看,使用票据可以避免携带、运送和清点现金的麻烦。从多边支付的角度来看,用票据可以抵销交叉的债务债权关系。比如:中国上海的 A 公司需向英国伦敦的 B 公司支付 1 000 英镑,而 B 公司需向上海的 C 公司支付 1 000 英镑,则此时 B 公司可开出 1 张以 A 公司为付款人而以 C 公司为收款人的汇票,寄交 C 公司,由 C 公司凭汇票要求 A 公司付款。依此类推,国际间大量的债务债权关系,通过票据清算中心,互相抵销,从而得以迅捷、安全地完成多边支付即多边结算的业务。此外,票据作为支付工具,还在一定程度上可以像现金一样流通,即只要债权人愿意接受,债务人可以将其所持有的票据转让给债权人以清偿其债务。

(二) 信用功能

信用功能是票据的核心功能,被称为"票据的生命"。票据是信用关系的载体,即信用工具。票据是建立在信用基础上的书面支付凭证,本身没有内在价值,出票人在票据上立下书面的支付信用保证,付款人或承兑人按票面规定履行付款义务。

(三) 汇兑功能

汇兑功能是票据的传统功能。由于商品交换活动的发展,商品交换规模和范围不断扩大,经常会产生在异地或不同国家之间的兑换和转移金钱的需要。直接携带或运送现金,往往很不方便。在这种情况下,通过在甲地将现金转化为票据再在乙地将票据转化成现金或票款,通过票据的转移、汇兑,实现资金的转移,不仅简单、方便、迅速,而且又很安全。

(四) 融资功能

融资功能指通过对远期票据的贴现和再贴现融通资金的功能。

四、票据法

票据法是规定票据种类、票据形式及票据当事人权利义务关系的法律规范的总称。我们常讲的票据法,是狭义的票据法,指的是关于票据的专门立法,是形式意义上的票据法。由于票据是一种具有自身特点的有价证券,其法律关系有一定的特殊性,因此对票据要专门立法规定。19 世纪末,欧洲各国对于票据相继立法,从法律上保障票据的使用和流通,其后逐渐形成两大法系,即英美法系和大陆法系。英国 1882 年订立的《票据法》(Bill of Exchange ACT,BEA),规定了汇票和本票的票据法规,并把支票包括在汇票内。1952 年,美国制定的《统一商法法典》(Uniform Commercial Code)中,包括了关于汇票、本票和支票的法规。大陆法系以成文法、法典作为法院判案依据,包括法国、德国等 30 多个国家。1930 年,法国、德国等 30 多个国家在日内瓦召开了国际票据法统一会议,签订了《日内瓦统一汇票、本票法公约》,1931 年又签订了《日内瓦统一支票法公约》。这两项法律是比较完善的票据法规,统称为《日内瓦统一法》。以英国的《票据法》为代表的英美法系和以《日内瓦统一法》为代表的大陆法系之间在规定票据的种类、内容、转让以及当事人的权利和义务方面都有一些差异。我国也属大陆法系。1996 年 1 月 1 日起,我国开始实施《中华人民共和国票据法》。该法共七章,包括总则、汇票、本票、支票、涉外票据的法律适用、法律责任和附则。

五、票据权利和票据义务

(一)票据权利

票据权利是指依票据而行使的,以取得票据金额为直接目的的权利。票据权利是基于票据行为人的票据行为而发生的,是作为票据行为人的票据义务而相对存在的。票据行为人的票据行为完成时,发生了行为人自己的票据义务,同时也发生了相对人的票据权利。

1. 票据权利的特征

票据权利的性质是债权,但又不同于一般民事债权,它具有以下三个特征:

(1)票据权利是证券性权利。票据权利是债权和证券所有权的统一,是债权的物权化,它将无形的债权转化为有形的票据所有权,并通过票据所有权来实现票据上的债权。因此,要享有票据权利,必先取得票据;失去了票据,也就失去了票据权利。

(2)票据权利是单一性权利。票据权利不能共享,其所有者只能有一人。对于同一票据权利不可能有两个或两个以上不同的所有者。

(3)票据权利是二次性权利。一般债权只有一个债务人,债权人只有一次请求权。票据债权可能有多个债务人,债权人可行使两次请求权。票据债权人(持票人)首先向主债务人行使请求权,如果未能满足,则可向从债务人行使请求权。

2. 票据权利的类型

票据权利依行使的顺序不同,可分为三种类型:

(1)主票据权利。主票据权利是指持票人对主债务人或其委托人所享有的,依票据而请求支付票据上所记载金额的权利。主票据权利一般包括对本票出票人、汇票付款人、支票付款行的请求权。虽然汇票的付款人在承兑之前,支票的付款行在保付之前并不构成主债务人,但持票人必须首先向汇票的付款人和支票的付款行行使请求权。因此,这一请求权可以被认为是要求主票据权利。

主票据权利是第一次请求权,持票人必须首先向主债务人行使第一请求权,而不能越过它直接行使第二请求权。

(2)副票据权利。副票据权利是指在主票据权利未能实现时,发生的由持票人对从债务人所享有的请求偿还票据金额及其他金额的权利。副票据权利是第二次请求权,它以持票人的第一次请求权未能实现为前提条件,副票据权利一般包括追索权与再追索权。

(3) 辅助票据权利。辅助票据权利是指在主票据权利未能实现时,发生的由持票人对特定的从债务人所享有的请求支付票据金额及其他有关金额的权利。辅助票据权利一般包括持票人对参加人和保证人的付款请求权。

3. 票据权利的取得与行使

(1) 票据权利的取得。票据权利的取得主要有两种途径,即原始取得和继受取得。票据权利的原始取得是指票据持票人不经由其他前手权利人最初取得票据权利。原始取得的基本方式是通过出票行为取得票据权利。出票行为是最初始的创设票据权利的行为,出票行为完成后,受票人实现票据的实际占有,从而原始取得票据权利。

票据权利的继受取得是指持票人从票据的前手权利人受让票据,从而取得票据权利,即通过背书转让取得票据权利。

(2) 票据权利的行使。票据权利的行使是指票据权利人请求票据义务人履行义务的行为。其方式是提示票据,即由持票人实际地将票据向票据债务人出示。提示包括承兑提示和付款提示。

如果票据提示未能实现票据权利,持票人可以通过追索、向法院起诉等渠道要求取得票据权利。

(二) 票据义务

票据义务是指票据债务人依票据上所载文义支付票据金额及其他金额的义务。票据义务的性质是一种金钱付给的义务,因此票据义务还可称为票据债务。票据义务是票据权利的相对物。

1. 票据义务的特征

票据义务不同于一般金钱债务,它具有以下三个特征:

(1) 票据义务是单向性义务。在票据权利义务关系中,票据义务人必须单独地承担无条件支付票款的义务,并不能以此为条件对票据权利人主张一定的权利。

(2) 票据义务是连带义务。在通常情况下,票据权利人只能有一个,而票据义务人可能有多个。凡在票据上进行必要事项的记载并完成签名者,都是票据义务人。票据义务人主要有出票人、背书人、承兑人、保证人和参加人等。票据义务人之间对票据债务负有连带偿还的责任,在某　票据义务人无力偿还时,其他票据义务人都有代其偿还的责任。

(3) 票据义务是双重性义务。票据义务带有金钱给付和担保双重义务性。付款义务是主要义务,担保义务是从属义务。

2. 票据义务的类型

票据义务的类型与票据权利的类型是一一对应的。

(1) 主票据义务。主票据义务是主债务人或其委托人依票据记载所承担的付款义务。通常认为,本票出票人、汇票承兑人、支票保付行是主债务人,承担直接、绝对的付款责任;承兑之前的汇票付款人、未进行保付的支票付款行虽不是主债务人,但他们作为出票人的委托者应首先接受持票人提示,因此也可认为他们所承担的是主票据义务。不过,他们所承担的并不是绝对的付款责任。

（2）副票据义务。副票据义务是指背书人作为被追索人所承担的付款义务,它具有担保责任的性质。在主票据义务未能履行时,副票据义务人应履行付款义务。

（3）辅助票据义务。辅助票据义务是指参加人或保证人作为特定债务人所承担的付款义务。它具有代位责任的性质,即参加人或保证人在特定情况下代替先前的被参加人或被保证人而履行相应的票据义务。

3. 票据抗辩

票据抗辩是指票据义务人提出相应的事实或理由,否定票据权利人提出的请求,拒绝履行票据义务的行为。票据抗辩是票据义务人的自我保护方式,是票据义务人所拥有的权利。

票据抗辩主要是对物抗辩,即因票据本身所存在的事由而发生的抗辩。对物抗辩是一种效力较强的抗辩。对物抗辩又可分为以下三类:

（1）有关票据记载的抗辩,即因票据上所存在的记载内容而发生的对物抗辩,包括票据要件记载欠缺抗辩、背书不连续抗辩、票据尚未到期抗辩、票据失效抗辩等。

（2）有关票据效力的抗辩,即因票据债务所赖以成立的实质性要件无相应效力而发生的对物抗辩,包括票据伪造、变造的抗辩、无行为能力人的抗辩、无代理权抗辩等。

（3）有关票据债务的抗辩,即因票据债务虽曾存在,但基于某种情况已归于消灭而发生的对物抗辩,包括票据债务因时效而消灭的抗辩,票据债务因保全手续欠缺(如持票人在被拒付时未按规定作成拒绝证书)而消灭的抗辩。

除对物抗辩外,还可以对人抗辩。

对人抗辩是指因票据债务人与特定票据权利人之间的法律关系而发生的抗辩,如票据债务人可对无权利人(如票据窃取者)主张抗辩等。

对物抗辩可以对所有的票据权利人主张,对人抗辩只能对相应的当事人主张。例如,对于窃取票据的善意持票人,票据债务人不能主张抗辩。

第二节　汇　票

一、汇票的定义

英国《票据法》关于汇票(Bill of exchange or Draft)的定义是:"汇票是由一人向另一人签发的,要求其即期或于一定日期或于可以确定的将来时间,向特定的人或其指定的人或来人无条件地支付一定金额的书面命令。"(A bill of exchange or draft is an unconditional order in writing,addressed by one person to other, signed by the person giving it, requiring the person to whom it is addressed to pay on demand or at a fixed or determinable future time a sum certain in money to or to the order of specified person or to bearer.)

我国《票据法》对汇票的定义是:"汇票是出票人签发的,委托付款人在见票时或者在指定日期无条件支付确定金额给收款人或持票人的票据。"汇票如图2-1所示。

《日内瓦统一法》对汇票未下定义,只规定了汇票应记载下列事项:① "汇票"字样,所用文字应与该票据所用文字一致。② 无条件支付一定金额的委托。③ 付款人名称。④ 付款时间。⑤ 付款地点。⑥ 收款人名称。⑦ 出票日期及地点。⑧ 出票人签名。

```
                    BILL OF EXCHANGE
                                                    NO. 18097
                                        GUANGDONG, APRIL 25, 2018
EXCHANGE FOR USD9996.50
    AT ＊＊＊＊＊＊ SIGHT OF THIS FIRST OF EXCHANGE(SECOND OF THE SAME BEING
UNPAID) PAY TO THE ORDER OF BANK OF CHINA.
    THE SUM OF US. DOLLARS NINE THOUSAND NINE HUNDRED AND NINETY SIX POINT
FIFTY ONLY.
    DRAWN UNDER SOCIETE GENERAL PARIS, FRANCE, L/C NO. 70482 DATED APRIL
1, 2018.
    TO SOCIETE GENERAL PARIS, FRANCE.

                                CHINA NATIONAL TEXTILES IMP. & EXP. CORP.
```

图 2-1 汇票示例

二、汇票的必要记载项目及任意记载项目

汇票上的记载项目包括必要记载项目和任意记载项目。

(一)绝对必要记载项目

绝对必要记载项目是汇票必须记载的内容,必要项目记载是否齐全,直接关系到汇票是否有效。

1. 写明"汇票"字样

汇票上必须标明"汇票"字样用以区别本票和支票。我国《票据法》和《日内瓦统一法》均规定为必须记载事项,以区别于其他票据。《英国票据法》无此要求。常用来表达"汇票"的词汇主要有 Bill of exchange,Exchange,Draft 等。

2. 无条件的支付命令或委托

(1)无条件。汇票是出票人签发的,命令付款人向收款人付款的书面指示。汇票必须是书面的(in Writing),而不是口头的,否则将无法签字;无条件意味着付款不能有限制或附带条件,即没有先决条件,这是汇票的本质和核心。这里所谓的"无条件",并不是指毫无原因就开出一张付款命令要求对方付款,而是指汇票上的文义不能附加任何条件。例如,① 交货后付10 万美元。② 货物抵达目的港后付 5 万美元。③ 从 2 号账户付 1 万美元。④ 付 1 万美元,再借记 2 号账户。以上①②③都不符合汇票是无条件支付命令的要求,只有④可接受。

(2)命令。汇票是一种支付命令(order),而不是请求、征求意见等。

① Pay to A Co. or order the sum of four thousand US dollars only. (有效汇票)

② Please Pay to A Co. or order the sum of four thousand US dollars only. (无效汇票)

③ I will be very pleased if you pay to A Co. or order the sum of four thousand US dollars only. (无效汇票)

3. 确定的金额

票据上的权利必须以货币金额表示,不能用货物数量等表示。汇票上的金额必须确定,不

能模棱两可,如有利息条款,则必须规定利率,《英国票据法》规定,是有利息条款而未规定利率的汇票无效。《日内瓦统一法》规定,见票即付和见票后定期付款的汇票,出票人可规定利息条款并应载明利率,若未载明利率,该利息条款无效,汇票本身有效。因此"大约付 1 000 美元""付 2 000 欧元左右""付 10 万或 15 万日元""付 1 000 美元加利息"等都是不确定的。

汇票的金额包括两部分:货币名称和金额,金额应同时以大小写表示。我国《票据法》规定,票据金额大小写必须同时体现,并且大小写金额必须一致,大小写金额不符,票据无效。英美法、大陆法都认为,如果大小写金额出现不一致,应以大写金额为准。

4. 付款人名称

付款人也可称为受票人(Drawee),付款人是受出票人的委托而支付汇票金额的人,但收款人不能强迫付款人付款或承担到期付款的责任。但付款人一旦对汇票承兑后,即成为汇票的主债务人,承担汇票到期付款责任,而出票人则退居次债务人的地位。《英国票据法》允许由两个以上的人为付款人,且没有主次之分,即承担连带责任。依中国台湾的《票据法》,汇票未记载付款人名称时,出票人为付款人,此时与记载出票人自己为付款人的对己汇票相同。

5. 收款人名称

收款人也叫受款人,汇票上关于收款人的记载又称为"抬头"。它应像付款人一样有一定的确定性。不过,实务中一般只写一个完整的名称,不强求写明地址。根据汇票能否转让和流通的方式不同,汇票上的"收款人"的行文方法可分为以下三种:

(1) 限制性抬头(Restrictive Order)的汇票。即收款人只限于某一具体人、某一单位或某一金融机构,这类汇票不能转让流通。例如,"Pay to E Company only""Pay to E Company not Transferable"。

(2) 指示性抬头(Demonstrative Order)的汇票。指示性抬头又称记名抬头,这类汇票的特征是可以在付款到期日前,经收款人在汇票的背面"背书"后提前从第三方(即接受转让一方)手中取得款项,即背书转让。这类汇票在收款人这一栏里总有"Order"字样,其意思是"可由收款人指定的人收款"。例如,"Pay to the Order of B Company""Pay to B Company or Order""Pay to E Company"。

(3) 持票来人抬头(Payable to Bearer)的汇票。其特点是在收款人这一栏里一定有"Bearer"(持票来人)这一字样。这种汇票,收款人无需背书,仅凭交付即可转让。例如,"Pay to Bearer""Pay to B Company or Bearer"。

6. 出票日期

出票日期(Date of Issue)是指汇票签发的具体时间,它有以下三个重要作用:

(1) 决定汇票的有效期。持票人如不在规定时间内请求票据权利,票据权利自动消失。

(2) 决定付款的到期日。远期汇票到期日的计算是以出票日为基础的,确定了出票日及相应期限,也就能确定到期日。

(3) 决定出票人的行为效力。若出票时法人宣告破产或被清算,则该汇票不能成立。

7. 出票人签章

票据是一种信用工具,出票人签署表示其确认对票据的债务责任。因此,汇票不仅必须记载出票人的名称,而且必须由出票人(有权签字人)亲自签署。

我国《票据法》规定票据上的签章为签名或盖章或签名加盖章。《英国票据法》规定必须手签。联合国制订的《国际流通票据草案》规定,可采用出票地国家法律认为有效的各种方式,如签字、盖章、打孔、复制等,但目前按国际惯例,涉外票据应采用手签方式。

如果出票人是其代理委托人(公司、银行)签字,应在委托人名称前加注"for""on behalf of""for and on behalf of"等字样,并在个人签字后注明职务的名称,如:

For A Co.

John Smith

General Manager

这样,A 公司受个人 John Smith 签名的约束,但不是 John Smith 个人开出汇票,而是代理公司开出汇票。

如果汇票上没有出票人的签字、伪造签字或代签名的人并未得到授权,则不能认为是出票人的签名,这样的汇票不具备法律上的效力。

以上内容是我国《票据法》规定必须记载的事项,缺一不可,否则汇票无效。《日内瓦统一票据法》的规定同我国规定基本相同。而《英国票据法》规定的必要记载项目只有五个,即无条件支付命令、确定金额、付款人名称、收款人名称和出票人签字,而没有"汇票"字样和出票日期的要求。该法认为,没有"汇票"字样并不会影响汇票的效力;没有出票日期,票据仍然成立。如果出具的是远期汇票,善意持票人可以加上出票日期以确定到期日,使之成为完整汇票。

【案例 2-2:汇票的付款人】

我国某银行支行与一海外代理行签订协议,由代理行作为该支行美元汇票(D/D)的付款行。代理行向该行提供以代理行为付款人的空白美元汇票,凭此办理票汇业务。

1998 年票汇业务的高峰期到来后,代理行提供的美元汇票即将用完,该支行要求代理行寄空白汇票备用,但时间已来不及,于是该支行决定使用自己的通用汇票。此种汇票适用于多种币别,但付款人名称空缺,必须于出票时逐笔打上付款行名称。由于种种原因,代理行北京代表处的工作人员未能前来修改电脑汇票系统。支行经办人员通过代表处工作人员的口述,在支行领导的监督下,"修改"了电脑程序,并开始对外签发汇票。

1999 年 1 月中旬,陆续有汇款人持票前往该支行,称国外来函,汇票没有付款行,该汇票无效,因而耽误了其所办业务的进展,要求赔偿损失。此时该支行才想到要与代表处联系核对汇票格式。结果据代表处告知,该支行的程序自行调试失败,这样就造成了该支行先后共开出无付款行的汇票 1 933 份,涉及 643 位汇款人。

(二) 相对必要记载项目

除了以上必须记载的内容外,还有三个"相对必要记载项目"。这些项目十分重要,但如果不记载也不会影响汇票的法律效力。

1. 出票地点

指出票人签发汇票的地点,它对国际汇票具有重要意义,因为票据是否成立是以出票地法律来衡量的。但是,票据不注明出票地并不会影响其生效。我国《票据法》规定,汇票上未记载出票地(Place of Issue),则出票人的营业场所、住所或者经营居住地为出票地。《日内瓦统一法》规定,汇票未记载出票地点的,以出票人后面的地址为出票地。英美法有类似规定。

2. 付款地点

付款地点是指持票人提示票据请求付款的地点。付款地点有重要的法律意义,票据行为适用行为地法律,故票据的承兑、付款和提示期限等,都适用付款地法律。我国《票据法》规定,汇票上若记载付款地,应当清楚明确。未记载付款地的,则付款人的营业场所、住所或经常居住地为付款地。《日内瓦统一法》规定,未记载付款地的,以汇票付款人后面的地址为付款地。这一规定与我国《票据法》的规定原则上是一致的,因为汇票记载的付款人后面的地址,通常即为付款人的营业场所(企业法人)、住所或经常居住地(个人)。

3. 付款日期

付款日期又称汇票到期日。我国《票据法》规定,付款日期是相对应记载事项,凡是汇票上明确记载付款日期的,以票载日期为准;未记载付款日期的,为见票即付。

付款日期的记载有下列四种方式:

(1) 见票即付(At Sight/On Demand)。

(2) 定日付款(At a Fixed Date)。

(3) 出票后定期(At a Fixed Period after Date)。

(4) 见票后定期(At a Fixed Period after Sight)。

对于后两种付款日期的记载,应按以下规则计算汇票到期日:① 起算日期。出票后定期从出票日起算;见票后定期从付款人承兑日起算,若付款人拒绝承兑,则从作成拒绝证书之日起算。② 按日计算。算尾不算头。③ 按月计算。月为日历月,即在相同日期到期,若到期无相同日,则以该月最后一天为到期日。比如1月31日后3个月到期,应为4月30日;半月以15日计算。④ 计算程序。先算月,再算半月或日数,假日顺延至假日后第一个营业日。

【案例2-3:汇票的有效性受出票地点的影响】

英国某企业在中国采购,在中国某地签发了一张汇票,汇票上未记载出票地点且汇票金额仅用阿拉伯数字表示。由于各国票据法均规定,未记载出票地点的,以出票人后面的地址为出票地。该公司的地址在英国伦敦,由此推定,该汇票适用英国票据法,允许金额只采用小写数字,所以该汇票的记载合法有效。

【案例2-4:汇票到期日的计算】

某出口商以A银行为收款人,以国外B公司为付款人,出具出票后90天付款的汇票。该出口商于1月15日出票,则按计算规则:1月份余16天,2月份为28天,3月份为31天,共计75天,再加15天为90天,故该汇票的到期日为4月15日。

(三)任意记载项目

任意记载项目是指除以上两类项目以外的项目,它是由出票人等根据需要记载的限制或免除责任的内容。这些项目一旦被接受,即产生约束力。

1. 担当付款人

担当付款人(Person Designated as Payer)是出票人根据与付款人的约定,在出票时注明或由付款人在承兑时指定的代付款人执行付款的人,其目的是为了方便票款的收付。担当付款人只是推定的受委托付款人,不是票据的债务人,对票据不承担任何责任。因此,持票人在请求承兑时,应向付款人提示汇票。

2. 免作拒绝证书

拒绝证书(Protest)是由付款人当地的公证机构等在汇票被拒付时制作的书面证明。在通常情况下,持票人追索时要持此证书,如果汇票载有免作拒绝证书(Protest Waived)的内容,则持票人在被拒付时无需申请此证书,追索时也不需出示此证书。

3. 免作拒付通知

拒付通知(Notice of Dishonor)是持票人在汇票被拒付时,按规定制作的通知前手作偿还准备的书面文件。如果汇票载有免作拒付通知(Notice of Dishonor Excused)的文句,持票人在汇票被拒付时就不必作此通知。

4. 免于追索

《英国票据法》规定,出票人和背书人可以通过免于追索(Without Recourse)的条款免除在汇票被拒付时受追索的责任。

5. 成套汇票条款

正本汇票写明 First of Exchange 或 Original,副本汇票写明 Second of Exchange 或 Duplicate。正副本汇票分别写明"付一不付二"(pay this first bill of exchange,second of the same tenor and date unpaid)或"付二不付一"。

此外如利息和利率、汇票编号、出票条款等也属于任意记载项目。

三、汇票的当事人

(一)汇票的基本当事人

1. 出票人

出票人(Drawer)是签发并交付汇票的当事人。从法律上看,汇票一经签发,出票人就负有担保付款人承兑和付款的责任,直到汇票完成它的使命,退出流通领域。如果出票人因汇票遭拒付而被追索时,应对持票人承担偿还票款的责任。在汇票被承兑前,出票人是汇票的主债务人;在汇票被承兑后,承兑人成为主债务人,出票人则成为次债务人。因此,在即期汇票被付款前,或远期汇票被承兑之前,出票人是汇票人的主债务人。

2. 受票人

受票人(Drawee)是按汇票记载接受出票人的委托对汇票付款的人。在他实际支付了汇票规定的款项后也称为付款人(Payer)。他是接受付款命令的人。受票人未在汇票签名之前,可承兑也可拒付,他不是必然的汇票债务人,并不必然承担付款责任。

若受票人承兑了汇票,即在汇票上签名,表示他接受出票人发出到期无条件支付一定款项的命令,从此受票人成为承兑人,就要对汇票承担到期付款的法律责任,成为汇票的主债务人。

3. 收款人

收款人(Payee)就是收取票款之人,收款人既是汇票的受益人,也是第一持票人(Holder),是汇票的主债权人,可向付款人或出票人索取款项。具体地说,收款人可以要求付款人承兑付款;遭拒付时他有权向出票人追索票款;由于汇票是一项债权凭证,他又可以将汇票背书转让他人。

(二)其他当事人

1. 背书人

背书人(Endorser)在汇票背面签字,并将汇票交付给受让人,表明将汇票上的权利转让的人。一切合法持有票据的人均可成为背书人,并可以连续地进行背书转让汇票的权利。背书人成为其被背书人和随后的汇票权利受让者的前手,被背书人就是背书人和其他更早的汇票权利转让者的后手。其中,收款人是第一背书人。

2. 被背书人

背书人在背书转让时,通常写上受让人的名称,该受让人称为被背书人(Endorsee),即新的持票人。如果背书转让继续下去,原来的被背书人成为新一轮转让的背书人,并出现新的受让人,即新的被背书人。但应该指出,国外的票据法允许作空白背书转让,即背书人在背书转让时,并不记载受让人的名称,尽管如此,仍把受让人称作被背书人,只是在这种情况下,其名称并不记载在汇票上面。

3. 持票人

持票人(Holder)是持有票据并享受票据权利的人。票据上载明的收款人(Payee)即为第一持票人或原始持票人,持票人可以通过转让票据从而转让票据权利,也可以提示汇票要求承兑人承兑或付款人付款。持票人在汇票得不到承兑或付款时,享有向前手直至出票人、保证人等要求清偿票款的权利。

4. 承兑人

远期汇票的付款人在汇票上签字承诺到期付款的责任,即作出承兑后的付款人,称为承兑人(Acceptor),是汇票的主债务人。

5. 保证人

保证人(Guarantor)是一个第三者对于出票人、背书人、承兑人或参加承兑人作保证行为的人。

四、汇票的票据行为

票据行为是指票据流通过程中,确定权利义务或行使权利或履行义务的行为,包括出票(Issue)、背书(Endorsement)、提示(Presentation)、承兑(Acceptance)、付款(Payment)、保证(Guarantee)、追索(Recourse)等。其中出票是主票据行为,是其他票据行为得以发生的基础。

(一) 出票

出票是产生票据关系的基础。出票包括两个动作:一是出票人写成汇票并加以签章;二是将汇票交付给收款人。出票后,票据关系成立,出票人成为汇票的主债务人,收款人成为汇票的债权人,即持票人。

出票人对收款人或持票人担保汇票将得到付款人的承兑和付款,如果汇票得不到承兑或付款,出票人应接受持票人的追索,清偿票款。收款人作为债权人,拥有付款请求权和追索权。收款人(持票人)也可以通过背书转让这些权利。

出票是出票人单方面设定债权的行为,是对付款人的一种委托(或称命令),至于付款人是否接受出票人的委托向持票人付款,则由付款人根据他和出票人之间的资金关系自行决定。无论如何,付款人因为没有在汇票上签过字,所以在承兑之前对汇票不承担法律责任,但基于出票人的付款委托而使其取得可以承兑的地位。一旦付款人在汇票上承兑,即成为汇票的债务人。

(二) 背书

背书是指持票人在票据背面签名,并交付给受让人的行为。背书的目的是为了转让票据权利。背书行为的完成包括两个动作:一是在票据背面或者粘单上记载有关事项并签名;二是交付。

汇票、本票、支票都可以经过背书而转让。但并不是所有票据都能背书转让,对于限制性抬头或记载有"不得转让"字样的票据,是不可以背书转让的。而对于"来人抬头"票据,不需背书即可转让。因此,背书转让的只是指示性抬头票据。

背书的方式有记名背书、空白背书和限制性背书三种。

1. 记名背书

记名背书(Special Endorsement)又称为特别背书、正式背书、完全背书。记名背书的特点是背书内容完整、全面,包括背书人签名、被背书人或其指定人。背书日期可有可无,如果没有记载背书日期,则视为在票据到期日前背书。经过记名背书的票据,被背书人可以再作背书转让给他人。

记名背书通常有以下三种写法:

(1) Pay to the Order of E Co.(支付给 E 公司的指定人)。

(2) Pay to E Co. or order(支付给 E 公司或其指定人)。

(3) Pay to E Co.(支付给 E 公司)。

背书应当具有连续性。以背书转让的汇票,背书应当连续。所谓背书连续,是指票据转让中转让汇票的背书人与受让汇票的被背书人在汇票上的签章依次前后衔接的一种方法。

如图 2-2 所示,汇票由持汇票人 A 转让给 B,由 B 转让给 C,由 C 转让给 D,由 D 转让给 E,由 E 转让给 F,F 是最后持票人。在汇票背面签字的顺序分别是 A、B、C、D、E,对应的被背书人分别是 B、C、D、E、F。

顺序 当事人	1	2	3	4	5
背书人	A(payee)	B	C	D	E
被背书人	B	C	D	E	F(holder)

图 2-2 汇票的背书转让

2. 空白背书

空白背书(Endorsement in Blank)又称无记名背书、略式背书,是指仅在票据背面签名而不注明被背书人的背书。经过空白背书的票据,受让人可以继续转让。此时只需交付即可,无须背书。

3. 限制性背书

限制性背书(Restrictive Endorsement)是指背书人在票据背面签字,指定某人为被背书人或记载有"不得转让"字样的背书。

经过限制性背书后,指示性抬头的汇票具有了限制性抬头的汇票特点,被背书人不能继续背书转让其权利,只能要求付款人付款。

限制性背书通常有以下三种写法:

(1) Pay to E Co. only(仅付给 E 公司)。

(2) Pay to E Co. not Transferable/Negotiable(支付给 E 公司,不可转让)。

(3) Pay to E Co. not to order(支付给 E 公司,不得付给其指定人)。

背书转让时,背书人还可以作附带记载。按不同的附带记载,可把背书分成以下两种:

一是托收背书(Endorsement for Collection)。背书人在背书时记载"委托收款"(For Collection)字样,是委托被背书人以代理人的身份行使汇票权利。

例如:Pay to Richard Marx for Collection

Jimmy Lincon

这里背书人 Jimmy Lincon 委托被背书人 Richard Marx 作为代理人行使汇票权利,汇票的真正债权人仍是 Jimmy Lincon。委托收款的被背书人,得到的是代理权而不是债权,当然也就不能以背书方式转让本不属于他的汇票权利了。

二是质押背书。这是一种特殊的有条件背书。持票人在融资中可将汇票作为抵押,如到期不能履行其债务责任时,债权人可以行使汇票持票人的权利。我国《票据法》规定,汇票可以设定质押,质押时应以背书记载"质押"字样。被背书人依法实现其质押权时,可以行使其汇票权利。

【案例 2-5:汇票的转让】

某年 5 月 6 日,韦金华携带以自己为收款人的中国工商银行四川 001403 号 150 万元银行汇票和中国农业银行四川 304100 号 50 万元汇票各一张到坪南市,计划购买货物。次日,韦金华委托石头城酒店业务员陈建到石头城酒店开立临时账户的坪南市信用社办理两张汇票的有关手续,将汇票暂时存在该处。该社的业务员张新利对银行汇票进行核对后,陈建将韦金华身份证交给张新利,由张新利代为在该两张汇票背面写上其姓名、住址、证件号码、发证机关,陈建在该两张汇票背面被背书人栏加盖预留印鉴"石头城酒店财务专用章"和"孙世杰印"。张新利收下两张银行汇票后,填写一张送款单回单给陈建和韦金华。送款单上收款单位为坪南市信用社,账号 8235,款项来源韦金华汇票转入,合计金额 200 万元。坪南市信用社收下两张汇票的当日,即在两张汇票上加盖坪南市票据交换章后送坪南市河南西路票据交换所办理票款解付。5 月 11 日,坪南市信用社用转账付出传票将 200 万元汇票款从其 8235 账号转入石头城酒店账户。6 月,韦金华发现此事,即以 200 万元转给石头城酒店不妥向坪南市信用社提出异议。坪南市信用社认为,其是依汇票背书及银行规定将款划入石头城酒店的,并无不妥。双方就此发生争议。韦金华遂于 10 月 20 日向法院提起诉讼。

问题:此案中汇票是否属合法转让?

分析:汇票属合法转让。本案汇票纠纷,问题争执的焦点是汇票属合法转让还是寄存。汇票转让是指持票人可以将汇票权利转让给他人或者将一定的汇票权利授予他人行使。持票人行使汇票转让权利时,应当背书并交付汇票。如何认定这一票据行为?

票据行为分为:狭义票据行为与广义票据行为。

狭义票据行为是指票据当事人以承担票据债务为目的的法律行为,包括出票、背书、承兑、保证、参加承兑、保付等六种。根据我国《票据法》的规定,在我国票据行为仅包括出票、背书、承兑、保证、付款。

广义票据行为是指以发生、变更或消灭票据权利义务关系为目的的法律行为,除包括以上各种狭义的票据行为外,还包括付款、提示、划线、涂销等(在有些国家包括付款)。

我们所指的票据行为仅为狭义的票据行为。票据行为有自己的特性:一是票据行为具有无因性。票据行为只要具备法定形式要件即可生效,不论其实质关系如何,这种性质称为票据行为的无因性。二是票据行为具有独立性。票据上有多个法律行为时,各个票据行为各自独立,互不影响。一项行为生效,不影响其他票据行为的效力,如无行为能力人或限制行为能力人的签名,不影响其他人签名的效力。

票据转让的方式有两种:一是单纯交付。单纯交付是持票人以转让票据权利为目的而将票据交付与他人的一种票据行为。二是背书交付。背书交付即作成背书后并将票据交付于他人。

本案持票人韦金华,案外人石头城酒店陈建共同前往坪南市信用社交付两张银行汇票,经该社业务员张新利核对后,韦金华将其身份证交张新利,并由张新利代其在该两张银行汇票背面书写韦金华姓名、身份证号码、住址、发证机关。陈建在该两张银行汇票背面被背书人栏加盖预留印鉴。至此,韦金华背书转让汇票的法律行为完成。韦金华称此为寄存汇票,既无事实依据,又不符合寄存的法律特征。韦金华汇票寄存之说不能成立,应视为背书转让。汇票一经背书转让就产生相应的法律后果。如前所述,韦金华有意将持有的两张汇票权利让与石头城酒店,又为石头城酒店接受。此后,双方共同提示坪南市信用社,请求该社办理有关银行手续,以使韦金华与石头城酒店合作的法律后果发生。

坪南市信用社在此过程中处于办理汇票转账者的地位,只对转账手续是否合法,转账结果是否错误负责,而不是坪南市信用社能否办理转账。因为,第一,韦金华、石头城酒店之间的背书转让真实意思表示已授权坪南市信用社转账。第二,坪南市信用社当着石头城酒店业务员面,代韦金华在两张汇票背面书写其姓名、身份证号、住址、发证机关等,这种行为符合票据法的规定,也符合《民法通则》第66条"本人知道他人以本人名义实施民事行为,而不作否认表示的,视为'同意'的规定"。韦金华对坪南市信用社的此行为,应视为认可。韦金华持有汇票已作背书转让他人,由此产生的法律后果自应由韦金华承担。第三,坪南市信用社作为汇票受让人开立账户的金融机构,依职责审了转让汇票记载事项及汇票权利受让人的预留印鉴。坪南市信用社的这些行为,符合银行的有关规定。

（三）提示

持票人向付款人出示汇票要求承兑或付款的行为称为提示。提示分为承兑提示和付款提示。汇票是一种书面的权利凭证,故而当持票人在行使票据权利时必须向付款人出示汇票,否则付款人无从确定是否承兑或付款。持票人还必须在规定的时效内提示,对此法律有如下规定。

1. 承兑提示

我国《票据法》对提示承兑有如下规定:

(1) 定日付款和出票后定期付款的汇票,持票人可以在到期日前提示承兑,也可以不提示承兑而于到期日直接请求付款。

(2) 见票后定期付款的汇票,持票人应当自出票日起1个月之内向付款人提示承兑。

(3) 见票即付的汇票,无需提示承兑。

《日内瓦统一法》对见票后定期付款汇票规定的提示承兑期限为出票日起1年;《英国票据法》则规定为"合理时间",通常理解为半年左右。

2. 付款提示

我国《票据法》对提示付款有如下规定:

(1) 见票即付的汇票,持票人应在出票日起1个月内向付款人提示付款。

(2) 定日付款、出票后定期付款或已承兑的见票后定期付款的汇票,持票人应在到期日起10日内向付款人提示付款。

《日内瓦统一法》对见票即付的汇票规定的提示付款期限为自出票日起1年;《英国票据法》则规定为"合理时间"。《日内瓦统一法》对三种远期汇票的付款提示规定为到期日及后2个营业日;《英国票据法》则规定为必须在到期日当天提示付款。

（四）承兑

1. 承兑的定义

承兑是指远期汇票的付款人在持票人作承兑提示时,在汇票上写明"承兑"字样,加注承兑日期并签字(有时还加注付款到期日期),确认其同意执行出票人发给的无条件命令,并将该汇票交还持票人或另制承兑通知书交给持票人的行为。未经承兑的远期汇票,在法律上对付款人没有强制效力。

2. 承兑的行为

承兑包括两个行为:一是汇票上写明"承兑"字样;二是把承兑汇票交给持票人或把承兑通知书交持票人。具备这两个行为才算完成承兑行为。德国、瑞士法律及英美法认为:汇票上即使没有"承兑"字样,如有付款人签字和日期,仍可作为承兑。荷兰、西班牙法律认为:必须有"承兑"字样,否则承兑无效。

3. 承兑的种类

(1) 一般承兑(General Acceptance),又称普通承兑,是指承兑人对出票人的指示不加限制地同意确认。通常所称的承兑,即指一般承兑。

(2) 限制承兑(Qualified Acceptance),是指承兑时用明白的措辞改变汇票承兑的效果。限制承兑分为:

① 有条件承兑(Conditional Acceptance),即指完成所述条件后,方予承兑。例如:

Accepted

1st June 20××

Payable on delivery of bill of lading

For ×× Bank Ltd. London

Signed _____

此种汇票不符合"汇票是无条件支付命令"的要求,持票人有权拒绝。

② 部分承兑(Partial Acceptance),即对金额的一部分进行承兑。例如:

针对票面金额为£1 000.00 的汇票,承兑时只承兑£400.00

Accepted

3rd June 20××

Payable for amount of £400.00 only

For ×× Bank Ltd. London

Signed _____

英美法认为:持票人对部分承兑的有限制条件的承兑可拒绝接受。如持票人认为可接受,必须征得出票人及前手背书人同意,否则,出票人及前手背书人不承担任何责任。

大陆法认为:持票人必须接受部分承兑,但对没承兑的部分,应作成拒绝证书,以保留其权力。

③ 限制付款地点的承兑(Local Acceptance)。例如:

Accepted

3rd June 20××

Payable at Hambros Bank and there only

For ×× Bank Ltd. London

Signed _____

(无"and there only"则为普通承兑)

④ 限制付款时间的承兑(Time Qualified Acceptance)。例如:

出票日后 3 个月付款的汇票,承兑时写明 6 个月付款

Accepted

3rd June 20××

Payable at 6 months after date

For ×× Bank Ltd. London

Signed _____

（五）付款

付款是指汇票的付款人（或担当付款人）支付汇票金额以结束票据关系的行为。持票人在规定时效内向付款人做付款提示，付款人足额付款后，持票人在汇票上签收，并将汇票交给付款人。至此，汇票上的一切债权债务关系即告结束。

付款有以下特征：第一，付款行为必须由付款人（或其指定的担当付款人）作出。除此以外的任何人的支付，均不能结束票据上的债权债务关系。第二，付款是支付汇票金额的行为，必须以金钱支付。此点不同于民法中的清偿，清偿可以用金钱也可以用实物或劳务来替代。各国《票据法》对付款有下列规定。

1. 付款日期

我国《票据法》规定，付款人应在付款提示当日付款；而《英国票据法》对远期汇票到期日提示，允许有 3 天的优惠日；《日内瓦统一法》规定付款无优惠日。

2. 付款金额

我国《票据法》规定，付款人必须足额付款；《英国票据法》对部分付款允许持票人自行决定拒绝或接受，若接受，则对未付金额作成拒绝证书，行使追索权；《日内瓦统一法》则规定，付款人若支付汇票金额的一部分，持票人不得拒绝，否则就丧失追索权。

3. 付款货币

我国《票据法》规定，汇票金额为外币的，按照付款日的市场汇价，以人民币支付。汇票当事人对汇票支付的货币种类另有约定的，从其约定。

各国票据法都有类似规定，即除非当事人另有约定，允许付款人用本币支付票款，并按当日市场汇率计算票款。

4. 付款人责任

我国《票据法》规定，付款人付款时，应审查汇票背书的连续性，并审查持票人的合法身份证明或有效证件。《日内瓦统一法》也规定付款人应审查背书连续，但不要求辨认背书真伪。只要背书连续，付款人一旦付款，即解除了他对汇票承担的义务或是完成了出票人的委托。《英国票据法》规定，在汇票出现伪造背书的情况下，即使付款人出于善意，在不知情的情况下向持票人付了款，汇票的真正所有人仍有权要求付款人再一次付款，但付款人可要求持票人返回已付的票款。除了付款人在付款时应进行形式上的审查外，我国《票据法》和各国票据法还规定了付款人付款必须出于善意。我国《票据法》第 57 条第二款规定："付款人及其代理付款人以恶意或者有重大过失付款的，应当自行承担责任。"所谓"恶意"，是指付款人明知持票人不是真正的票据权利人或者汇票上背书签章属伪造等情形；所谓"重大过失"，是指只需一般的专业知识或稍加调查即可发现持票人不具有受领票款的资格而未能察知，在这种情形下的付款，付款人不能辞咎，应承担由此而导致其他当事人损失的责任。

（六）拒付

持票人提示汇票要求付款时遭到拒绝付款，或持票人提示汇票要求承兑时遭到拒绝承兑,或付款人避而不见、死亡或宣告破产,以致付款已事实上不可能时,均称为拒付,又叫退票。遭到拒付后,持票人应立即向前手追索,否则会丧失追索权。

(七) 追索

追索是指汇票遭拒付时,持票人要求其前手背书人或出票人或其他票据债务人偿还汇票金额及其费用的行为。持票人所拥有的这种权利就是追索权(Right of Recourse)。追索权和付款请求权共同构成了汇票的基本权利。

1. 持票人行使追索权必须具备三个条件

(1) 持票人必须在法定期限内,向付款人提示承兑或付款,未经提示,持票人不得向其前手追索。

(2) 持票人必须在汇票遭拒付的法定期限内,将拒付事实通知前手。英美法认为,遭拒付后,持票人要将拒付事实通知直接背书人,拒付通知必须在合理时间内发生。当事人在同一地区,拒付通知必须在拒付后第二天作出。当事人居住在不同地区,拒付通知应在拒付后第二天发出,如没有邮班,下次邮班发出,否则将丧失追索权。

(3) 必须在法定期限内作出拒绝证书(Protest)。拒绝证书是由付款地的公证人或其他依法有权作出证书的机构(法院、银行)等所作成的,是证明付款人拒付的书面文件。持票人请求公证人作成拒绝证书时,应将汇票交出,由公证人持票向付款人再作提示,如仍遭拒付,即由公证人按规定格式作成拒绝证书,连同汇票交还持票人。持票人凭拒绝证书,向其前手背书人行使追索权。

2. 追索顺序

汇票的债务人对汇票的责任是有区别的,这些债务人的责任先后顺序为:

(1) 在未承兑汇票时为:出票人、收款人(第一背书人)、第二背书人、第三背书人……持票人的前手背书人。

(2) 在已承兑汇票时为:承兑人、出票人、收款人(第一背书人)、第二背书人…… 持票人的前手背书人。

《票据法》规定,债务人责任无大小之分,只要签过字就要对票据债务负责。因此,持票人可以向任何一个前手追索,也可同时向所有前手追索,但是一般持票人都是向最主要的债务人追索。

在票据未承兑时,当然是向出票人追索,因为出票人是主债务人;在票据已承兑时,承兑人拒付,也是向出票人追索,因出票人是第一从债务人。此时,出票人清偿后,还可向承兑人追索,只要他与承兑人有资金关系,承兑人若仍不付,出票人可向法院起诉。

3. 追索金额

我国《票据法》规定,可以请求被追索人支付下列金额和费用:① 被拒绝付款的汇票金额。② 按法定利率计算的利息。应该指出,该利息应从汇票到期日起算至清偿日,其中见票即付和见票后定期付款的汇票到期日,从做成拒绝证书时起算。③ 取得有关拒绝证明和发出通知书的费用。被追索人清偿债务后,可以向其前手直至出票人行使再追索权,再追索的金额就是已清偿的金额加上利息和发出通知书的费用。

4. 追索时效

我国《票据法》规定,持票人对前手的追索权,自被拒绝承兑或被拒绝付款之日起 6 个月,再追索权则自清偿日或被提起诉讼日起 3 个月。《日内瓦统一法》规定,追索时效从作成拒绝证书之日起 1 年,再追索时效从清偿日起 6 个月。《英国票据法》规定,保留追索权的期限从债权成立日起 6 年。

(八) 保证

保证是指非汇票债务人对出票、背书、承兑等行为所发生的债务予以担保。票据被保证后,增强了信誉,便于流通,因此保证常被用作票据融资的手段。

保证时,应在汇票或者粘单上记载下列事项:① 表明"保证"字样。② 保证人名称和地址。③ 被保证人名称。④ 保证日期。⑤ 保证人签章。例如:

Per Aval(保证)

For(被保证人姓名)

Signed by(保证人签名)(保证人名称与地址)

Dated on(保证日期)

保证人一旦在汇票上作保,即与被保证人承担相同的债务责任。当汇票遭到拒付时,持票人有权向保证人追索,保证人应当清偿追索金额。保证人清偿后,有权向被保证人及其前手追索。保证人未在汇票上记载被保证人的,汇票的主债务人为被保证人。即未承兑的汇票,出票人为被保证人;已承兑的汇票,承兑人为被保证人。

我国《票据法》规定,保证人由汇票债务人以外的他人担当,但《日内瓦统一法》规定允许任何人作保证,且在保证时,可仅作签字。我国《票据法》还规定,保证不得附有条件,若附有条件的,条件无效,保证依然有效。《日内瓦统一法》则规定保证人可以只对汇票金额的一部分作保证。《英国票据法》没有"保证"的规定,但有"融通"(Accommodation)制度。"融通"的做法和作用与"保证"相似。

五、票据的贴现

持票人将付款人已承兑但尚未到期的远期汇票背书转让给银行或其他金融机构(如贴现公司),银行受让汇票时按票面金额扣减贴现利息后,将剩余金额交付持票人,称之为贴现(Discount)。

银行受让汇票,在取得票据债权的同时,也承担了汇票到期遭到拒付的风险,所以银行只接受信用良好的汇票。汇票信用的优劣,由在汇票上签署的出票人、背书人、承兑人和保证人等债务人的信用来决定。其中,承兑人的信用无疑最为重要,故只有经过承兑的汇票,而且承兑人和出票人有良好的信誉,才能被银行接受。"银行承兑汇票",则最容易贴现。

贴现的一般做法如图 2-3 所示。

贴现步骤如下:

(1)出票人开出汇票,交给收款人,收款人为第一持票人,若背书转让,即出现新的持票人。

(2)持票人将远期汇票向付款人作承兑提示,付款人承兑后交还汇票。

(3)持票人背书后交付贴现银行,银行扣减到期利息后向持票人支付票款,即为贴现。

(4)贴现银行以正当持票人的身份在汇票到期时向付款人提示,付款人付款。

贴现息的计算公式为:

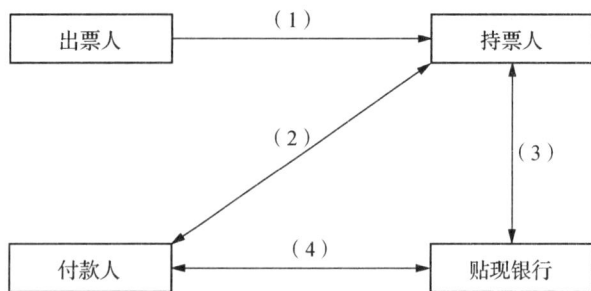

图 2-3 票据贴现步骤

$$D = (V \times t \times d)/360$$

式中,D——贴现息(Discount Interest);

  V——汇票票面金额(Face Value of the Bill);

  t——贴现天数(Days to the Maturity Date);

  d——贴现率(Discount Rate)。

【案例 2-6:汇票贴现息的计算】

面值为 10 000 美元的见票后 90 天付款的汇票于 6 月 20 日得到付款人的承兑,则该汇票应于 9 月 18 日到期。持票人于 6 月 30 日持汇票去某银行要求贴现,银行需计算计息天数,7 月份和 8 月份各 31 天,9 月份 18 天,共计 80 天,如贴现率为 10%,按欧美算法,一年按 360 天计算,则贴现息应为:

$$D = (10\,000 \times 80 \times 10\%)/360 = 222.22(美元)$$

银行向持票人净付款为:

$$P = 10\,000 - 222.22 = 9777.78(美元)$$

银行受让汇票后,于 9 月 18 日向付款人提示,收取全额票款 10 000 美元。

六、汇票的种类

(一)按出票人划分

(1)银行汇票(Banker's Draft)。出票人为银行,付款人为另一家银行。

(2)商业汇票(Trade Bill)。出票人是企业或个人,付款人可以是银行或企业或个人。

(二)按汇票流通中是否附有货运单据划分

(1)光票(Clean Bill)。使用中不附带货运单据的汇票,银行汇票均为光票。

(2)跟单汇票(Documentary Bill)。使用中附带有货运单据的汇票均为商业汇票。

(三)按付款期限划分

(1)即期汇票(Sight Bill)。见票即付的汇票。

(2)远期汇票(Usance Bill)。在固定的或在可以确定的未来某一日期付款的汇票。在汇票上的相应记载为:定日付款、出票后定期、见票后定期三种。

（四）按承兑人划分

（1）商业承兑汇票（Traders's Acceptance Bill）。经企业或个人承兑的一种远期的商业汇票。

（2）银行承兑汇票（Banker's Acceptance Bill）。经银行承兑的远期汇票，通常是远期的商业汇票。由于经银行承兑后获得了银行信用，比商业承兑汇票可靠，易于流通贴现。

（五）按票据行为地划分

（1）国内汇票（Domestic Bill）。票据行为均发生在同一国家的汇票。

（2）涉外汇票（Foreign Bill）。出票、背书、承兑、保证、付款等行为，发生在两个或两个以上不同国家的汇票。

第三节 本 票

一、本票的定义

我国《票据法》对本票的定义是："本票是出票人签发的承诺自己在见票时无条件支付确定的金额给收款人或者持票人的票据。本法所称本票，是指银行本票。"

《英国票据法》对本票的定义是："本票是一人向另一人签发的，保证即期或定期或在可以确定的将来时间，对某人或其指定人或持票人支付一定金额的无条件的书面承诺。"（A promissory note is an unconditional promise in writing made by one person to another signed by the maker, engaging to pay, on demand or at a fixed or determinable future time, a sum certain in money to or to the order of a specified person or to bearer.）

本票定义与汇票定义相比有三处明显的不同：① 本票是"保证自己"，汇票是"要求他人"。② 本票是"无条件承诺"，汇票是"无条件命令"。③ 本票只有两个基本当事人，即出票人和收款人，而汇票则有三个基本当事人，即出票人、付款人和收款人。

二、本票的必要项目

根据《日内瓦统一票据法》的规定，本票必须具备以下项目：

（1）写明"本票"字样。

（2）无条件的支付承诺。

（3）确定的金额。

（4）收款人名称。

（5）出票日期。

（6）出票人签章。

本票如图 2-4 所示。

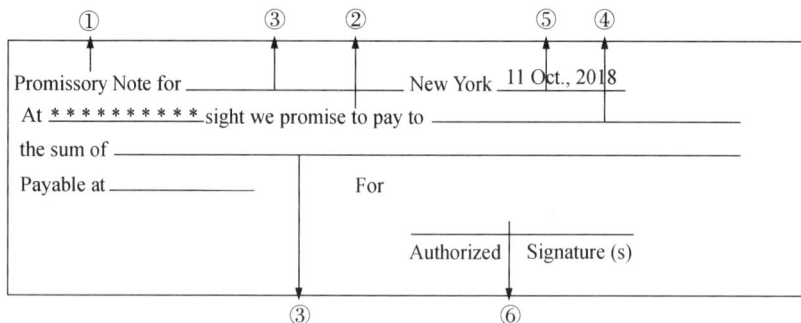

图 2-4 本票票样

三、本票的种类

按照我国《票据法》,本票仅限于银行本票,企业和个人不能签发本票。

但是,根据《日内瓦统一票据法》和《英国票据法》,本票可按出票人的不同分为一般本票和银行本票两种。一般本票(General Promissory Note)的出票人是工商企业或个人,因此又称商业本票;银行本票(Banker's Promissory Note)的出票人是银行或其他金融机构。一般本票又可依付款时间分为即期本票和远期本票两种。即期本票就是见票即付的本票,银行本票都是即期的。远期本票则是承诺于未来某一固定的或可以确定的日期支付票款的本票。

四、本票和汇票的区别

本票与汇票在形式、内容和票据行为上有许多共同之处,但由于本票的出票人就是付款人,于是就与汇票有以下不同之处:

(1) 本票是一种支付承诺,而汇票则是一种支付委托(或称作支付命令)。

(2) 本票只有两个基本当事人,即出票人和收款人,而汇票则有三个基本当事人,即出票人、付款人和收款人。

(3) 出票人的责任不同。本票的出票人是绝对的主债务人,汇票则不尽然。对于即期汇票,出票人是绝对的主债务人。对于远期汇票,在承兑前,出票人是主债务人;承兑后,承兑人为主债务人。

(4) 本票的出票人就是付款人,故即使是远期本票也无须承兑,而远期汇票一般要付款人承兑,以保证到期付款。

(5) 本票只出一张正本,而汇票可以是单张,也可以是一套。商业汇票往往出一套两张,其中一张经承兑或付款,另一张即作废。

第四节 支 票

一、支票的定义

《英国票据法》对支票所下的定义是:Briefly speaking, a cheque is a bill of exchange drawn on a bank payable on demand. Detailed speaking, a cheque is an unconditional order in writing addressed by the customer to a bank signed by that customer authorizing the bank to pay on demand a sum certain in money to or to the order of a specified person or to bearer.

简而言之,支票是以银行为付款人的即期汇票。详细地说,支票是银行存款户对银行签发的授权银行对某人或其指示人或持票来人即期、无条件支付一定金额的书面命令。

与汇票的定义相比,支票的付款人一定是银行,期限一定是即期的。此外与汇票无本质的不同。

二、支票的必要项目

(1) 写明"支票"字样。

(2) 无条件的支付命令或委托。

(3) 确定的金额。

(4) 付款人名称。

(5) 出票日期。

(6) 出票人签章。

支票如图 2-5 所示。

Cheque for US＄2,658.00　　　　　　　　　　　　　　　London,20 Nov. ,2018

　　Pay to the order of China National Textile Corp. The sum of US Dollars two thousand six hundred and fifty eight only.

To National Westmister Bank,

London,England

　　　　　　　　　　　　　　　　　　　　　　　　　　　For ABC Trade Co.

　　　　　　　　　　　　　　　　　　　　　　　　　　　signed

图 2-5　支票票样

三、支票的类型

支票都是即期的。我国《票据法》明确规定:"支票限于见票即付,不得另行记载付款日期。另行记载付款日期的,该记载无效。"有些支票虽然有时被称为期票,但只是填迟日期,那个日期实际上应被视为出票日期,对那个日期来说,支票仍是见票即付的即期支票。因为,付款人照例是不能在出票日期前支付支票金额的。"期票"一词除用于填迟出票日期的支票外,也可理解为远期本票或远期汇票。

在我国,支票可按不同用途分为现金支票和转账支票两种。我国《票据法》第 84 条明确规定:"支票可以支取现金,也可以转账。在用于转账时,应当在支票正面注明。支票中专门用于支取现金的,可以另行制作现金支票,现金支票只能用于支取现金。支票中专门用于转账的,可以另行制作转账支票,转账支票只能用于转账,不得支取现金。"

但在国际上,支票还可按收款人的写法、是否划线、如何划线,以及是否有他人保证分为以下若干种。

（一）记名支票

记名支票(Check Payable to Order)是指在支票的收款人一栏中记载收款人的具体名称,如"付交亚细亚公司"(Pay to ASIA Co.)。有的还加上"或其指定人",如"付交亚细亚公司或其指定人"(Pay to the Order of ASIA Co.)。持记名支票取款时,须由载明的收款人在背面签章。

（二）不记名支票

不记名支票(Check Payable to Bearer)又称来人支票或空白抬头支票。这种支票不记载收款人的具体名称,只写明"付交来人"(Pay to Bearer),支款时无须收款人签章。持票人可仅凭交付即可将支票权利转让。

（三）划线支票

划线支票(Crossed Check)是在支票正面划两道平行横线的支票。一般的未划线支票(Uncrossed Check)既可以委托银行收款入账,也可以由持票人自行凭此向付款人支取现金;而划线支票则只能委托银行收款入账,不能由持票人自行向付款人支取现金。使用划线支票的主要目的是防止在遗失时被人冒领。即使被冒领,也有可能通过银行收款线索追回款项。

（四）保付支票

凡由付款银行批注"保付"(Certified to Pay)字样并签字的支票称为保付支票(Certified Check)。支票一经保付,签署保付的银行必须付款。支票经保付后,保付银行成为主债务人,支票的可靠性随之提高,因而更有利于流通。

四、支票与汇票的区别

支票与汇票的主要区别见如表2-1所示。

表2-1 支票与汇票的比较

项 目	支 票	汇 票
付款人	银行	个人、银行、企业
期限	即期	即期或远期
能否止付	可以	不可以
转账方式	须划线	无须划线
有无承兑	无	有
主债务人	出票人	承兑前是出票人,承兑后是承兑人
流通时间	10天左右,国际支票在合理时间内流通	较长

五、支票的使用

(一) 一般做法

支票是存款人用以向开户银行支取存款而开出的票据,是替代现金的支付工具,收款人可以是第三人,也可以是出票人自己或者是付款银行。其主要票据行为如出票、背书、付款、追索等,基本上适用于对汇票的规定。

(二) 支票的止付和拒付

1. 支票的止付

支票是一种短期票据,是由出票人向收款人担保并向付款人授权(委托)的代替现金的支付工具,若出票人撤销其担保或授权,即为对支票的止付。

《日内瓦统一法》禁止在有效期内止付支票。这一规定类似于承兑后的汇票,承兑人作为主债务人必须承担付款责任。支票的主债务人亦为出票人,同样在有效期内(支票提示期)必须承担其保证付款的责任,以保障支票的流通和使用。过了有效期后,付款人有权决定是否对持票人的提示予以付款,此时出票人有权撤销其授权。

《英国票据法》允许支票止付。其观点是支票的流通功能有限,作为一种短期的支付工具,出票人撤销其对支票的担保,仅仅是撤销了以支票形式来履行其债务责任,但他在法律上仍对原有的债务负责。《英国票据法》规定,支票止付必须由出票人以书面通知方式实行,银行在收到载有支票详细内容的由出票人签署的书面通知后才会止付。

我国《票据法》对支票止付没有规定,但规定了当出票人或持票人遗失支票时,可由失票人书面通知银行挂失,对已挂失的支票,银行应暂停支付。失票人应在挂失后3天内,向法院申请公示催告。

2. 支票的拒付

持票人提示支票要求付款时,遭到拒绝付款,称为拒付,也称退票。退票的原因有:出票人签字不符;奉命止付;存款不足;大小写金额不相符;支票的开出不符合规定;支票过期或逾期提示;重要项目的涂改没有经出票人确认。

(三) "远期支票"

支票是一种见票即付的支付委托。所谓"远期支票",是指出票人在出票时,把出票日期填写成将来的某一日期。作为要式证券,出票日期是支票必须记载的项目,而出票人在支票上所作的担保和授权当然应在出票日以后,而不应在此之前,故而在贸易实务中,出票人可与收款人约定,以提前写成并交付"远期支票"的方式实施远期付款。但在各国票据法中,只规定了支票的必要记载,并没有规定出票日期对支票有效性的制约,所以对于"未到期"的支票,只要支票的记载合格,银行可以不理会日期有悖于事实的情形,在持票人提示时予以付款。在实践中,银行则拒付出票日期未到的支票。

本章小结

1. 票据的含义:票据(Bills)有广义和狭义之分,广义的票据指所有商业上作为权利凭证的单据(Document of Title)，包括商业单据和资金票据，如发票、提货单、提单、仓单、保单等。狭义上的票据指依据票据法签发和流通的，以无条件支付一定金额为目的的有价证券，包括汇票、本票和支票。本章所讲的票据是指狭义的票据。其中，在国际贸易结算中使用最为广泛、票据行为表现最完全、作用发挥最充分的是汇票。票据特性：设权性、要式性、文义性、无因性、流通性、可追索性、提示性和返还性。

2. 汇票是出票人签发的，委托付款人在见票时或者在指定的日期无条件支付确定的金额给收款人或者持票人的票据。汇票的必要项目："汇票"字样、无条件命令、确定金额、出票人、付款人、收款人、出票日期和地点、汇票的期限。汇票的票据行为：出票、背书、提示、承兑、付款、拒付、追索、保证。汇票的贴现：贴现(Discount)是指银行或贴现公司从持票人那里有追索权地买进已经承兑的远期汇票的融资行为。

3. 本票是一人向另一人签发的，保证即期或定期或在可以确定的将来时间，对某人或其指定人或持票来人支付一定金额的无条件书面承诺。本票的必要项目："本票"字样、无条件承诺、确定金额、出票人、收款人、出票日期和地点、本票期限。本票和汇票的区别：① 本票是一种支付承诺，而汇票则是一种支付委托(或称作支付命令)。② 本票只有两个基本当事人，即出票人和收款人，而汇票则有三个基本当事人，即出票人、付款人和收款人。③ 出票人的责任不同，本票的出票人是绝对的主债务人，汇票则不尽然。对于即期汇票，出票人是绝对的主债务人。而对于远期汇票，在承兑前，出票人是主债务人；承兑后，承兑人为主债务人。④ 本票的出票人就是付款人，故即使是远期本票也无须承兑，而远期汇票一般要付款人承兑，以保证到期付款。⑤ 本票只出一张正本，而汇票可以是单张，也可以是一套。商业汇票往往出一套两张，其中一张经承兑或付款，另一张即作废。

4. 支票是以银行为付款人的即期汇票。详细地说，支票是银行存款户对银行签发的授权银行对某人或其指示人或持票来人即期、无条件支付一定金额的书面命令。支票的必要项目："支票"字样、无条件付款命令、确定的金额、出票人、付款行、收款人、出票的地点和日期、付款期限。支票的分类：普通支票和划线支票，划线支票又可以分为普通划线支票和特殊划线支票；记名支票和无记名支票。支票和汇票的区别：① 付款人不同。支票必须以银行为付款人，而汇票付款人既可以是银行，也可不是银行。② 功能不同。汇票的功能可作汇兑和支付工具，也可以作为信用工具。而支票只能用作汇兑和支付。③ 付款期限不同。就付款期限而言，汇票有即期和远期之分。而支票则只能是即期付款。支票一经提示，付款人就应按照票面金额支付票款。因此，支票无须承兑，而远期汇票通常需经承兑。④ 提示期限不同。按《日内瓦统一票据法》，支票的出票人和付款人若在同一国内，其提示期限只有8天，而汇票的提示期限可以长达1年。按我国《票据法》，支票的提示期限是自出票日起10天；异地使用的支票，其提示期限按中国人民银行规定。超过提示付款期限的，付款人可以不予付款，但出票人仍应对持票人承担票据责任。

基本概念

汇票 本票 支票 出票 提示 承兑 付款 背书 拒付 追索 贴现 出票人 受票人 收款人 持票人 背书人 被背书人 承兑人 保证人

复习思考题

一、判断题

1. 汇票注明"Pay to John David not transferable"的汇票可以转让。 （　）

2. 票据的主要特征有:流通转让性、无因性、要式性。 （　）

3. 我国的《票据法》自 1997 年 12 月 1 日起实施,标志着我国的票据制度已步入法制化的轨道。 （　）

4. 支票可以划线,汇票则没有划线的规定。 （　）

5. 本票只能开出一张,而汇票可以开出一套。 （　）

二、单项选择题

1. 票据是由（　）签发的,无条件约定自己或他人、以支付一定金额为目的,可以流通转让的有价证券。

A. 收款人 　　　　B. 付款人 　　　　C. 出票人 　　　　D. 背书人

2. "pay to or to the order of a specified person"是指（　）。

A. 对某人支付 　　　　　　　　　B. 对某人或其指定人支付

C. 对持票人支付 　　　　　　　　D. 某人发出的支付承诺

3. （　）是一人向另一人签发的,保证即期或定期或在可以确定的时间,对某人或其指定人或持票人支付一定金额的无条件的书面承诺。

A. 本票 　　　　B. 支票 　　　　C. 汇票 　　　　D. 票据

4. （　）遭到退票时必须作成拒绝证书。

A. 本票 　　　　B. 支票 　　　　C. 汇票 　　　　D. 支付委托书

5. "Pay to bearer"是指（　）。

A. 对某人支付 　　　　　　　　　B. 对某人的指定人支付

C. 对持票人支付 　　　　　　　　D. 对被背书人支付

6. 出票人作为票据的主债务人,对（　）承担在票据提示时,付款人一定付款或承兑的保证责任。

A. 收款人 　　　　B. 背书人 　　　　C. 被背书人 　　　　D. 付款人

7. 金融单据不包括（　）。

A. 汇票 　　　　B. 本票 　　　　C. 支票 　　　　D. 发票

8. 支票是以银行为付款人的（　）。

A. 本票 　　　　B. 远期汇票 　　　　C. 有条件支付命令 　　　　D. 即期汇票

9. 一般情况下有两个当事人的票据是（　）。

A. 汇票 　　　　B. 本票 　　　　C. 支票 　　　　D. 传票

10. 远期汇票在承兑前,其主债务人是出票人,承兑后主债务人是（　）。

A. 出票人 　　　　B. 收票人 　　　　C. 承兑人 　　　　D. 付款人

三、简答题

1. 什么是汇票? 我国《票据法》规定汇票的必须记载事项有哪些?

2. 汇票上"收款人"一栏的行文有几种？其与汇票转让流通的关系如何？

3. 如何确定汇票到期日？

4. 什么是记名背书和不记名背书？

5. 什么是承兑？该票据行为的特点和作用是什么？

6. 汇票的债务人有几个？分别说明他们所承担的债务责任。

7. 什么是追索？追索应具备什么条件？追索的款项应包括哪些部分？

8. 何谓本票？说明本票和汇票的异同点。

9. 简述汇票与支票的区别。

第三章　汇款结算方式

学习目标和要求：

1. 掌握国际结算方式的含义和种类。
2. 掌握汇款的含义和汇款业务的相关当事人。
3. 掌握信汇、电汇、票汇三种汇款方式及其业务流程。
4. 了解汇款的偿付方法和退汇。
5. 熟悉汇款业务在国际贸易中的应用。

第一节　国际结算方式概述

一、国际结算方式的含义

在国际贸易中，货物和货款相对给付是不可能同时由买卖双方当面完成的。卖方发货交单，买方凭单付款，以银行为中介，以票据为工具进行结算，是当代国际结算的主要特征。国际结算方式就是指国际间由于贸易或非贸易往来而发生的债权债务，采取一定的形式，按照一定的条件，使用一定的信用工具，进行货币收付的程序和方法。在国际贸易结算中，常用的结算方式有汇款、托收、信用证这三种，此外还有银行保函、备用信用证等。

一般而言，国际结算方式应包括以下内容：

(1) 按照买卖双方议定具体的交单与付款方式办理单据和货款的对流。

(2) 结算过程中，银行充当中介人和保证人，正确结清买卖双方债权和债务。

(3) 买卖双方可以向银行提出给予资金融通的申请。

(4) 结算方式必须订明具体类别、付款时间、使用货币、所需单据和凭证。

二、国际结算方式的类型

（一）按结算工具和使用方式不同的分类

国际结算方式有许多种，按照结算工具和使用方式来划分，主要有汇款、托收、信用证、银行保函、保理、福费廷等。其中，汇款、托收和信用证是传统的国际结算方式，银行保函、保理和福费廷则是适应国际贸易发展的需要出现的更灵活、更便捷的国际结算方式。

（二）按资金的流向和结算工具传递方向不同的分类

按资金的流向和结算工具传递的方向，国际结算方式可分为顺汇和逆汇。

顺汇(Remittance)也称汇付法,指客户主动将款项交给银行,委托银行用某种结算工具将款项汇往国外收款人。在顺汇方式中,资金的流向与结算工具的传递方向是一致的,都是从债务人到债权人的移动,银行的汇款业务就是顺汇。如图 3-1 所示,实线表示资金的流向,虚线表示结算工具和票据的传递方向。

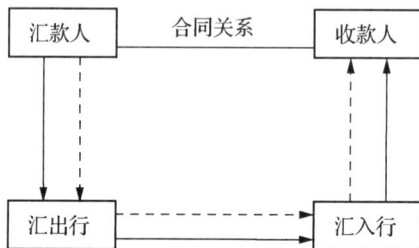

图 3-1 顺汇示意图

逆汇(Reverse Remittance)也称出票法,是指由债权人或收款人向银行提供收款凭证,委托银行通过国外代理行向国外债务人索取款项。在逆汇方式中,结算工具的传递方向是从债权人到债务人移动,恰与资金的流向相反。如图 3-2 所示,实线表示资金的流向,虚线表示结算工具和票据传递的方向。在国际结算中托收与信用证方式都属于逆汇。

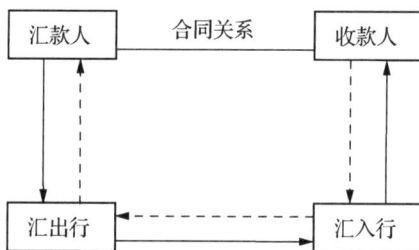

图 3-2 逆汇示意图

(三)按结算方式所依据的信用基础不同的分类

按结算方式所依据的信用基础,国际结算方式分为以商业信用为基础的结算方式和以银行信用为基础的结算方式。汇款和托收是由债权方和债务方根据它们之间的合同互相提供信用的,故属于商业信用。信用证、保理、保函等都有银行信用作保证,故属于银行信用。

本章重点介绍汇款这种结算方式,第四章和第五章将分别介绍托收和信用证两种国际结算方式。

第二节 汇款的含义及其当事人

一、汇款的含义

汇款(Remittance)又称汇付,是汇款人主动委托所在国银行,将款项以某种方式付给收款人的结算方式。

在国际贸易中,当买卖双方采用汇款方式结算债权债务时,这表明在双方之间要么先由出口商向进口商发运货物,后由进口商支付款项;要么先由进口商向出口商支付款项,然后由出口商发运货物。由此可见,汇款必须是建立在买卖双方具备信用基础上的一种结算方式,因而,汇款是属于商业信用的结算方式。

汇款是顺汇方式,可单独使用,也可与其他结算方式结合使用。既能适用于贸易结算,也可适用于非贸易结算,凡属外汇资金的调拨都是采用汇款方式。所以它是基本的结算方式,是银行的主要外汇业务之一。

二、汇款的基本当事人及其关系

(一) 汇款的基本当事人

在汇款方式中,有四个基本当事人:汇款人、收款人、汇出行和汇入行。

1. 汇款人

汇款人(Remitter)是指委托银行向他国债权人支付款项的当事人。在国际贸易中的汇款人通常是进口商。其责任是向汇款银行提出汇款申请,填写汇款申请书、将款项提供给汇款银行、承担汇款的相关银行费用。

汇款申请书一般一式两联,一联为汇款申请书,一联为汇款回执。汇款申请书主要内容有:① 汇款种类的选择。② 收款人姓名、地址。③ 开户行名称、地址、账户。④ 汇款人姓名、地址。⑤ 汇款金额及币别。⑥ 汇款附言。汇款申请书是汇款人与汇出行之间的契约,也是汇款人的委托指示,要求汇款人应填写明确清楚。凡是由于汇款申请书填制错误而引起的收款人未能及时收妥款项的后果及费用,由汇款人负责。

2. 收款人

收款人(Payee)是指接受汇款人所汇款项的当事人。在国际贸易中的收款人通常是出口商。其权利是凭单据获取款项。当收款人接受了解付的汇款后,意味着该笔款项支付的完成或债权债务的清算完成。

如果收款人对某笔汇款内容不明或金额不够了结全部债权,应及时向汇入行揭出。由其通过汇出行向汇款人查询,得到满意答复后再予以收款。如果银行确实完全按汇款申请书办理了该笔汇款,款项已入收款人账户或收款人已根据汇款通知到银行接受了这笔汇款且没有提出任何异议,那么这笔汇款对汇出行和汇入行的责任已经终结。汇款人与收款人之间的其他纠纷应另行解决。

3. 汇出行

汇出行(Remitting Bank)是指接受汇款人的委托,代其汇出款项的银行。汇出行通常是汇款人委托的当地银行(进口地银行),其职责是按汇款人的要求将款项汇给收款人(通过某往来银行、利用某支付工具)。

从汇出行接受汇款人的汇款申请书时起,其与汇款人的契约关系与效力就此宣告成立。因此,汇出行缮制支付授权书(Payment Order)时,必须完全按照汇款申请书的内容与选定的汇款方式进行准确表达,同时汇出行有义务完全按照汇款申请书办理该笔汇出款,直至该笔汇出款准确无误地交付给收款人为止。同时,汇出行应正确选择汇款路线,以效率为前提,尽量不迂回;必须迂回的也要选择环节最少的,并将必须迂回的情况向汇款人声明,争取汇款人签字认可,以避免付款延误的责任。

4. 汇入行

汇入行(Paying Bank)也称解付行,是指接受汇出行委托,向收款人解付汇入款项的银行。汇入行通常是收款人指定的当地银行(出口地银行),其职责是证实汇出行委托付款指示的真实性,通知收款人取款并付款。

汇入行的所有解付汇入款必须严格按照汇出行的支付授权书办理。如因擅自改变支付授权书内容而引起的任何后果,均由汇入行负责。凡因种种原因不能及时解付的汇入款,应及早通知汇出行并告知原因,等待汇出行进一步指示后视情况办理。

(二) 汇款当事人之间的关系

通常情况下,四个当事人之间的关系如图 3-3 所示:

(1) 汇款人与收款人之间是贸易合同确立的债权债务关系。

(2) 汇款人与汇出行之间是委托与被委托的关系,它们之间是由汇款人填具的汇款申请书作为契约凭证,汇款申请书明确了双方在该项业务中的权利与义务。

(3) 收款人与汇入行之间表现为账户往来关系,即通常情况下,收款人在汇入行设有存款账户。但也可以没有账户关系,汇入行收妥款项后有责任向收款人解付该笔款项。

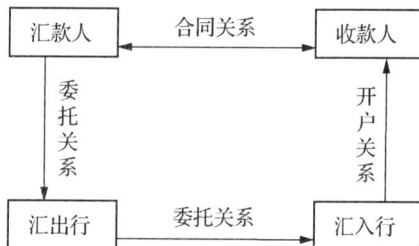

图 3-3 汇款当事人之间的关系

(4) 汇出行与汇入行之间,是代理行、分行、会员行的委托关系。否则,就需要其他银行介入汇款的结算过程,汇出行与汇入行在该银行都需开有账户,以便该银行"借记"汇出行的账号和"贷记"汇入行的账号,起到划拨款项的作用。

第三节 汇款的种类及业务程序

根据汇出行通知汇入行付款的方式,或支付委托书、汇款委托书的传递方式不同,汇款可分为三种形式:电汇(Telex Transfer,T/T)、票汇(Remittance by Bankers Demand Draft,D/D)和信汇(Mail Transfer,M/T)。在目前的国际结算汇款业务中,电汇使用最多,票汇次之,信汇使用的越来越少,濒于被淘汰。

一、电汇

(一) 电汇的含义

电汇(Telex Transfer,T/T)是汇出行应汇款人的申请,用加押电报(Cable)、电传(Telex)或通过 SWIFT 给在另一个国家的分行或代理行(即汇入行)指示解付一定金额给收款人的一种汇款方式,其中使用电传和 SWIFT 的居多。

电汇是一种最快捷的汇款方式,它在收取汇费时还要加收电报费,通常用于紧急款项或大额款项的支付、资金调拨、各种支付指示等。随着信息事业的发展,采用电汇方式越来越多。

国际银行经营外汇买卖业务时,都以电汇汇率为主。因为汇出行收进本国货币现金,经过电讯通知汇入行付出外汇的时间相隔不过一两日,外汇交割迅速,不易受到市价波动的影响,所以电汇的汇率成为各国基本的外汇汇率。例如,伦敦市场的即期外汇行情即指银行电汇买卖汇率,其他外汇汇率都以电汇汇率作为计算的标准。

(二)电汇的特点

(1)交款迅速。电汇是所有结算方式中(包括汇付中的信汇与票汇,以及托收与信用证等)收款最快的一种结算方式。一般可以当天到账,汇出行无法占用汇款过程中的资金。

(2)安全可靠。由于是银行之间的直接通讯,差错率较低,遗失的可能性也极小,也更加安全准确。

(3)费用较低。电汇的银行费用虽然相对于信汇、票汇是高一点(但是目前信汇与票汇使用的越来越少,没有可比性),而相对于托收与信用证而言却是低得多。此外,考虑银行占押资金的损失,特别是在电汇金额较大时,电汇的银行费用几乎可以忽略不计。

在目前国际结算的业务中,电汇所占比例非常大,甚至超过信用证结算方式所占的比例。因为信用证议付时银行费用太高,在欧洲、日本、美国这些诚信度较高的国家采用最多的还是电汇结算方式。

(三)电汇的业务流程

电汇业务的基本流程图如图 3-4 所示:

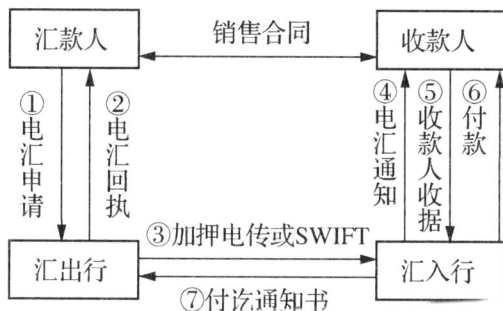

图 3-4 电汇业务流程

第一,汇款人填写汇款申请书,交款项、汇费,并在申请书上说明使用电汇方式。

第二,汇出行审核后,汇款人取得电汇回执。

第三,汇出行发出加押电报/电传/SWIFT 给汇入行,委托汇入行解付款项给收款人。

第四,汇入行收到电报或电传,核对密押无误后,缮制电汇通知书,通知收款人收款。

第五,收款人收到通知书后,持通知书去取款,并在收款人收据上签字,交汇入行。

第六,汇入行借记汇出行账户,并解付款项给收款人。

第七,汇入行将付讫通知书寄给汇出行,通知它款项已解付完毕。

注:汇出行与汇入行之间如无直接账户关系,还须进行头寸清算。

1. 采用电报或电传的电汇方式

电报汇款可分为书信电(Letter Telegram)、普通电(Ordinary Telegram)和加急电(Urgent Telegram)三个等级。自从有了电传和 SWIFT 以后,一般就分为普通电和加急电两个等级了。采用电报或电传方式汇款的格式如下：

FM：(汇出行名称)

TO：(汇入行名称)

DATE：(发电日期)

TEST：(密押)

OUR REF NO. _____(汇款编号)

NO ANY CHARGES FOR US(我行不负担费用)

PAY (AMT)VALUE (DATE)TO(付款金额、起息日)

(BENEFICIARY)(收款人)

MESSAGE _____(汇款附言)

ORDER _____(汇款人)

COVER _____(头寸拨付)

例如：

FM：BANK OF ASIA, FUZHOU

TO：THE HONGKONG AND SHANGHAI BANKING CORP. , HONGKONG

DATE：21TH MAY

TEST：2356 OUR REF. 208TT0737 NO ANY CHARGES FOR US PAY HKD10000. VALUE 21TH MAY TO HKABC100 QUEEN'S ROAD CENTRAL ORDER FUZHOU LIGHT IMP. AND EXP. CORP. MESSAGE COMMISSION UNDER CONTRACT NO. 1001 COVER DEBIT OUR ACCOUNT.

2. 采用 SWIFT 系统的电汇方式

SWIFT(Society for Worldwide Interbank Financial Telecommunications——环球同业银行金融电讯协会)，是一个国际银行间非盈利性的国际合作组织，总部设在比利时的布鲁塞尔。SWIFT 运营着世界级的金融电文网络，银行和其他金融机构通过它与同业交换电文(Message)来完成金融交易。SWIFT 具有明显的三个特点：安全可靠；高速度低费用；自动加核密押。它为客户提供快捷、标准化、自动化的通讯服务。

为了保证自动支付系统明确无误地识别会员，SWIFT 系统编制了一套银行识别码(BIC)，现已获得了广泛的应用，利用它可以精确地识别有关金融交易中的金融机构。例如，BKCHCNBJ300 是中国银行上海分行的 BIC，其中前四位 BKCH 是银行代码，CN 是国家代码，BJ 是方位代码，300 是分行代码。为了安全有效地传递客户信息、清算资金头寸，SWIFT 系统为各种各样的金融信息设计了一整套标准化的统一格式。其中适用于汇款的报文格式，如表3-1所示：

表3-1 适用于汇款的 SWIFT 格式

报文格式	MT 格式名称	描　述
MT100	客户汇款	请求调拨资金
MT200	单笔金融机构头寸调拨至发报行账户	请求将发报行的头寸调拨至其他金融机构的该行账户上
MT201	多笔金融机构头寸调拨到发报行账户上	多笔 MT200

续　表

报文格式	MT 格式名称	描　述
MT202	单笔普通金融机构头寸调拨	请求在金融机构之间的头寸调拨
MT203	多笔普通金融机构头寸调拨	多笔 MT202
MT204	金融市场直接借记电文	用于向 SWIFT 会员银行索款
MT205	金融机构头寸调拨	国内转汇请求
MT210	执行收款通知	通知收报行:它将收到头寸,记在发报行账户上

表 3-2 是客户汇款 MT100 报文格式:

表 3-2　MT100 CUSTOMER TRANSFER

M/O	Tag(项目编号)	Field Name(项目名称)
M	20	Transaction Reference Number
M	32A	Value Date，Currency Code，Amount
M	50	Ordering Customer
O	52a	Ordering Institution
O	53a	Sender's Correspondent
O	54a	Receiver's Correspondent
O	56a	Intermediary
O	57a	Account with Institution
M	59	Beneficiary Customer
O	70	Details of Payment
O	71a	Details of Charges
O	72	Sender to Receiver Information

注:M=Mandatory Field (必选项目);O=Optional Field (可选项目)。

例如:FRANZ CO. LTD. 指示 OESTERREICHISCHE LAENDERBANK,VIENNA 向 JANSSEN CO. LTD. 在 ALGEMENE BANK NEDERLAND,AMSTERDAM 开立的荷兰盾账户支付 NLG1,958.47(假设该两家银行之间有直接的荷兰盾账户关系)。

3WIFT 报义:

MT100

TRANSACTION REFERENCE NUMBER　　　:20 :494931/DEV

VALUE DATE/CURRENCY CODE/AMOUNT　　:32A:910527

NLG1958.47

ORDERING CUSTOMER　　　　　　　　　:50 :FRANZ CO. LTD.

BENEFICIARY CUSTOMER　　　　　　　　:59 :JANSSEN CO. LTD.

LEDEBOERSTERAAT 27

AMSTERDAM

【案例 3－1：电汇方式下的风险与防范】

我国某外贸公司(卖方)与香港 D 商社(买方)经中间人介绍签订了一份金额为 10 万美元的贸易合同,合同规定:由买方开出即期不可撤销的信用证向卖方付款。但过了合同约定的开证日期仍未见买方开来信用证,经催问,对方称"证已开出,请速备货"。然而,临近约定的装运期前一周,卖方还未收到来证。卖方再次查询,对方才告知"因开证行与卖方银行并无业务代理关系,故此证已开往有代理关系的某地银行转交"。此时,船期已到,合同规定货物需直接运抵加拿大,而此航线每月只有一班船,若错过这一次船期,则要推迟至下一个月才能装船,这样将造成利息和费用的损失。这时,买方提出改用电汇方式把货款汇来,以促成该笔生意。鉴于以上情况,卖方只好同意并要求对方提供汇款凭证传真件,确认后马上发货。次日,买方便传来了银行的汇款凭证,卖方持该汇款传真件到银行核对签字无误后,以为款项已付出,便放心地安排装船。但出运后 10 多天,卖方才发觉货款根本未到账。原来,该买方资信甚差,经营作风恶劣,瞄准卖方急于销货的心理,玩弄花样,先伪造了加盖银行印章的进账单,再传真过来,冒充电汇凭证,蒙骗卖方,使其遭受重大的经济损失。

分析:上述案例说明,该港商是以买方身份出现,并在正常贸易的幌子下与出口企业(卖方)签订买卖合同,且规定采用让卖方放心发货的信用证结算方式。待时机到来后,别有用心地将信用证结算方式改为汇款方式,并设法伪造汇款凭证,刻意制造货款已汇出的假象,哄骗卖方尽快发货。出口企业因不明真相,且急于求成,在对方的诱惑下盲目发货,并误以为款已收妥。使用的所谓"汇款凭证"其实只是一些加盖银行假印章的进账单,或者经过涂改、变造的汇票复印件和汇款委托书传真件。港商的目的旨在骗取出口企业的出口货物,实施欺诈行为。通过上述分析,在电汇方式下对于从事贸易人员来说,必要的风险防范措施包括:

第一,加强国际金融知识学习,努力提高防风险意识。欺诈案件的发生,往往是由于有关人员头脑中缺乏风险意识,加上对金融知识一知半解,故给欺诈分子以可乘之机,略施小计,即轻易得手。

第二,注意搞好客户资信调查,切实了解对方身份状况。出口商或进口商只凭中间人介绍或仅听对方一方之词,就轻信盲从、草率签约,一旦被诈,则必然措手不及,铸成大错。故应在签约前,委托专职、权威的咨询机构对客户摸底调查,知己知彼,大大降低上当受骗的概率。

第三,加强各方联系和协作,及时遏制欺诈活动。事实证明,诈骗分子之所以有恃无恐、屡屡得手,主要原因之一就是善于钻空子、要手腕,抓住某些人贪利、虚荣之弱点,投其所好,并巧妙地利用时间差和地区差,速战速决,给出口商或进口商造成难以弥补的损失。鉴于此,出口人应吸取教训、总结经验,加强与银行、公安、海关和运输部门的密切配合,一旦发现案情就迅速通知有关方面,采取有力行动,将欺诈分子欺诈行为早日揭穿,避免经济损失的出现。

二、票汇

(一) 票汇的含义

票汇(Remittance by Bankers Demand Draft,D/D)是汇出行应汇款人的申请,开立以其分行或代理行为付款人的银行即期汇票交给汇款人而由收款人持票取款的一种汇款方式。由于汇票抬头人的不同(既可以是汇款人,也可以是收款人,经汇款人背书转让他人收款)、由于汇票抵达付款人所在付款地的方式的不同(既可以是汇款人寄达收款人,也可以由汇款人携带汇票至付款地向付款人提示汇票自行取款或面交其他收款人),所以票汇的使用较为灵活。

(二) 票汇的特点

(1) 取款方便,手续简便。汇入行无需通知收款人取款,而是由收款人持票自行到汇入行取款,省却了汇入行通知的环节,简化了手续。票汇的银行费用较低,只有出票费。

(2) 汇款人具有极大的灵活性。比如买方可以持票提货,一旦发现问题,可以不向卖方交出银行即期汇票,可减小或规避自己的风险。

（3）汇票的出票、寄(带)或者转让所占时间较长,汇出行可以较长时间地无偿使用汇款人的资金。

（三）票汇的流程

票汇的流程与电汇的流程有许多不同,流程如图3-5所示:

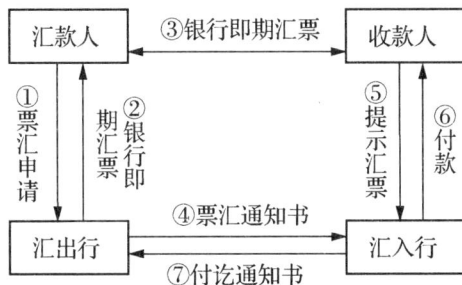

图3-5　票汇业务流程

第一,汇款人(一般是进口商)到银行填写汇款申请书,在票汇一栏选项的空格口中标注"X"记号,并交款付费给汇出行。

第二,汇出行(进口商所在地银行)在收妥汇款和银行费用后,签发银行即期汇票交给汇款人。该银行汇票以汇出行为出票行,汇入行(出口商所在地银行)为付款行,汇款的收款人一般是出口商。

第三,汇款人将银行即期汇票自行寄达收款人或携带汇票至付款地。

第四,汇出行将票汇通知书(即票根 Advice of Drawing)寄达汇入行,以便与收款人提交的汇票核对。

第五,收款人凭银行即期汇票向汇入行提示汇票,要求付款。

第六,汇入行对汇票和票根审核无误后,解付款项给收款人。

第七,汇入行将付讫通知书寄给汇出行,通知汇款解付完毕。如果双方互设了账号,则汇出行将款项贷记汇入行的账户、汇入行则将款项借记汇出行的账户。

【案例3-2:票汇方式下的风险与防范】

我国某出口商与香港某进口商签订了一笔为200万港币的山口合同,合同约定采用一手交银行汇票,一手交货的交易方式。不久,该进口商带来一张由香港南洋商业银行开出的即期汇票,金额为200万港币,前来该出口商处提取货物。该出口商一方面热情地款待该进口商,另一方面立即差人前往付款行中国银行,要求银行核对汇票是否真实。合同规定,出口商收到汇票后立即交货。中国银行核对汇票"印鉴相符",但发现压印的汇票金额有涂改痕迹,于是一方面告诫公司"汇票可疑,暂勿出货";另一方面迅速向南洋商业银行查询。对方复电称:该行确实开出过此票,但金额仅为2 000港币,而非200万港币,并透露该进口商没有在该行开户,属资力较小的"街边小贩"。经进一步查明,该汇票是进口商将银行汇票领出后,涂改金额,再交给国内公司,当作取货货款之用。

分析:上述案例说明,为该进口商开立汇票的出票行确有其行,且是人们所共知的银行;原汇票是真实、合法的,但金额较小,汇票有涂改迹象,且金额较大。此种汇票出口商很难辨别真伪,只有从事票据业务的专业人士,才能辨别真伪。变更汇票内容的手段有时还利用汇票上的有权签字不符合出票行印鉴册中授权签字的有关规定的办法，达到支付货款，骗取货物的目的。如汇票出票人虽在出票行印鉴册上查有其名，但均为 B 类有权签字人员，而非规定的 A 类有权签字人员。在票汇方式下，必要的风险防范措施包括：

第一，企业从事票据操作人员应切实掌握有关票据知识，应树立反欺诈的意识，随时研讨有关此方面的案例，积累防欺破诈的经验。

第二，企业在收到国外开来的汇票时，在未经银行证实前，不得交出货物或支付费用，只有在经银行鉴别真伪之后，才能采取相应的行动。

第三，企业应密切与银行的合作，虚心向银行有关汇票鉴别专家学习，严格把好本企业业务人员失误的关口，不留任何疑问，与银行一道做好防范工作。

三、信汇

（一）信汇的含义

信汇（Mail Transfer，M/T）是汇出行应汇款人的要求，以航邮方式将信汇委托书（M/T Advice）或支付委托书（Payment Order）寄给汇入行，授权其解付一定金额给收款人的一种汇款方式。

信汇的费用比电汇低，但因支付凭证邮寄时间较长而使收款较慢，故采用者较少。即期外汇行情可以信汇汇率（M/T Rate）计价，但它比电汇汇率低，因为它是用邮寄支付凭证传递汇款，汇出行收到客户交来现金，然后寄出支付委托书，需要一段时间才能被国外的汇入行收到，凭以解付汇款。故信汇汇率低于电汇汇率的差额，相当于邮程期间的利息，有的国家按照 14 天邮程计算利息，求得电汇扣减此数即为信汇汇率。

（二）信汇的特点

（1）汇款在途时间较长（8～10 天），收款时间较慢。

（2）汇出行可短期内无偿占用流动资金。

（3）信汇中银行只有出票费、邮寄费，相对电汇低廉。

虽然信汇的汇款费用低廉，但是由于收款时间较慢，所以国际贸易的汇款中，特别是金额较大时信汇不被采用。而且 M/T 的付款人没有机会接触本票，不可能自带票据出国，而上面的 D/D 可以自带银行汇票，一方面可以节省邮寄费用，另一方面付款灵活、安全。

（三）信汇的流程

在进出口贸易中，信汇业务流程如图 3-6 所示。可以看出信汇业务程序与电汇基本相同，仅在第三步不同：汇出行邮寄信汇委托书或支付委托书给汇入行，而不是采用电讯方式授权。

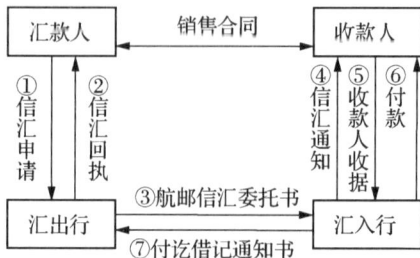

图 3-6 信汇业务流程

第一,汇款人填写汇款申请书,交款项、汇费,并在申请书上说明使用信汇方式。

第二,汇出行审核后,汇款人取得信汇回执。

第三,汇出行根据汇款申请书缮制信汇委托书或支付委托书,邮寄给汇入行。

第四,汇入行收到后,核对印鉴无误,将信汇委托书的第二联信汇通知书及第三、四联收据正副本一并通知收款人。

第五,收款人凭收据取款。

第六,汇入行借记汇出行账户,并解付款项给收款人。

第七,汇入行将付讫通知书寄给汇出行,通知它款项已解付完毕。

表 3-3　信汇委托书式样

中国银行上海分行 BANK OF CHINA, SHANGHAI BRANCH	
下列汇款,请即照解,如有费用请内扣。 我行已贷记你行账户。	日期 SHANGHAI
Please advise and effect the following payment less your charges if any. In cover, we have credited your account with us.	此致 To

No. of Mail transfer 信汇号码	To be paid to 收款人	Amount 金额
大写金额 Amount in words	附言: Message	
汇款人 By order of		

中国银行上海分行
BANK OF CHINA, SHANGHAI BRANCH

【案例 3-3:因汇款地址不详造成汇款无法解付】

某年某月某日,上海 A 银行某支行有一笔美元汇出汇款通过其分行汇款部办理汇款,分行经办人员在审查时发现汇款申请书中收款银行一栏只填写了"Hongkong and Shanghai Banking Corp. Ltd.,(汇丰银行)",而没有具体的城市名和国家名,由于汇丰在世界各地有众多的分支机构,汇出行的海外账户行收到这个汇款指令时肯定无法执行。为此,经办人员即以电话查询该支行的经办人员,后者答称当然是香港汇丰银行,城市名称应该是香港。本行经办人员即以汇丰银行香港分行作为收款人向海外账户行发出了付款指令。事隔多日,上海汇款人到支行查询称收款人告知迄今尚未收到该笔款项,请查阅于何日汇出。分行汇款部当即再一次致电海外账户行告知收款人称尚未收到汇款,请复电告知划付日期。账户行回电称,该笔汇款已由收款银行退回,理由是无法解付。这时,汇出行再仔细查询了汇款申请书,看到收款人的地址是新加坡,那么收款银行理应是新加坡的汇丰银行而不是香港的汇丰银行,在征得汇款人的同意后,重新通知其海外账户行将该笔汇款的收款银行更改为"Hongkong and Shanghai Banking Corp. Ltd.,Singapore",才最终完成了这笔汇款业务。

分析:本案例中该笔汇出款项最初之所以没有顺利解付,在于没有准确向汇入行提供收款银行的地址和名称。

本案例提示我们汇款人正确填写汇款申请书的重要性,特别是对于收款人或收款银行的详细地址包括城市名称和国家名称更是不能填错或漏填。对于银行工作人员来说，应该认真审查汇款申请书，当发现汇款人填写不全时务必请其详细填写，以防汇错地址，导致收款人收不到款或被人误领。如果由于某些原因不能确切知道收款行或收款人的详细地址时，应向知情的当事人询问清楚，不能主观推测。这样有利于合理保护汇款人和收款人的权益。

四、电汇、信汇、票汇三种方式的比较

电汇、信汇、票汇三种方式各有利弊，下面从支付工具、安全性、速度、费用等方面对三种汇款方式做一简要比较。

（1）从支付工具来看，电汇方式使用电报、电传或 SWIFT，用密押证实。信汇方式使用信汇委托书或支付委托书，用签字证实。票汇方式使用银行即期汇票，用签字证实。

（2）从汇款人的成本费用来看，电汇收费较高，信汇与票汇费用较电汇低。

（3）从安全方面来看，电汇比较安全，汇款能短时间内迅速到达对方。信汇必须通过银行和邮政系统来实现，信汇委托书有可能在邮寄途中遗失或延误，不能及时收到汇款，因此信汇的安全性比不上电汇。票汇虽有灵活的优点，却有丢失或毁损的风险，背书转让带来一连串的债权债务关系，容易陷入汇票纠纷，汇票遗失以后，挂失或止付的手续比较麻烦。

（4）从汇款速度来看，电汇是最快捷的方式，也是目前广泛使用的方式，尽管费用较高，但可用缩短在途时间的利息抵补。信汇方式由于资金在途时间长，操作手续多，故日趋落后，有的银行很少使用，甚至不用。票汇是由汇款人邮寄给收款人，或者自己携带至付款行所在地提示要求付款，比较灵活简便，适合邮购或支付各种费用，或者当作礼券馈赠亲友，其使用量仅次于电汇。

第四节 汇款的偿付与退汇

一、汇款的偿付

汇款作为取代运送现金的一种结算方式，汇出行委托汇入行解付汇款不是无条件的。汇出行在办理汇出业务时，应及时将汇款金额拨交给其委托付款的汇入行，这种行为称为汇款的偿付（Reimbursement of Remittance Cover），俗称"拨头寸"。

汇入行要掌握"收妥头寸、解付汇款"的原则，它们必须是在接到国外汇款头寸报单，或者可以立即借记国外汇款行账户的通知后方可办理解付。故每笔汇款中，必须注明拨头寸指示。一般应该在订立代理行合同中规定汇款方式的拨头寸办法。根据汇出行和汇入行账户的开设情况，头寸的拨付的方式有以下几种。

（一）汇出行与汇入行有账户关系

1. 汇出行在汇入行开有账户

当汇出行在汇入行开有往来账户，汇出行在委托汇入行解付款项时，应在信汇委托书或支付委托书上注明拨头寸的指示"Please debit our a/c with you（请借记）"或"In cover, we authorized you to debit the sum to our a/c with you（授权借记）"。汇入行收到信汇委托书或

支付委托书,即被授权凭以借记汇出行账户,同时可以拨付头寸解付给收款人,并以借记报单(注明"your account debited")通知汇出行。此笔汇款业务即告完成。如图 3 - 7(1)所示。

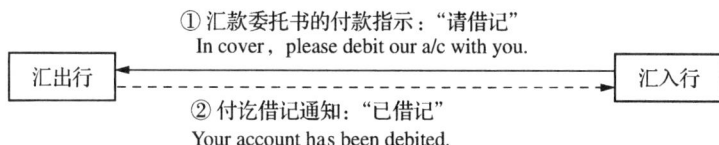

① 汇款委托书的付款指示:"请借记"
In cover, please debit our a/c with you.

汇出行　← - - - - - - - - - - - - - - →　汇入行

② 付汇借记通知:"已借记"
Your account has been debited.

图 3 - 7(1)　汇款方式中头寸的划拨

2. 汇入行在汇出行开有账户

当汇入行在汇出行开有往来账户,汇出行在委托汇入行解付款项时,应在信汇委托书或支付委托书上注明拨头寸的指示"In cover,we have credited the sum to your a/c with us(已贷记)"。汇入行收到信汇委托书或支付委托书,表明汇款头寸已拨入自己的账户,即可使用头寸解付给收款人,如图 3 - 7(2)所示。

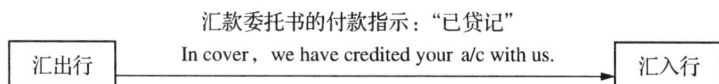

汇款委托书的付款指示:"已贷记"
In cover, we have credited your a/c with us.

汇出行　———————————→　汇入行

图 3 - 7(2)　汇款方式中头寸的划拨

在汇出行和汇入行双方互开账户的情况下,汇出行会选择第一种方式。因为从汇出行收到付款人支付的款项到汇入行借记汇出行的账户,其间的资金被汇出行所占用,对汇出行有利,所以在实务中,"请借记"或"授权借记"这种方式较多用。

(二)汇出行与汇入行没有直接的账户关系

1. 汇出行与汇入行有共同的账户行

双方在同一家银行开有账户,通过该银行进行转账。为了偿付款项,汇出行一方面向汇入行发出委托解付汇款的通知,其中拨头寸指示为:"In cover,we have authorized X Bank to debit our a/c and credit your a/c with them."另一方面向共同账户行发出银行转账通知书(Bank Transfer),要求其先借记汇出行的账户,然后再贷记汇入行的账户,将头寸拨付汇入行在该账户行的账户。汇入行收到汇出行的电汇拨头寸指示及 X 账户行的贷记报单,即可解付给收款人。这种方式的手续较前者复杂,一笔业务需要有两个信息传递时间,如图 3 - 8(1)所示。

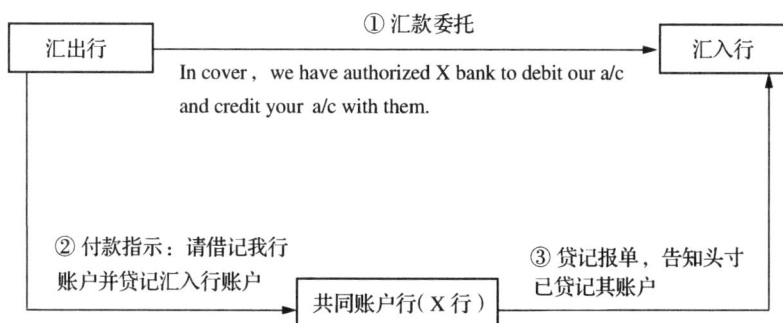

① 汇款委托
In cover, we have authorized X bank to debit our a/c and credit your a/c with them.

汇出行　———————————→　汇入行

② 付款指示:请借记我行账户并贷记汇入行账户

③ 贷记报单,告知头寸已贷记其账户

共同账户行(X 行)

图 3 - 8(1)　汇款方式中头寸的划拨

2. 汇出行和汇入行没有共同的账户行

双方在不同银行开有账户，必须通过两家或两家以上的银行进行转账。为了偿付，汇出行在汇出汇款时，主动通知其账户行将款拨给汇入行在其他代理行开立的账户。同时汇出行向汇入行委托解付汇款的通知，其中拨头寸指示为："In cover, we have instructed X Bank pay/remit the proceeds to your a/c with Y Bank."汇入行在收到 Y Bank 贷记报单后，即可解付，如图 3-8(2)所示。

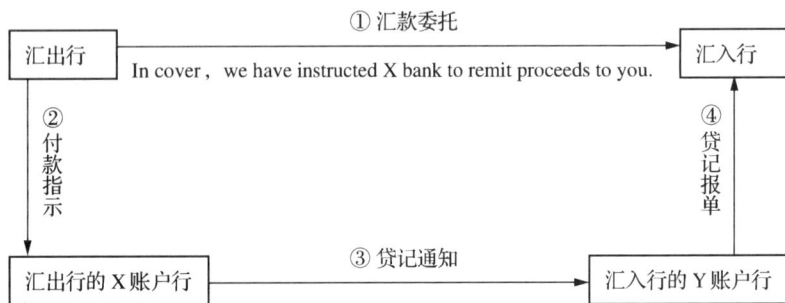

图 3-8(2) 汇款方式中头寸的划拨

二、汇款的退汇

退汇是指汇款在解付以前的撤销。退汇可能由收款人提出，也可能由汇款人提出。

（一）收款人退汇

收款人退汇比较方便，在电汇、信汇时，只要他拒收电汇、信汇，通知汇入行，汇入行可以将汇款委托书退回汇出行，必要时说明退汇的原因，然后由汇出行通知汇款人前来办理退汇，取回款项。在票汇时，收款人退汇，只要将汇票寄给汇款人，然后汇款人到汇出行办理退汇手续。

（二）汇款人退汇

汇款人退汇处理手续比较复杂。退汇的原则：须在汇入行解付款项之前。票汇方式下，汇票已寄给收款人或估计汇票已在市场上流通，则汇款人就要直接找收款人交涉。汇款人退汇较为常见，其程序如图 3-9 所示：

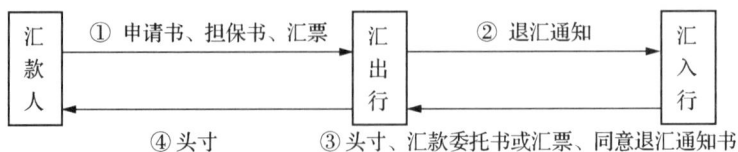

图 3-9 退汇程序

第一，汇款人向汇出行填交退汇申请书，详细说明退汇理由，必要时提交担保书（票汇下需出具，担保若发生重付，由汇款人负责）。如果票汇退汇，须将汇票背书后交汇出行。

第二，汇出行对申请书进行审查，确认退汇理由合理后，向汇入行发出退汇通知，并要求退回汇款时已划拨的头寸。

第三,汇入行核对退汇通知书的印押,查清汇款确未付款后,退回汇款头寸,并寄回汇款委托书、汇票等,且一并寄上退汇通知。

第四,汇出行收到退回头寸后,将其退给汇款人。有关汇票上加盖退汇图章注销。

(三)汇入行退汇

在电汇和信汇方式下,若收款人迟迟不来取款,过了一定时期,汇入行有权主动通知汇出行注销,办理退汇。

第五节 汇款在国际贸易中的应用

在汇款中,银行仅仅起到服务的中介作用。买卖双方仅凭商业信用,在所有结算方式中汇款是双方的"资金负担"和"资金风险"最不平衡的一种。但是,汇款却具有速度快、费用低、使用灵活、操作简便、银行占压资金的时间短等特点。

在国际贸易中,如果采用汇款的结算方式时,依据发货与付款的时间先后顺序的不同,一般可以分为"预付"(预付货款)和"到付"(货到付款)两大类。

一、预付货款

预付货款(Payment in Advance)是指买方先将货款通过银行汇交卖方,卖方收到货款后,根据买卖合同规定,在一定时间内或立即将货发运至进口商的一种汇款结算方式。预付货款是对进口方而言的,对出口方来说,就是预收货款,又称"先结后出"。

这种方式对卖方最为有利,他甚至可以无偿占用进口商的资金,做一笔无本生意,根本没有什么风险,掌握了货物出口的主动权。但对进口商是不利的,不仅进口商的资金被占用,会造成利息损失,影响自身资金周转;而且进口商在付款后要承担不能按时、按量、按质收到合同规定的货物的风险。因此,进口商有时为了保障自身利益,可以规定汇入行解付汇款的条件,如卖方收取货款时,必须提供银行保函,由银行担保卖方如期履行交货义务,保证提供全套装运单据,否则担保行负责退还预收货款,并加付利息等。

进口商之所以愿意以这种方式,原因在于:首先,出口商的商品是国内外市场上紧俏商品,进口商迫切需求以取得高额利润。其次,进、出口商双方关系十分密切,有的买方是卖方在国外的联号。再次,出口商的货物旺销,进口商为了保证购到货物,以预先付款为附加条件来吸引出口商成交。最后,在成套设备、大型机械、大型运输工具如飞机、船舶等,或者在工程承包交易中,或者在专为进口商生产的特订商品交易中,出口商往往要求预付一定比例的预付货款作为定金(Down Payment),或采用分期付款方式,定金和分期支付的款项采用汇付方式。

预付货款可分为以下三种。

(一)签约后付款(Cash with Order)

签约或下达订单后,进口商就将全部或部分货款预付给出口商。出口商收到预付款后开始安排、委托生产和装运货物,此后出口商自行向进口商寄交全套商业单据。进口商需要承担出口商是否能交货和能否按期交货直至质量问题等方面的全部风险,进口商还需要承担贸易活动中全部的流动资金的负担。

(二) 装运前……天付款(Payment to be effected at least ... days before shipment)

买卖双方签约后,出口商先行安排或委托生产,在货物等待装运前将 ETD 通知进口商,在收妥进口商预付的货款后,出口商才安排货物装运并自行向进口商寄交全套商业单据。

(三) 装运后……天付款,但必须付款赎单(Payment within ... days after shipment)

买卖双方签约后,出口商先行安排或委托生产并装运货物,并向进口商发出 S/A 或将承运人签发的运输单据传真给进口商,以证明货物已经运出,进口商随即办理汇款,在收到进口商汇到的货款或传真的 T/T Receipt(电汇的回执)后,出口商才会将全套商业单据寄交进口商。

在实务中,汇付除用于货款结算外,还广泛用于样品费、定金、佣金、办公费用、租金(设备、房屋、办公用品、交通工具)、薪水、研发费、市调、广告、开模费、理赔款项、退补款等,汇款人仅凭收款人出具的发票(往往是 Proforma Invoice,形式发票)或收据就可办理汇款。

在合同金额较大时,进口商为了减少预付款的风险,一般与出口商在合约中设立解付汇款的条款,如出口商收款时,要出具书面担保或银行保函,担保收到货款后如果不履约交货、不寄送单据、质量数量包装不符,除了将退还预付款外还需承担利息和违约金(Damages),而非罚金(Penalty)。

二、货到付款

货到付款(Payment after arrival of the goods)是出口商先发货,进口商收到货物后,立即或在一定期限内将货款汇交出口商的一种汇款结算方式。它实际上是属于赊账交易(Open Account Transaction),具有延期付款(Deferred Payment)性质。

对进口商有利:进口商不承担风险,货不到或货不符合要求就不付款,在整个交易中占据主动;进口商往往在收到货后过一段时间再付款,所以可以占用出口商的资金。

对出口商不利:出口商先发货,要承担买方不付款的风险;货款往往不能及时收回,资金被占用,造成一定损失。

货到付款在国际贸易中有售定和寄售两种方式。

(一) 售定

售定(Goods sold)是买卖双方签订合同,在合同中明确规定了货物的售价及付款时间等条款,进口商按实收货物数量将货款汇交出口商的一种汇款结算方式。

售定在我国是对港澳地区出口鲜活商品的一种特定的结算方式,由于鲜活商品出口时间性较强或以实收货物数量结算,出口商就采取先发货,出口单据随同货物直接交给进口商,待收到货物时,进口商按实收货物数量、规定的价格、期限将货款通过银行汇交出口方。所以售定方式又称"先出后结"。

(二) 寄售

寄售(Consignment)指出口方(委托人、寄售方)将货运交给进口国的约定代销人(受托人),暂不结算货款,仅委托其按照双方约定的条件和办法代为销售的方式。当商品售出后,所得货款由代销人扣除佣金和其他费用后交给寄售方,这种方式货价和付款时间均不确定。出口商承担的风险很大,能否收回货款取决于国外受托人的营销能力。因此采用寄售时必须十分重视受托人的资信和经营能力。一般寄售方式只适用于推销新产品、处理滞销品或一些不看实物难以成交的商品。

三、汇款的风险与防范

汇款结算方式是以银行作为中介来结算进出口双方的债权债务关系。它可以单独使用,也可以与其他结算方式结合使用。即使在使用其他结算方式时,资金的实质性划拨最终也是以汇款方式完成的,所以它是最基本的结算方式。

(一)汇款结算方式的特点

(1)汇款属于商业信用。汇款是建立在商业信用的基础上的结算方式。银行在汇款的全过程中承担收付委托款项的责任,并因此收取汇付手续费。但一般银行并不介入买卖双方的合同的履行,不对其中的任何一方的责任、义务提供任何的担保,因此它属于商业信用。

(2)风险大。对于预付货款的买方和货到付款的卖方而言,一旦付了款或发了货就失去了制约对方的手段,他们能否收货或收款,完全依赖对方的信用,如果对方信用不好,很可钱货两空。

(3)资金负担不平衡。对于预付货款的买方和货到付款的卖方而言,资金负担较重,整个交易过程中需要的资金,几乎全部由他们来提供。

(4)手续简便,费用少。汇款的手续最简便,费用也最少,只有一笔数额很小的汇款手续费。因此在交易双方相互信任的情况下,或在跨国公司的不同子公司之间,用汇款方式是最理想的。

(二)汇款结算方式的风险防范

汇款方式应用的增加有其特殊的原因。因为其他结算方式如信用证结算方式等是以社会经济结构稳定、经济秩序良好、银行体系完善、企业经营正常为前提。在缺乏上述前提时,即缺乏银行信用时,只能使用商业信用。这一现象在本世纪初的中俄贸易中比较突出。在这些年的中俄贸易中信用证的使用可谓是凤毛麟角。自从1991年苏联解体以后,俄罗斯处在经济转轨时期,市场经济还不成熟、完善,银行信用体系存在缺陷,特别是1998年8月金融危机爆发后俄罗斯最大的几家商业银行突然破产,致使银行信用更加下降,以银行信用为基础的信用证业务难以开展起来。而同中国往来的大部分是中小企业,其资力有限,难以开出信用证,所以更多地使用汇付结算方式。

从贸易角度来看,如果双方缺乏信任,则采用该方式风险很大。因此,企业对汇款风险的防范首先在于加强信用风险管理,同时,为了保障其权益,减少风险,可以在买卖合同中规定保障条款,以获得银行信用担保或第三方的商业信用加入。例如,在买卖合同中可约定卖方收取货款时,必须提供银行保函,由银行担保卖方如期履行交货义务,保证提供全套装运单据等。

从银行角度来看,国际间资金偿付作为银行的基本业务在整个业务流程中环节较多、涉及面广,加强风险防范与控制,是一项非常重要的基础工作。银行收到付款指示时,由电脑系统自动识别与控制,对指示行所有的付款指示在确认已收妥相应的头寸后方予以解付,以避免头寸风险的发生。对于经常发生头寸风险问题的国外汇款银行,应格外注意。当退汇时,银行要注意按国际惯例办事,防范头寸风险。

本章小结

1. 国际结算方式就是指国际间由于贸易或非贸易往来而发生的债权债务,采取一定的形式、按照一定的条件、使用一定的信用工具,进行货币收付的程序和方法。国际结算方式有许多种,按照结算工具和使用方式来划分,主要有汇款、托收、信用证、银行保函、保理、福费廷等。按资金的流向和结算工具传递的方向,可分为顺汇和逆汇。按结算方式所依据的信用基础,可分为以商业信用为基础的结算方式和以银行信用为基础的结算方式。

2. 汇款(Remittance)又称汇付,是汇款人主动委托所在国银行,将款项以某种方式付给收款人的结算方式。汇款是商业信用中典型的顺汇结算方式。在汇款方式中,有4个基本当事人,即汇款人、收款人、汇出行和汇入行。

3. 根据汇出行通知汇入行付款的方式,或支付委托书、汇款委托书的传递方式不同,汇款可分为电汇(T/T)、票汇(D/D)和信汇(M/T)三种形式,三种方式各有利弊。在目前的国际结算汇款业务中,电汇使用最多,票汇次之,信汇使用的越来越少,濒于被淘汰。

4. 汇出行在办理汇出业务时,应及时将汇款金额拨交给其委托付款的汇入行,这种行为称为汇款的偿付。根据汇出行和汇入行账户的开设情况,头寸的拨付方式有多种形式。退汇是指汇款在解付以前的撤销,退汇可能由收款人提出,也可能由汇款人提出。

5. 在国际贸易中,采用汇款结算方式时,依据发货与付款的时间先后顺序的不同,一般可以分为"预付"(预付货款)和"到付"(货到付款)两大类。

6. 汇款是最基本的结算方式,它具有以下特点:属于商业信用;风险较大;买卖双方资金负担不平衡;手续简便,费用少。

基本概念

顺汇 逆汇 汇款 电汇 票汇 信汇 汇款偿付 退汇 预付货款 货到付款 售定 寄售

复习思考题

一、选择题

1. 伦敦一家银行委托国外代理行向收款人办理汇款解付,头寸调拨如下( )。

A. 主动借记对方账户 B. 主动贷记对方账户

C. 授权借记对方账户 D. 授权贷记我方账户

2. 客户要求银行使用电汇方式向国外收款人汇款,则电讯费用由( )承担。

A. 汇出行　　　　　　B. 汇入行　　　　　　C. 汇款人　　　　　　D. 收款人

3. 银行办理业务时通常无法占用客户资金的汇款方式是(　　)。

A. 电汇　　　　　　　B. 票汇　　　　　　　C. 信汇　　　　　　　D. 以上都是

4. 采用寄售方式来出售商品时,(　　)承担的风险很大。

A. 进口商　　　　　　B. 代销商　　　　　　C. 银行　　　　　　　D. 出口商

5. 适宜采用电汇结算的债权债务,一般是(　　)。

A. 零星、小额的货款　　　　　　　　　　B. 付款时间紧急的大额货款

C. 贸易从属费用　　　　　　　　　　　　D. 不紧急的款项

6. 代理行向收款人解付电汇款项之前需要(　　)。

A. 核对汇出行授权人签章　　　　　　　　B. 核对汇出行密押

C. 核对汇出行电文格式　　　　　　　　　D. 核对汇出行汇票票根

7. 不必限定在汇入行取款的汇款方式是(　　)。

A. 电汇　　　　　　　B. 信汇　　　　　　　C. 票汇　　　　　　　D. 以上都是

8. 对出口商有利的贸易结算汇款方式是(　　)。

A. 先结后出　　　　　B. 赊销　　　　　　　C. 延期付款　　　　　D. 售定

9. 对进口商不利的贸易结算汇款方式是(　　)。

A. 延期付款　　　　　B. 赊销　　　　　　　C. 售定　　　　　　　D. 预付货款

10. (　　)是我国南方沿海三省对港澳地区出口某些鲜活商品的一种特定的结算方式。

A. 延期付款　　　　　B. 赊销　　　　　　　C. 售定　　　　　　　D. 预付货款

二、判断题

1. 通常票汇方式下收款人收妥资金的时间比使用电汇方式要短。　　　　(　　)

2. 使用电汇时资金到账速度快,但是费用比信汇高。　　　　　　　　　(　　)

3. 汇款结算都是通过银行来传递资金的,所以是以银行信用为基础的结算方式。(　　)

4. 预付货款可以保证进口商得到所需的货物。　　　　　　　　　　　　(　　)

5. 未开设清算账户的两家银行之间发生汇款业务时,至少需要通过一家碰头行才能结清头寸。　　　　　　　　　　　　　　　　　　　　　　　　　　　　　(　　)

6. 信汇委托书可以通过背书而流通转让。　　　　　　　　　　　　　　(　　)

7. 如果汇出行与汇入行之间互设清算账户,则肯定使用电汇办理客户汇款。(　　)

8. 对进口商而言,售定比预付货款的风险要小。　　　　　　　　　　　(　　)

9. 使用票汇时,银行即期汇票一经交付,通常不能主动止付;但若遗失或被偷盗,则可办理挂失止付。　　　　　　　　　　　　　　　　　　　　　　　　　　　(　　)

10. 汇款方式目前广泛应用于国际贸易货款结算。　　　　　　　　　　(　　)

三、填充题

1. 汇款结算方式一般有四个当事人:汇款人、收款人、_____和_____。

2. 银行按汇款人的申请办理_____汇款业务;按汇出行的指示办理_____汇款业务。

3. _____方式适用于急需用款和大额汇款。

4. 电汇方式的特点有_____、_____、_____等。

5. 信汇方式的特点有_____、_____、_____等。

6. 在汇款方式中，_____所使用的汇款工具具有可转让性，通过_____即可转让。

7. 汇出行在汇入行设有清算账户时，汇入行可根据授权在解付汇款后_____对方账户。

8. 票汇方式的特点有_____、_____、_____等。

9. 在"先出后结"方式中，对出口商来说_____比_____风险更大。

10. 目前，汇款方式更多用于_____或_____的结算。

四、简答题

1. 简述电汇业务的基本流程。

2. 比较电汇、票汇和信汇三种方式的优缺点。

3. 简述汇款头寸的划拨方式。

第四章 托收结算方式

学习目标和要求：

1. 掌握托收的含义和托收业务的相关当事人。
2. 掌握跟单托收的交单条件及其业务办理流程。
3. 熟悉托收结算方式中的资金融通方式、托收风险及其控制。

第一节 托收概述

托收方式是贸易结算或非贸易结算常用的一种结算方式，因其不用向银行缴纳高昂的押金，手续不如信用证那么繁杂，而且利于进口商的资金周转，由此出口商也可能会有贸易规模的扩展，于是托收方式越来越多地受到大多数企业的喜欢，成为国际结算中广泛采用的一种结算方式。

一、托收的含义

托收(Collection)是委托收款的简称，是指债权人(出口商)凭汇票和商业单据，委托国内的银行(称托收行)通过其国外的代理行或分行(称代收行)向债务人(进口商)提示(跟单)汇票要求付款或提示汇票要求承兑，凭债务人(进口商)的付款或承兑才向其交出商业单据的一种结算方式。

1996年1月1日正式生效的国际商会制定的《托收统一规则》(简称《URC 522》)中对托收的定义是：托收意指银行根据所收到的指示处理金融单据或商业单据，其目的是取得付款和/或承兑，或者凭付款和/或承兑交付单据，或者按其他条款和条件交单。定义中金融单据(Financial Documents)是指汇票、本票、支票或其他用于取得付款的类似凭证；商业单据(Commercial Documents)是指发票、运输单据、物权单据或其他类似单据，或者一切不属于金融单据的其他单据。《URC 522》的定义是对托收方式的广义概括，适用于国际贸易结算和非贸易结算。本章主要介绍国际贸易项下的托收方式。

从定义可以看出，托收方式与汇款方式一样，都基于商业信用，能否收回货款，完全靠买卖双方商业信用。银行在托收业务中只是受托代理人，只提供完善的服务，并不保证收回货款。银行办理托收业务时，既没有检查货运单据正确与否或是否完整的义务，也没有承担付款人必须付款的责任。托收虽然是通过银行办理，但银行只是作为出口商的受托人行事，并没有承担付款的责任，进口商不付款与银行无关。出口商向进口商收取货款靠的仍是进口商的商业信用。如果遭到进口商拒绝付款，除非另外有规定，银行没有代管货物的义务，出口商仍然应该关心货物的安全,直到对方付清货款为止。

但同样是商业信用,汇款方式因不能银货当面两讫而存在较大风险,而跟单托收方式项下,出口商将作为物权凭证的货运单据(商业单据)与汇票(金融单据)一起,通过银行向进口商提示,进口商必须在付款之后或向银行书面表示保证付款,即承兑后才能掌握货权。所以托收方式实际上就是一手交钱一手交货的交易形式,大大降低了交易的风险。

二、托收结算方式的当事人及其关系

(一)托收结算方式的当事人

银行接受委托,运用托收方式进行国际结算时必须通过国外的联行或代理行才能完成托收业务。因此,托收涉及的基本当事人有债权人、债务人、债权人所在地的银行、债务人所在地的银行。除四个基本当事人外,还可能会涉及提示银行和"需要时代理"等当事人。

1. 委托人

委托人(Principal)是将单据委托银行向国外付款人收款的人,即委托银行办理托收业务的当事人。他要受两个合同的约束:一是作为出口商,他应履行与进口商签订的贸易合同的责任;二是作为委托人,他应履行与托收行签订的委托代理合同——托收申请书(Collection Application)的责任(托收申请书样式见表4-1),如向托收行提出明确的托收指示、提交相关的单据以及向托收行交付所应承担的托收费用等。委托人可能是出口商(Exporter)、卖方(Seller)、出票人(Drawer)、托运人(Consignor),也可以是托收汇票上的收款人(Payee)。委托人填写的托收申请书,主要内容有:

(1)委托人的名称、地址,并签章。

(2)付款人开户行的名称、地址。

(3)付款人的名称、地址、开户行账号。

(4)汇票随附的商业单据的名称及其份数。

(5)托收交单方式(有三种,即期付款交单、远期付款交单、承兑交单)。

(6)当付款人拒绝付款或拒绝承兑时,对于货物和单据应采取的必要措施。

(7)托收的银行费用由谁承担(一般,双方负担各自的银行费用。即使托收被拒付,委托人也必须支付银行费用)。

(8)有关托收的其他要求(如拒绝证书、委托代理人)。

表4-1 跟单托收申请书式样

跟单托收申请书	
致:中国银行杭州分行 To:BANK OF CHINA HANGZHOU BRANCH we hand the undermentioned item for disposal in accordance with the following instructions and subject to the terms and conditions set out overleaf for □ COLLECTION 代收 □ NEGOTIATION under Documentary Credit	Original Collection Application Date:17,Dec.,2017 兹送上下列文件,请按照下述指示办理,本公司同意遵照背面条款。 Please advance against the bill/documents
	请予垫款
	□ Please do not made any advance
	无须垫款

议付信用证下单据						
Please mark 请填上下列文件的份数 Number of Documents Attentioned 我公司账号 Our A/C No. 0302406 - 531 - 7512						
Draft 汇票	Bill of Lading 提单	Cargo Receipt 货物收据	Memo. 中旅社承运收据	Cert. Of origin 产地证明书	Cert. Of Qual/ Quan 品质/ 数量证明书	Packig List 装箱单
OTHER DOCUMENTS 其他文件						
DRAWEE 付款人						
ISSUING BANK 开证行				DOCUMENTARY CREDIT NO. 信用证号码		
TENOR 期限 30 DAYS SIGHT DRAFT NO. DATE 票号/日期 13, Nov. 2017				DRAFT AMOUNT 金额 US $ 527,360.00		
PAYMENT INSTRUCTIONS 请将款项收入我公司账号 Please credit proceeds to our A/C No. 0302406 - 465 - 3887 其他 Others OTHER INSTRUCTIONS 其他指示 如有查询,请洽我司。In case of any questions, please contact our Mr. /Miss Tel No.						

2. 托收行

托收行(Remitting Bank)又称为寄单行,是指受委托人的委托而办理托收的银行。它是出口方银行(Exporter's Bank)。托收行一方面受委托人委托,受理托收业务;另一方面,通过寄单委托其国外联行或代理行,代向付款人收款。它可以作为托收汇票的收款人,也可以作为托收汇票的被背书人。

托收行严格依据"托收申请书"的内容做成"托收委托书"(Collection Order)或做成"托收指示"(Collection Instruction),往往注明该项托收是按照《URC 522》办理。托收行核实委托人提交的汇票与单据是否与托收申请书填写的内容相同(如单据的名称和份数等)。确认无误后将汇票、单据、托收委托书一并提交给国外的代收行,委托其向付款人提示汇票要求付款或承兑。

托收行应按常规处理业务,需及时将银行发生的意外情况通知委托人,对违背托收申请书而造成的过失承担责任。凡因未按照申请书的指示行事而产生的后果,应由银行对其过失负责。审核单据只是托收行对委托人"提供的服务",并不是对委托人"应尽的义务"。托收行对于委托人提供的单据是否与销售合同相符不负责任,只需查验单据的种类、名称和份数是否与托收申请书所列相符。

3. 代收行

代收行(Collecting Bank)是指受托收行的委托,参与办理托收业务的银行,也是受委托向付款人收取款项的银行。代收行是进口方银行(Importer's Bank)。它可以是托收汇票的收款人,也可以是托收汇票的被背书人。代收行在托收业务中所承担的责任,除了需要核对单据的种类、名称和份数,如有不符应及时通知托收行外,还需:

(1) 向付款人提示汇票要求付款或承兑。

(2) 代为妥善保管单据。当进口商未按托收交单方式的要求付款或承兑时,不得将单据交给进口商。

(3) 当付款人拒绝付款或拒绝承兑时,代收行应及时通知托收行,若发出通知后 90 日仍未收到托收行的指示,代收行有权将单据退回托收行。

(4) 当付款人拒绝付款或拒绝承兑时,代收行无权对货物或单据自作主张采取任何行动,应当依据托收委托书中委托人的指示处理货物,如办理存仓、投保、运回、转卖等,但费用由委托人负责。

4. 付款人

付款人(Drawee)是指代收行接受托收行的委托向其收取款项的人,也是委托人开立汇票的受票人。在他未兑付托收业务中的汇票票款之前,也就是汇票的受票人。在国际贸易中,他还是进口商(Importer)、买方(Buyer)。

付款人有审查单据以决定是否付款或承兑的权利,如果拒绝付款或拒绝承兑,应该有适当的理由,否则需承担《合同法》和《票据法》的强制性管辖。对于付款人而言,拒绝付款或拒绝承兑与承兑后拒绝付款需要承担的法律责任是不同的。当进口商拒绝付款或拒绝承兑时,出口商只能以《合同法》对进口商主张权利(双方是契约关系),而进口商承兑后拒绝付款时,出口商可以同时以《合同法》和《票据法》对进口商主张权利(双方除了契约关系外,还有债权、债务关系)。

5. 提示行

提示行(Presenting Bank)是指向付款人提示汇票和单据的银行。它也是进口方银行。若代收行与付款人有直接的账户往来,则提示行与代收行是同一家银行。这种情况在实务中很常见。否则代收行使用它选择的另一家银行作为提示行,这时提示行与代收行是不同的两家银行。

6. 需要时的代理人

需要时的代理人(Customer's Representative in Case of Need)是指委托人指定的在付款地的代理人。托收结算方式对于出口商来说意味着先发货后收款,一旦发生受票人对代收行提示的汇票拒付,货物到达目的港后就可能会因无人照料而受损(如延长了在进口国海关仓库存放时间而增加了仓储费用等)。为避免这一情况的发生,出口商可以在付款地事先指定一代理人,由代理人在发生拒付事件后代为料理货物存仓、投保、运回或转售等事宜。委托人在向托收行提交托收申请书时必须注明此代理人的权限。一般出口商直接请代收行作为需要时的代理人。

(二) 托收结算基本当事人之间的关系

1. 委托人与付款人的关系

委托人与付款人的关系是以他们所订立的契约为基础的债权债务关系,如委托人与国外付款人订立的国际货物买卖合同中,委托人是卖方,付款人是买方,双方是建立在合同基础上的买卖关系。

2. 委托人与托收行的关系

委托人与托收行是委托代理关系,委托人往往在托收行开设账户,是托收行的储户。双方的委托代理关系依据委托人给托收银行的托收申请书确定。托收申请书的主要内容是托收的具体事项以及委托人和托收银行双方的责任范围。

3. 托收行与代收行的关系

托收行与代收行之间也是委托代理关系,双方的业务办理以相关的托收指示(Collection Advice)为约定,托收申请书是托收指示的依据,托收指示在内容上必须与托收申请书一致。代收行接受委托书后,双方对于一笔托收业务的委托代理关系即告成立。

4. 代收行与付款人的关系

代收行与付款人之间并不存在契约关系。付款人是否付款给代收行,不是根据他对代收行的责任,而是根据付款人与委托人之间订立的契约中所承担的债务,即对托收票据或凭证的付款责任。在实务中,付款人往往在代收行开设账户,是代收行的储户。

托收当事人之间的关系如图 4-1 所示:

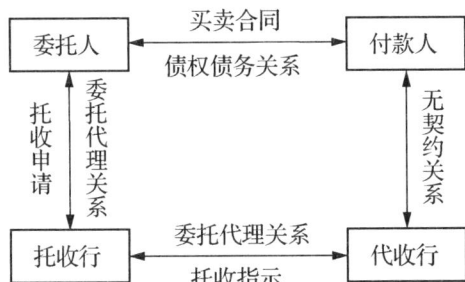

图 4-1 托收当事人之间的关系

三、托收结算的国际惯例

在国际结算中,各国银行在办理托收业务时,对银行与委托人之间的关系、托收行与代收行之间的关系以及当事人权利、义务和责任的解释往往不一致,这很容易在业务处理时导致误解,以致造成争议和纠纷,在一定程度上影响了国际贸易结算的开展。

为了解决这类问题,国际商会于 1958 年草拟了一套《商业单据托收统一规则》(Uniform Rules for Collection of Commercial Paper,即国际商会第 192 号出版物),建议各国银行在处理托收业务时加以采用。该规则实施后,国际商会根据托收方式实践的变化和发展对其进行了多次修订和补充。1995 年第三次修订后,称为《托收统一规则》国际商会第 522 号出版物(简称《URC 522》),1996 年 1 月 1 日实施。《托收统一规则》自公布实施以来,被各国银行所采用,已成为托收业务的国际惯例。我国银行在采用托收方式结算时,也参照这个规则的解释和原则进行办理。

《托收统一规则》(《URC 522》)共 7 部分,共 26 条。包括总则及定义、托收的形式和结构,提示方式,义务与责任,付款,利息、手续费及其他费用,其他规定。

第二节　托收结算的类型和业务办理

一、托收结算的类型

托收结算方式分为光票托收(Clean Bill for Collection)、跟单托收(Documentary Bill for Collection)和直接托收(Direct Collection)。

(一) 光票托收

光票托收是指当出口商委托银行采取托收方式收取款项时,仅开立汇票而不随附任何形式的商业单据(如运输单据、保单、商业发票、产地证书、检验证书等)的托收方式。光票托收一般用于收取货款余额、代垫费用、代理佣金、样品费等,而不是用于收取货款。

光票托收中的汇票有即期和远期之分。

采用即期汇票,代收行收到汇票后应立即向付款人提示汇票,要求其付款。付款人如无拒付理由,应立即付款。

采用远期汇票,代收行收到汇票后应立即向付款人提示汇票,先要求其承兑。付款人如无拒绝承兑的理由,应立即承兑。待付款人承兑后,代收行仍保留汇票,在远期汇票的到期日再次向付款人提示,要求其付款。如果付款人拒绝付款或拒绝承兑或承兑后拒绝付款,代收行应在法定期限内及时通知托收行转告委托人。在实际业务中,一般金额都不大,所以采用即期汇票的较多。光票托收的流程比较简单,在此不做详述。

(二) 跟单托收

跟单托收是附带商业单据(如运输单据、保险单、商业发票、产地证书、检验证书等)的托收。可以附带金融单据,也可以不附带金融单据(由于欧洲和日本等国在使用汇票时要征收印花税,为了合理避税,有时不要求凭汇票托收,委托人有时委托银行仅凭商业单据)。由卖方开立汇票连同整套货运单据一起交给国内托收行,委托其代收货款。商业票据中的货运单据代表了货物的所有权,它的转移代表了货物的交付,因此交单条件是出口商控制收款的重要环节。根据交单条件的不同,跟单托收又可分为付款交单托收(Documents against Payment,D/P)和承兑交单托收(Documents against Acceptance,D/A)。

1. 付款交单托收

付款交单托收是指被委托的代收行必须在进口商付清票款以后,才能将货运单据交给进口商的一种托收方式。付款交单的特点是先付款后交单,付款人付款之前,出口商仍然掌握着对货物的支配权,因此其风险较小。根据付款时间的不同,付款交单托收又可分为即期付款交单(D/P at sight)和远期付款交单(D/P at … days after sight or after date of draft)两种。但不论是即期还是远期,进口商都必须在付清货款后方能取得货运单据,即所谓的"付款赎单"。

(1) 即期付款交单。即期付款交单是指出口商发运货物后,开立即期汇票连同全套货运单据交银行托收。当代收行向进口商提示汇票和单据时,进口商应立即付款,代收行在收到货款后将单据交付进口商。

采用这种托收方式,原则上进口商在相关单据第一次提示的时候就应该付款。按照国际惯例,银行一般给进口商付款赎单的时间为 24 小时,以便进口商能在单据第一次提示后的下一个工作日内办理付款手续。实际业务活动中,有些进口商为了减少风险,往往会坚持在货物到达后再付款赎单。

即期付款交单的流程如图 4-2 所示:

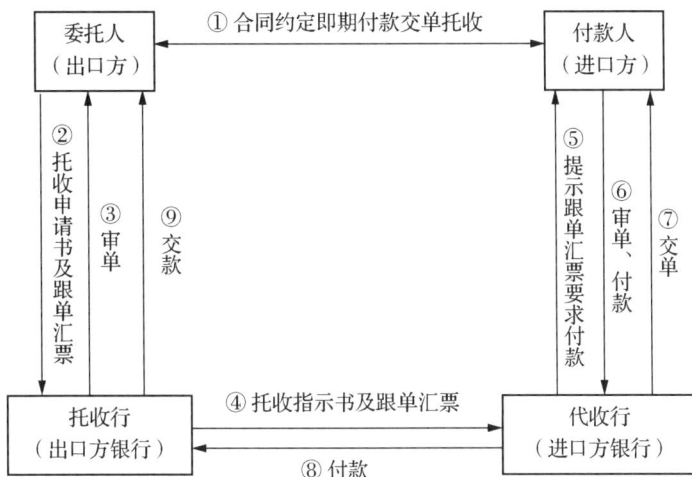

图 4-2　即期付款交单托收流程

第一,合同当事人约定采用"即期付款交单"的托收方式结算款项。

第二,出口商依据合同装运货物后,填写托收申请书,开立即期汇票后连同商业单据,一并交付托收行委托收款。

第三,托收行依据托收申请书查验出口商提交的单据,确认无误后填写托收委托书。

第四,将托收委托书、即期汇票、商业单据等,一并交付代收行委托收款。

第五,代收行依据托收委托书查验托收行提交的单据,确认无误后按照托收委托书的指示向进口商提示即期汇票和商业单据,要求进口商付款。

第六,进口商依据合同查验单据无误后,履行付款义务。

第七,代收行向付款人交付全套商业单据。

第八,代收行将汇票载明的款项扣除银行手续费后,通过借记或贷记的方式"付款"给托收行。

第九,托收行向委托方"交款",托收行扣除银行手续费后,将款项贷记出口商的账户。

(2) 远期付款交单。远期付款交单是指出口商发运货物后,开具远期汇票连同全套货运单据交银行托收,代收行收到单据后,立即向进口商提示远期汇票和单据,进口商予以签字承兑,然后代收行收回汇票及单据,待汇票到期时再次向进口商提示要求付款,在收到货款后将单据交付进口商。这种方式与即期付款交单方式的主要区别是进口商在银行第一次提示的时候应承兑汇票,然后去筹集资金,在承兑汇票到期后再付款才能取得全套货运单据。在实务中,一般远期付款交单托收采用的较多。

远期付款交单流程与即期付款交单流程大致相似,如图 4-3 所示:

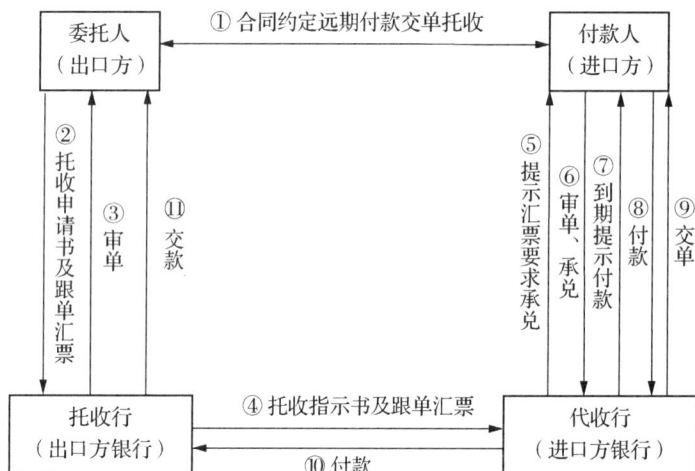

图 4-3 远期付款交单托收流程

第一,合同当事人约定采用"远期付款交单"的托收方式结算款项。

第二,出口商依据合同装运货物后,填写托收申请书,开立"远期汇票"后连同商业单据,一并交付托收行委托收款。

第三,托收行依据托收申请书查验出口商提交的单据,确认无误后填写托收委托书。

第四,将托收委托书、远期汇票、商业单据等,一并交付代收行委托收款。

第五,代收行依据托收委托书查验托收行提交的单据,确认无误后按照托收委托书的指示向进口商提示远期汇票和商业单据,要求进口商承兑。

第六,进口商依据合同查验单据无误后,履行承兑义务,即在汇票上加具承兑字样并签章。

第七,代收行保留汇票及单据,待汇票到期日再次向进口商提示汇票和商业单据,要求进口商付款。

第八,进口商对承兑过的远期汇票履行其付款义务。

第九,代收行向进口商交付全套商业单据。

第十,代收行将汇票载明的款项扣除银行手续费后,通过借记或贷记的方式"付款"给托收行。

第十一,托收行向委托方"交款",托收行扣除银行手续费后,将款项贷记出口商的账户。

2. 承兑交单托收

承兑交单托收是指出口商发运货物后,开立远期汇票连同全套货运单据交银行托收,当代收行向进口商提示汇票和单据时,进口商对远期汇票进行承兑,然后代收行将全套货运单据交付进口商,待承兑汇票到期时银行再向进口商提示要求付款的托收方式。

承兑交单中货运单据一经进口商承兑汇票后就交付给进口商,是出口商对进口商的资金融通。进口商无需付款即可得到物权,汇票到期时,如果进口商违约拒付,或者发生破产、倒闭等事件而无力偿付货款,出口商就会陷于既得不到货款又收不回货物的境地,因此承兑交单的方式风险很大,在我国对外贸易实务中很少使用。

承兑交单流程与远期付款交单流程相似,如图 4-4 所示:

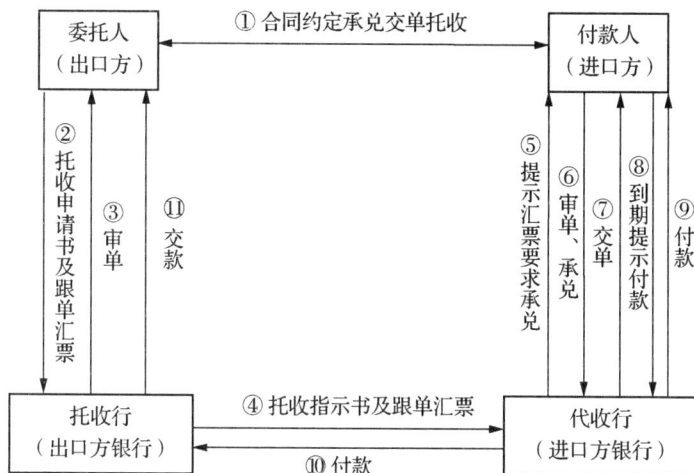

图4-4 承兑交单托收流程

第一,合同当事人约定采用"承兑付款交单"的托收方式结算款项。

第二,出口商依据合同装运货物后,填写托收申请书,开立"承兑汇票"后连同商业单据,一并交付托收行委托收款。

第三,托收行依据托收申请书查验出口商提交的单据,确认无误后填写托收委托书。

第四,将托收委托书、汇票、商业单据等,一并交付代收行委托收款。

第五,代收行依据托收委托书查验托收行提交的单据,确认无误后按照托收委托书的指示向进口商提示汇票和商业单据,要求进口商承兑。

第六,进口商依据合同查验单据无误后,履行承兑义务,即在汇票上加具承兑字样并签章。

第七,代收行向进口商交付全套商业单据。

第八,在汇票到期日,代收行向进口商提示已承兑的汇票,要求付款。

第九,进口商对已承兑的汇票履行其付款义务。

第十,代收行将汇票载明的款项扣除银行手续费后,通过借记或贷记的方式"付款"给托收行。

第十一,托收行向委托方"交款",托收行扣除银行手续费后,将款项贷记出口商的账户。

(三)直接托收

直接托收是指委托人从托收行获得空白的托收指示格式后,自行填制,连同其他单据直接寄给代收行,由代收行向付款人提示,以代收款项,即绕开托收行办理托收业务。代收行将直接托收项下由委托人直接寄送的单据视同由托收行寄出的单据,即视同为正常的托收业务来处理。从理论上讲,这种托收最大的好处在于缩短了办理托收业务所经过的途径,可节约办理所需的时间。但是,在直接托收方式中存在一系列具体的问题难以解决:

一是委托人与代收行之间没有代理协议之类的契约,委托人难以把握代收行的资信及代收行与付款人的关系。

二是按许多国家的法律规定,不允许本国企业私自在境外银行开立账户,则在直接托收方式下,即使代收行愿意接受委托办理收款,在付款人支付了有关的票款后,代收行也无法直接将所收得的款项贷记委托人账户,而仍然要通过汇款方式,汇交委托人的账户银行,才能入账。

三是直接托收无相应的银行惯例可循,各项跟单托收指示都可以注明"本项业务根据国际商会的《托收统一规则》(URC 522)办理"。但是,国际商会第 522 号出版物不涉及直接托收,这就使得在直接托收的指示中,即使也做相应记载,事实上仍无法从国际商会的规则中找到业务办理的依据。这就大大增加了有关各方产生异议时缺乏协商、调解或仲裁基础的风险。事实上可以认为,国际商会的托收规则不对直接托收做出规定的本身,就表明国际商会不赞成直接托收的做法。

二、托收汇票

在即期付款交单方式下,托收汇票不是必要单据。例如,欧洲大陆国家的托收,进口商为了避免负担印花税,一般均要求出口商不开立汇票,而以商业发票替代汇票的使用,这时应注意发票上加列交单方式,以便代收行掌握和日后查考。而在远期付款交单和承兑交单方式下,汇票则是必不可少的。

托收汇票通常是跟单的商业汇票,它除了具备一般汇票的 7 个必要项目外,还应加注交单条件(在付款期限前注明 D/A 或 D/P)和出票条款[通常以"Drawn against shipment of (merchandise) for collection"为固定格式]),以表明开立汇票的原因。托收汇票的出票人是出口商或卖方,付款人是进口商或买方,收款人可以有三种形式表示:出票人抬头、托收行抬头和代收行抬头。

(一) 出票人抬头

出票人抬头是指汇票上的收款人是委托人,即出口商自己。使用这种抬头的汇票,委托人在向托收行提交全套单据时,应将汇票背书转让给托收行,托收行在将单据寄交代收行时,再对汇票进行背书,转让给代收行。

(二) 托收行抬头

托收行抬头是指汇票上的收款人为托收行。使用这种抬头的汇票,委托人不需背书,只需托收行进行背书,转让给代收行。目前,在我国的托收业务中,一般都使用托收行抬头的汇票。这种汇票往往是由银行事先印好存放在收款人处,如 Pay to the order of Bank of China, Wuhan Branch,收款人只需填写其他内容。

(三) 代收行抬头

代收行抬头是直接以代收行为收款人。使用这种抬头的汇票,代收行为第一持票人,这种抬头方式可以避免背书。

三、托收指示

(一) 托收指示的定义

托收指示(见表 4-2)是托收行寄送托收单据给代收行的寄单面函(Covering Letter)。根据《URC 522》要求,托收的所有单据必须伴随着托收指示,注明托收受到《托收统一规则》的约束,并做出完全和准确的指示,银行仅被允许根据该项托收指示所做出的各项指示和按照国际商会出版物第 522 号办理。除非托收指示另有授权,代收行将不会理会除向其发出托收的一方或银行以外的任何一方或银行的任何指示。因此,托收行的主要责任就是严格按照委托人的托收申请书缮制托收指示,做到托收指示的内容与托收申请书的内容严格一致。

表 4－2 托收指示式样

The Industrial ＆ Commercial Bank Of China

Collection Instruction

ORIGINAL

Date：

To：

Our Ref No.

Dear sirs,

We send you here with the under-mentioned item(s)/documents for collection.

Drawer：						Draft No. ： Date：	Due Date/Tenor
Drawee(s)：						Amount：	
Goods：			From			To	
By Par			On				
Documents	Draft	Invoice	B/L	Ins. Policy/Cert.	Pack/Weight List	CTF OF RIGIN	
1 copy							
2 copies							
3 copies							

Please following instructions marked "×"

☐ Deliver documents against payment/ （ ） acceptance.

☐ Remit the proceeds by airmail/ （ ） cable.

☐ Airmail/cable advice of payment/ （ ） acceptance.

☐ Collect charges outside _____ from drawer/ （ ） drawee.

☐ Collect interest for delay in payment _____ days after sight at _____ ％ P. A.

☐ Airmail/cable advice of non-payment/non-acceptance with reasons.

☐ Protest for non payment/ （ ） non-acceptance.

☐ Protest waived.

☐ When accepted，please advise us giving due date.

☐ When collected，please credit our account with _____

☐ Please collect and remit proceeds to _____ Bank for credit of our account with them under their advice to us.

☐ Please collect proceeds and authorize us by airmail/cable to debit your account with us.

☐ Special Instructions

This collection is subject to

Uniform Rules for Collections

(1995 Revision) ICC Publication No. 522

For The Industrial ＆ Commercial Bank of China

_____

Authorized Signature （s）

（二）托收指示的内容

根据《URC 522》第 4 条规定，托收指示应包括下列各项适用的内容：

（1）托收行、委托人、付款人、提示行（如有）的详情，包括全称、邮政地址和 SWIFT 地址（若有）、电传、电话、传真号码。

（2）托收金额及货币种类。

（3）所附单据及每一项单据的份数。

（4）取得付款及/或承兑的条款和条件。据以交单的条件：付款和/或承兑；其他条件，并有责任确保交单条件表述清楚、意思明确。

（5）要求收取的费用，注明是否可以放弃。

（6）如有应收利息，应注明下列内容：利率、计息期、所适用的计息基础，并注明可否放弃。

（7）使用何种付款方法及通知付款的方式。

（8）发生拒绝付款、拒绝承兑和/或与其他指示不符时的指示。

（三）托收指示的重要性

国际商会《托收统一规则》（《URC 522》）指出，托收指示的重要性主要有以下三点：

（1）所有托收业务都必须附有一个单独的托收指示，该项托收业务离不开该托收指示。

（2）代收行仅被托收指示中载明的指示所引导。

（3）代收行不从其他地方（包括托收委托当事人之外的其他人和托收委托当事人在托收指示之外的其他地方所提出的指示）寻找指示，也没有义务审核单据以获得指示；即使个别单据上带有指示，银行也不予理会。

托收指示应包含《URC 522》第 4 条所规定的内容，同时必须注明"本项托收业务按照国际商会的第 522 号出版物的规定办理"（This collection is subject to Uniform Rule for Collection—1995 Revision ICC. Publication No. 522）。否则容易引发各当事人之间的异议纠纷，而使对方不愿意接受办理该项托收业务。

四、托收方式下头寸的划拨

托收时的收款指示是指托收委托书中的一个重要内容，用来明确银行之间的头寸如何划拨的问题，即代收行应如何将收妥的款项拨付给托收行，类似于汇款中的偿付路径。

根据托收行与代收行之间账户开设情况的不同，托收中的收款指示有以下三种情况。

（一）托收行在代收行开立账户

托收行在出口托收指示中收款指示是："收妥款项，请贷记我行在你行账户，并以航邮或电报通知我行。"（Upon collection, please credit the proceeds to our a/c with you under airmail/cable advice to us.）当代收行将收妥的款项贷记托收行账户，并发出贷记报单，托收行收到贷记报单，得知款项已收妥后，即可贷记委托人账户，完成此笔托收业务，如图 4-5 所示：

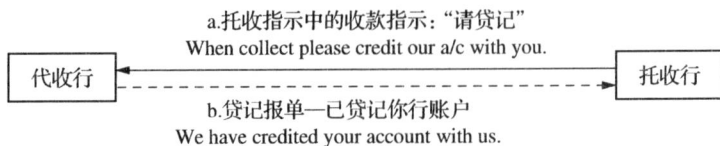

a.托收指示中的收款指示："请贷记"
When collect please credit our a/c with you.

代收行 ← - - - - - - - - - - - - - - → 托收行

b.贷记报单—已贷记你行账户
We have credited your account with us.

图 4-5　托收项下头寸的划拨（一）

（二）代收行在托收行开立账户

托收行在出口托收指示中收款指示是："请代收款项并以航邮或电报授权我行借记你行在我行的账户。"(Please collect the proceeds and authorize us by airmail/cable to debit your a/c with us.)代收行收妥款项后,向托收行发出支付委托书(payment order),授权托收行借记其账户。托收行收到支付委托书后,先借记代收行的账户,再贷记委托人账户,完成此笔托收业务中的头寸划拨,如图4-6所示:

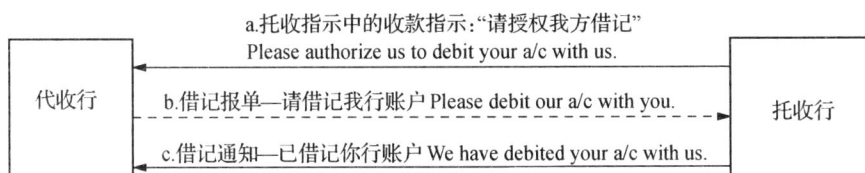

图4-6　托收项下头寸的划拨（二）

（三）托收行与代收行之间没有账户往来,头寸通过托收行的账户行进行划拨清算

这种方式是由托收行指示代收行将收妥的款项交指定的托收行的账户行贷记。这时托收行在出口托收指示中的收款指示是："请代收款项并将款项汇至××银行贷记我行在该行的账户,并请该行以航邮或电报通知我行。"(Please collect and remit the proceeds to ×× Bank for credit our account with them under their airmail/cable advice to us.)代收行收妥款项汇交××银行贷记托收行账户并通知托收行。托收行收到××账户行贷记报单后,即可贷记委托人账户,完成此笔托收业务,如图4-7所示:

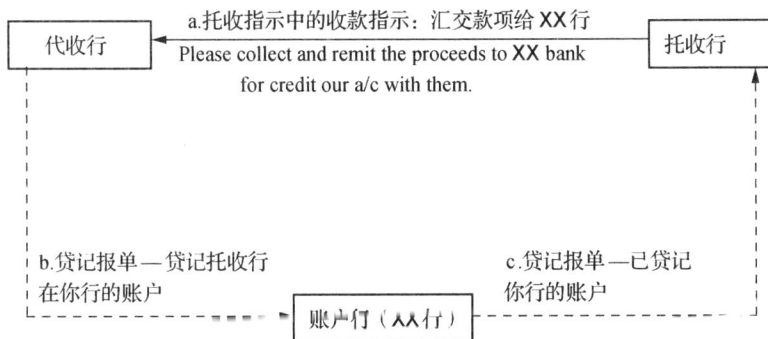

图4-7　托收项下头寸的划拨（三）

第三节　银行在托收业务中提供的资金融通

托收与汇款最大的区别还在于:汇款方式下,无论是进口商还是出口商都不可能通过票据或单据向银行融资;而在托收方式下,进口商可以利用自己的信用通过融物的方式达到融资(承兑或 T/R),出口商可以通过出口押汇、出口贷款和使用融通汇票贴现从银行融资。

一、对出口商的融资

银行对出口商的资金融通,主要有出口押汇、出口贷款和使用融通汇票贴现三种方法。

(一)托收出口押汇

托收出口押汇(Collection Bills Purchased)是指银行有追索权地向出口商购买跟单汇票的行为,是托收行向出口商提供的一种资金融通方式。其基本做法是:银行凭出口商开立的以进口商为付款人的跟单汇票以及所附的商业单据为质押,将货款扣除利息及费用后,净额付给出口商。托收行成为跟单汇票的持票人,又称押汇行。等到代收行收妥款项并将头寸拨给托收行,托收行所做托收出口押汇的垫款才得以归还。

托收出口押汇是银行向出口商提供的短期融资活动,出口商据此得以尽快收回货款,加速资金周转,有时考虑汇率变动因素,出口商还可以规避汇率变动风险,而银行可获得手续费和押汇利息。

在出口押汇当中,如果出现拒付,押汇行有权向出口商追索票款及利息。一般在押汇合同中会对银行的追索权做出明确规定,如果银行未能按时从国外收回货款,有权要求出口商立即归还融资本息。押汇金额可以是出口应收账款的全额,也可以是应收账款的一定比例,视出口商的需求及押汇银行在风险方面的考虑而定。

托收业务中的出口押汇对于银行来说有比较大的风险,如汇率变动风险、进出口商的信用风险等。因此银行对托收出口押汇的要求往往很严格,如要求进口商资信良好、押汇单据必须是全套货权单据,同时还要收取较高的押汇利息和手续费。

(二)出口贷款

托收项下贷款(Advance against collection)相当于部分货款作押汇,出口商在流动资金不足的情况下可以要求托收行发放低于托收金额的贷款,待其到期日还贷。

(三)使用融通汇票贴现

出口商可使用融通汇票贴现(Accommodation Bill for Discount)获得融资,出口商利用开立带有质押的融通汇票,由托收行承兑后,通过贴现公司贴现融资。具体程序如下:

(1)出口商开出远期融通汇票,以托收行为受票人,出口商为出票人和收款人,并以托收跟单汇票作为融通汇票质押品,一并交给托收行。

(2)托收行将托收跟单汇票寄至代收行,委托代收行将跟单汇票提示给受票人(进口商)要求受票人承兑。

(3)托收汇票受票人(进口商)承兑汇票后,代收行向托收行寄回承兑通知书。

(4)托收行收到代收行寄来的承兑通知书后,自行承兑融通汇票,并将融通汇票送达贴现公司请求贴现。

(5)贴现公司贴进融通汇票。

(6)贴现公司将贴现净款支付给出口商。

(7)托收汇票到期日,托收行收到通过代收行转来的进口商支付的货款,以此货款来备付融通汇票。

(8)融通汇票到期日,贴现公司向托收行提示融通汇票,要求付款。

（9）托收行将事先准备的货款付给贴现公司。

二、对进口商的融资

银行对进口商的资金融通,主要有信托收据和使用融通汇票贴现两种方法。

（一）信托收据融资

在远期付款交单条件下,当货物均已到达进口地,但付款期限未到。进口商可以在承兑汇票到期日之前向银行先"借单提货"。银行允许资信较好的进口商凭信托收据(trust receipt,T/R)从银行借出货运单据先行提货,待承兑汇票到期后再向银行支付货款。进口商在这里是以代收行受托人的身份代银行提货,货权属于银行。

信托收据确定了银行和进口商的信托关系,代收行是信托人,代表出口商掌握物权,其享有以下权利:可以随时取消信托,收回货物;可随时向进口商收回已经售出货物的货款;若进口商倒闭破产清理,对该信托收据项下的货物和货款有优先债权。

进口商是被信托人,代表信托人处理货物。进口商借得单据提货,处理货物并回笼资金,在承兑汇票到期时支付足额货款,收回汇票,赎回信托收据。进口商凭信托收据借得货物运输单据所提取的货物,但货物所有权并不随货物的转移而转移。进口商有以下义务:将信托收据项下的货物与其他货物分开保管;售得的货款应交付给代收行,或暂代代收行保管,并在账目上与自有资金明确分开;不得将信托收据项下的货物抵押给他人。

在这种信托收据借单方式下,如果到期进口商不能付款赎单,因为是代收行私下与进口商达成的协议,所以与托收委托人(出口商)是无关的,故代收行应负责向委托人偿付。但如果是托收委托人(出口商)在托收委托书中授权代收行可以凭进口人的信托收据进行借单,那一切后果就由出口商自己负责。

【案例 4-1:采用远期 D/P 凭 T/R 借单案】

中国 Z 公司与埃及的 E 公司签约出口纺织品,货款总价值为 USD30,000 CIF Alexander Egypt(埃及亚历山大港),付款方式为 D/P at 30 days after sight(远期付款交单的托收方式,见票后 30 天付款)。Z 公司如约发货并投保,次日凭全套单据和远期汇票委托托收行办理托收付款。在代收行向 E 公司提示了汇票与单据后,E 公司对该远期汇票予以承兑,在货物到达目的港后 E 公司并没有付款赎单而是以 T/R 向代收银行借单,在凭单据提货后,E 公司宣告破产。

问题:Z 公司于汇票到期日是否可以收回货款?汇票到期,代收行是否应承担付款责任?

分析:因为这是 D/P 不是 D/A,即出口商仅授权代收行(远期)付款交单而不是承兑交单。至于代收行仅凭 E 公司的信托收据提前借单给 E 公司,那是代收行自身与 E 公司之间的信托行为,所以代收行应承担付款责任。如果是委托人授权代收行仅凭 E 公司的信托收据就可提前借出单据,代收行就不必承担付款责任。

如果付款方式为 D/A at 30 days after sight(远期承兑交单,见票后 30 天付款),进口商可以只需承兑而不必付款,无需信托收据就可以从银行获得单据,代收行也不必承担 E 公司破产后的付款责任。

（二）使用融通汇票贴现

进口商也可以利用开立不带有质押的融通汇票,由代收行承兑后,通过贴现公司贴现融资。具体程序如下:

（1）进口商在信用额度下向代收行开出远期融通汇票,要求代收行承兑。

（2）代收行承兑融通汇票。

（3）进口商将承兑后融通汇票送达贴现公司要求贴现。

（4）贴现公司对融通汇票进行贴现。

（5）进口商将融通汇票的贴现款支付给代收行。

（6）代收行将净款作为货款支付给托收行。

（7）进口商待进口货物销售完毕后,将所得货款交付代收行,以作备付融通汇票。

（8）融通汇票到期日,贴现公司要向代收行提示融通汇票,要求付款。

（9）代收行将从进口商处收来的货款支付给贴现公司。

第四节　托收结算方式的风险及其防范

一、托收结算方式的风险

跟单托收的三种结算方式中,对出口商来说风险最小的是即期付款交单(出口商通过控制单据取得货款),风险最大的是承兑交单;而对于进口商来说则恰恰相反,其风险由小到大的排序是承兑交单、远期付款交单、即期付款交单。特别是在远期承兑交单方式下,进口商能在付款前提取并检查货物的质量、数量、包装等是否与合同一致。有时在双方订立销售合同时,进口商就要求到货后才见票付款(付款交单时)或抽检后付款。采用托收结算方式时,货物的总价值不宜太高,当价值较高时,要么采用分批发货,要么采用混合付款,而且将托收比例减小。

托收结算是出口商先出运货物后收款,所以是相对有利于进口商,不利于出口商的一种结算方式。所以,托收项下的风险主要是出口商面临的风险。

(一)进口商的信用风险

进口商的信用风险是出口商面临的主要风险,主要表现为进口商拒绝付款赎单。进口商拒付可能存在很多种情况,如出口商并未完全掌握进口商的资信情况和经营作风,进口商如发生资金周转不灵或进口地市场行情发生变化、商品价格下跌甚至经营不善破产等情况就会长时间拖欠出口商的货款甚至拒付货款。同时货物一旦运抵进口国,出口商就要承担在进口地办理提货、交纳进口关税、存仓、保险、转售甚至被低价拍卖或被运回国内的风险。再如在承兑交单中,进口商只要在汇票上办理承兑手续,即可提取货物,一旦到期进口商仍不付款,出口商便会遭到货款两空的严重损失。

(二)进口国的政治、经济风险

进口国的政治、经济风险主要包括以下几个方面:① 进口商所处国家或地区的政治风险可能会影响进口商的对外支付。进口国的政治风险主要表现为战争、骚乱、罢工等,由此造成进口商不能按时付款。② 进口商所在国家或地区出于保护本国产品或消费者的目的,限制"有条件进口"的产品,如需要申领"进口许可证"或类似的特别证明才能进口该类商品,但在货到目的地、单据到达或付款到期时,进口商还未取得该类证明文件,使货物到达目的地时被禁止进口或被处罚。③ 进口国若为外汇管制国家,进口商未能及时申请到外汇,不能按时付款收货。

④ 进口国颁布新的经济政策,如进口国实施新的外汇管理办法,或忽然宣告该国货币贬值,未收汇的货款该国政府不予供汇,进口商须向自由市场以议价购汇。这样,进口商如要付款就必定在汇率上损失,进口商进而要求出口商降价或拒绝付款。再如,进口国针对出口国的忽然性或敌对性的新法案、海关管理、检验检疫的新规定等都有可能使进口的手续受到影响。

(三) 进口国的当地习惯

《托收统一规则》规定:托收业务若与一国一州或地方必须遵守的法律或条规有抵触,则要受当地法律的制约。例如,有些欧洲国家,如英国、法国、卢森堡、瑞士和一些拉美和中南美洲国家,习惯上已将远期 D/P 当做 D/A 处理,这样进口商可轻易凭承兑就可取得货运单据。此外,有些国家如巴基斯坦、叙利亚等国的海关规定,如发生进口商品的退运,则该退运的货物必须由进口商办理,并且要经过进口国银行书面证实。这一规定使进口商能够掌握货物,并且只要进口商不去办理货物的退运,海关就会将货物存于公仓,最终被拍卖。再如,土耳其等国的海关做法是如果进口商迟迟不提货,港口会将货物做拍卖处理,而货主(进口商)在拍卖中有优先权;巴西海关的做法是将退运的货物存于公仓,而其海关的仓储费奇高,有时出口商想将货物运回时却发现海关的仓储费高于货物的价值,如运回后会遭受更大损失,只好放弃致使货物全损。

(四) 进口商指定代收行造成的风险

在托收业务中代收行一般由出口商指定,但某些特殊情况下出口商因急于成交同意由进口商指定代收行。代收行与进口商在暗地里相互勾结,在没收到货款的情况下,就直接将单据交给进口商,进口商立即凭正本提单将货物提出,可能会导致出口商货款两空。虽然从理论上讲,代收行违反托收指示书就违反了其对托收行所负的义务。这意味着托收行违反了其对委托人的义务,所以委托人有权就代收行的代理失误对托收行起诉。然而在实践中,托收行几乎无一例外地在其与委托人的合同中免除了自己对自己代理人的行为承担责任的义务。因此起诉托收行往往行不通。

【案例 4 - 2 :采用 D/P AT SIGHT 损失案】

中国浙江一外贸公司 Z 与日本进口商 J 公司在结识后做了几单小批量的适配器(Adapter)的交易,付款方式均为前 T/T,交易极其顺利。后来 J 公司称销路已经打开,要求增加数量至一个 20 英尺装箱,但由于该公司的客户需要其 COD 方式,遂向 Z 公司提出要求将付款方式由前 T/T 改为 D/P AT SIGHT。Z 公司业务主管考虑:在 D/P AT SIGHT 的结算方式下,如果对方不付款赎单,就拿不到单据,货物的所有权仍归自己所有,因此便欣然同意了 J 公司的要求。在签约后便如约发出一个 20 英尺货柜的货物,总金额为 5 万多美元。一周后货物便到达目的港横滨(YOKOHAMA),J 公司借口会计出差在外拖延赎单的日期,致使到港后各种费用相继发生。由于这批货物的款式是 J 公司的客户申请的专利、标牌也是 J 公司所指定的,因此想低价转让他人却又无人问津(易于造成商业纠纷)。而运回国内,国内消费者也不会接受 110 V/60 Hz 的电源,也只能作为库存或拆元器件。Z 公司经考虑再三迫于无奈最后只好要求 J 公司将结算方式的条件改为 D/A at 30 days after sight。在通知了托收行和代收行后,J 公司仅凭承兑将货物提走,此后就再也没有音讯。后向涉外法律事务所咨询,得知在日本诉讼费用极高、时间拖延,只好以认栽作罢。

【案例 4 - 3 :承兑交单(D/A)项下产生的拖欠】

深圳某进出口公司 S 与澳大利亚 A 公司有 3 年多的生意往来,虽然开始时 A 公司的订单数量不大,但其订货稳定且按时付款,随着双方贸易额的扩大,由每年六七万美元增加到七八十万美元,双方之间的相互了解和信任也逐步加深,S公司对A公司的结算方式也开始给予方便。由最初的不可撤销的即期跟单信用证逐步改为D/P at sight、D/A at 30 days after sight。

2017年9月30日,A公司又给S公司下订单,货物总值15万多美元,A公司提出D/A at 90 days after sight的结算方式。贸易术语选择CIF Melbourne AU。2017年11月15日,按照合约货物如期装船,S公司及时地采用承兑汇票和全部单据通过银行向A公司托收。

2017年11月23日托收的汇票和单据到达代收行ANZ Bank(澳新银行),按照承兑交单的正常方式,A公司办理了承兑手续,澳新行交付单据给A公司,2018年2月22日是承兑汇票的到期日,按照合约A公司需履行承兑的付款义务,但A公司以市场行情不好,大部分货物未卖出为由,又一次向S公司提出延迟付款的要求。S公司不断给A公司发传真和E-MAIL,要求A公司要么付款要么退货,A公司先是对自己的延迟付款表示抱歉,并答应尽快偿付。2018年4月,A公司以资金困难为由,暂时先偿付S公司3万美元,S公司出于尽量减少损失的想法,表示了同意。即使这样,A公司还是一会儿称其财务人员有病请假,一会儿又称其主要负责人休假,以达到继续拖欠付款的目的。

2018年5月底,A公司总经理辞职,此前,S公司与A公司的所有交易都是经其达成。此后,A公司对于S公司的所有函电均无任何答复了,到了2018年6月,S公司与A公司彻底失去联系。

分析:进口商在破产前常常会有一些迹象和征兆,应注意防范。例如,进口商突然增加订单的数量;进口商突然要求改变惯用的结算方式;进口商不断地变换理由以达到拖延和拒付货款;进口商长时间不答复进口商的函电;进口商的管理层发生重大变化。

【案例4-4:D/P远期交单的风险】

某年2月,我国A公司与英国B公司签订出口合同,支付方式为D/P 120 Days After Sight。中国C银行将单据寄出后,直到2017年8月尚未收到款项,遂应A公司要求指示英国D代收行退单,但到D代收行回电才得知单据已凭进口商B公司承兑放单,虽经多方努力,但进口商B公司以种种理由不付款,进出口商之间交涉无果。后中国C银行一再强调是英国D代收行错误放单造成出口商钱货损失,要求D代收行付款,D代收行对中国C银行的催收拒不答复。10月25日,D代收行告知中国C银行进口商已宣布破产,并随附法院破产通知书,致使出口商钱货两空。

分析:D/P远期(Documents against Payment after sight,简称D/P after sight)指进口商在汇票到期时付清货款后取得单据。D/P远期托收是目前我国出口业务中较常见的结算方式,是托收业务中D/P(付款交单)的一种。D/P远期在具体办理时主要有三种形式:见票后××天付款;装运后××天付款;出票后××天付款。一般做法是当托收单据到达代收行柜台后,代收行向进口商提示单据,进口商承兑汇票后,单据仍由代收行保存,直至到期日代收行才凭进口商付款释放单据,进口商凭此提货。采用这种方式一般基于货物在航程中要耽误一定时间,在单据到达代收行时可能货物尚未到港,且出口商对进口商资信不甚了解,不愿其凭承兑便获得单据。做D/P远期实际上是出口商已经打算给予进口商资金融通,让进口商在付款前取得单据,实现提货及销售的行为。这是给进口商的一种优惠,使其不必见单即付款,如进口商信誉好的话,还可凭信托收据等形式从代收行获得融资,而且出口商也可由此避免风险,在进口商不付款的情况下,可以凭代收行保存的货权单据运回货物或就地转售,相对承兑交单项下的托收,出口商的货款安全保证要大一些。

但使用这种方式也可能造成不便,如货已到而进口商因汇票未到拿不到单据凭以提货,导致进口商无法及时销货,容易贻误商机,甚至造成损失,所以往往要求代收行给予融通。一种是进口商向代收行出具信托收据预借单据,取得货权。另一种是代收行与进口商关系密切,在进口商作出某种承诺后从代收行取得单据。

在进口商向代收行出具信托收据预借单据又分为两种情形。

一是出口商主动授信代收行可凭进口商的信托收据放单,这是出口商对进口商的授信,一切风险和责任均由出口商承担,进口商能否如期付款,代收行不负任何责任。这种情形就相当于做D/A(其实从票据法的角度来看,它还不如D/A好)。

二是进口商在征得代收行同意的情况下,出具信托收据,甚至可提供抵押品或其他担保,向代收行借出全套单据,待汇票到期时由进口商向代收行付清货款再赎回信托收据。因为这是代收行凭进口商的信用,抵押品或担保借出单据,是代收行对进口商的授信,不论进口商能否在汇票到期时付款,代收行都必须对出口商承担到期付款的责任和义务。

这样就给代收行带来风险,一旦进口商不付款代收行必须垫付,所以,国际商会《托收统一规则》(URC 522)不鼓励 D/P 远期托收这种做法。《托收统一规则》第 7 条规定,托收不应含有远期汇票而同时规定商业单据要在付款后才交付。如果托收含有远期付款的汇票,托收指示书应注明商业单据是凭承兑交单(D/A)还是凭付款交单(D/P)交付款人。如果无此项注明,商业单据仅能凭付款交付,代收行对因迟交单据产生的任何后果不负责任。

此外,D/P 远期托收业务还有其他风险,如有些国家不承认远期付款交单,一直将 D/P 远期作 D/A 处理,两者在这些国家法律上的解释是一样的,操作也相同,而根据《托收统一规则》精神,若托收业务与一国或地方所不得违反的法律和/或法规有抵触,则《托收统一规则》对有关当事人不具约束力,而此时若出口商自认货权在握,不做相应风险防范,而进口商信誉欠佳,则极易造成钱货两空的被动局面。

如果选择做 D/P 远期,那么作为出口商应该把握以下几点:

(1)做 D/P 远期,要有风险意识,在选择客户尤其是做大额交易时,一定要先考虑客户的资信,D/P 方式是建立在进口商信用基础上的,总的来说这种方式对出口商不利,风险较大并且随时都存在,不宜多用。

(2)在合同洽谈时应尽可能确定代收行,尽可能选择那些历史较悠久、熟知国际惯例,同时又信誉卓著的银行作为代收行,以避免银行操作失误、信誉欠佳造成的风险。

(3)在提交托收申请书时,应尽可能仔细填制委托事项,不要似是而非,要根据进口商的资信情况和能力来确定是否接受信托收据的方式放货。

(4)办理 D/P 远期托收业务时尽量不要使远期天数与航程时间间隔较长,造成进口商不能及时提货,一旦货物行情发生变化,易造成进口商拒不提货,则至少会造成出口商运回货物的费用或其他再处理货物的费用。

(5)为避免货物运回的运费或再处理货物的损失,可让进口商将相关款项作为预付定金付出,如有可能预付款项中可以包括出口商的利润。

(6)在托收业务中最好选择 CIF 价格条款,以防货物在运输过程中货物损坏或灭失导致进口商拒付同时索赔无着的风险。

(7)货物发运后,要密切关注货物下落,以便风险发生后及时应对,掌握主动,尽快采取措施补救。

(8)要注意 D/P 远期在一些南美国家被视作 D/A,最好事先打听清楚,做到知己知彼。

二、托收结算方式的风险防范

鉴于托收方式对出口商风险大,为了保证收汇安全,应采取相应的防范措施。

(一)加强对进口商的资信调查

在交易前,可通过互联网、驻外大使馆、展销会等一些方式对进口商的财务状况、经营情况、声誉等方面进行认真调查。在实际业务中,应该完善各项资料,建立无漏洞的合同。可对客户建立信用档案,评估其资信状况,依据不同资信状况进行业务往来。对于新客户,更应该通过多种渠道搜集客户信息,调查了解客户的状况,避免发生不必要的损失。

(二)了解进口国的市场动态及相关法律法规、商业惯例

在进出口贸易中,某些商品在进口时需申请进口许可证,或取得外汇许可。对于这些涉及进口国贸易法令、外汇管制的业务,出口商都应事先了解掌握,否则可能无法安全收汇。同时还要熟悉进口国在托收业务上的习惯做法,比如在一些国家 D/P 远期被视作 D/A,最后还要了解进口国海关的有关规定,如货到后存仓管理等办法等等。

（三）选择合适的托收方式和价格术语

出口商在签订合同时,应尽量掌握货物的控制权,争取以 CIF 或 CIP 价格术语成交,由出口商自己办理运输、保险,万一货物在运输途中出事,可向保险公司索偿。同时要注意远期付款方式的使用,在办理 D/P 远期时,尽量不要使远期天数与航程时间间隔太长,使进口商不能及时提货,一旦市场行情变化,造成进口商拒不提货的情况会比较麻烦。

（四）慎重选择代收行

作为交易中介,正确选择代收行至关重要,会影响交易的进行。信誉良好的代收行对货款起到督促作用,同时还能避免银行操作失误造成的风险。出口商应尽量选择熟悉或信赖的外国银行作为代收行,否则托收行将被默视为有权利自行指定代收行。而代收行如有失误或不当,后果还要由企业自己承担,因此选择值得信赖的代收行很有必要。

（五）投保出口信用险

现在很多国家都开办了出口信用保险业务,即对买方不付款和买方国家因国家风险导致不能如期付款的损失进行保险。例如,我国出口商可以向中国出口信用保险公司投保"短期出口信用保险",这项保险业务适用于以付款交单和承兑交单为结算方式、且期限不超过 180 天的出口合同。投保该险后,如果进口商无力支付货款、不按期支付货款、违约拒收货物,或因进口国实行外汇和贸易管制、发生战争和骚乱而给出口商造成的损失,保险公司将予以赔偿。

（六）出口商预收部分货款以降低收汇风险

为了确保托收方式下的收汇安全,出口商可通过预收一定的预付金。余额用 D/P 即期的方式收汇,预付金的比例一般占合同总金额的 25％～30％。进口商预付了货款,在一定程度上就受到了牵制,日后即使想毁约,也会考虑其预付金而履约。如若进口商不付款,出口商还可以降价销售或做其他办法处理,损失的金额可用进口商的预付金来得以补偿。

本章小结

1. 托收是委托收款的简称,是指债权人(出口商)凭汇票和商业单据,委托国内的银行(称托收行)通过其国外的代理行(称代收行)向债务人(进口商)提示(跟单)汇票要求付款或提示汇票要求承兑,凭债务人(进口商)的付款或承兑才向其交出商业单据的一种结算方式。托收属于商业信用,能否收回货款,完全靠买卖双方商业信用,存在风险。

2. 托收涉及的基本当事人有债权人、债务人、债权人所在地的银行、债务人所在地的银行。除四个基本当事人外,还可能会涉及提示银行和"需要时代理"等当事人。

3. 光票托收是指当出口商委托银行采取托收方式收取款项时,仅开立汇票而不随附任何形式的商业单据的托收方式。

4. 跟单托收是附带商业单据的托收,可以附带金融单据,也可以不附带金融单据。根据交单条件的不同,跟单托收又可分为付款交单托收(D/P)和承兑交单托收(D/A)。根据付款时间的不同,付款交单托收又可分为即期付款交单和远期付款交单两种。

5. 直接托收是指委托人从托收行获得空白的托收指示格式后,自行填制,连同其他单据直接寄给代收行,由代收行向付款人提示,以代收款项,即绕开托收行办理托收业务。国际商会不赞成直接托收的做法,《托收统一规则》中没有对直接托收做出规定。

6. 托收汇票除了具备一般汇票的七个必要项目外,还应加注交单条件和出票条款。托收汇票的出票人是出口商或卖方,付款人是进口商或买方,收款人可以有三种形式表示:出票人抬头、托收行抬头和代收行抬头。

7. 托收指示是托收行寄送托收单据给代收行的寄单面函,所有托收业务都必须附有一个单独的托收指示,代收行仅被托收指示中载明的指示所引导。托收中的收款指示是用来明确代收行应如何将收妥的款项拨付给托收行。

8. 银行对出口商的资金融通,主要有出口押汇、出口贷款和使用融通汇票贴现三种方法;银行对进口商的资金融通,主要有信托收据和使用融通汇票贴现两种方法。

9. 托收项下出口商面临的主要风险有:进口商的信用风险;进口国的政治、经济风险;进口国的当地习惯;进口商指定代收行造成的风险。出口商为保证收汇安全,可采取的防范措施有:加强对进口商的资信调查;了解进口国的市场动态及相关法律法规、商业惯例;选择合适的托收方式和价格术语;慎重选择代收行;投保出口信用险;预收部分货款等。

基本概念

托收　光票托收　跟单托收　即期付款交单托收　远期付款交单托收　承兑交单托收
直接托收　托收指示　出口押汇　出口贷款　融通汇票贴现　信托收据

复习思考题

一、选择题

1. 在托收业务中,以下关系中不属于委托代理关系的是( )。

A. 委托人和委托行　　　　　　　　B. 委托行和代收行
C. 代收行和付款人　　　　　　　　D. 委托人和"需要时的代理"

2. 以下不属于代收行义务的是( )。

A. 收到单据应与托收指示核对,如单据有遗失立即通知委托行
B. 按单据的原样,根据托收指示向付款人提示
C. 对于汇票上承兑的形式,负责表面上完整和正确之责
D. 在汇票遭到拒绝承兑或拒绝付款时,负责做成拒绝证书

3. D/P,T/R 意指( )。

A. 付款交单　　　　　　　　　　　B. 承兑交单
C. 付款交单凭信托收据借单　　　　D. 承兑交单凭信托收据借单

4. 承兑交单方式下开立的汇票是( )。

A. 即期汇票　　　B. 远期汇票　　　C. 银行汇票　　　D. 银行承兑汇票

5. 托收出口押汇是(　　　)。

　　A. 出口地银行对出口商的资金融通　　　　B. 出口地银行对进口商的资金融通

　　C. 进口地银行对出口商的资金融通　　　　D. 进口地银行对进口商的资金融通

6. 在托收业务中,如发生拒付,为了照料处理存仓、保险,重行议价,转售或运回等事宜,委托人可指定一个在货运目的港的代理人办理,这个代理人是(　　　)。

　　A. 委托行　　　　　B. "需要时的代理"　　C. 代收行　　　　　　D. 承运人

7. 进口商付清货款后,代收行往往会(　　)记托收行账户并向托收行发去相应通知书,托收行收到通知书后将货款(　　)记出口方账户。

　　A. 借,贷　　　　　　B. 借,借　　　　　　C. 贷,贷　　　　　　　D. 贷,借

8. 即期付款交单中,出口商往往开立(　　　),通过代收银行向进口商提示。

　　A. 即期汇票　　　　B. 远期汇票　　　　　C. 银行汇票　　　　D. 银行承兑汇票

9. 在跟单托收业务中,出口商不能通过采取(　　　)方式来减少和消除风险。

　　A. 调查了解进口商的资信和作风

　　B. 尽可能争取"到岸价格"(CIF)交易,争取自办保险

　　C. 尽可能争取即期付款交单方式

　　D. 尽可能争取承兑交单方式

10. 光票托收一般不用于(　　　)的收取。

　　A. 出口货款尾款　　　　　　　　　　　　B. 出口货款

　　C. 佣金　　　　　　　　　　　　　　　　D. 样品费

二、判断题

1. 托收是一种付款人主动向收款人支付货款的方式。　　　　　　　　　　　(　　)

2. 在托收业务中,银行的一切行为是按照托收委托书来进行的。　　　　　　(　　)

3. 光票托收和跟单托收一样,都是用于贸易款项的收取。　　　　　　　　　(　　)

4. 托收因是借助银行才能实现货款的收付,所以托收是属于银行信用。　　　(　　)

5. 从理论上讲,承兑交单相比于付款交单对于买方更为便利,因为承兑交单中买方承兑后即可提货,往往可以不必自备资金而待转售所得的货款到期时付款。　　　　　　　(　　)

6. 托收业务中,代收行对于汇票上的承兑形式,只负责表面上完整和正确之责,不负签字的正确性,或签字人是否有权限签署之责。　　　　　　　　　　　　　　　　(　　)

7. 委托人在出口托收申请书上可指定代收行,如不指定,委托行可自行选择它认为合适的银行作为代收行。委托行由于使用其他银行的服务而发生的费用和风险,在前种情况下由委托人承担,在后种情况下由委托行承担。　　　　　　　　　　　　　　　(　　)

8. 托收业务中,只要选择合适的委托行和代收行,委托人收回货款就不成问题。　(　　)

9. 相比于付款交单,承兑交单一定是远期付款,对买方比较有利。　　　　　(　　)

10. 无论何种情况下,代收行同意进口商凭信托收据借货后产生的风险和后果都由出口商承担。　　　　　　　　　　　　　　　　　　　　　　　　　　　　　(　　)

三、填空题

1. 托收是_____为向_____收取款项,出具汇票(债权凭证)委托银行代为收款的一种支付方式。

2. 托收业务的基本当事人包括:_____、_____、_____和_____。

3. 托收业务中,如果债务人和代收行不在同一地,代收行尚需委托另一家银行代收,这家银行成为_____,即由它来向债务人直接提示单据。

4. 根据委托银行代收的凭证中是否包括代表装运货物的货运单据,可以把托收分为:_____和_____。

5. 跟单托收根据交单方式的不同,可分为:_____和_____。

6. 付款交单根据付款期限可以分为:_____和_____。

7. 在托收中使用的汇票可以是:_____或_____。

8. 托收业务中,出口地银行对出口商的资金融通,可以采取_____、_____和_____;委托人或代收行对进口商的资金融通可以允许进口商_____。

9. 凭信托收据借单提货发生在_____交单条件下。

10. 光票托收一般用于_____和_____。

四、简答题

1. 什么是托收,跟单托收有几种交单条件? 对出口商和进口商最有利的交单条件各是什么?

2. 为什么委托人在托收申请书中要写明付款人的账户行?

3. 某公司出口三批货物,合同分别规定以 D/P 即期、D/P 30 天、D/A 30 天托收方式结算。设寄单之邮程为 7 天,托收日为 8 月 1 日。问:这三笔托收业务的提示日、承兑日、付款日、交单日各为何日? (不计银行合理工作时间)

4. 出口押汇的基本做法是什么? 它有何特点?

五、实务操作题

请用框图说明 D/P at sight 的业务程序。

六、案例分析题

1. 国内某公司以 D/P 付款交单方式出口,并委托国内甲银行将跟单汇票寄由第三国乙银行转给进口国丙银行托收。后来得知丙银行破产收不到货款,该公司要求退回有关单证却毫无结果,请问托收银行应负什么责任?

2. 有一出口合同,付款条件为 45 天见票付款交单方式。出口商在填写的托收委托书中,虽说明除本金外需加收利息,但并未说明利息不能免除。在出口商所提交的汇票上也未列明利息条款。当银行向进口商提示单据时,进口商只肯支付本金而拒付利息,在此情况下,银行在收到本金后即交出单据,并通知出口商有关拒付利息的情况。试问,出口方能否追究代收行未收利息即行交单的责任?

3. 我国某公司出口一批货物,结算方式为 D/P 90 天托收。汇票及货运单据通过托收银行寄抵国外代收行后买方进行了承兑。但货物到达目的地后,恰巧这时行市上涨,于是付款人出具信托收据(T/R)向银行借得单据并提货。货物出售后进口商倒闭。代收行将上述情况通知托收行,表示货款已无法收回。那么我方出口商是否应承担货款损失?

第五章 信用证结算方式

学习目标与要求:

1. 掌握信用证的含义、特点、基本当事人及各自的权利和义务。
2. 熟悉信用证的业务流程、信用证的内容和信用证的分类。
3. 掌握信用证审核及修改。
4. 了解信用证中的风险和融资。

跟单信用证的产生,是 19 世纪发生的一次国际贸易结算方式上的革命。这种结算方式首次使不在交货现场的买卖双方在履行合同时处于同等地位,在一定程度上为买卖双方重新找回了"一手交钱,一手交货"的现场交易所具有的安全感,解决了买卖双方相互不信任的问题。通过前面内容的学习,我们知道,如果采用汇付中的预付货款方式,会使买方处于不利地位,而采用汇付中的货到付款方式会使卖方处于不利地位;而采用托收方式,即使是采用风险最小的即期付款交单方式,对于卖方而言,也是一种延期付款。因为卖方必须在货物装运后,才能获得全套单据。一旦买方拒绝付款,即使货物的所有权还在卖方手中,卖方必然面临运费、银行费用等损失。而信用证的出现,解决了买卖双方支付结算上的矛盾,使买卖双方处于同等地位。信用证结算方式把托收方式由进口商履行跟单汇票的付款责任转移到银行身上,在卖方不愿意先发货或先交单,而买方不愿意先付款的情况下,银行充当了买卖双方的中间人和保证人,凭借其可靠的信用,集单证和货款于一身,一面收单付款,一面提示付款赎单,并为双方融通资金。在实际业务中,对出口商来说,由于有了资金雄厚的银行来保证付款,只要出口商提交了符合信用证要求的单据,就可收回货款;对进口商来说,他可以通过信用证条款控制出口商交货,并在付款后取得货运单据。这样,就把托收下的商业信用转变成为信用证方式的银行信用,从而保证了进出口双方的货款和单据不致落空,也便于双方资金的周转。所以信用证一出现,就立即被贸易界广泛采用。

信用证经过几个世纪的发展,已逐渐成为国际贸易中普遍采用的一种主要结算方式和重要的融资方式。在信用证产生后不到一个世纪的时间里,国际商会为推动和规范信用证的运作,制订了《跟单信用证统一惯例》(Uniform Customs and Practice for Documentary Credit,UCP),并经过了多次修订。《跟单信用证统一惯例》是国际商会出台的一套非官方出版物,其有效地促进了国际信用证结算业务的发展。2006 年 11 月,国际商会在全球范围内正式发布了有关信用证领域的最新国际惯例——《跟单信用证统一惯例(2007 年修订本)》(《UCP 600》),并从 2007 年 7 月 1 日起全面取代了实施长达 13 年的《跟单信用证统一惯例(1993 年修订本)》(《UCP 500》)。

第一节　信用证概述

一、信用证的含义

信用证(Letter of Credit,L/C)又称信用状,是开证人以自身名义开立的一种信用文件,就广义而言,它是由银行或其他人应客户请求作出的一项书面保证,按此保证持证人承诺在符合信用证所规定的条件下,兑付汇票或偿付其他付款要求。

在国际贸易中使用的信用证通常都是由银行开立的,是指开证银行应申请人的请求并按其指示,向第三方开具的载有一定金额、在一定期限内凭符合规定的单据付款的书面保证文件。

《UCP 600》在第 2 条"定义(Definitions)"中明确规定:"信用证意指一项约定,无论其如何命名或描述,该约定不可撤销并构成开证行对于相符交单予以兑付的确定承诺。"(Credit means any arrangement,however named or described,that is irrevocable and thereby constitutes a definite undertaking of the issuing bank to honour a complying prensentation.)

在国际贸易中,上述信用证定义中的申请人是指进口商,开证行是指进口地银行,第三方即受益人是指出口商。于是我们可以对信用证的定义作出以下更为具体的理解。

(1)信用证是指开证行应进口商的请求向出口商开立的有条件的承诺付款的书面文件,它是一种银行信用。

(2)付款条件是受益人(出口商)在一定期限内向银行提交符合信用证规定的单据。

(3)信用证中存在三个契约:买卖双方之间的贸易合同;开证申请人(进口商)与开证行之间的开证申请书;开证行与受益人之间的信用证。

(4)付款人可以是开证行,也可以是开证行授权的另外一家银行。

(5)收款人可以是受益人,或者是其指定的银行。

二、信用证的特点

(一)信用证是一种银行信用,开证行负第一性的付款责任

信用证是一种银行信用,是开证行以自己的信用向受益人作出的付款承诺,只要信用证的受益人提交了符合信用证要求的全套单据,开证行就必须履行付款责任。开证行在信用证中处于第一付款人的地位,是主债务人,对受益人负有不可推卸的、独立的付款责任。因此,开证行的付款不能以进口商的付款为前提条件,即使进口商失去偿付能力或者拒绝付款,只要出口商提交的单据符合信用证条款,开证行也有义务付款,付款后不能向受益人追索。

(二)信用证是一项独立文件

虽然信用证的开立必须以贸易合同为基础,但一经开出,信用证即构成独立于贸易合同以外的一份自足文件或契约。信用证项下各有关当事人的权利与义务仅以信用证的条款为依据,与原依据的贸易合同无关,不受其约束。

对此,《UCP 600》第 4 条 a 款中明确规定:"就性质而言,信用证与可能作为其依据的销售合同或其他合同,是相互独立的两种交易。即使信用证中提及该合同,银行亦与该合同完全无关,且不受其约束。因此,一旦银行作出付款、承兑并支付汇票或议付及/或履行信用证项下其他义务的承诺,并不受申请人与开证行之间或与受益人之间在已有关系下产生的索偿或抗辩的制约。"

(三)信用证是一种纯粹的单据业务

根据《UCP 600》第 5 条的规定,在信用证业务中,银行处理的是单据而非单据所涉及的货物、服务及其他履约行为。

在信用证业务中,只要受益人提交符合信用证条款的单据,开证行就应承担付款责任,进口人也应接受单据并向开证行付款赎单。如进口人付款后发现货物有缺陷,则凭单据向有关责任方提出损害赔偿要求,而与银行无关。

根据《UCP 600》第 13、14 条规定,银行只负责谨慎地审核信用证规定的所有的单据,确定它在"表面上"是否符合信用证的条款,开证行只"凭表面上符合信用证条款的单据付款、承担延期付款责任、承兑汇票或议付"。开证行的拒付也只能以单据上存在的有效不符点为理由。同样,开证人也只根据表面上符合信用证条款的单据承担接受单据并对银行进行偿付的义务。这里,"表面上"的含义是指要求单据同信用证对单据的描述完全相符,它仅针对单据的文字描述,而非指质量、正确性或有效性。受益人提示的单据可能是假冒伪造的,但如果其文字描述与信用证条款一致,那就构成合格的提示。

《UCP 600》第 34 条关于"单据有效性的免责"条款规定:"银行对于任何单据的形式、完整性、准确性、真伪性或法律效力,或对于单据上规定的或附加的一般性及/或特殊性条件,概不负责;银行对于任何单据中有关的货物描述、数量、重量、质量、状况、包装、交货、价值或存在与否,对于货物的发货人、承运人、收货人或保险人或其他任何人的诚信、行为及/或疏忽、清偿能力、执行能力或信誉也概不负责。"

这里需要特别注意的是,虽然银行只根据表面上符合信用证的条款的单据承担付款责任,但这种符合的要求是十分严格的,必须遵循"严格符合原则",就是要做到"单、证一致"和"单、单一致"。《UCP 600》明确指出,"单据之间表面不一致,即视为表面与信用证条款不符。"

【案例 5-1:信用证结算是满足单证相符还是单同相符】

上海 A 出口公司与香港 B 公司签订一份买卖合同,成交商品价值为 418 816 美元。A 公司向 B 公司卖断此批产品。合同规定"均以三夹板盛放,每箱净重 10 公斤,2 箱一捆,外套麻包"。香港 B 公司如期通过中国银行香港分行开出不可撤销跟单信用证,信用证中的包装条款为"均以三夹板盛放,每箱净重 10 公斤,2 箱一捆"。对于合同与信用证关于包装的不同规定,A 公司为保证安全收汇,严格按照信用证规定的条款办理,只装箱打捆,没有外套麻包。"锦江"轮将该批货物 5 000 捆运抵香港。A 公司持全套单据交中国银行上海分行办理收汇,该行对单据审核后未提出任何异议,因信用证付款期限为提单签发后 60 天,不做押汇,中国银行上海分行将全套单据寄交开证行,开证行也没提出任何不同意见。但货物运出后的第一天起,B 公司数次来函,称包装不符合要求,重新打包的费用和仓储费应由 A 公司负担,并进而表示了退货主张。A 公司认为在信用证条件下应凭信用证来履行义务。在这种情况下,B 公司又通知开证行单据不符,A 公司立即复电主张单据相符。

问题:本案应如何处理?为什么?

分析:在本案中,双方争执的焦点是其信用证的规定和成交合同不相符合,处理本案争执的关键是依合同还是依据信用证,根据《UCP 600》的规定,信用证"单单相符、单证一致"的支付原则为信用证与销售合约互相独立,开证行不受销售合约的约束。因此,当受益人在信用证效期内提交严格符合信用证条款的单据,卖方上海 A 公司依据信用证行事是合法、合理的,应给予支持。因为在给付时,开证行和受益人只依据信用证行事,而不看重合同的规定,而对买方香港 B 公司的主张证据不足,不予支持,因为本案处理是依据信用证而不依据合同。

三、信用证的作用

跟单信用证具备了一种结算方式被广泛使用的三个条件:能使买卖双方的债权债务得以安全、迅速地清偿;能使买卖双方获得公平对待;能为进出口商提供融通的便利。因此,跟单信用证在国际结算中发挥了重要作用。

(一) 对开证申请人(进口商)的作用

信用证结算方式下,进口商可以通过信用证条款控制出口商按合同规定交货。进口商在付款后可以取得物权单据。此外,申请银行开证时,进口商只需要交纳部分押金或提供第三方担保函,而无需付出全部货款,减少了经营资金的占压。

(二) 对受益人(出口商)的作用

出口商只要将符合信用证条款规定的单据交给出口地银行,就可以取得货款,有利于加速资金周转。此外,在实行外汇管制的国家里,开证行开出信用证必须符合贸易和外汇管制机构的规定。因此,出口商取得信用证,就可以避免由于进口国禁止进口或限制对外支付外汇而产生的风险。

(三) 对开证行(进口地银行)的作用

开证行为进口商开立信用证时它所贷出的是信用,而不是资金,还可收取开证手续费。同时,开证行提供信用是有条件的,开证时先要求进口商提交一定数额的押金,并在出口商交来符合信用证条款的货运单据作为保证后才付款,从而减少了提供信用的风险。

(四) 对通知行/议付行(出口方银行)的作用

在办理了审证和通知信用证的手续后,通知行可以向受益人收取通知费。由于有开证行的信用保证,只要出口商交来的单据符合信用证条款的规定,出口方银行就可办理议付收取议付费和垫款贴息,然后再向开证行或其指定的偿付行要求偿付垫款,风险较小。

第一节　信用证的当事人及其权利义务

信用证中有三个基本当事人:开证申请人、开证行和受益人。除了这些基本当事人之外,还需要一些其他的当事人(主要是银行)的合作,才能顺利地完成一笔信用证业务。信用证业务涉及最多的几个常见银行包括:在《UCP 600》中被明确定义的通知行、被指定银行、保兑行、转让行,以及在《UCP 600》中没有提及或者没有明确定义的付款行、索偿行、偿付行等当事人。其中,"被指定银行"在《UCP 600》第 2 条"定义"中有明确规定:"被指定银行是指信用证可以在其处兑用的银行,如信用证可以在任一银行兑用,则任何银行均为被指定银行",也就是通常我们所说的议付行、承兑行和付款行。下面我们就依次对这些当事人的权利和义务作具体介绍。

一、信用证的基本当事人及其权利义务

(一)开证银行

开证银行(Issuing Bank)是指接受开证申请人的要求和指示或根据其自身的需要开立信用证的银行。开证行一般是进口人所在地银行。开证行是以自己的名义对信用证下的义务负责的。具体地说,开证行的责任是:按照开证申请书的内容开立信用证;承担第一性、独立的付款责任;在开证申请人或受益人提出修改信用证的要求并认为其要求可接受的情况下,出具信用证修改书,并自修改书出具之时就受修改书的约束,除非受益人拒绝了修改书;在其他被指定银行根据其开立的信用证办理了议付、付款之后,向这些银行偿付;合理、小心地审核单据。开证行的权利是:向开证申请人收取开证手续费和开证保证金;对不符合信用证条款规定的单据,有权拒绝付款;开证行付款后,若开证申请人破产或无力付款赎单或拒付,则开证行有权处理该信用证项下的单据和没收开证申请人的开证保证金和抵押品;开证行对电讯传递中的错误、遗漏或单据邮递损失不负责,对"不可抗力"不负责。

(二)受益人

受益人(Beneficiary)是指信用证上所指定的有权使用该证的人,即出口人或实际供货人。受益人的责任是:按合同规定的装运期发货;必须提交符合信用证条款规定的全套单据。受益人的权利是:有权审查信用证及信用证修改书的内容,并对其中认为不可接受的条款向开证人要求修改;有权依照信用证条款和条件提交汇票及/或单据要求取得信用证的款项;受益人交单后,如遇到开证行倒闭,则受益人有权向进口商提出付款要求,进口商仍应负责付款。

(三)开证申请人

开证申请人(Applicant)是指向银行申请开立信用证的人,即进口商或实际买方。开证申请人的责任是:完整、明确地填写开证申请书,即向开证行明确地指示所要开立的信用证的条款内容;按照开证行的要求交纳开证手续费和开证保证金;在接到开证行的赎单通知并审单无误后,应立即向开证行付清货款。在开证行破产或无理拒付时,申请人有义务向受益人付款。其权利是:要求开证行严格按照信用证要求审查受益人提交的单据,并仅对符合信用证规定的单据付款;在接到受益人修改信用证的要求时,可以要求开证行向受益人发出信用证修改书。

二、信用证的其他当事人及其权利义务

(一)保兑银行

保兑银行(Confirming Bank)通常称为保兑行,是指出口国或第三地的某一银行应开证行的请求,在信用证上加具保兑,即在开证行的承诺之外对信用证以自己的名义保证付款的银行。保兑行的责任是:保兑行一旦对信用证加具了保兑,就对信用证负独立的确定的付款责任,保兑行具有与开证行相同的责任和地位;保兑行付款后只能向开证行索偿,而无权向受益人或其他前手追索票款。保兑行的权利是:向开证行收取保兑费;决定是否将自己的保兑责任

扩展到开证行出具的修改书的条款中,但必须把自己的决定通知开证行和受益人;审查受益人提交的单据是否符合信用证的要求;在单据符合信用证规定并向受益人支付了款项后,有权向开证行要求偿付所付款项以及有关的利息。

(二)通知银行

通知银行(Advising Bank)是指受开证行的委托将信用证转交受益人的银行。通知行是受益人所在地的银行。有时候通知信用证要涉及两个通知行才能完成,后一个通知行,叫做第二通知行。"第二通知行"也是《UCP 600》中新增的一个概念,在以往的实践中,这种接受第一通知行的委托向受益人通知信用证的银行常被称之为"再通知行""转通知行"等,也没有国际贸易惯例对此类实际承担第二通知行职能的信用证当事人加以明确的约束。而《UCP 600》正是顺应了实践的需要,以明确的条款形式界定了第二通知行的名称和责任。

通知行的责任是:验核信用证的真实性并及时澄清疑点,但对信用证的内容不承担责任;及时向受益人通知或转递信用证,如通知行不能确定信用证的表面真实性,即无法核对信用证的印鉴或密押,则应毫不延误地告知开证行,说明其不能确定信用证的真实性,如通知行仍决定通知该信用证,则必须告知受益人它不能核对信用证的真实性;若决定不通知信用证,则必须毫不延误地将该决定告知开证行。通知行的权利是:向受益人收取通知费;在开证行在信用证或其面函中要求通知行对信用证加具保兑时,可根据自己的考虑,决定是否接受该项要求,并将决定告知开证行。

(三)议付银行

议付银行(Negotiating Bank)是指根据开证行的授权买入受益人提交的符合信用证规定的汇票及/或单据的银行。议付行的责任是:议付行要按照信用证条款的规定,审查受益人提交的全套单据,要求"单证相符,单单相符",并在交单次日起至多五个银行工作日确定交单是否相符;在确认受益人提交的单据符合信用证条款的规定后,向受益人办理议付,在扣除垫款利息后将净款支付给受益人。其权利是:议付行有权选择是否接受开证行的议付委托;议付行有审单拒付的权利,若发现单证不符,议付行有权拒付;如果开证行发现存在单据不符信用证要求等情况拒绝偿付时,则议付行能向受益人行使追索权;在办理议付后,向开证行或保兑行或信用证指定的银行寄单索偿。

(四)付款银行

付款银行(Paying Bank)也称受票银行,是开证行在信用证中指定另一家银行作为信用证项下的汇票付款人,执行付款责任的银行。通常,付款银行就是开证行,也可以是开证行指定的另一家银行。付款行的义务:付款行有义务在收到单据次日起五个工作日内就单据本身是否在表面上构成相符交单进行审核;如果开证行在收到付款行寄来的单据发现不符点并拒付的话,责任只能由付款行自行承担,所受损失也只能自己承担。付款行的权利:如果开证行资信不佳,付款行有权拒绝代为付款;付款行一旦接受开证行的代付委托,它的审单付款责任与开证行是一样的,换言之,它的审单付款具有"终局性"的特点。也就是说,付款行一旦付款,即不得向受益人追索,而只能向开证行索偿。

(五)偿付行

偿付行(Reimbursing Bank)是开证行指定的对议付行或付款行、承兑行清偿垫款的银行,它是开证行的偿付代理人，相当于开证行的出纳机构。偿付行产生的原因是：进出口商在信用证中规定的支付货币，既不是进口国的货币，也不是出口国的货币，而是第三国的货币，而开证行拥有的第三国货币资金存放在第三国的银行，因此开证行为了结算方便，要求第三国银行代为偿付信用证中的款项。偿付行通常都是开证行的存款银行。当受益人提交单据给信用证的被指定银行后，被指定银行如果做出了单据相符的判断并付款，被指定银行可以在向开证行寄送单据的同时，向偿付行发出偿付请求。基于开证行的预先偿付授权，在接到索偿行的请求后，如果开证行存有足够的款项，偿付行应付款给被指定银行，偿付行的费用以及利息损失一般由开证行承担。偿付行不接受和审查单据，因此如事后开证行发现单证不符，只能向索偿行追索而不能向偿付行追索。如果偿付行没有对索偿行履行付款义务，开证行有责任向索偿行支付其向受益人已经支付的款项及有关的利息。

（六）承兑行

承兑行（Accepting Bank）是开证行指定的信用证下远期汇票的受票行，由它对远期汇票作出承兑。承兑行通常是开证行，也可能是开证行指定的其他银行。承兑行的义务：承兑行收到受益人提交的汇票和单据后，应先审查各项单据是否与信用证相符，如单证相符，则在远期汇票正面签字承诺付款，若单证相符而承兑行不承兑汇票的话，开证行可指示受益人另开具以开证行为受益人的远期汇票，由开证行承兑并到期付款；远期汇票到期后，承兑行应承担相应的付款责任。如果承兑行承兑后不能履行付款责任，开证行仍然应付最后付款的责任。承兑行的权利是：承兑行有权选择是否接受开证行的承兑委托；若单证不符，承兑行有权拒绝承兑；承兑行付款后可向开证行要求偿付。

第三节　信用证的内容和业务流程

一、信用证的开证形式

根据信用证开立方式不同，可将信用证分为信开信用证和电开信用证。

（一）信开信用证

信开信用证就是开证行缮制信函格式并通过邮寄方式送达通知行的信用证。信开信用证是开证的传统形式。信用证的英文名称为 Letter Of Credit，就是因为信用证初创时是采用信函形式开立的。信开信用证一般是开立正本一份、副本数份。信用证上必须有开证行有权签字人的签字，通知行收到信开信用证后必须根据和开证行建立代理行关系时预留的签字样本核对签字，以确定信用证的表面真实性。这种信用证目前已经很少使用。

（二）电开信用证

电开信用证就是用电讯方式开立和通知的信用证，所用的电讯方法一般可以是电报、电传或 SWIFT 方式。电开信用证可分为简电开本和全电开本。

1. 简电开立信用证

简电开立信用证（Brief Cable），即将信用证金额、有效期等主要内容用电文预先通知出口商,目的是使出口商早日备货。简电电本后一般会注明"随寄证实书"(Mail Confirmation to Follow)或"详情后告"(Full Details to Follow)等字样。简电不是信用证的有效文本,受益人不能以此作为向银行交单和收款的依据,只有证实书才是受益人交单议付的有效文本。因此,受益人应该注意,在有效的信用证文本未收到之前,不应仓促发货,否则万一有效的信用证文本与简电开立的信用证有出入,受益人有可能无法正常收款。

2. 全电开立信用证

全电开立信用证(Full Cable),即开证行以电文形式开出的内容完整的信用证。开证行一般会在电文中注明"This is the operative instrument no airmail confirmation to follow",后面不注有"随寄证实书"字样。这样的信用证有效,可以凭以交单议付。但如果电文中注明"Mail Confirmation to Follow",则应以邮寄证实书为准。

《UCP 600》第 11 条"电讯传输和预先通知的信用证及修改"做出如下规定:

a. 以经过证实的电讯方式发出的信用证或修改被视为信用证或修改的有效文本,任何后续的邮寄证实书将不予理会。如果电讯文本声明"详情后告"(或类似用语),或声明邮寄证实书是信用证或修改的有效文本,则该电讯文本不被视为信用证或修改的有效文本。开证行必须随即开立信用证或修改的有效文本,不得延误,其条款应与该电讯文本相一致。

b. 开证行只有在准备开立信用证或修改的有效文本时,才可以发出开立信用证或修改的预通知。开证行发送预通知即不可撤销地承诺开立信用证或修改的有效文本。不得延误,且其条款应与预通知相一致。

【案例 5－2:出口商按简电本信用证发货导致款货两空案】

我某公司与外商按 CIF 条件签订一笔大宗商品出口合同,合同规定装运期为 8 月份,但未规定具体开证日期。外商拖延开证,我方见装运期快到,从 7 月底开始,连续多次电催外商开证。直到 8 月 5 日外商才发简电开证,我方怕误装运期,急忙按简电办理装运。8 月 28 日外商开来信用证正本,正本上对有关单据做了与合同不符的规定。我方审证时未予注意,通过银行议付,银行也未发现,但开证行以单证不符为由拒付货款。我方以货物及单据均与合同相符为由,根据合同要求买方付款,经过多次交涉未果,最后该批货物被港口海关拍卖处理,使我方遭受款货两空的损失。

问题:我方应从中吸取哪些教训?

分析:在出口业务中,一般应明确规定买方开到信用证的期限,而在本合同中却未作此项规定,欠妥。

装运期为 8 月份,而出口公司直到 7 月底才开始催证,为时过晚。

8 月 5 日收到简电通知后,即忙于装船,过于草率。要知道,简电开证是无效的,开证行不受其约束。

以信用证付款的交易,即使合同中未规定开证期限,按惯例买方有义务不迟于装运期开始前一天将信用证送达卖方,而本案的信用证迟至装运期开始后第 28 天才送达,显然违反惯例。我出口公司理应向外商提出异议,并保留以后索赔的权利,而我方对此却只字未提。

收到信用证理应认真地、逐字逐句地加以审核,而我方工作人员竟如此疏忽大意。

发生争议时理应做好货物的保全工作,而本案的货物最后竟然被港口海关拍卖处理,我方对争议的处理工作是如此的不到位,应引以为戒。

二、信用证的主要内容

《跟单信用证统一惯例(UCP 500)》和于 2007 年 7 月 1 日正式实施的《UCP 600》对于信

用证的使用和国际结算的进一步发展完善起到了重要作用。为了方便《UCP 500》的使用,国际商会又以国际商会的第 516 号出版物规范了跟单信用证的格式,该出版物全称为《The New ICC Standard Documentary Credit Forms for the UCP 500,ICC Publication NO. 516》简称为《516 格式》。在信用证业务的处理当中,凡在信用证上明确注明为"Subject to No. 500 of ICC Publication"的,应统一使用《516 格式》。

按照《516 格式》,信用证的主要内容包括以下 24 个方面。

(一)开证行的名称

开证行的名称(Name of Issuing Bank)包括开证行的 SWIFT 代码,以及开证行的全称和详细地址。

(二)信用证类型

《UCP 600》在第 3 条"释义"中明确规定:"信用证是不可撤销的,即使信用证中对此未做出指示也是如此。"因此,信用证的类型(Form of Credit)主要有:不可撤销跟单信用证;不可撤销可转让信用证;不可撤销保兑信用证;不可撤销即期信用证;不可撤销远期信用证;不可撤销循环信用证等。

(三)信用证号码

信用证的号码(Documentary Credit Number)是指开证行编制的信用证编号,在与开证行的业务联系中必须引用该编号。信用证号码必须清楚,没有错误。

(四)开证日期

开证日期(Date of Issue)是指信用证开立的日期。信用证中必须明确表明开证日期,且开证日期应当明确、清楚、完整。如果信用证中没有开证日期,则将开证行的电讯传递日期(电开信用证)或邮寄信用证的日期(信开信用证)视为开证日期。

(五)有效期和提示地点

根据《UCP 600》的解释,信用证必须规定有效期和提示地点(Date and Place of Expiry)。信用证的有效期也叫到期日,是指受益人向银行提交单据的最后日期,即信用证规定的用于兑付或者议付的有效期。受益人应该在有效期之前或当天向银行提交信用证单据。信用证的提示地点是指受益人在有效期内向银行提交单据的地点。

(六)开证申请人

开证申请人(Applicant)是指根据贸易合同的规定向银行(开证行)申请开立信用证的人,即进口商。开证申请人包括申请人的名称和详细地址。

(七)受益人

信用证的受益人(Benificiary)是指信用证上指定的有权使用信用证的人。信用证的受益人处要填写受益人的准确名称和详细地址。

(八)金额

信用证的金额(Amount)应该列明采用信用证方式结算款项的货币名称和货币金额。货币名称应使用国际标准化组织制定的世界各国货币标准代码表示,如 USD,EUR,GBP 等;信用证金额一般用大写和小写同时表示,大写和小写应该保持一致。此外,按照《UCP 600》第30条"信用证金额、数量与单价的增减幅度(Tolerance in Credit Amount, Quantity and Unit Price)"的a条款规定:"在金额前加上约(About)、大约(Approximately)或类似的词语时,金额可以有不超过10%的增减幅度。"

(九) 指定银行及信用证的可用性

信用证使用的指定银行(Available with...by)通常由开证行决定,并填写其名称和地址。在《UCP 600》的第6条中规定:"a. 信用证必须规定可以有效使用信用证的银行,或者信用证是否对任何银行均为有效。对应被指定银行有效的信用证也同样对开证行有效。b. 信用证必须规定它是否适用于即期付款、延期付款、承兑或议付。"根据信用证的使用方式,即信用证的受益人兑现信用证的方式,所有信用证都必须表明是属于以下其中的一种:即期付款信用证(Sight Credit)、延期付款信用证(Deferred Payment Credit)、承兑信用证(Acceptance Credit)和议付信用证(Negotiation Credit)。

(十) 汇票条款

汇票条款的内容包括出票人(Drawer)、付款人(Drawee)、付款期限(Tenor)、汇票金额(Amount of Draft)等内容。

(十一) 分批装运

《UCP 600》第31条规定:如果信用证没有规定是否允许分批装运(Partial Shipment),则视为允许分批装运。

(十二) 转运

信用证中应明确规定是否允许转运(Transshipment)。

(十三) 装运港/地和目的港/地

装运港/地是货物起始装运的港口或地方,目的港/地是买卖合同规定的最后卸货的港口或地方。在一般情况下,装运港由卖方提出,经买方同意后才确定;目的港则由买方提出,经卖方同意后确定。在实际操作中,装运港和目的港可分别规定一个。尤其要注意的是:港口的规定要明确具体,避免模糊用语。不能使用"欧洲主要港口""主要港口"为装运港或目的港的这类模糊规定。

(十四) 最迟装运日

最迟装运日(Latest Date of Shipment)是受益人装运发货的最后期限,受益人应在最迟装运日之前或当天装运发货。同时,信用证的最迟装运日还应在信用证的有效期内。一般情况下,除非信用证有特别的规定,装运日期和有效日期之间应有10~15天的时间间隔。另外,如果信用证规定了有效期,但没有规定最迟装运日,则视最迟装运日与信用证有效期为同一天,叫"双到期日"。

(十五) 货物描述

货物描述(Description of Goods and/or Services)的内容包括货物品名、货号和规格(Name of Commodity, Article Number and Specification)、数量和包装(Quantity and

Packing)以及单价(Unit Price)等。这些描述应简洁、明确和完整,避免列举过多细节。

(十六)规定的单据

信用证一般列明需要提交的单据(Documents Required),分别说明单据的名称、份数和具体要求(正本还是副本、出单人、有关内容等)。单据应按以下顺序列出:商业发票、运输单据、保险单据、其他单据,如产地证明书、检验检疫证书、装箱单、重量单等。

(1)商业发票。除非信用证另有规定,商业发票(Commercial Invoice)必须表面看来是由信用证指定受益人出具,必须以申请人的名称为抬头,必须表明货物描述与信用证的规定相符。

(2)运输单据。因运输方式的不同,常见的运输单据(Shipping Documents)有海运提单、海运单、航空运单、铁路运单、货物承运收据及多式联运单据等。

(3)保险单据。保险单据(Insurance Policy)包括保险单据种类、保险金额、保险险别以及依据的哪个保险公司的保险条款。

(十七)附加条款

信用证附加条款(Additional Conditions)通常表示:有关装运的特别规定,如限制某国籍船只装运、装运船只不允许在某港口停靠或不允许采取某航线;佣金条款;等等。

(十八)银行费用

信用证中涉及的银行费用(Charges)很多,包括通知费、议付费、保兑费、承兑费、修改费、邮费、电报电传费等。一般规定开证行的费用由开证申请人承担,开证国以外的费用都由受益人来承担。

(十九)交单期限

通常交单期限(Period for Presentation)规定为运输单据出具后的 7~15 天。有时信用证也可以不规定交单期,《UCP 600》第 14 条"审核单据的标准"中规定:"c. 如果提示中包含一份或多份按照本惯例第 19~25 条规定的正本运输单据,则必须由受益人或其代表按照相关条款在不迟于装运日之后的 21 个日历日交单,但无论如何不能迟于信用证的有效期。"也就是说,如果信用证中没有规定交单期,那么最迟交单期就是装运日期后的 21 个日历日之内,此时受益人的交单要同时受到信用证的有效期和交单期这两个日期的约束。

(二十)保兑指示

保兑指示(Confirmation Instruction)是开证行对通知行的指示,要求通知行对其信用证加具保兑或不加具保兑。

(二十一)开证行的指示

开证行的指示(Inst/Paying/Accept/Negotiating Bank)是开证行对被指定银行(付款行、承兑行和议付行)的指示,内容包括要求被指定银行将议付金额在正本信用证上背书,承诺对提交的相符单据承担到期付款责任,或授权被指定银行在到期日向偿付行索偿等。

三、SWIFT 信用证及示例

SWIFT 信用证是开证行通过 SWIFT 系统开出的信用证。SWIFT(Society for

Worldwide Interbank Financial Telecommunication,环球银行金融电讯协会)是一个著名的国际银行合作组织,其为遍布全球的会员机构(主要是银行)提供金融通讯服务,是银行办理国际结算业务的基础手段之一。SWIFT 信用证格式统一,用语准确、简洁、明了,通过 SWIFT 办理信用证业务,快捷、便利、安全,因此 SWIFT 信用证的应用非常广泛。

SWIFT 组织的标准电文格式中,"MT700/701"表示信用证业务。

(一)MT700 格式的主要内容

27:报文页数(Sequence of Total)

40A:跟单信用证形式(Form of Documentary Credit)

20:信用证号码(Documentary Credit Number)

23:预先通知编号(Reference to Pre-Advice)

31C:开证日期(Date of Issue)

31D:信用证到期日及到期地点(Date and Place of Expiry)

50:开证申请人(Applicant)

59:受益人(Beneficiary)

32B:币别代号及金额(Currency Code,Amount)

41A:指定银行及信用证兑付方式(Available With)

42A:汇票付款人(Drawee)

42C:汇票付款期限(Drafts at)

43P:货物分批装运条款(Partial Shipments)

43T:货物转运条款(Transshipment)

44A:货物装船、发运和接受监管地点(Shipment/Dispatch/Taking in Charge)

44B:目的地(For Transport to)

44C:最迟装运期(Latest Date of Shipment)

44D:装运时间 (Shipment Period)

45A:货物描述(Description of Goods And/Or Services)

46A:单据要求(Document Requircd)

47A:附加条款(Additional Conditions)

71B:费用条款(Charges)

48:交单提示期限(Period for Presentation)

49:保兑指示(Confirmation Instructions)

53A:偿付行(Reimbursement Bank)

57A:通知行("Advising Through"Bank)

72:银行间备注(Bank to Bank Instructions)

78:对付款/承兑/议付银行的指示(Instructions to the Paying/Accepting/Negotiating bank)

(二)MT701 格式的主要内容

MT701 格式用于对 MT700 格式的补充,主要内容如下:

27:报文页数(Sequence of Total)

20:信用证编号(Documentary Credit Number)

45B：货物描述（Shipment of Goods）

46B：单据要求（Document Required）

47B：附加条件（Additional Conditions）

在 MT700/701 格式中，27、40A、20、31D、50、59、32B、41A、49 为必选项目（Mandatory），其余各项可根据业务需要选用（Optional）。

（三）SWIFT 信用证例示

根据 MT700 格式，SWIFT 信用证的主要内容如下所示：

TO：BANK OF ABC，BEIJING，CHINA

FROM：BANK OF BBB，NEW YORK，USA

27：Sequence of Total：1/2

40A：Form of Doc. Credit：IRREVOCABLE

20：Doc. Credit Number：A2288

31C：Date of issue：180228

31D：Expiry：180528 place in China

50：Applicant：DDD CORPORATION，NEW YORK USA

59：Beneficiary：SSS IMPORT AND EXPORT COMPANY，

16 TAIYANG STREET，BEIJING，CHINA

32B：Amount：Currency USD Amount 1000,000

41A ：Availlable With：BANK OF ABC

BEIJING，CHINA

BY NEGOTIATION

42C：Drafts at：BENEFICIARY'S DRAFT FOR 100 PCT OF THE INVOICE

VALUE AT SIGHT ON US

42A：Drawee：BANK OF BBB，NEW YORK，USA

43P：Partial Shipment：IN TWO LOTS ALLOWED

43T：Transshipment：NOT ALLOWED

44A：Loading in Charge：SHIPMENT FROM SHENZHEN，CHINA

44B：For Transport to：NEW YORK，USA

44C：Latest Date of Shipment：180515

44D：Shipment Period：FIRST SHIPMENT NOT LATER THAN APRIL 10，2018

SECOND SHIPMENT NOT LATER THAN MAY 13，2018

45A：Description of Goods：MACHINE DFH－3

TOTAL：USD1000,000

CIF NEW YORK，USA

SHIPPING MARK：BIB－45678BJ

NEW YORK，USA

PACKING：STANDARD EXPORT PACKING

46A：Document required：

1. SIGNED COMMERCIAL INVOICE IN 3 COPIES INDICATING L/C NO. A2288 AND CONTRACT N0. 1234

2. FULL SET OF CLEAN ON BOARD OCEAN BILL OF LADING MADE OUT TO ORDER OF SHIPPER AND BLANK ENDORSED AND MARKED FREIGHT PREPAID AND NOTIFY DDD CORPORATON, NEW YORK.

3. INSURANCE POLICY OR CERTIFICATE IN DUPLICATE, ENDORSED IN BLANK, FOR 110 PERCENT OF THE INVOICE VALUE, INCLUDING: OCEAN MARINE CARGO CLAUSES (ALL RESKS) AND OCEAN MARINE WAR RISKS OF PICC. CLAIMS TO BE IN USA IN THE CURRENCY OF THE DRAFT.

4. CERTIFICATE OF QUANTITY/WEIGHT IN 2 COPIES ISSUED BY BEIJING ENTRY - EXIT INSPECTION AND GUARANTINE BUREAU OF P. R. CHINA. INDICATING THE ACTUAL SURVEYED QUANTITY/ WEIGHT OF SHIPPED GOODS AS WELL AS THE PACKING CONDITION.

5. CERTIFICATE OF QUALITY IN 2 COPIES ISSUED BY BEIJING ENTRY - EXIT INSPECTION AND GUARANTINE BUREAU OF P. R. CHINA.

6. BENEFICIARY'S CERTIFICATE CERTIFYING THAT EXTRA COPIES OF THE DOCUMENTS HAVE BEEN DISPATCHED ACCORDING TO THE CONTRACT TERMS.

47A:Additional Conditions

1. REIMBURSEMENT BY TELECOMMUNICATION IS PROHIBITED.

2. FIVE PERCENT MORE OR LESS IN QUANTITY AND AMOUNT IS ACCEPTABLE.

3. ALL DOCUMENTS TO BE FORWARDED IN ONE COVER, UNLESS OTHERWISE STATED ABOVE.

71B:Details Of Charges:ALL BANKING CHARGES OUTSIDE USA ARE FOR BENEFICIARY'S ACCOUNT.

48:Presentation Period: DOCUMENTS MUST BE PRESENTED WITHIN 15 DAYS AFTER THE DATE OF ISSUANCE OF TRANSPORT DOCUMENTS BUT WITHIN THE VALIDITY OF THIS CREDIT.

49:Confirmation:WITHOUT

78: Instructions: THE NEGOTIATING RANK MUST SEND ALL DOCUMENTS AND THE DRAFTS TO US, UPON OUR RECEIPT OF DRAFTS AND DOCUMENTS IN ORDER, WE SHALL REMIT THE PROCEEDS ACCORDING TO THE NEGOTIATINC BANK'S INSTRUCTION.

四、信用证的业务流程

采用信用证方式结算货款,从进口商向银行申请开出信用证,一直到开证行付款后又向进口商收回垫款,其中经过多道环节,并需要办理各种手续。为了学习的方便,我们从实务角度出发,以议付信用证为例来介绍信用证运行的基本业务程序。

(一)信用证的业务流程图

信用证的业务流程如图 5-1 所示。

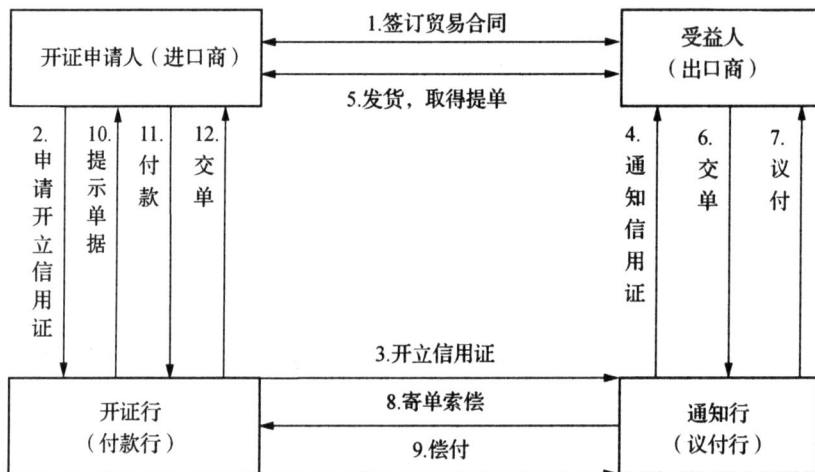

图 5-1 信用证的业务流程图

(1) 买卖双方经过磋商,签订买卖合同并约定以信用证方式进行结算。

(2) 进口商向开证行递交开证申请书,约定信用证内容,并支付押金或提供保证人。

(3) 开证行接受开证申请书后,根据申请开立信用证,正本寄给通知行,指示其转递或通知出口商。

(4) 由通知行转递信用证或通知出口商信用证已到。

(5) 出口商认真核对信用证是否与合同相符,如果不符,可要求进口商通过开证行进行修改。待信用证无误后,出口商根据信用证备货、装运、开立汇票并缮制各类单据,船运公司将装船的提单交予出口商。

(6) 出口商将单据和信用证在信用证有效期内交予议付行。

(7) 议付行审查单据符合信用证条款后接受单据并付款,若单证不付,可以拒付。

(8) 议付行将单据寄送开证行或其指定的付款行,向其索偿。

(9) 开证行收到单据后,应核对单据是否符合信用证,如正确无误,即应偿付议付行代垫款项。

(10) 开证行提示进口商付款赎单,进口方收到通知后付款赎单,进口商若发现单证不符,也可拒绝赎单。

(11) 进口商付款后,开证行将单据交予进口商。

(12) 进口商凭单据提货。

（二）各环节的具体操作

1. 买卖双方签订合同

信用证是依据开证申请书开立的,而开证申请书又是依据合同来填写的,所以信用证开立的基础是合同,但信用证开立后就不受合同的约束。进出口双方通过接触、谈判达成买卖合同,在合同中明确双方结算货款方式为信用证,确定开立信用证的种类、金额、付款期限、到期日、开证日期等;确定本次贸易的货物名称、数量、规格等。

2. 进口商申请开立信用证

进出口双方签订国际贸易货物进出口合同并确立以信用证为结算方式后,即由进口方向有关银行申请开立信用证。开证申请是整个信用证处理实务的第一个环节,进口方应根据合同规定的时间或在规定的装船日前一定时间内申请开证,并填制开证申请书,开证行根据有关规定收取开证押金和开证费用后开出信用证。

开证申请书既是开证行开立信用证的依据,又是开证行与开证申请人之间法律性的书面契约,它规定了开证申请人与开证行的责任。开证申请书式样见表5-1。

表5-1　开证申请书式样

IRREVOCABLE DOCUMENTARY CREDIT APPLICATION

TO: BANK OF CHINA BEIJING BRANCH	Date: MAY 25, 2018
☐Issue by airmail　☐With brief advice by teletransmission ☐Issue by express delivery ☒Issue by teletransmission (which shall be the operative instrument)	Credit No. Date and place of expiry　JULY 30, 2018 IN CHINA
Applicant EAST AGENT COMPANY ROOM 2401, WORLDTRADE MANSION, SANHUAN ROAD 47#, BEIJING, P. R. CHINA	Beneficiary (Full name and address) LPG INTERNATION CORPORATION 333 BARRON BLVD., INGLESIDE, ILLINOIS (UNITED STATES)
Advising Bank	Amount USD 570,000.00 SAY U. S. DOLLARS FIVE HUNDRED AND SEVENTY THOUSAND ONLY
Partial shipments ☐allowed　☒not allowed　｜　Transhipment ☐allowed　☒not allowed	Credit available with ANY BANK By
Loading on board/dispatch/taking in charge at/from NEW YORK not later than　JULY 15, 2018	☐sight payment　☐acceptance　☒negotiation ☐deferred payment at against the documents detailed herein
For transportation to: XINGANG PORT, TIANJING OF CHINA	☒and beneficiary's draft (s) for ____100____ % of invoice value
☒FOB　　　☐CFR　　　☐CIF	at ___ * * * * ___ sight
☐or other terms	drawn on　BANK OF CHINA BEIJING BRANCH

Documents required：(marked with X)

1. (X) Signed commercial invoice in _____3_____ copies indicating L/C No. and Contract No.

2. (X) Full set of clean on board Bills of Lading made out to order and blank endorsed，marked "freight［ X ］to collect/［　］
   prepaid［　］showing freight amount" notifying THE APPLICANT WITH FULL NAME AND ADDRESS.
   (　)Airway bills/cargo receipt/copy of railway bills issued by _____ showing "freight［　］to collect/［　］prepaid
   ［　］indicating freight amount" and consigned to _____.

3. (　) Insurance Policy/Certificate in _____ copies for _____ % of the invoice value showing claims payable in
   _____ in
   currency of the draft，blank endorsed，covering All Risks，War Risks and _____.

4. (X) Packing List/Weight Memo in _____3_____ copies indicating quantity，gross and weights of each package.

5. (　) Certificate of Quantity/Weight in _____ copies issued by _____.

6. (　) Certificate of Quality in _____ copies issued by［　］manufacturer/［　］public recognized surveyor _____.

7. (X) Certificate of Origin in _____2_____ copies .

8. (X) Beneficiary's certified copy of fax/telex dispatched to the applicant within _____1_____ days after shipment advising
   L/C No.，name of vessel，date of shipment，name，quantity，weight and value of goods.

Other documents，if any

Description of goods：
MEN'S DENIM UTILITY SHORT
COLOR：MEDDEST SANDBLAS
FABRIC CONTENT：100% COTTON
QUANTITY：2000 CARTONS
PRICE TERM：FOB NEW YORK
COUNTRY OF ORIGIN AND MANUFACTURERS：UNITED STATES OF AMERICA，VICTORY FACTORY
Additional instructions：

1. (X) All banking charges outside the opening bank are for beneficiary's account.

2. (X) Documents must be presented within 10 days after date of issuance of the transport documents but within the
   validityof this credit.

3. (　) Third party as shipper is not acceptable，Short Form/Blank back B/L is not acceptable.

4. (　) Both quantity and credit amount _____ % more or less are allowed.

5. (X) All documents must be sent to issuing bank by courier/speed post in one lot.
   (　) Other terms，if any

　　开证申请书包括两个部分的内容：

　　第一部分是开证申请人对开证行的开证指示，即信用证应列明的内容，包括：受益人的名称和地址；信用证的类型；金额和币制；商品的品名、规格、数量、单价；装运地及目的地、装运单据、装运期限及信用证的有效期等。这些内容应与买卖合同的条款相符，在填写时要做到完整和准确。

　　第二部分是开证申请人对开证行做的声明，以明确开证申请人与开证行双方的权利与义务，包括：遵守国家的外汇管理政策和法规；申请人保证在单据到达后如期付款赎单，否则开证行有权没收申请人所交付的押金；开证行可接受"表面上合格"的单据，对于伪造单据、货物与单据不符或货物中途灭失、受损、延迟到达等，开证行概不负责；银行对电讯传递中的错误、遗漏或单据邮递损失等不负责任。

　　3. 开证行开立信用证

　　开证行在进行严格的审核、评估并同意开证申请人的开证申请后，开出信用证。开证行可以根据开证申请人的指示采用"信开"或"电开"方式开出信用证。信开信用证是传统的信用证开立形式，是采用印就的信函格式填写信用证的各项内容，用航空挂号信或特快专递送达通知行；电开信用证是使用电报、电传或 SWIFT 系统等电讯方式将信用证传送给通知行。由于

SWIFT 具有自动加押、报文内容格式统一化及网络传输便捷等优势,目前全球 90% 以上的信用证都是采用 SWIFT 格式开立的。

4. 通知行通知信用证

信用证开出后,一般并不是由开证行直接通知受益人,而是通过其在受益人国家或地区的代理行,即通知行来通知的。通知行收到开证行发来的信用证后,经认真核对印鉴、密押后,必须根据开证行的要求缮制信用证通知书,及时、正确地通知受益人,并确认信用证表面的真实性。印鉴、密押核对相符后,通知行应审核信用证的内容,包括信用证的条款是否明确,是否有前后矛盾的情况,是否有对受益人不利的软条款。如果存在条款不明确或者前后矛盾,或者有对受益人不利的软条款时,通知行应该联系开证行更正、确认,或是在信用证的通知书上注明提醒受益人注意的相关文字。

当开证行与受益人所在地银行无代理关系或者受益人与通知行不在同一地区,这时通知行就需要委托第二通知行向受益人做出通知。第二通知行从第一通知行处获取信用证之后,也需要先确认其所收到的信用证的表面真实性,然后及时、准确地向受益人通知信用证。

5. 受益人审证、发货、制单

受益人收到信用证通知书后,应首先审核信用证的内容是否与合同相符,若发现有不符之处,可以通知进口商需要开证行对信用证中与合同不符之处进行修改。当信用证中出现与合同严重不符的情况时,受益人也可以拒绝接受信用证。经审核(或经修改)确认信用证的内容符合合同规定后,受益人应严格按照信用证的规定发货,取得和缮制信用证要求的全套单据,其种类、份数和内容都要符合信用证的规定。

6. 受益人交单

受益人在信用证规定的期限内将正本信用证、全套单据(和汇票)交至信用证指定的银行(自由议付信用证除外),凭表面合格的单据请其议付或付款。

7. 银行议付或付款

银行收到受益人交来的单据(和汇票)后,根据信用证开证行的委托和指示,对信用证进行议付或付款。议付是指被授权议付或自由议付的银行(两者多为出口地的银行,如通知行)对出口商提交的单据(和汇票)进行认真审核,确认其完全符合信用证条款规定后,以单据为抵押,并从汇票(或发票)金额中扣除议付利息和相应的手续费,将净款垫付给出口商的贸易融资行为。议付行垫款后,有权向开证行索要垫款;若遭到开证行拒付,议付行有权向受益人追索议付垫款。根据信用证的指示,受益人亦可将单据(和汇票)交至信用证指定的保兑行、付款行等要求付款。付款前,有关银行也须审核单据(和汇票),若确认表面合格,应予付款;若确认表面不合格,有权拒付。

8. 议付银行等寄单、索偿

议付行、保兑行、付款行等对受益人议付或付款后,可凭表面合格的单据(和汇票)向开证行或偿付行索要议付垫款或支付的款项,这一环节即寄单、索汇。寄单、索汇须根据信用证的指示进行:在直接向开证行索汇时,将单据直接寄交开证行,并在寄单面函(Bill of Purchase,BP)中注明索汇要求;在根据开证行的指示向偿付行索汇时,可将单据直接寄交开证行,将索汇文件或索汇信息发至偿付行,偿付行根据与开证行的业务代理协议,代开证行偿付款项。

9. 开证行履行付款义务

开证行收到寄单行寄至的单据(和汇票)后,根据《UCP 600》的规定,应在"最多不超过 5 个银行工作日"内,以信用证为依据对其进行审核。如确认相符交单,应无条件地向索汇银行支付款项,从而意味着开证行履行了有条件的第一性付款责任;若开证行审单后确认单据(和汇票)存有不符合信用证规定之处,有权拒付,但须将拒付事实在规定的期限内一次性通知当事银行。

10. 开证行通知开证申请人赎单

开证行对外履行了付款义务后,通知开证申请人(进口商)赎单(Redeem Documents)。

表 5-2 信用证通知书式样

中国银行
BANK OF CHINA

ADDRESS: 50 HUQIU ROAD.
CABLE: CHUNGKUO

TELEX: 33062 BOCSH E CN
SWIFT: BKCHCMBJ300
FAX: 3232071

信用证通知书
Notification of Documentary Credit

YEAR - MONTH - DAY

To: 致: SHANGHAI MINHUA IMP. & EXP. CO., LTD. RM. 9021 UNION BUILDING, 　　1202 ZHONGSHAN ROAD(N), 　　SHANGHAI, CHINA	WHEN CORRESPONDING PLEASE QUOTE OUR REF. NO.
Issuing Bank 开证行 　THE FUKUOKA CITY BANK, LTD. 　INTERNATIONAL DIVISION, JAPAN	Transmitted to us through 转递行
L/C NO. 信用证号　　　　DATED 开证日期 FJD-MHLC07	Amount 金额 US＄43,770.00

Dear sirs, 迳启者

We have pleasure in advising you that we have received from the a/m bank a(n)
兹通知贵司,我行收自上述银行

(　)pre-advising of	预先通知	(　)mail confirmation of	证实书
(　)telex issuing	电传开立	(　)uneffective	未生效
(X)original	正　本	(　)duplicate	副　本

letter of credit, contents of which are as per attached sheet(s).
This advice and the attached sheet(s) must accompany the relative documents when presented for negotiation.
信用证一份,现随附通知。贵司交单时,请将本通知书及信用证一并提示。
(X) Please note that this advice does not constitute our confirmation of the above L/C nor does it convey any engagement or obligation on our part.
　　本通知书不构成我行对此信用证之保兑及其他任何责任。
(　) Please note that we have added our confirmation to the above L/C, negotiation is restricted to ourselves only.
　　上述信用证已由我行加具保兑,并限向我行交单。
Remarks: 备注:

This L/C consists of __THREE__ sheet(s), including the covering letter and attachment(s).
本信用证连同面函及附件共____3____纸。

If you find any terms and conditions in the L/C which you are unable to comply with and or any error(s), it is suggested that you contact applicant directly for necessary amendment(s) of as to avoid any difficulties which may arise when documents are presented.

如本信用证中有无法办到的条款及/或错误,请迳与开证申请人联系进行必要的修改,以排除交单时可能发生的问题。

yours faithfully,
FOR **BANK OF CHINA**

中行上海分行
信用证
通知章

11. 开证申请人付款赎单

开证申请人接到开证行的赎单通知后,应履行其在开证申请书中的承诺,付款赎单。在付款之前,开证申请人有权对单据(和汇票)进行审核,若确认其表面合格后,应在规定的期限内付清开证行所垫款项,从而取得单据(和汇票);若经审核发现单据(和汇票)表面不合格,有权拒付货款,放弃单据。在后一种情况下,开证行不可向议付行、受益人等追还款项,但可自行处理单据和单据项下的货物。

12. 开证申请人凭单提货

开证申请人赎取单据后,可凭以向运输部门提取货物,并安排验货、存仓、进口报关等手续。开证申请人如发现任何有关货物的问题,均不得向开证行或任何其他相关银行提出索赔,应视不同情况分别向保险公司、承运人、出口商等交涉索赔事项,若索赔不成,可提请仲裁或诉讼,但均已与信用证的所有当事银行无任何关联。

(三)信用证的修改

在开证行开出信用证之后,有关当事人若对信用证内容有异议时,可通过正当程序予以修改。修改信用证内容或取消信用证某项条款,会涉及信用证有关当事人权利、义务的相应变更,须按有关国际惯例的规定正确处理。

1.《UCP 600》第10条"修改"主要有如下规定:

(1)根据《UCP 600》第10条 a 款的规定,凡未经开证行、保兑行(如有)以及受益人同意,信用证既不能修改,也不能撤销。

(2)根据《UCP 600》第10条 c 款的规定,受益人应发出接受或拒绝接受修改的通知。只有当受益人发出接受修改的通知后,才能受到修改了的信用证的约束。如受益人未提供上述通知,但其向开证行或指定银行提交的单据符合该项修改的内容,该修改即已对其生效。

(3)自发出信用证修改书之时起,开证行就不可撤销地受其发出修改的约束。保兑行可将其保兑扩展至修改内容,且自其通知该修改之时起,即不可撤销地受到该修改的约束。但是,保兑行可以选择不延伸其保兑至修改内容,如果保兑行如此选择,它必须不延误地将此情况通知开证行和受益人。

(4)《UCP 600》第10条 d 款首次规定,通知修改的银行应当将任何有关接受或拒绝接受修改的通知转告发出修改书的银行。

(5)对于修改的内容要么全部接受,要么全部拒绝,部分接受修改将被视为拒绝接受修改。

(6)受益人对修改中关于除非受益人在某一时间内拒绝修改否则修改生效的规定应不予理会。

(7)受益人对于需要修改的各项内容,最好一次性向开证申请人提出,尽量避免由于受益人考虑不周而多次提出修改要求。否则,不仅增加双方的手续和费用,而且对外造成不良影响。

（8）有关信用证修改必须通过原信用证通知行才是真实、有效的，通过客人直接寄送的修改申请书或修改书复印件不是有效的修改。

（9）受益人和申请人应明确约定修改费用由谁承担，一般按照责任归属来确定修改费用由谁承担。

（10）如果信用证修改中要展延装运期，则要注意议付有效期（如有议付行）也必须随之延期。

2. 信用证修改的提出

业务中对信用证提出修改的大多是出口商。出口商提出修改，通常是由于信用证与合同不符，或某些条款受益人认为无法办到。由于开证申请人为了维护自我的切身利益，往往要求信用证内所列内容和条件尽可能详细，有时会出现如下情况：

（1）信用证类别及贸易方式不相符合，条款混杂，应用不当。

（2）信用证所列内容与合同要点不相符合，其内容可能存在缺、漏、错、概念不清、词句不明、数字不准确等情况。

（3）信用证所列内容，具有弹性解释条款、保留条款和软条款等。

（4）信用证项下的单据，名目多、份数多、特殊要求多。

信用证列明的受益人在收到信用证时，须详细地予以审核。凡发现上述所列有不妥当的内容时，应迅速予以修改。进口商提出修改常常是由于本国或国际上形势的变化，如进口国要求进口商品必须提交新的某种单据等。银行在开证时有时也会出现偏差，如字母、金额、地名打错或遗漏某项目等，发现后也需要及时修改。

3. 修改信用证的内容

实际业务中，常见的信用证修改包括以下几个方面：

（1）修改信用证的装运期和有效期。

（2）修改信用证的金额、货物数量或单价。

（3）修改装运港和目的港。

（4）修改保险的险别和种类。

（5）修改转运和分批装运条款即运输条款。

（6）修改提单的抬头人。

（7）修改运保费或银行费用的承担人。

（8）对单据种类和数量的修改。

（9）删除某条款和插入某新条款。

4. 修改信用证实务

（1）申请人提交修改申请书。当申请人要求修改信用证，或受益人接洽申请人要求修改时，申请人要向开证行提出修改申请书。修改申请书的内容主要包括以下两个方面：一是被申请修改的信用证的情况，如信用证的号码、受益人的名称及地址、通知行等；二是关于修改的指示。修改申请书须由申请人签章。信用证修改申请书式样如表5-3所示。

（2）开证行审查修改申请书的内容。开证行接到信用证修改申请书后，应根据申请书所列的信用证号码审核：① 修改后的条款有无相互抵触之处。② 是否注明修改手续费由申请人还是由受益人负担。③ 若修改涉及原证的有效期、金额、商品等超出了原有效凭证规定的范围，须提交符合修改条件的有效凭证。

（3）缮制信用证修改书。银行审核信用证修改申请书后，即可缮制信用证修改书，电修改要加列密押。然后将修改书副本附于信用证上留底备查,同时将另一份修改书副本送交申请人备查。若原证规定向偿付行索汇,当修改涉及延展装、有效期、增加金额的,还应向偿付行通知。

如果受益人没有通过申请人而是通过通知行要求开证行修改信用证时,开证行接到请求后,通常要与申请人联系。开证行虽然有权决定接受该请求,但若没有申请人的同意,就可能因违背申请人的指示而无法获得偿付。若申请人不同意,开证行则拒绝修改;若同意,就缮制信用证修改书,由原通知行通知受益人。

表 5-3 信用证修改申请书式样

APPLICATION FOR AMENDMENT

TO DOCUMENTARY CREDIT

信用证修改申请书   编号:

To:AGRICULTURAL BANK OF CHINA   BRANCH

致:中国农业银行   行

This Amendment is subject to Uniform Customs and Practice for Documentary Credits(2007 Revision) International Chamber of Commerce Publication No600. 此信用证修改遵循国际商会第 600 号出版物《跟单信用证统一惯例》(2007 年修订版本)	Credit No. 信用证号码		No. of Amendment 修改次数	第一联 银行结算部门留行
	Applicant 申请人		Advising Bank 通知行	
	Beneficiary (before this Amendment) 受益人(在本次修改前)		Currency and Amount (in figures & words)币种及金额(大、小写)	
	The above-mentioned Credit is amended as follows(See box marked with "×"): 上述信用证修改如下(用"×"在方框中标识): □ The latest shipment date extended to _____/_____ (YY/MM/DD) 最迟装运日期延长至(年/月/日) □ Expiry date extended to _____/_____ (YY/MM/DD) 有效期延长至(年/月/日) □ Amount □ increased/ □ decreased by _____ to _____ 金额 □ 增/ □ 减 至 □ Other terms or see attachment(s):其他或详见附件 Banking charges:银行费用 □Banking charges are for account of Beneficiary;□Banking charges are for account of Applicant 银行费用由受益人承担 银行费用由申请人承担 All other terms and conditions remain unchanged. 所有其他条款不变。 □ 本次修改增加金额部分应存保证金为增加金额的_____%,即(币种及金额大写)_____,其余增加金额申请减免保证金。 □ 本笔信用证修改受编号为_____的□《进口并证合同》/□《进口开证额度合同》约束。 **申请人、担保人声明:贵行已依法向我方提示了本申请书及其背面承诺书相关条款(特别是黑体字条款),应我方要求对相关条款的概念、内容及法律效果做了说明,我方已经知悉并理解上述条款。**			

	担保人表示同意继续担保
	
	担保人(签章)
	
	法定代表人
	或授权代理人
	      年 月 日
			申请人 (签章)
			
			法代表人
			或授权代理人
			      年 月 日	

表 5 - 4　信用证修改通知书式样

中国银行
BANK OF CHINA

信用证修改通知书 Notification of Amendment to Documentary Credit	
Adress:50 HUQIU ROAD CABLE:CHUNGKUO TELEX:33062 BOCSH E CN SWIFT:BKCHCMBJ301 FAX:021 - 63243058	
ISSUING BANK: INDUSTRY Bank New York. 55 WATER Street,Room,100 New York U. S. A	DATE OF THE AMENDMENT:
BENEFICIARY: SHANGHAI NEW DRAGON CO. ,LTD. 27 CHUNGSHAN ROAD E,1 SHANGHAI,CHINA	APPLICANT: CRYSTAL KOBE LTD. , 1410 BROADWAY,ROOM 300 NEW YORK,N. Y. 10018 U. S. A
L/C NO. L - 02 - I - 02337 DATED	THIS AMENDMENT IS TO BE REGARDED AS PART OF THE ABOVED MENTIONED CREDIT AND MUST BE ATTACHED THERETO.

Dear sirs,

We have pleasure in advising you that we have received from the above mentioned bank an amendment to Documentary Credit No. L - 02 - I - 02337 contents of which are as follows:

1. The place of Expiry Shall be "IN CHINA",Instead of "IN U. S. A".
2. The drafts shall be "at 30days after sight",not "at 90 days after sight".
3. The Number of the S/C shall be "CD - YFTG231",not "CD - YFTG213".
4. The insurance value should be total invoice value plus 10% instead "plus 110%".

ALL OTHER TERMS AND CONDITIONS REMAIN UNCHANGED.

THE ABOVE MENTIONED DOCUMENTARY CREDIT IS SUBJECT TO THE UNIFORM CUSTOMS AND PRACTICE FOR DOCUMENTARY CREDITS(2007 REVISION,INTERNATIONAL CHAMBER OF COMMERCE,PUBLICATION NO. 600)

PLEASE ADVISE THE BENIFICIARY:	ADVISING BANK'S NOTIFICATIONS:
SHANGHAI NEW DRAGON CO. ,LTD.	

第四节　信用证的分类

　　根据信用证的性质、用途、期限、形式、付款期限、流通方式等的不同,可以把信用证划分为不同的种类。不同的信用证的功能和用途不同,各当事人的权利和义务也有差别。下面我们逐一介绍各种不同的信用证。

一、光票信用证和跟单信用证

按用途和是否随附物权单据，可分为光票信用证和跟单信用证。

（一）光票信用证

光票信用证（Clean L/C）是指凭不附带货运单据的汇票（即光票）付款的信用证。有些信用证要求出具汇票并附带一些非货运单据，如发票、垫款清单等，通常也被视为光票信用证。

对于进口商而言，光票信用证下的单据没有货运单据，进口商无法通过各种单据对货物的交付、质量和数量等予以控制，进口商只能依赖出口商的信用，所以风险较大。同时，开证行也无法利用货运单据来防范风险，只能基于进口商的信用或进口商提供的其他担保来付款，因此银行的风险也比较大。所以，光票信用证在国际贸易中的运用比较少，多用于支付货物的从属费用的结算或者非贸易结算。

（二）跟单信用证

跟单信用证（Documentary L/C）是凭附带货运单据的汇票（即跟单汇票）或仅凭货运单据付款的信用证。这里的单据包括代表货物所有权的单据（如海运提单等），或者是证明货物已经装运的单据（如铁路运单、航空运单等）。跟单信用证的核心即单据，单据是银行办理信用证业务的基础和依据。在国际贸易结算中所使用的信用证，绝大部分是跟单信用证。

二、不可撤销的信用证和可撤销的信用证

根据开证行对所开出的信用证所负的责任来划分，信用证可分为不可撤销的信用证和可撤销的信用证。

（一）不可撤销的信用证

不可撤销的信用证（Irrevocable Credit）是指信用证一经开出，在其有效期内，未经开证行、保兑行（如有的话）、受益人的同意，该证既不能修改，也不能撤销，只要受益人提交的单据符合信用证的规定，开证行必须履行付款责任。不可撤销信用证的不可撤销性质及付款责任的确定性，有效地保障了受益人的权益，突出地体现了银行信用担保的优势，所以不可撤销信用证得以广泛应用。

国际商会通过《跟单信用证统一惯例》（UCP）相关条款的修订，体现了其在关于信用证可否撤销这一关键问题上的认知演变。《UCP 400》曾规定，一切信用证均应明确表示其是可撤销或是不可撤销的，如无该项表示，信用证即被视为可撤销的；《UCP 500》的相应规定正好相反："如无该项表示，信用证即被视为不可撤销的"，而《UCP 600》直接规定："信用证是不可撤销的，即使信用证中对此未做指示也是如此"。（A credit is irrevocable even if there is no indication to that effect.）从而否定了可撤销信用证存在的意义，旨在更为确定信用证的付款责任，从而更有效地保障受益人的权益。

（二）可撤销的信用证

可撤销的信用证（Revocable L/C）是指信用证开出后，开证行不必征得受益人或有关当事人的同意，就有权在信用证有效期内随时撤销或修改的信用证。这种信用证对出口商的收款

没有保障,对出口商极为不利,因此在实际业务中,受益人一般不愿意接受这种信用证。《UCP 600》也正是适应国际贸易发展的需要,做出限制银行开出可撤销信用证的新规定。

三、保兑信用证和不保兑信用证

(一) 保兑信用证

根据《UCP 600》第 2 条的定义:"保兑意指保兑行在开证行之外对于相符提示作出兑付的确定承诺","保兑行意指应开证行的授权或请求对信用证加具保兑的银行"。保兑信用证(Confirmed Credit)是一家银行(保兑行)接受开证行的邀请,对开证行开出的信用证承担保证兑付的责任,该信用证即为保兑信用证。保兑行所承担的责任相当于本身开证,保兑行将与信用证开证行共同承担第一性付款责任,即对受益人提交的符合信用证条款规定的单据必须付款。信用证经保兑后,受益人获得了开证行与保兑行的双重付款保证。保兑行多为通知行、出口地的其他银行或第三国银行。根据《UCP 600》的规定,保兑行自为信用证加具保兑之日起,即不可撤销地受到兑付责任的约束。被授权加具保兑的银行可以拒绝对信用证保兑,但须及时告知开证行。

保兑行表示承诺兑付责任的文句通常如下:

"This Credit is confirmed by us:"

"We hereby add our confirmation to this Credit."

"At the request of our correspondent, we confirm this Credit and engage with you that all drafts drawn under and in compliance with the terms and conditions of this Credit will be duly honored by us upon presentation."

(二) 不保兑信用证

不保兑信用证(Unconfirmed Credit)是没有保兑行对信用证承担保证兑付责任的信用证。不保兑信用证的开证行独自承担信用证项下有条件的第一性付款责任。在实务中,不保兑信用证的使用居多,因为在开证行资信可靠的情况下,受益人只要提交符合信用证规定的单据,即可获得开证行的付款。只有在受益人对开证行的资信存有疑虑或出于其他考虑时,才要求开证行邀请或授权另一家银行对信用证加具保兑,或者开证行对其所开信用证的"自信心"不足时,才会邀请另一家银行对该证加保。所以,资信良好的银行开出的信用证通常是不保兑信用证。

四、即期付款信用证、延期付款信用证、议付信用证和承兑信用证

根据《UCP 600》的规定,信用证必须规定它是否适用于即期付款、延期付款、承兑或议付,从而产生了以下四种信用证形式。

(一) 即期付款信用证

即期付款信用证(Sight Payment Credit)是指定一家银行凭受益人提交的单证相符的单据立即付款的信用证。这种信用证一般有"This Credit is available by payment at sight"或"at sight"等类似词句。即期付款信用证的受益人将单据交给指定付款行,在经审核单据相符后付款。如果付款行不是开证行时,付款行在付款后寄单给开证行索偿或按规定方式索偿款项。

即期付款信用证可以规定需要或不需要汇票。根据信用证使用货币种类的不同以及有关银行账户开立的情况,可指定开证行或通知行或另外一家银行作为付款行。如需要提供汇票,则汇票付款人应是指定的付款行。付款行验单后付款,付款后对受益人是无追索权的。

有些国家采用即期付款信用证,在其条款中明确要求受益人签发即期汇票,有些国家不要求提交汇票,认为提交即期汇票手续繁杂,而且增加费用如印花税,因此只需提交单据或收据,并遵照信用证所列条款,开证行或付款行即可付款。

(二)延期付款信用证

延期付款信用证(Deferred Paymem Credit)也称无汇票远期信用证,是远期信用证的一种,是指开证行在信用证上规定货物装运后若干天付款或交单后若干天付款的信用证。在这种信用证下,开证行或其指定付款行见单后即把单据交给开证申请人,于到期时向受益人付款。这种信用证一般有"L/C is available by deferred payment at ××days after sight…(信用证适用于办理见单后××天的延期付款)"或"L/C is available with××bank by deferred payment at ×× days after date of B/L(信用证适用于在××银行办理装船日后××天的延期付款)"等类似词句。

延期付款信用证不要求受益人开立汇票,只需要将符合信用证规定的单据交到指定银行,指定银行在验单无误后收入单据,待信用证到期再付款。但由于延期信用证没有汇票,受益人就不可能利用远期票据贴现市场的资金,如需资金只能自行垫款或向银行借款。由于银行贷款利率高于贴现利率,因此对受益人资金周转不利。

延期付款信用证一般用于大型设备的进出口业务中。这类交易由于交易期限较长,贷款金额较大,受益人如果开出期限较长(6个月或1年以上)的远期汇票,在很多国家和地区无法办理贴现业务;如果自行垫款则对资金占压数量过多、时间过长;而如果向银行借款,则还款负担较重。在这种情况下,延期付款信用证就能很好地解决这种远期至6个月或1年以上的贸易结算。

(三)议付信用证

指定某一银行议付或任何银行均可议付的信用证即是议付信用证(Negotiation Credit)。根据《UCP 600》第2条,"议付意指被指定银行在其应获得偿付的银行日或在此之前,通过向受益人预付或者同意向受益人预付款项的方式购买相符交单项下的汇票(汇票付款人为被指定银行以外的银行)及/或单据。"

议付信用证一般要求汇票,汇票付款人必须是议付行以外的当事人,如开证行、保兑行等。受益人将汇票及/或单据提交议付行后,议付行经审核确认其表面合格后,即从票面金额中扣除议付利息及手续费,将净款垫付受益人,并向开证行寄单索汇;若开证行因单证不符而拒付,议付行可向受益人行使追索权。从这一意义上讲,受益人获得议付的垫付并非意味着其已真正获得支付,只有当开证行向议付行支付了议付垫款后,受益人才最终获得开证行的付款。议付信用证可分为限制议付信用证和自由议付信用证。

1. 自由议付信用证

自由议付信用证(Freely Negotiation L/C)也叫公开议付信用证(Open Negotiation L/C)。这种信用证允许任何银行按信用证条款自由议付。一般在自由议付信用证的议付条款中须注明"Credit available with any bank by negotiation"或"Free Negotiation"字样,或不注明由某家具体的银行议付。也就是说,这种信用证的受益人可以到任何一家银行议付。开具自由议付信用证的银行,一般都是信誉好,手续简便,银行费用较低的银行。

议付信用证大多是自由议付信用证,这对于受益人更为有利。受益人可以自由选择对自己有利的银行,提交汇票、单据给所选定的银行请求议付。

2. 限制议付信用证

限制议付信用证(Restricted Negotiation L/C)是指开证银行指定某一银行或开证行本身进行议付的信用证。在限制议付信用证中,通常有下列限制议付的文句,如"Credit available with ××bank by negotiation(信用证适用于在××银行议付)"或"Negotiation under this credit restricted to ××bank(此信用证项下议付限于××银行)"。按照此规定,受益人只能到规定的银行去议付。

开立限制议付信用证一般是开证行出于对自身利益的考虑,而规定受益人必须到开证行的海外分行或关系行办理议付,对受益人较为不利。因为指定的议付行可能收费很高,而受益人没有选择余地,只能接受。此外,一旦指定的银行不愿意办理议付,信用证就失去了其应有的保障作用,导致受益人收款风险加大。

（四）承兑信用证

承兑信用证(Acceptance L/C)又称银行承兑信用证(Banker's Acceptance L/C),是指信用证规定受益人开出远期汇票,开证行或其指定付款行在收到符合信用证规定的远期汇票和单据时,先对远期汇票履行承兑义务,并于汇票到期日再履行付款义务的信用证。承兑信用证须使用远期汇票,且汇票的付款人必须是银行,多为开证行自身或其指定的一家银行。受益人向信用证所指定的被授权承兑的银行提交以其为付款人的远期汇票及单据,该行确认汇票、单据表面合格后,即代表开证行承兑汇票,并于远期汇票到期日履行付款义务,付款后对受益人无追索权。

承兑信用证一般会注明"Credit available with ××bank by acceptance of beneficiary's drafts at ××days after ××drawn on×× for full invoice value(信用证适用于在××银行承兑受益人出具的自××起××天付款的,以××为付款人并注有全部发票金额的汇票)"。承兑信用证下的远期汇票可在承兑后退还受益人,受益人可凭汇票在贴现市场或要求承兑行办理贴现,提前收回货款。由于银行承兑汇票贴现率较低,这种付款方式对于受益人而言是一种低成本、高效率的融资方式。

利用承兑信用证可使开证申请人和受益人各获其利:开证申请人获得了远期付款的融资便利;受益人因利用承兑信用证满足了开证申请人延期付款的要求,有助于成交,且受益人获得银行承兑汇票即意味着获得了银行不可撤销的到期付款承诺,受益人还可将已承兑汇票贴现,提前收回款项。

五、可转让信用证与不可转让信用证

从受益人可否转让信用证的角度,信用证可分为可转让信用证和不可转让信用证。

（一）可转让信用证

可转让信用证(Transferable Credit)是明确表明其可以转让的信用证。根据受益人(第一受益人)的请求,可转让信用证可以被全部或部分地转让给其他受益人(第二受益人)。在国际贸易中,很多交易是通过中间商达成的。为实现中间交易并从中获利,中间商可利用可转让信用证这一便利的结算方式,将信用证转让给实际供货人,由后者直接将货物运交进口商。另外,在一些企业内部,也常利用可转让信用证开展国际贸易业务。

可转让信用证的基本业务流程如下:

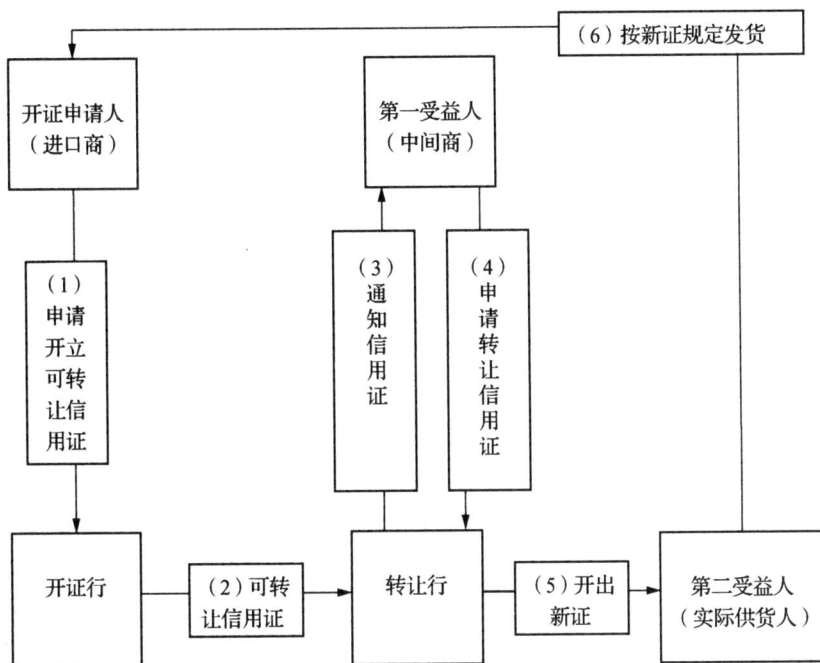

图 5-2　可转让信用证业务流程

(1) 出口商(中间商)要求进口商向开证行申请开出以出口商为受益人(第一受益人)的可转让信用证。开证行必须在信用证中注明"Transferable"(可转让)字样,该信用证才可转让。

(2) 第一受益人向转让行申请转让信用证时,须填具"转让书"(Letter of Transfer),并支付转让费用。转让银行是由开证行特别授权并办理转让信用证的银行。转让银行只有在同意信用证转让的范围与方式的条件下,才同意办理信用证的转让手续。第一受益人无权指示其他银行办理信用证的转让。

(3) 转让行在转让信用证时,必须准确转载原证的条款及条件,包括保兑(如有),以确保开证申请人的利益,但下列内容在转让信用证时可予变更:信用证金额及单价可以减少;信用证的装运期限、有效期限及交单期限可以缩短;在 CIF 或 CIP 条件下,运输货物投保的保险金额比例可以增加;出口商(第一受益人)作为新证的开证申请人,实际供货人作为新证的第二受益人。转让行将作出上述变动的新证通知第二受益人(实际供货人)。

(4) 按照信用证转让的不同方式,可分为:① 替换发票和汇票的转让。第二受益人接到转让的信用证后,即可办理货物出运,并按新证条款规定出具发票(或汇票),连同其他单据向信用证的转让银行办理交单议付。转让行将票款付给第二受益人,同时通知第一受益人(中间商)按原证金额签发发票或汇票(其金额应大于第二受益人出具的发票/汇票金额),用以调换第二受益人交来的发票和汇票,并将两张发票的差额(即第一受益人所获得的利润)支付给第一受益人。此种转让方式避免了实际供货人和实际进口商间的直接接触，符合中间商的商业利益，但转让运作较为复杂，尤其是发票（和汇票）替换与实际供货人提交的货运单据要配套得当。② 不替换发票（和汇票）的转让。第二受益人接到转让的信用证后，即可按新证条款规定办理货物出运并制作单据，向银行要求议付或付款，第一受益人并不另行签发发票和汇票。此种转让方式较为简便，但实际供货人和实际进口商之间可相互通晓，为日后直接进行交易提供了条件，对中间商较为不利，故此种转让方式多用于公司内部之间的合作，如总公司以第一受益人的身份对外成交后，将信用证权利转让其分公司，由分公司直接装运出口、交单议付。

不管采用何种转让方式，根据《UCP 600》的规定，可转让信用证只能转让一次，即只能由第一受益人转让给第二受益人，第二受益人不得将信用证再次转让他人；若第二受益人将收到的可转让信用证重新回转给第一受益人，不属于第二次转让。但在信用证允许分批支款和分批装运的条件下，第一受益人可将信用证金额分割成若干部分，一次性地同时转让给几个第二受益人。当然，第一受益人也可只转让信用证金额的一部分，余下部分由自己使用。

信用证金额经分割并转让给若干第二受益人后，信用证如需修改，若有某个第二受益人拒绝接受修改时，并不影响其他第二受益人接受此项修改。对接受修改者来说，该项修改已对其生效；而对拒绝接受修改者来说，仍以原信用证条款为准。

除可转让信用证外，根据《UCP 600》的规定，受益人还可通过"款项让渡"方式将信用证权利让与他人。《UCP 600》第 39 条"款项让渡"规定："信用证未表明可转让，并不影响受益人根据所适用的法律规定，将其在该信用证项下有权获得的款项让渡与他人的权利。本条款所涉及的仅是款项的让渡，而不是信用证项下执行权利的让渡。"根据上述定义，"款项让渡"仅指受益人根据适用法律规定，将信用证项下应得款项让渡给他人的权利；至于信用证项下执行权利的让渡，必须通过可转让信用证方式予以实现。

（二）不可转让信用证

信用证上未注明"可转让"字样者，即为不可转让信用证（Non-Transferable Credit）。不可转让信用证的可执行权利只能由受益人所有，不得让与他人。如受益人未能在信用证的有效期内履行信用证义务，信用证至有效期满即自动失效。

六、背对背信用证

当中间商无法争取到可转让信用证，或可转让信用证规定的条件无法满足其要求时，中间商可将以其为受益人的原始信用证（Original Credit）作为担保，请求通知行或其他银行开出以实际供货人为受益人（第二受益人）的新信用证，该证即"背对背信用证"（Back to Back Credit），亦称"从属信用证"（Subsidiary Credit）或"第二信用证"（Second Credit）。中间商采用背对背信用证，既能做成交易，又可从中获利。

（一）背对背信用证的基本业务流程

（1）中间商收到以其为受益人的原始信用证后，以该证作为担保，请通知行或其他银行开出以实际供货人为受益人（第二受益人）的背对背信用证，该证应按原始信用证条款开立，但以下内容可作变动：原证通知行成为背对背信用证的开证行（第二开证行）；原证受益人（中间商）成为背对背信用证的开证申请人；实际供货人成为背对背信用证的受益人（第二受益人）；单价与总金额可以少于原证;装船期和有效期可以短于原证。

（2）实际供货人收到以其为受益人的背对背信用证后,按该证条款规定向进口商发运货物,并按该证金额签发发票(和汇票),连同其他单据向背对背信用证通知行(议付行)交单议付。背对背信用证的议付行向实际供货人垫款后,向该证的开证行寄单索汇。

（3）背对背信用证的开证行通知中间商交付按原证金额制作的发票(和汇票),将两证发票的差额(价差)支付给中间商,并向原证开证行寄单索汇。背对背信用证的运作较之可转让信用证更为复杂,银行所承担的风险更大,实务中很多银行设有专门办理背对背信用证业务的部门。背对背信用证业务流程如图5-3所示。

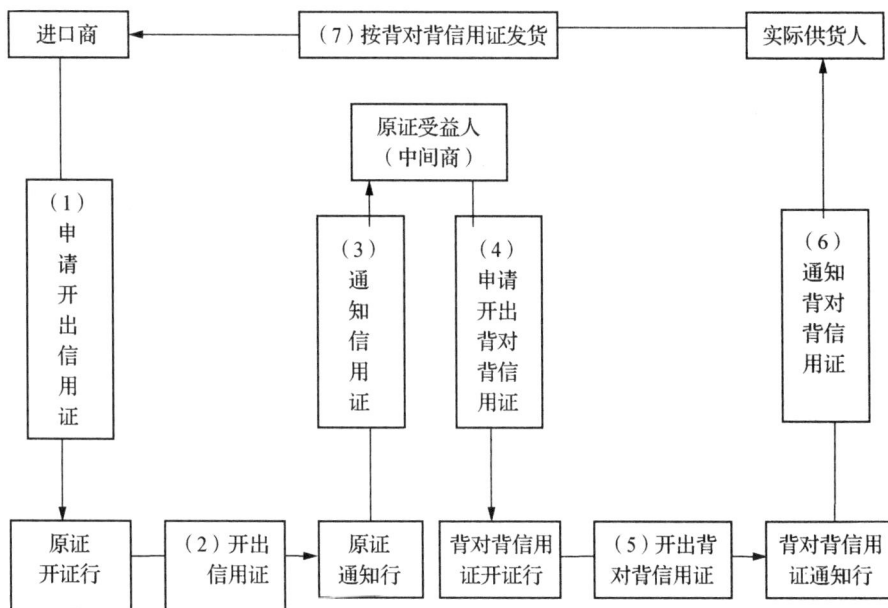

图 5-3　背对背信用证业务流程图

（二）背对背信用证与可转让信用证的区别

背对背信用证与可转让信用证有着本质区别:① 可转让信用证须经开证申请人和开证行同意方可转让,信用证须注明"可转让"字样,否则信用证不得转让。背对背信用证并不注明"Back to Back"字样,它的开立与原证开证申请人和原证开证行无关。② 可转让信用证是根据原证换开的,两者之间存在直接的连带关系,第一受益人与第二受益人处于同等地位,均可获得原开证行的付款保证。背对背信用证与原证是两个完全独立的信用证,两者同时并存,各自的受益人只能获得各自开证行的付款保证。③ 可转让信用证的转让银行不因受原证开证行的委托开立新信用证而改变其原有地位,或增加已转让信用证项下的责任。背对背信用证若由原证的通知行或其他银行开立,该银行则成为背对背信用证的开证行,并独立承担付款保证责任。

七、对开信用证

对开信用证(Reciprocal Credit)是两张信用证的开证申请人互以对方为受益人而开立的

信用证。其基本特征是：① 两张信用证中主要当事人的角色置换。第一张信用证的受益人和开证申请人即是第二张信用证（亦称"回头证"）的开证申请人和受益人，第一张信用证的通知行即是第二张信用证的开证行，反之亦然。② 两张信用证一般同时生效。首先开出的信用证通常列有如下条款："This Credit shall not be available unless and until the Reciprocal Credit is established by ABC Bank in favor of D Company for a sum of USD250,000."

对开信用证多用于补偿贸易、加工贸易、易货贸易的结算。在这类交易中，交易双方可采用相互开立信用证的办法，使双方的义务与权利相互联系、相互制约，共同维护双方利益。

八、循环信用证

循环信用证（Revolving Credit）是规定受益人在信用证金额被全部或部分使用后，可以重复使用的信用证。如进出口商在一段时间内需进行多次交易，为避免每次均需重复开证、催证等烦琐手续，并节省押金及手续费支出，可考虑采用循环信用证。其特点是受益人全部或部分使用了信用证后，该证可恢复至原有金额再次使用，直至达到规定的使用次数或总金额。

循环信用证有四种分类方法。

（一）按循环条件划分

1. 按金额循环的信用证

按金额循环的信用证（Revolving around Value L/C）是指受益人用完规定的金额后，该证即可恢复至原有金额，可再度使用，直至其规定的总金额用完为止。此类信用证常见的循环条款如下："This Credit amounting USD20,000.00 is revolving for three shipment only and each shipment should be effected at one month interval. The total value of this Credit should not exceed USD60,000.00."

2. 按时间循环的信用证

按时间循环的信用证（Revolving around Time L/C）是指受益人可按信用证的规定，数次使用信用证，直至用完该证的总金额为止。此类信用证常见的循环条款如下："This Credit amounting USD10,000.00 is automatically revolving for 4 times but the total value does not exceed USD50,000.00."

（二）按循环金额划分

1. 积累循环信用证

积累循环信用证（Cumulative Revolving Credit）是指上期尚未使用的信用证余额，可累积到下期使用的信用证。当受益人上期因故未交货物或未交足货物从而未用完信用证规定金额，并将货物移至下一期一并补交时，可使用积累循环信用证。

2. 非积累循环信用证

非积累循环信用证（Non-Cumulative Revolving Credit）是指上期尚未使用的信用证金额，不能累积到下期使用，被视为过期、放弃和作废金额处理的信用证。

（三）按循环方式划分

1. 自动循环信用证

自动循环信用证(Automatic Revolving L/C)是指受益人在用完每期信用证金额后,不需等待开证行通知,信用证即可自行恢复至原有金额。例如,信用证规定"The amount paid under this credit are again available to you automatically until the total of the payments reaches USD60000(本信用证下的支付金额,于每次议付后自动恢复循环,直至用完6万美元为止)。"

2. 半自动循环信用证

半自动循环信用证(Semi-Automatic Revolving L/C)是指受益人使用了信用证金额若干天内,开证行未通知受益人停止使用信用证,该证即可恢复至原有金额,并可再次使用。例如,在信用证中规定"Should the Negotiating Bank not be advised of stopping renewal within 7 days after each negotiation, the unused balance of this credit shall be increased to the original amount."(如果议付行在每次议付后7天内未接到停止循环的通知,本信用证下尚未用完的余额,可积累于原金额中使用)。

3. 非自动循环信用证

非自动循环信用证(Non-Automatic Revolving L/C)也叫通知循环信用证(Notice Revolving L/C),是指受益人用完信用证金额后,只有当开证行通知其该证可恢复至原有金额时,才可再次使用的信用证。例如,信用证规定"The amount shall be reinstated after each negotiation only upon receipt of Issuing Banker's notice stating that the credit might be renewed."(本信用证金额须在每次议付后,收到开证银行恢复使用通知,方可恢复到原金额使用)。

九、预支信用证

预支信用证(Anticipatory Credit)允许出口商在装货交单前可以支取部分或全部货款。由于预支款是出口商购买及包装货物所用,预支信用证又叫打包放款信用证。申请开立预支信用证的进口商往往需要开证行在信用证中加列预支条款。根据允许预支货款的条件的不同,部分预支信用证可分为红条款信用证(Red Clause L/C)和绿条款信用证。其有关允许受益人预支信用证部分金额的条款分别以红色或绿色书写或打印,使之更醒目。红条款信用证提供预支款项的方式可以是以货款垫付或以议付方式预先购买受益人的单据。待受益人向垫款的银行提交信用证规定的单据时,垫款的银行可从正式议付金额中扣回原先垫款及垫款期间的利息,将所余的净额付给受益人。若受益人届时不能向垫款的银行提交信用证规定的单据,垫款的银行可向开证银行追索垫付的款项。绿条款信用证要求受益人在货物装运前以提供预支款项的银行的名义将货物存入仓库,并将存仓单据交给垫款银行,以支取预支款项。银行则凭受益人开立的汇票(或收据)及货物存仓单向受益人垫款。若受益人届时不能向垫款的银行交单,则银行可以通过处理上述的存仓单,收回所垫付的款项。

预支条款通常包括以下几方面内容:允许受益人预支的最高额度(一般为信用证金额的30%～40%);预支时受益人必须保证按时发货交单;受益人必须向预支货款的银行交单,预支银行从中扣除预支款及利息;如在信用证有效期内受益人未能交单,预支银行可向开证行索偿,开证行保证立即偿还预支银行垫款本息及各项费用。

银行按信用证规定应受益人请求预支款项后,往往要求受益人把正本信用证交出,以控制受益人向该行交单。如果受益人预支了款项却未发货交单,预支行可以要求开证行偿付,开证行偿付后再向开证申请人追索。由于有这种风险,进口商只有对出口商资信十分了解或在出口商是可靠、稳定的贸易伙伴时,才会向开证行提出开立预支信用证的要求。

第五节　进出口贸易信用证的结算

在实践中,信用证主要用于进出口贸易,因此信用证业务可分为进口贸易信用证结算和出口贸易信用证结算。

一、进口贸易信用证的结算

信用证在进口贸易结算中占据重要地位。在信用证结算程序中,开证是开端,付款则是结尾。信用证体现的是开证行的信用,单证相符必须付款,且付款属于最终付款,没有追索权。因此,凭什么条件开证,付款的正确与否,直接关系到开证行的信誉与经济利益。另外,对外付款还会涉及国际惯例及国家有关政策、法规、条例,因此银行在办理进口信用证业务时,必须谨慎行事。

(一)进口开证

1. 接受开证申请人的开证申请书

开证行为规避风险,在开证申请人开证时,必须认真、严格地执行"三查一保"的规范性运作程序。"三查"即审查开证申请书和开证行声明,审查开证申请人的资信情况,查验规定的进口开证必须提供的有效文件。"一保"即开证申请人必须向开证行缴纳开证保证金。

2. 开立跟单信用证

开证行完成了进口开证前的准备工作,收取了开证保证金、抵押品、质押品或第三者出具的反担保文件,向开证申请人收取开证手续费后,即可按照"开证申请书"内容,并依据《UCP 600》对外开立信用证。

(二)进口信用证的修改和注销

1. 进口信用证的修改

信用证开出后,因各种原因需要修改时,开证申请人必须向开证行提出申请,要求对原信用证内容中的某些条款进行相应的修改或取消。根据《UCP 600》的规定,不可撤销信用证条款的修改,关系各有关当事人权利和义务的改变。所以,在信用证有效期内的任何修改,都必须取得有关当事人同意后方能生效。如果受益人提出要求修改,应首先征得开证申请人同意,再由开证申请人通过开证行办理修改。开证行可依据开证申请人提交的信用证修改申请书受理该笔业务。如开证申请人主动提出修改,须向开证行申请并经同意(必要时还需加付押金)后,由开证行通知受益人所在地通知行;修改通知书经通知行通知受益人,只有受益人同意接受,修改才能有效。

2. 进口信用证的注销

根据《UCP 600》的规定,开证行开出的信用证是不可撤销的,所以若应开证申请人要求,撤销一张尚未逾期的信用证,必须经受益人和保兑行同意该项退证要求后,开证行才可以撤销尚未逾期的信用证。在信用证已逾期且未经受益人使用时,开证行可自动注销该信用证,并与开证申请人办理退回押金或担保品的手续。

(三)进口信用证的审单

1. 进口信用证的单据审核

审核进口单据是开证行的职责。开证行应根据信用证条款全面、逐项地审核单据与信用证之间、单据与单据之间是否相符。审单时应特别注意:核对清点所收单据与议付行审单面函中所列单据种类、份数是否相符;核对清点所收单据与信用证中要求的单据种类、份数是否相符;核对汇票、发票所列金额与信用证议付行寄单面函中所列金额是否相符;所有单据中对货名、货量及规格的描述与信用证要求是否相符;核对货运单据的出具日期及内容是否符合信用证规定;审核议付行的寄单面函中所注明的议付日或交单日有无超出信用证规定的期限;审核货运单据及保险单据等其他单据的背书是否有效。

2. 单据不符点的处理

经开证行和开证申请人审核单据后,若发现单据与信用证规定不符,应将不符点情况以最快捷的方式通知寄单行,并向其作出拒付通知并告知拒付理由,拒付理由必须符合国际惯例,并声明有关单据由开证行代为保管或由开证行寄回寄单行。对单证不符点,开证银行在与开证申请人商量之后,可以采取如下措施:交单行交来担保书或承认开证行保留追索权之后付款;或受益人同意降价之后,接受单据并付款;或对有问题的部分货物拒付货款,而对另一部分货物接受单据并付款;或要求货到目的地经收货人检验后付款;或拒收单据并拒付货款,这是最严厉的一种措施。

议付行审核受益人所提交的单据,若发现不符点之处,通常以电讯方式提出不符点(电提)或以单据附信函的方式提出不符点(表提)通知开证行。开证行收到议付行电提或表提不符点后,应及时将所提不符点通知开证申请人,如经开证申请人确认可接受单据,开证行则应在规定的日期内,对外履行付款责任;如开证申请人拒绝接受不符点,或开证行在审核单据时又发现新的不符点,开证行则应以最快捷的方式,将新的不符点通知议付行。

(四)进口信用证的偿付

开证行对外开出信用证之后,必须对外履行付款责任。除非受益人提交的单据不符合信用证的规定,否则,在收到议付行交来单据后须按时偿付议付行的索偿。

根据信用证偿付条款的不同,开证行对外偿付有如下几种方式:一是即期偿付,即在得到开证申请人确认付款的通知后,开证行根据寄单行索偿通知书的要求,结合开证行的账户的头寸情况,办理对外偿付。二是远期偿付。目前远期信用证的种类主要有三种,即承兑信用证、延期付款信用证和远期议付信用证。对此,远期偿付的要求也视上述三种类型的不同而不同。三是分批偿付。一般在即期、远期结合使用的信用证中,通常采取分批偿付方式。四是使用买方信贷偿付。若受益人所在地银行向开证行提供买方信贷,信用证中规定以买方信贷项下的贷款偿付货款时,一般只能用贷款偿付大部分货款,另一部分由开证申请人用现汇偿付。五是使用世界银行贷款偿付。在世界银行与开证申请人所在国政府机构签订了贷款协议之后,若开证申请人进口时使用该项贷款偿付,信用证中须明确规定,信用证的生效须以世界银行签发的限制性偿付协议书(Qualified Agreement to Reimburse,QAR)为前提。议付行交来规定的单据后,可径直向世界银行索偿。

（五）进口信用证的结付

开证行应严格按照进口用汇的有关规定,结合现行的售汇制,有效地开展进口结付业务。在与开证申请人结付款项时,应注意:① 属于即期信用证项下的进口结付,开证行必须在收到有关单据和索偿通知书后,方可与开证申请人办理结付,并对外偿付款项。② 属于远期信用证项下的进口,开证行必须于远期汇票到期日,才可凭有关单据和索偿通知书与开证申请人办理结付,并对外偿付款项。③ 如果开证时开证申请人已向开证行缴足100%的进口保证金,并存入有关专户,开证行在对外偿付款项时,只需冲销此专户账即可;开证时若开证申请人所缴进口保证金不足的,在与开证申请人办理结付时一并向其追收。④ 对开证申请人的结付,可在开证行对外偿付款项之后,也可在开证行对外偿付款项之前。若开证行对外偿付款项之后再同开证申请人办理结付,实际上是开证行替开证申请人垫款,这就是通常所说的进口押汇业务,它是进口项下开证行给予开证申请人的一种资金融通。

二、出口贸易信用证的结算

出口贸易信用证结算是指出口方从受证到货款安全收妥的全过程。各有关当事人应遵循《UCP 600》的规定严谨从事。

（一）信用证的受理、审核与通知

1. 信用证的受理

我国银行对国外开证行开来信用证的受理,有以下两项手续:一是来证的编号登记,即收到来证后(信开或电开),须立即在来证上编列来证顺序号并予以登记;二是核对印鉴或密押。所有开来的信用证都必须核对印鉴或密押。如印鉴或密押不符,应立即向开证银行查询,并在来证上注明"印鉴或密押数不符,仅供参考"字样,经审证后转知受益人。在接到开证银行另行证实印鉴真实性的通知或另行编制的正确密押并审核无误后,再行通知受益人可将上述附注注销。

在开证行通过 SWIFT 系统开出信用证时,SWIFT 系统将自动核验密押。

2. 信用证的审核

审证信用证应是银行和受益人的共同责任但银行的审证侧重于考察议付、索汇等内容,受益人的审证则侧重于交货履约等内容。审证是出口收汇的起点和基础,对于能否安全收汇具有关键影响,银行审核信用证的重点内容如下:

（1）政治性条款的审查。来证地区、开证银行国籍和信用证内容必须符合我国的外交政策。凡是与我国没有外交往来的国家的银行开来的信用证,一般不予接受。另外,如果信用证中有歧视性内容,应向开证行提出修改,若对方不接受修改意见,则不予接受。

（2）开证银行资信的审查。必须对开证行的资信确实了解之后,方可决定是否接受信用证,同时还应审查开证行资信是否与来证金额相称。如风险较大,应向总行或管辖分行请示并同受益人共同研究,然后根据具体情况,考虑采取如下措施:要求由其他银行保兑;或建议受益人在信用证条款允许下,分批装运;或要求加列电报索汇条款;或要求偿付行确认偿付。

（3）议付地点和到期地点的审查。议付地点和到期地点一般应在我国境内。如在国外，需提请受益人注意，再由受益人斟酌是否要求开证行修改。

（4）信用证单据的审查。对于信用证中有关单据的要求应予特别注意，因其关系到受益人能否顺利交单议付，出口方银行能否顺利索汇。对于信用证中有关单据的份数、种类、内容、背书转让等的要求，应审核是否符合国际商业习惯、国际法规与惯例、我国有关政策法令的规定。如有不符，应要求对方修改。

（5）费用条款的审查。信用证项下一切费用一般均由开证申请人承担，如无明确规定，则视为开证申请人承担。

（6）信用证到期时间和地点的审查。如果信用证规定有效期和地点在国外开证行或付款行，很可能使受益人遭受寄单延误的风险，一般不予接受，应要求对方予以修改。如果来不及修改，则应提醒受益人提早一个邮程的时间交单。

（7）保险条款的审查。应审核根据所用贸易术语，保险应由哪一方办理。若由受益人办理，要检查保险条款中规定的赔付地点、赔付货币是否合理，保险的险别与保险条款应为我国保险公司所能接受。

（8）付款责任的审查。信用证中须有开证行明确的保证付款的责任条款。审查时要注意，开证行保证付款的前提条件应是单据符合信用证规定。另外，开证行的付款保证条款应符合国际惯例，若开证行为减轻或否定其付款责任而附加各种保留或限制条款，如规定"货到付款"等，出口方银行不予接受，应要求开证行修改，直至其作出明确的付款保证为止。

（9）偿付条款的审查。信用证中所列偿付条款必须明确，偿付路线应正常合理，使出口方收汇有所保障。

（10）保兑要求的审查。在开证行或受益人要求对信用证加具保兑时，加具保兑的银行必须注意以下几点：① 只对开证行开证时明确要求或受益人书面申请要求加具保兑的信用证加保。② 只对已收妥保兑费并当受益人将单据提交给该行时，才加保并使其生效。③ 只对资信、资金能力较强的开证行予以加保。④ 只有在清楚了解开证行的资信和实力的情况下，根据不同的加保原则掌握加保。⑤ 只对无收汇不利条款的信用证予以加保。自《UCP 600》实施以来，保兑行的责任更加明确，因此，银行对信用证的加保需谨慎从事。

（11）特别条款的审查。信用证中若有对本方歧视性的内容，或特别条款的要求不合理，应要求对方予以修改。

（12）整体条款的审查。信用证所规定的条款必须明确完整。对措辞含糊不清、条文残缺不全、条款之间相互矛盾或其他对受益人不利的条款，应提请受益人注意，并由受益人联系开证申请人要求开证行修改或澄清。

若审证后发现问题，应及时由通知行和受益人就不同问题分别与开证行和开证申请人进行交涉、查询和修改。

3. 信用证的通知

出口方银行按开证行的委托，将信用证交给受益人的行为即信用证的通知。通知行应遵照"通知"这一义务的宗旨，迅速准确地把信用证通知给受益人。根据业务程序，"通知"主要有核对密押或印鉴、登记归档、告知受益人等几个内容。

4. 信用证的转让和注销

若受益人要求办理注明可转让字样信用证的转让时，应向转让银行提供书面转让委托书。

办理转让手续后,正本信用证留在转让行,以便第一受益人替换第二受益人的汇票和单据并要求议付。

若受益人和开证行同意并要求注销信用证全部或部分金额时,应向通知银行提交正式联系函或授权书,通知银行收取注销手续费后办理信用证的注销。

(二)信用证项下单据的审核

开证行的付款保证是以单证相符、单单相符为前提,否则即有可能遭到开证行拒付。因此,审核单据是出口信用证结算业务中非常关键的一环,直接关系到单据的质量和收汇的安全。

1. 审单标准及审单的基本方法

《UCP 600》对审单标准作出了概括的表述:单据中内容的描述不必与信用证、信用证对该项单据的描述以及国际标准银行实务完全一致,但不得与该项单据中的内容、其他规定的单据或信用证相冲突;不审核信用证没有规定的单据;审单的时间为 5 个工作日;对信用证中只规定条款或条件而未要求出具相应的单据,银行不予理会。

审单的基本方法是以信用证为中心,将单据与信用证条款逐条逐字严格对照,以证实信用证的要求已在单据中体现出来,做到严格的单证相符。其次,要以发票为中心,与其他单据相对照,要求单据之间内容相互一致,做到严格的单单相符。大致可归纳为:单据种类及份数齐全;单据名称与信用证相符;单据内容与信用证一致;单据与单据之间无抵触;每一单据的各项内容之间无抵触。

2. 单证审核的基本要点

(1)对商业发票的审核要点:购货人,商业发票日期,货款的支取条款,发票中的运输标志和货物件数,发票中的货物名称、品质、规格、数量、单价、价格条件、包装方法、佣金、折扣以及保险等,发票的份数,发票出具人以及来证须注明承运船名、生产商、装运日期和进口许可证等。

(2)对汇票的审核要点:出票人、收款人、付款人、出票日、出票地点、币别及金额、付款期限、出票条款和利息条款等。

(3)对提单的审核要点:发货人、收货人、装货地点、卸货地点和船名,货物名称、运输标志和货物总量,提单的份数、装运日期、运费、被通知人、签单和背书等。

(4)对保险单据的审核要点:保险单据的类型,被保险人,保险人,货物名称、包装、件数和运输标志,保险币别,投保金额,投保险别,保险货损免赔率,运输工具和估计开航日期,保险起讫地点,出单日期,保险单据的签章、背书和份数等。

(5)对装箱单和重量单的审核要点:货物的名称,每件包装内货物的内容和数量,包装方式,出单人签字,重量单位及每件的毛重、皮重、净重和总毛重、总皮重、总净重等。

(6)对产地证明书的审核要点:购货人、货物名称、货物件数或重量等。

(7)对商品检验证书的审核要点:重点审核品质检验证书与重量检验证书。

(8)对海关发票的审核要点:各国或各地区的专用格式、由受益人出立和亲笔手签、货物内容及生产国、发货人及收货人、来证的价格条件、货物标价等。

(9)对领事发票的审核要点:领事发票如同海关发票,因不同国家而异。在审核领事发票时应注意:必须由信用证指定的国家的领事签署;领事发票内容必须与商业发票或其他单据一致;签证日期不应迟于汇票和提单日期;必须注明所装运货物是由某国制造或出产。

3. 单据审核的基本要求

各种单据的共同内容应相互一致,否则就将产生单单不一致,开证行有权对此拒付。

(1) 出单日期的一致。主要包括:各种单据的开立日期应不迟于银行的议付日期;发票、装箱单和重量单的开立日期一般应早于提单和保险单日期,但厂商发票可早于商业发票的日期;保险单据的出立日期应不迟于提单日期,最迟也须与提单日期相同;各种商品检验证书的出立日期一般应在提单日期之前,且相隔天数不宜过长。如检验时间为装运船只时,检验证书日期可迟于提单日期,但最好在证书内注明检验地点和日期。

(2) 购货人的一致。各种单据如需填明购货人名称,可与商业发票核对,但提单的收货人应符合来证规定。如货运目的地和开证申请人不在同一国家时,海关发票的购货人可填注目的地的实际买方名称。例如,英国某银行来证,规定货运澳大利亚,此时商业发票仍以开证申请人作为购货人,但海关发票应将收货人填写为货运目的地(澳大利亚)的实际买方。厂商发票的购货人一般是我国的来证受益人。

(3) 货物名称、品质和数量的一致。货物名称可根据商业发票的内容核对,但提单、装箱单、重量单、保险单等单据的货名可用统称;货物品质和数量也可按商业发票所列核对,但遇到散装货物时,提单、保险单填制的重量必须和商业发票所载相符合;来证规定需提交品质或重量检验证书时,一般应以这些证书为基础审核商业发票所载是否与之相符;来证规定提单需列明重量时,应与商业发票和重量单核对。

(4) 贸易术语和货值的一致。除厂商发票外,各种发票均须列明贸易术语,根据商业发票所载价格来核对运费是否付讫和需否保险单;汇票的金额、货币名称和保险单据的金额和货币名称均须按商业发票所载进行核对;应将厂商发票中的人民币货值单价和总值与海关发票中所载的人民币进行核对。

(5) 装运地点、卸货地点、转运地点、船名和估计开航日期的一致。如果商业发票中并未填明这些内容,应以装运单(如提单、空运单等)为准,把列有这些内容的其他单据与装运单据核对;单据内如列明在某地转运者,应核对保险单据是否有同样的说明。

(6) 包装规定的一致。各种单据中所载包装的方式、包装容器、运输标志和货物件数均按商业发票所载进行核对,并需注意容器的名称必须绝对一致。如果商业发票未列明包装规定,可用装箱单所列包装方式和容器来核对其他单据是否与之相符合。

(7) 运费金额的一致。运费金额一般在商业发票、提单或运费收据、海关发票中载明,应相互一致。

4. 审单中常见的不符点及处理办法

审单中较常见的单证不符点主要有:信用证过期,装运过期,交单过期,提单不洁净,提单类别不能接受,未有货物"已装船"的证明或注明货装舱面,运费由受益人负担而提单上没有运费付讫的批注,启运港与目的港或转运港与信用证规定不符,汇票付款人名称、地址有误,汇票付款日期不定,短装或超装,商业(海关)发票上有关货物的描述不符合信用证的规定,商业(海关)发票的抬头人写错,保险金额不足,保险单签发日期迟于提单签发日期,投保的险别与信用证规定不符,提交的保险凭证不符合信用证要求,商业(海关)发票/汇票/保险单中货币名称不符合信用证的规定,汇票/保险单中大小写金额不一致,汇票、提单或保险单背书有误或没有背书,单据中缺少必要的签字或印章,单据的份数不足或单据种类不齐。

审单中较常见的单单不一致主要有:汇票与商业(海关)发票金额不一致,单据之间商品的唛头、号数不一致,单据之间商品重量不一致。

受益人提交银行的单据往往带有各种不符点,银行经审单发现单证、单单不符点后,一般可采取如下处理措施:

(1)如果信用证规定的期限未到,不符点属于制单过程中的人为不符点,可将单据退还受益人要求其修改、补漏,但必须在信用证有效期和信用证规定的最迟交单期内完成。

(2)单据中出现非实质且买卖双方曾认可的不符点,可采取受益人自负风险的书面声明即担保交单,保证在开证行因单证不符而拒绝付款时,将款项连同应计的利息及费用一并退还议付行。银行议付带有不符点的单据要向开证行声明不符点。

(3)受益人所交单据带有实质性人力不可为的不符点时,可根据商业因素和信用证有关条款,授权银行向开证行声明不符点,要求开证行接洽开证申请人,并回告开证申请人是否接受不符点单据。此时,受益人应促使开证申请人接受不符点,在开证申请人坚持不赎单的情况下,受益人应关注货物下落,或要求银行退单,或立即采取其他补救措施,以免蒙受更大损失。

(4)若是以上所有措施均未发生作用,只好改为跟单托收结算,这将意味着受益人放弃使用信用证,开证行转换成了代收行,不再提供任何保证。

【案例5-3:对正本单据的理解】

有一信用证的开证行开立了一张不可撤销保兑信用证,该证中有一条款规定"必须提供全套3/3正本洁净已装船提单"。而受益人提供的全套单据中包括了一套3/3洁净已装船提单,每一份均经由承运人手签,且分别表明"original""duplicate""triplicate"。通知行审核了受益人交来的单据,认为完全符合信用证规定,于是即对受益人付款,并单寄开证行索偿。

开证行收到单据后认为有一处不符。全套三份正本提单上并没有如《UCP 600》第20条a款的规定全部标上"original"字样。所以该行拒绝付款并持有单据听候处理。

议付行则认为一套三份提单全是正本单据,均经由承运人手签。该正本单据的制作符合《UCP 600》的其他相关规定。此外,议付行认为《UCP 600》第20条a款的规定并不适用于运输单据。各份正本提单上的"original""duplicate""triplicate"字样并非"正本""第二联副本""第三联副本"之意,而应理解为"original,original","duplicate,original","triplicate,original",即"第一联,正本","第二联,正本","第三联,正本"。这一做法已为国际银行界和运输界所普遍接受。

开证行坚持认为《UCP 600》第20条a款非常清楚地规定了单据如何制作、如何签署。既然全套单据中的另两份提单明确写明"duplicate"(第二联)、"triplicate"(第三联),那么就不能认为该两份单据是正本提单。有鉴于此,开证行认为其拒绝付款有效。

问题:开证行拒付是否成立?

分析:信用证要求提供全套3/3正本提单,每份正本提单都是货物所有权的凭证。因此不管是否标有"original"字样,是否其他两联标明"duplicate""triplicate"字样,都应视作为符合信用证提供正本海运提单的规定。运输单据中的"duplicate""triplicate"字样不能被认为是副本。《UCP 600》第20条a款的规定不适用于此案。

《UCP 600》第17条c款:除非信用证另有规定,银行还将接受下述方法或从表面上看是用下述方法制作的单据作为正本单据。一是影印、自动处理或计算机处理。二是复写。但条件是上述方法制作的单据必须加注"正本"字样,并且如有必要,在表面上签署。单据可以手签、传真、打透花字、印戳、用符号或用任何其他机械或电子证实方法制成。

因此,标有"duplicate""triplicate"字样的提单不能因为未标有"original"字样而被拒绝,这已是公认的习惯做法。

　　此案给我们的启示是:在处理信用证业务中固然要严格遵守《UCP 600》的规定,但对于《UCP 600》的规定,我们必须深刻领会,同时我们必须牢记公认的一些习惯做法。

　　虽然此案最终是以受益人的胜诉而告终,但对于受益人而言,在每张正本提单上还是标上"original"为好,以避免不必要的麻烦。

(三) 信用证项下的寄单索偿

　　出口方银行在收到受益人交来的单据并经审核确认无不符点之后,应立即向国外开证行寄单,并向开证行或偿付行发出索汇通知,收回货款及有关劳务费用,这就是寄单索偿(Dispatching documents and claiming reimbursement)过程,是出口贸易信用证结算的重要环节,其直接关系到出口贸易信用证结算业务的成果。因此,及时出单、正确选择寄单路线、正确理解并选择信用证的索偿路线和方式,是至关重要的。

　　1. 寄单索偿路线

　　在一般情况下,寄单索偿应按照信用证规定办理,多数信用证规定单寄开证行索偿;如信用证有保兑行时,一般应寄保兑行索偿;在少数情况下,由于业务需要,单据寄第二家银行索偿。寄单次数要按信用证规定或自行选择寄单次数。

　　2. 索偿方式

　　索偿方式是指信用证项下的出口方议付行,在结合账户建立及开证行偿付条款的基础上,向进口方开证行发出的收汇指示。信用证项下的索偿必须与账户情况结合起来,确保正确灵活地使用有关账户,及时快捷地收汇。

　　(1) 即期付款条件下的索偿方式。主要方式有:① 单到开证行审单付款。即开证行在收到议付行寄来的汇票及单据,并经审核确认与信用证相一致,应予以付款或通过某代理行贷记议付行账户。② 议付行审单向开证行索偿。即议付行审单并确认相符后,以电讯方式(SWIFT 等)向开证行索偿,开证行凭单证相符电讯付款。③ 议付行审单后主动借记开证行账户。即信用证规定,议付行确认相符交单后,可以主动借记开证行在议付行设立的账户。④ 单到开证行审单后,授权议付行借记。即信用证规定,开证行收到单据后,确认相符交单后,授权议付行借记其账户。⑤ 向第三家偿付行索偿。即信用证规定,议付行在审单并确认相符后,可以向信用证中指定的偿付行索偿。

　　(2) 远期付款条件下的索偿方式。远期信用证有承兑信用证、远期议付信用证和延期付款信用证三种形式。在实务中,主要方式有:① 到期日开证行凭单付款。即开证行在收到议付行寄来的汇票及单据,经审核并确认与信用证一致后,在到期日予以付款或通过某代理行贷记议付行账户。② 到期日向第三家偿付行索偿。即信用证规定,议付行可开立以偿付行为付款人、以议付行自己为出票人和收款人,并且固定付款到期日的远期汇票,连同注明预定偿付日的索偿书,一并寄给偿付行办理索偿。该种索偿方式多在承兑信用证或远期议付信用证中使用。

(四) 出口结汇

　　出口结汇是银行将受益人出口所得外汇结付给受益人的结算过程。目前我国的出口贸易信用证结汇有如下方式:

　　1. 即期结汇

　　如果开证行与我国银行有代理行或联行关系,并且信用证中指定国内银行为保兑行或付款行,或信用证中授权国内银行主动借记对方账户,或信用证中有电汇索偿条款,则国内银行收到受益人交来的跟单汇票并审单无误后,可立即根据我国外汇管理法规对有关出口结汇的规定,按当日外汇市场价格将外汇折算成人民币并划入受益人的账户,同时主动借记开证行账户或向开证行索偿。

2. 收妥结汇

银行在收到单据后不马上对受益人结汇,而是将单据寄交开证行(如有偿付行,则向偿付行寄交电告索偿通知),开证行审单无误后,立即或授权偿付行对我国银行付款。国内行在收到国外行的贷记通知以后,再按当日外汇市场价格,将所得外汇折算成人民币资金划入受益人账户。

收妥结汇对银行来说并不垫付资金,不受时间约束,对延迟收汇亦不负任何责任,因此不冒任何风险。然而对受益人来说,收妥结汇既无法掌握确切的收汇时间,又要占用自己的资金。总之,收妥结汇不利于尽快收汇的原则,故目前仅在国内银行用电报索汇时才采用这种结汇方式。

3. 出口押汇

出口押汇是银行对信用证项下受益人融通资金的一种方式。银行在收到受益人交来的单据并审单无误后,在未收到国外开证行付款之前,即买下受益人的跟单汇票,从票面金额中扣除利息及各种费用之后,将余额结算汇入受益人账户。

受益人在作出口押汇时,必须填写质押书(Letter of Hypothecation),承认除非国内银行以保兑行或付款行的身份付款,或者因国内银行的过失使开证行拒付,否则银行对单据、汇票拥有所有权和处理权,并对受益人拥有追索权。质押书实际上是一份受益人与议付行之间就出口押汇而达成的合同。

至于出口押汇中银行应扣除的利息,从理论上说是按一个邮程加上开证行处理单据的工作日期计算。但因各银行处理单据的效率不一致,而且世界各地区的邮程天数也不一致,故实际上是按各地区平均收汇天数计算利息。除港币按香港银行同业拆放利率计算外,其余货币均按伦敦银行同业拆放利率计算;至于利息货币,我国银行目前采用人民币计息。

4. 定期结汇

受益人事先与国内银行达成协议,根据以往寄单和收汇的经验,规定受益人交单若干天以后,不管银行是否已经收妥外汇,到期即向受益人办理结汇。定期结汇的天数可以按索偿通知往返所需的时间及银行必要的工作时间加以确定,远期汇票可以再加上远期付款的日期。由于办理定期结汇银行并不垫付资金,故不向受益人收取利息。对受益人来说,采用定期结汇方式,可以掌握收汇时间,有利于资金的安排。对银行来说,可以加速银行审单寄单,并促使银行尽快地收回外汇。定期结汇主要用于对港澳地区的出口贸易信用证结算。

5. 远期结汇

远期结汇是规避外汇风险的一项金融业务。银行与境内企事业单位、国家机关、社会团体、部队、外商投资企业等机构协商签订远期结汇合同,约定将来办理结汇的外币币种、金额、汇率和期限;到期外汇收入发生时,即按照该远期结汇合同订明的币种、金额、汇率办理结汇。

(五)出口收汇的考核

出口收汇考核是出口贸易信用证结算的最后环节,包括催收和收妥后考核两项工作。出口方银行在议付寄单后,是否能及时如数收妥外汇,需经常进行查询和考核。通过出口收汇考核可掌握国外银行的经营作风、资信和工作效率,协助出口商改善经营管理,为安全、及时地收汇积累经验。

1. 催收

催收是指超过了正常的时间而仍未收回款项,向国外开证行或偿付行催要款项。议付行或寄单行在寄出单据或发出索偿通知一定时间后,对逾期未收的外汇(包括远期汇票的承兑通知),须逐笔或定期进行研究,及时向国外银行发出查询催收的通知。

2. 出口收汇后的考核

议付行在收到国外账户行贷记报单后所进行的付款审核,即收汇后的考核。对付款超过合理时间的,应结合付款银行与本银行的关系,考虑是否应该向其收取迟付利息;通过考核,可以进一步了解国外银行的付汇规律、工作效率、经营作风等,从而有利于对国外代理行的掌握,有利于改进收汇路线,缩短与客户结汇的时间,提高银行的服务质量。

第六节　信用证中的融资

一、对出口商的融资

(一) 打包贷款

打包贷款(Packing Finance)是信用证项下银行向出口商提供的一种装船前融资,一般为信用证余额 80% 左右。出口商凭国外开来的信用证正本作为还款凭据和抵押品向银行申请抵押贷款,主要用于对生产或组织货源的开支及其他从属费用的资金融通。这种贷款最初是指出口商接到信用证后,因货物包装出现资金困难,而凭信用证向当地银行借款,银行为帮助客户缓解资金困难,使货物早日装运,在一定的保证下给予的融资,故称为打包贷款,而现在已不仅局限于货物的包装方面了。融资期限由银行根据出口商品生产周期和交货时间而定,一般最长不超过一年。融资比例由银行根据出口商的资信状况和清偿能力核定,通常为信用证金额的 40%~80%。发货后,出口商将信用证项下的出口单据交银行议付,将所得款归还银行的贷款。打包贷款是一种短期融资业务,它具有周转快、使用效率高、申请手续简便等特点,能缓解出口商资金短缺的困难,帮助企业按期、按质、按量完成出口商品的生产和交货。

由于信用证本身是一个有条件的银行信用保证,如果条件全部得到满足,能够实现收还打包贷款的款项。如果由于某种原因,出口商未能满足信用证的全部条款和条件,或出口商根本就未履约,那么就无法使开证行的付款承诺得以实现,信用证在这种情况下只是一张废纸。因此,单纯依靠国外开来的信用证作为抵押而叙做的打包贷款,对放贷银行的风险是较大的。因此,银行对此业务十分谨慎,为了贷款的安全性,会要求出口商具备一系列的打包放贷条件。例如,需持有效的正本信用证,有些还要求信用证是由资信良好的海外银行开出的;出口商品不违反本国的禁令;信用证条款清楚合理,无"陷阱条款",出口商保证能履行;出口商与银行签订借款合同,明确双方的责任,或要求出口商出具总质权书,以他所采购或存储的商品作抵押;有些还规定该信用证项下的出口单据必须交放贷银行议付等。

如果出口商具备了银行所规定的打包放贷的条件,便可向银行申请打包放贷。首先要填写打包贷款申请书,规定借款用途,连同信用证正本一起办理申请贷款手续。银行必须审查出口商的资信状况,审查外贸合同和信用证,能否控制物权单据以减少业务风险等,有些还要求出口商提供担保。审核通过后.与出口商签订打包贷款合同,并在贷款发生之前,由银行经出口商在往来账户外另开专用账户,供出口商陆续支用。

(二)出口押汇

1. 出口押汇的含义

信用证项下的出口押汇是指信用证受益人因资金短缺,在货物装船发货后,以信用证要求的全套单据为抵押品,从银行获得垫付货款,然后再向开证行寄单索汇以归还垫款。

出口押汇业务中,出口商将信用证上所列的各种单据交给银行抵押,可以获得短期融资,缓解其资金压力;而银行将货款垫付给出口商,可以收取押汇利息和银行费用,并对出口商保留追索权。如果因为开证行倒闭、邮寄单据遗失延误、电讯失误等非押汇行本身过失而导致的拒付、迟付、少付,押汇行有权主动向受益人追回全部垫款及其利息;如果遇到开证行无理挑剔、拒付、迟付或少付时,押汇行会负责对外交涉,以维护出口方利益,如果交涉无效而造成损失,押汇行仍可向受益人追索。因此,出于对风险的控制,押汇行通常只对经营作风稳健、资信良好、清偿能力强的出口商提供出口押汇。而出口押汇金额通常控制在所提交单据金额的90%以内,对于信用记录良好的出口商最高可按单据金额的100%提供押汇。此外,押汇行还会分析信用证开证行的资信状况、开证行或承兑行所在国家和地区的政治经济状况、信用证的条款等其他因素,如果这些因素会导致将来收汇困难,押汇行通常也不予以办理出口押汇。

2. 出口押汇与议付的区别

出口押汇与议付是两个不同的概念,必须区别开来,两者区别如下:

(1)议付的实质是票据的买卖;出口押汇中的票据则是作为抵押品,用来获得短期资金融通。

(2)议付只限于在议付信用证下使用;出口押汇则不限制信用证的种类,不仅可以用在信用证业务中,还可以用在托收业务中。

(3)议付必须在信用证中指定的议付行办理;办理出口押汇的银行只要是寄单行即可。

(4)议付的前提是单证相符;出口押汇则可以分为单证相符的押汇和单证不符的押汇,单证相符的押汇通常不占用出口商的信用额度,而单证不符的押汇需要占用出口商的授信额度。

(三)票据贴现

在远期信用证项下,出口商为能在远期汇票到期前收回货款,可向银行或其他金融机构办理票据贴现业务。贴现银行或贴现公司贴现出口商转让的已承兑汇票后,将扣除了贴现利息的净款付给出口商,从而向出口商提供了期限为贴现天数的贸易融资。贴现银行在汇票到期时,向汇票的付款人提示付款,收回融资款项。若信用证是远期承兑信用证,当银行在开证行承兑后提供融资,又称为信用证下银行承兑汇票贴现。

二、对进口商的融资

(一)授信开证

授信开证(Issuing of L/C with Credit Limits),又称减免保证金开证,是指开证行对于资信状况良好,有充足偿债能力、业务往来频繁的进口商,在未向客户收取全额保证金的情况下,为其开立进口信用证的业务。授信开证是开证行提供给进口商的一种资金融通形式,开证行通常会对具有进口业务经营资格、业务情况及收付情况良好、资信可靠、具备一定经济实力、而且能够提供银行接受的可靠担保、抵押、质押的进口商提供开证授信额度。即在授信额度范围内,根据有关规定,进口商可要求银行免收或减收保证金开立信用证。

银行在每次为客户开证时都要审查证下货物的性质和变现能力、货物保险、对物权单据的控制等以防范风险。除此之外,还要审查申请人的开证额度是否足够,是否在开证额度内开证。开证授信额度的基本类型有两种。

1. 普通开证额度(General L/C Limit)

在订立额度后,客户(进口商)可以无限次地在额度内委托银行对外开出信用证,额度可循环使用。银行根据客户的资信变化和业务需求变化随时对额度做必要的调整。

2. 一次性开证额度(One time L/C Limit)

这种额度是为客户的某个或几个贸易合同核定的一次性开证额度,不得循环使用。如客户成交了一笔大额生意,普通开证额度不能满足需要或普通额度的大量占用会影响其正常经营,银行可根据其资信状况和抵押品情况核定一次性开证额度,供此份合同项下开证使用。再如银行对客户批准的项目贷款,对贷款项下的进口也采取核定一次性开证额度的方式供客户在该项目下对外开证使用。

(二)进口押汇

信用证项下的进口押汇(Import Bill Advance),是指开证行在收到信用证项下的单据时,在单证一致的情况下,应进口商要求以进口货物做抵押,在付款到期日为其垫付资金的短期资金融通。

通常开证行收到符合信用证的单据后,应立即向受益人付款或向指定银行偿付,再由进口商付款赎单提货,完成信用证交易。但当进口商资金周转困难,无力向开证行付款赎单时,可通过进口押汇的方式,将进口货物的所有权或其他财产抵押给银行,或提供第三人担保,与银行签订进口押汇协议,由银行代其垫付货款。在此基础上,开证行在收到信用证项下的单据后先行付款,然后根据与进口商之间的进口押汇协议及进口商签发的信托收据(Trust Receipt, T/R)将单据交进口商,进口商凭单提货并销售货物后,将货款及利息交还开证行。这样,进口商就可以提前取得信用证项下的单据,减少资金占用时间。因此,当进口商流动资金不足,无法按时付款赎单,且进口商品处于上升行情时,或当进口商有其他投资机会,且该投资的预期收益率高于押汇利率时,都可以通过进口押汇获得资金融通。

信托收据(Trust Receipt, T/R)实质上是将货物抵押给银行的确认书,这一性质和托收下的信托收据一样。在信用证项下,一般开证申请人在向银行治谈开证额度的同时,也向银行申请相应的信托收据额度。在核定额度后,开证行对相符单据付款的同时,即凭申请人签发的信托收据将证下单据以信用托管方式释放给申请人。申请人收到单据后,凭此提货进行加工、销售或转卖,并于一定的时间内将收回的货款归还银行的垫款。

在信托收据下,申请人只是作为银行的受托人代为保管进口货物,他必须以银行的名义办理货物存仓;或以银行的名义进行货物加工并将加工后的货物重新存仓;或安排出售货物并在规定的期限内用销售收入归还全部银行贷款。这一规定期限一般不超过半年。

进口押汇的融资比例通常为货款金额的 100％，押汇币种可以是人民币或者信用证结算币种，押汇利率参照银行同期流动资金贷款利率，采取后付利息的方式，即在还款到期后，押汇银行从进口商的账户上扣收利息。押汇期限为开证行付款日起至进口押汇合同到期日止，通常视进口商筹措资金的时间而定，大多是 60 天、90 天，原则上不超过 90 天。

（三）提货担保

如果货物已到达目的港，货权单据（提单）尚未到，而进口商急于提货，所以向开证行申请，由进口商与银行共同或由银行单独向船公司出具书面担保，请求其凭担保先行放货，保证日后补交正本提单，这种方式称为提货担保（Shipping Guarantee）。

在信用证结算方式中，银行给客户出具提货担保让客户提货是常有的事，其在近洋贸易中更为常见。这是由于进出口双方国家距离较近，货物到达进口地港口后，提单、发票等信用证所要求的单据却还没有寄到开证行，进口方不能及时提货，会产生压港费用等。为避免这种支出，进口商要求凭担保提货。

银行应收货人之要求签发提货担保前，必须查明该批货物确系本行所开立的信用证项下来货，并确定收货人申报的货值无误。此外，还要落实反担保，即收货人对银行的担保。在一般情况下，银行收取全额保证金，或对有信托收据额度者，在额度内凭信托收据签发提货担保书。待收到单据后，收货人付款赎单，然后持正本提单换回提货担保，银行的担保责任即告解除。

银行出具或加签提货担保后，对随后收到的信用证下的单据，无论单证是否相符，均必须立即偿付议付行或交单行。因此，在受理提货担保申请时，必须要求收货人放弃拒付的权利。

【案例 5-4：信用证下的融资】

上海 A 公司与新加坡 B 公司签订了一份 738 450 美元的售货合同，A 公司为出口商。事后，B 公司根据合同向印度银行新加坡分行申请开立不可撤销跟单信用证，受益人为 A 公司，议付银行为中国任一银行，汇票类别为即期，收款人为香港 C 银行，付款人为开证行，出票人为 A 公司。5 月 29 日，A 公司就上述信用证向 C 银行申请打包贷款，该行同意后于次日向 A 公司发放贷款 30 万美元。期间，根据开证人申请，开证行曾先后 3 次向 C 银行发出 3 份电传，对该信用证部分条款进行了修改，其中第 3 次内容为"收到申请人指示后，应将装运日程和船舶名称以修改方式通知受益人，上述修正副本应随单据一并发出"。8 月 30 日 C 银行收到 1 份以 B 公司名义发来的电传（该电传下称"第 4 份通知"），告知 A 公司船名和货物装运日期。C 银行将该电传转交给 A 公司。上述船名和装运日期与船公司接受 A 公司托运货物后签发的提单中所载内容相同。同年 9 月 3 日，A 公司向 C 银行提供了包括第 4 份通知在内的信用证项下的出口单据要求议付。C 行于同年 9 月 5 日向 A 公司发出议付通知，告知该公司在信用证项下的金额 738 450 美元中，扣除手续费、邮费、短款费、修改通知费、提前付款利息及所欠打包贷款本金、利息后，尚余净额 491 434.01 美元，并于次日将该议付款划入 A 公司账户内。之后，C 行将信用证单据寄往开证行要求偿付，开证行于同年 9 月 18 日、10 月 11 日致函 C 行，称单据与信用证第 3 次修改的指示不符，并称其从未发过第 4 份船名和船期的修改通知，开证人 B 公司也未发过这份电传，单证存在不符点，拒绝偿付该信用证款项，并将所有单据退回 C 行。于是，C 行于同年 10 月 25 日致函 A 公司告知其单据已遭拒付，并要求其归还议付的信用证款项。因 A 公司未归还议付款，C 行就先后 3 次从 A 公司账户内扣划 59 650 美元用于归还上述议付款，尚欠 678 800 美元，后因催讨未果，向法院诉讼要求 A 公司清偿所欠议付款本金及利息。而 A 公司则辩称 C 行在信用证议付时，扣除手续费及打包贷款本息后，原信用证项下的美元已经结清；单证不符是由 C 行造成的，其应承担遭开证行拒付的责任。

问题：A公司的理由是否成立？C银行应否承担拒付责任？

分析：要正确处理此类信用证纠纷案件,应首先正确把握涉案的打包贷款、议付信用证、出口押汇等法律概念及其法律责任的认定,以防止混淆法律概念而导致错误地适用法律。

打包贷款(Packing Loan)是指出口地银行为支持出口商按期履行合同义务、出运货物而向出口商提供的以正本信用证为抵押的贷款。因为最初这种贷款是专门提供费用给受益人包装货物的,所以称作打包贷款,它是银行对出口商提供的一种短期融资,主要用于对生产或收购商品开支及其他从属费用的资金融通,融资比例通常不超过信用证金额的80%,银行根据资金情况和客户情况而定,期限从信用证抵押之日到出口商提供货运单据并向开证行寄单收回货款之日。提供贷款的银行承担议付义务,收回信用证项下货款后,将贷款收回。

议付信用证(Negotiation L/C)的含义是凡允许受益人将其汇票和单据持往指定的银行或未指定特定银行的情况下,持往付款以外的任何其他银行请示议付,而不必直接向付款银行提示请求付款的信用证。

出口押汇(Bill Purchase)系指出口将信用证和全套出口单据提交银行,由银行买入单据并按票面金额扣除从押汇日到预计收汇日的利息及有关手续费用,将净额预先付给出口商的一种融资结算方式。

本案中,C银行与A公司是议付行与受益人的关系,然而在信用证议付之前,双方还发生了打包贷款业务,审判实践中往往易将打包贷款法律关系与信用证法律关系相混淆。从上述概念可见,打包贷款与信用证相关,但不等同于信用证法律关系,而是银行与出口商之间的借款关系。本案的打包贷款本息及相应的手续费,C银行已在9月5日以出口押汇的方式议付信用证时,从议付款项中直接扣除,因此该银行与A公司之间的打包贷款法律关系因履行而终止。当开证行印度银行新加坡分行以单证不符为由拒付信用证项下款项时,C银行要求A公司偿还已议付的款项,行使的是信用证法律关系中,议付行对受益人的追索权。故本案应是信用证纠纷,不是打包贷款纠纷。

在本案的不可撤销跟单信用证关系中,通知行和议付行均是C银行,原审判决已查明本案所涉信用证有不符点,并被开证行拒付。《跟单信用证统一惯例(国际商会第600号出版物)》规定了有关银行审核单据标准,未对议付行行使垫款追索权作出规定。C银行与A公司事先并未约定无追索权。鉴于此,C行作为议付行可以向受益人行使追索权,要求返还议付的款项。但同时,根据《跟单信用证统一惯例》的规定及解释,信用证通知行应合理谨慎地审核它所通知信用证的表面真实性。即应核对信用证的印鉴或密押,以确定该信用证的真实性。如信用证上的印鉴或密押不符或无法核对,通知行应先与开证行交涉,得到证实后再正式通知受益人。而C行作为信用证的通知行和议付行,在信用证的通知审核过程中,将一份以开证申请人名义发出的装运日期通知未经开证行加押确认,即通知A公司以该日期装运,未履行合理谨慎地审核义务即通知受益人A公司,具有通知不当的过错,造成信用证被拒付的损失,对此C分行应承担相应的过错责任。

本章小结

1. 信用证作为一种重要的国际结算方式,在国际贸易结算中广泛使用。信用证是现代金融创新的重要成果之一。银行在信用证业务中扮演着支付中介、融资提供者、风险承担者等重要角色。信用证的基本特征是:开证行担负第一性付款责任;信用证是一项独立的文件;信用证是一种纯粹的单据业务。

2. 在信用证的实践历程中,关于信用证的国际规则的不断发展完善,为信用证的全球性推广应用起到了极为重要的作用。《跟单信用证统一惯例》是国际商会制订的关于信用证的重要国际惯例。2007年7月1日,《跟单信用证统一惯例》的第七次修订本《UCP 600》正式生效实施。

3. 信用证运作涉及银行、进出口商等诸多当事人。随着信用证运作机制的逐步完善,在遵循信用证基本业务原则的基础之上,逐步演化出多种信用证类型。不同种类的信用证功能、用途不同,当事人的权利与义务、信用证的运作流程、付款期限等亦有所不同。

4. 在实践中,信用证主要用于进出口贸易,因此信用证业务可分为进口贸易信用证结算和出口贸易信用证结算。进口信用证结算包括进口开证,进口信用证的修改和注销,进口信用证的审单,进口信用证的偿付,进口信用证的结付等业务环节。出口贸易信用证结算包括信用证的受理、审核与通知,信用证项下单据的审核,信用证项下的寄单索偿,出口结汇等业务环节。各有关当事人应遵循《UCP 600》及其他相关规则,严格、审慎地履行信用证项下的义务与责任。

5. 信用证不仅是一种安全的结算方式,也是提供银行信用服务与贸易融资便利的重要工具。国际贸易商人可以获得打包放款、出口信用证押汇、贴现等多种形式的融资便利。对银行而言,信用证融资业务收益较高、风险较小,是竞争的重点业务之一。

6. 信用证风险存在于信用证业务的所有环节,风险成因及表现形式多种多样。对所有信用证当事人而言,提高业务水平、增强风险意识、施之以必要的防范措施,是保障信用证业务安全、有效运作的重要举措。

基本概念

信用证　议付　保兑　开证申请人　开证行　受益人　通知行　不可撤销信用证
远期信用证　可转让信用证　出口押汇　打包放款　进口押汇

复习思考题

一、选择题

1. 信用证结算方式实际上是把进口商履行的付款义务,转移给(　　　)。

A. 出口商　　　　　　B. 银行　　　　　　C. 供货商　　　　　　D. 最终用户

2. 信用证是依据买卖合同开立的,出口商要保证安全收汇,必须做到向银行(　　　)。

A. 提交与买卖合同相符的单据　　　　B. 提交与信用证规定相符的单据

C. 提交与买卖合同规定相符的货物　　D. 提交与信用证规定相符的货物

3. 一张有效的信用证,必须规定一个(　　　)。

A. 装运期　　　　B. 有效期　　　　C. 交单期　　　　D. 议付期

4. 根据《跟单信用证统一惯例(UCP 600)》,除非信用证另有规定,商业发票的签发人必须是(　　　)。

A. 开证申请人　　B. 受益人　　　C. 开证行　　　D. 合同的卖方

5. 对卖方而言,以下最好的支付方式是(　　　)。

A. 信用证　　　　　　　　　　B. 即期付款交单

C. 远期付款交单　　　　　　　D. 承兑交单

6. 下列支付方式中,最有利于进口方的是(　　　)。

A. L/C　　　　B. D/P 即期　　　C. D/A30 天　　　D. D/P30 天

7. 下列说法正确的是(　　)。

A. 只要自信用证的有效期,不论受益人何时向银行提交符合信用证要求的单据,开证行一律不得拒收单据和拒收货款

B. 根据国际商会现行的《跟单信用证统一惯例》的规定,可转让信用证转让后,第一受益人无需再对合同的履行负责。如果第二受益人不能按时交货或所交付的单据不合格,则应由第二受益人对买方负责

C. 国外开来的信用证规定的到期日为 2017 年 8 月 31 日,我出口公司于 8 月 1 日将货物装船并取得提单,于 8 月 30 日向议付行提交全套合格的单据、根据国际商会现行的《跟单信用证统一惯例》的规定,银行应予于议付

D. 信用证修改通知书有多项内容时,只能全部接受或全部拒绝

二、案例分析题

1. 上海 A 公司向国外某公司进口一批钢材,货物分两批装运,支付方式为不可撤销信用证,每批分别由中国银行开立一份信用证。第一批货物装运后,卖方在有效期内向银行交单议付,议付行审单后,即向该出口商议付货款,随后中国银行对议付行作了偿付。A 公司在收到第一批货物后,发现货物品质不符合合同,因而要求开证行对第二份信用证项下的单据拒绝付款,但遭到开证行的拒绝。你认为开证行这样做是否合理?

2. 我国 A 公司向加拿大 B 公司以 CIF 术语出口一批货物,合同规定 4 月份装运。B 公司于 4 月 10 日开来不可撤销信用证。此证按 UCP 600 规定办理。证内规定:装运期不得晚于 4 月 15 日。此时 A 公司已来不及办理租船订舱,立即要求 B 公司将装运期延至 5 月 15 日。随后 B 公司来电称:同意延展船期,有效期也顺延一个月。我 A 公司于 5 月 10 日装船,并于 5 月 14 日将全套符合信用证规定的单据交银行办理议付。试问:我国 A 公司能否顺利结汇?为什么?

三、问答题

1. 信用证的含义是什么?

2. 简述关于信用证的国际惯例与规则。

3. 简述信用证的特征。

4. 信用证有哪些当事人?其权利、义务是什么?

5. 描述跟单信用证的基本业务流程。

6. 什么是不可撤销信用证?其实质何在?

7. 描述可转让信用证和背对背信用证的业务流程。

8. 信用证项下的资金融通方式有哪些?

第六章　银行保函与备用信用证

学习目标与要求：

1. 掌握银行保函和备用信用证主要当事人及其法律关系。
2. 了解银行保函和备用信用证的特点与作用。
3. 掌握银行保函和备用信用证的主要内容和业务处理程序。
4. 熟悉银行保函与信用证、备用信用证的联系与区别。
5. 理解备用信用证的性质与特点。
6. 了解银行保函的主要种类及其运用。

在国际经济贸易交往中，交易双方往往缺乏了解和信任，因而给达成交易和履行合同造成一定障碍。跟单信用证为买方向卖方提供了银行信用作为付款保证，但不适用于需要为卖方向买方作担保的场合，也不适用于国际经济交往中货物买卖以外的其他各种交易方式。为解决这些问题，就出现了由信誉卓著的银行以及其他金融机构开具银行保函或备用信用证，担保行或开证行保证申请人履行双方签订的有关商务合同或其他经济合同项下的某种责任或义务，从而有利于交易的顺利进行。目前，在国际贸易结算中，银行保函与备用信用证已经成为国际贸易结算方式的重要组成部分，是国际结算的主要支付方式之一。

第一节　银行保函概述

一、银行保函的定义

银行保函(Letter of Guarantee,L/G)又称"银行保证书"，是银行应委托人的申请作为保证人向受益人开立的有担保性质的书面承诺文件，银行保证当申请人未向受益人尽到某项义务时，则由银行承担保函中所规定的付款责任。它是以银行信誉为基础，以货币支付为表现的保证书。银行保函的英文表示有多种，除了上面的表示以外，常见的还有 Bank Guarantee、Bank Security 等。

银行保函源于最初的口头信誉担保，在商品经济不发达、法制不健全的情况下，商品交易中采用第三者担保具有手续简便、降低成本、易于操作等优点，受到广大交易者的欢迎。进入 20 世纪 60 年代以后，随着国际贸易的内容、形式及交易环境的变化，交易结算日益频繁，金额越来越大，手续越来越烦琐和程序化、惯例化，银行担保适应了这一新形势的要求，其形式日益规范，并与银行信用相结合，形成了标准化的银行保函，逐渐发展成为一种简单、灵活、用途广泛的结算方式。

二、银行保函的基本职能

从银行保函的概念中，可以看出其具有两大基本职能。

（一）用来作为合同价款的支付保证

比如买卖合同及劳务承包合同项下的付款保函，补偿贸易合同项下的补偿贸易保函，租赁合同项下的租金保付保函，借贷合同项下的贷款归还保函等，都是用来保证合同项下的付款责任方按期向另一方支付一定的合同价款，保证合同价款与所交易的货物、劳务等的交货，保证借贷资金的偿还，这是保函的一个重要职能，也是保函之所以能够成为国际结算方式之一的一个基本原因。

（二）合同违约事情发生时，作为对受害方补偿的工具或对违约责任人的惩罚手段

比如履约保函、投标保函、质量保函等，可以制约申请人必须按期履行其合同义务，以避免和减少违约事件的发生。这是保函的另一个重要的基本职能，也是保函有别于跟单信用证的一个重要方面。

依据银行保函的这两项基本职能，人们既可以用它来充当各种商务支付的保证手段，以解决交易中的各种各样的合同价款及费用的支付问题，又可以利用它来作为对履约责任人必须按期履行其合同义务的制约手段和对违约受害方的补偿保证工具。于是这就使得银行保函的适用范围和担保职能要远远大于一般的商业信用证。银行保函可以用于贸易方面的担保，也可以用于非贸易方面的担保。最初，银行保函只用于借款方面，其后增加了履约方面的担保函，逐步又扩大到对国际工程的投标保函，后来又发展到凡因经济政治上的原因无力或无法偿付，以及法令变动、资金冻结、进出口许可证停发或取消，甚至战争、灾害造成的风险或损失，均包括在担保的范围内。

三、银行保函的特点

（1）银行保函是依据贸易双方所签订的合同开出，但又不依附于商务合同，具有独立的法律效力。当受益人在保函项下索赔时，只要提供了保函中所要求的索赔文件，担保行就必须承担付款责任，而不论委托人是否同意付款，也不管合同履行的实际事实，即保函是独立的承诺并且基本上是单证化的交易业务。

（2）银行保函一经开出就以银行信用作为保证，从受益人的角度来看，权益的实现更有保证，同时申请人也因为保函的开立可以得到一些经济收益。例如，进口商凭保函提货使进口商在未对外付款的情况下就可以先行提货销售，既规避了价格下跌的风险，也减少了资金的占用，因此这种保函很容易让买卖双方都接受。

（3）银行保函一经开出就具备了法律效力，任何一方都不允许单方面的撤销它。

四、银行保函的当事人及其法律关系

(一) 银行保函的基本当事人

1. 申请人

申请人(Applicant)又称委托人,是向担保人提出申请,要求其开出保函的当事人。申请人一般为某项商务合同或融资合同的债务人(如进口商或借款人),其应正当履行合同义务,并在担保人履行保证责任义务后,向其偿还所支付的一切款项。

2. 受益人

受益人(Beneficiary)是保函的接受者,是保函项下担保权益的享受者。受益人一般为某项商务合同或融资合同的债权人(如出口商或贷款人),其应正当履行合同义务,并有权按照保函规定的条款,向担保人提出索赔。

3. 担保人

担保人(Guarantor)又称保证人,是应申请人的要求开出保函的当事人,银行保函的担保人即银行。担保人开出保函后,即承担了对受益人支付赔偿款项的责任。担保人在收到受益人提交的保函规定的索赔证书和其他文件,并确认其表面上符合保函条款规定时,即应向受益人支付保函所规定的赔偿数额。担保人付款后,有权向申请人索要所付款项;若申请人未能偿还款额,担保人有权处置担保押金或抵押品。独立性担保合同的担保人只按保函规定的条件承担责任,而不涉及基础合同当事人的履约事项,不卷入合同纠纷。

4. 其他当事人

除申请人、受益人和担保人三个基本当事人外,出于保函运作的需要,还会有一些其他当事人。

(1) 通知行(Advising Bank)。通知行是根据担保银行的要求和委托,将保函通知给受益人的当事人,通常为受益人所在地的银行。一般情况下,通知人只负责核对保函的印鉴或密押,以确定保函的真实性,并向受益人通知保函,而不负除此以外的其他责任。

(2) 转开行(Reissuing Bank)。转开行是接受担保行的要求,凭担保人的反担保向受益人开出保函的银行。转开行通常是受益人所在地的银行,转开行如接受担保人请求转开的委托,就必须及时开出保函。保函一经开出,转开行即变成担保人,承担担保人的责任义务。一般来说转开保函通常是在受益人的要求下而进行,它将境外担保变成了境内担保,有利于在发生贸易争端或纠纷时,受益人在国内就能要求赔付,既加快了索赔速度,也可以利用本国的法律来进行仲裁,减少了不同国家法律解释上的差异所带来的不必要的麻烦,最终利于受益人权益的保护。

(3) 保兑行(Confirming Bank)。保兑行是应担保银行的要求,在保函上加具保兑的当事人,故又称第二担保人,通常为受益人所在地的银行。当受益人怀疑或质疑担保银行的资信状况时,可要求另一家银行对该保函加保。若担保人未能履行保证义务,保兑行有责任代其履行义务,并有权在付款后向担保人索赔。

(4) 反担保人(Counter Guarantor)。反担保人(或反担保行)是为申请人获得某项担保而向该担保人开出书面反担保函的当事人,通常为申请人的上级部门(如母公司)、金融机构等。反担保人的责任是:保证申请人履行合同义务;在担保人支付了保函项下的款项而申请人未能对担保人及时进行偿付时,负责向担保人赔偿损失。

（二）银行保函基本当事人之间的法律关系

银行保函的三个基本当事人即申请人、受益人和担保行之间有着密切的联系,具体表现为以下三点:

(1) 受益人与申请人之间基于双方签订的贸易合同而产生了相应的债权债务关系。合同是它们之间权利和义务的依据,保函开立正是以合同为依托。如果贸易合同的内容不全面或本身就存在缺陷,会给银行的担保义务带来风险。因而银行在接受担保申请时,应该要求申请人提供他与受益人之间签订的合同,通过对合同认真的审查,以此核查贸易的真实性和由此可能产生的风险,从而达到事前的风险控制。

(2) 委托人与担保银行之间的法律关系是基于双方签订的《保函委托书》而产生的委托担保关系。《保函委托书》中应对担保债务的内容、数额、担保种类、保证金的交存、手续费的收取、银行开立保函的条件、时间、担保期间、双方违约责任、合同的变更、解除等内容予以详细的约定,以明确委托人与银行的权利义务关系,从而避免不必要的纠纷或为可能发生的诉讼提供明确的依据。《保函委托书》是银行向委托人收取手续费及履行保证责任后向其追偿的凭证。因此,银行在接到委托人的担保申请后,要对委托人的资信、债务及担保的内容和经营风险进行认真的评估审查,以最大限度降低自身风险。

(3) 担保银行和受益人之间的法律关系是基于保函而产生的保证关系。保函是一种单务合同,即担保行只负有担保的义务而不享受任何权益,受益人只享受要求银行偿付债务的权利而不承担义务。在大多数情况下,保函一经开立,银行就要直接承担保证责任。

五、银行保函的业务流程及操作

银行保函业务分对外开出保函和外来保函的处理两类。其手续复杂、内容繁多,现以我国银行办理保函业务为基础,介绍对外开出保函的业务办理的一般程序。外来保函的处理较对外开出保函业务简单,有关环节与对外开出保函原则上是一致的。

对外开出保函一般办理程序如下。

（一）申请人向银行申请开立保函

申请人与受益人签订合同或协议之后,申请人应根据合同或协议规定的条件和期限向银行申请开立保函。

(1) 递交保函申请书。保函申请书是申请人表示请求银行为其开立保函的意愿的文件,是银行(担保行)对外开出保函的法律依据。

其内容一般包括:担保行名称;申请人名称、地址;受益人名称、地址;合同、标书或协议的名称、号码和日期;合同或协议项下的商品或项目名称、数量;保函的金额及币种;保函的种类;保函的有效期,包括生效日期和失效日期;保函的开立方式及有关事项(比如,是否自行选择通知行,是否加具保兑等);保函的发送方式,即是电开还是信开;申请人的保证,即保证偿付担保人履行担保责任而对受益人所做出的任何支付,且付款后无追索权;担保行免责事项的声明,即担保行对保函所涉及的合同标的负责任,对保函所涉及的单据、文件或证明的真伪及其在邮递过程中可能出现的遗失和延误不负责任,对所发出的要求通知或转开或保兑的指示未被执行而造成的损失不负责任;申请人的开户银行名称、账号及联系电话;申请人的法人代表签字并盖章,申请日期等。

(2) 提交交易合同、标书或协议的副本。虽然担保行不必牵涉到基础合同的交易中,但为了稳妥,还是要尽可能了解合同的有关内容。如果合同或协议规定了保函的格式,则申请人就应提供该保函的格式。

(3) 提供担保行要求的其他材料,如出口许可证、项目可行性研究报告、财务报表等。

(4) 提交反担保文件,落实反担保,或缴存保证金,提供抵押物。

(二) 担保银行审查有关情况

银行保函是银行承担或有负债责任的信用文件,所以银行对是否应申请人要求出具保函十分审慎,出于风险防范和维护自身利益的需要,银行在决定开立保函之前,需进行严格的审核、评估工作,并依据评估结果决定是否开立保函。银行审核、评估的内容主要包括:申请人的资信状况、财务状况、抵押和反担保措施;基础交易内容或项目的可行性和效益状况;保函申请书及委托担保协议的内容;保函开立方式、保函格式等。

(三) 开立保函

担保行对申请人提供的上述资料审查无误后,可以开立保函。银行保函的主要内容包括:

(1) 各当事人的名称和地址。

(2) 合同的主要内容。包括交易合同、标书或协议的号码、主要条款和签约日期等。

(3) 保函的编号和开立日期。

(4) 保函金额和币种。保函金额是担保人担保责任的最高限额,也是受益人的最高索偿金额。

(5) 保函的有效期。包括生效日期和失效日期两种。依据保函的不同种类和避免无理索赔的需要,保函的生效日期有着不同的规定方法。例如,投标保函一般自开立之日生效,预付款保函则要在申请人收到款项之日生效,以防范在申请人收到预付款之前被无理索赔的风险。保函的失效日期是指担保人收到受益人索偿文件的最后期限。原则上应规定一个明确时间,期限一到,担保人可立刻要求受益人将保函退还注销。因为有些国家的法律规定保函不得失效,收回保函可以避免某些不必要的纠纷。

(6) 保函的种类。银行开立保函时应注明种类,如投标保函、付款保函、履约保函等。

(7) 各当事人的权利和义务。

(8) 索偿条件。通常规定凭受益人提交的符合保函约定的单据或证明文件作为索偿条件。

(9) 反担保条款。应注明反担保人名称、地址、权利、义务及反担保索偿条件、金额等。

(10) 其他条款。包括保函的转让、保兑、修改、撤销及仲裁等。

银行保函一般是一式五联,一联交申请人留存, 联由担保行归档、留底,一联作为担保行记账传票附件,另两联在信开方式中直接寄给受益人,在电开方式中应交有关部门加押后作为发电依据。

(四) 保函的修改

银行保函可以在有效期内修改。导致修改的原因有多种,例如,交易货物或工程项目所需机器设备价格变动,引起保函金额的变动,从而要求修改保函。

不可撤销保函的修改必须经有关当事人一致同意后方可进行,任何一方单独对保函条款进行修改都视为无效。通常情况是,在申请人与受益人就修改内容取得一致意见后,由申请人向担保行提出修改的书面申请并加盖公章。申请书中应注明拟修改的保函的编号、开立日期、金额等内容以及要求修改的详细条款和由此而产生的责任条款,同时应出具受益人要求修改或同意修改的书面材料。担保行根据申请人的修改内容判别给银行带来的风险情况,经审查认为修改申请可以接受后,方可向受益人发出修改函或修改电。修改函仍须经有权签字人签字,修改电应加密押或简电加寄证实书。

保函展期或增额时,担保行应按费率加收费用,保函减额时,担保责任和担保费也相应递减;保函条款修改时,银行可就修改项目单收费。

(五) 保函的索偿与赔付

如果申请人违约,只要受益人提交符合保函要求的全套单据或文件时,担保人即可认定索偿有效,应立即予以赔付,不得以任何理由拖延付款。

(六) 保函的撤销

保函在到期后或在担保人赔付保函项下全部款项后失效。如果保函中列有归还保函条款,则在保函到期后,可向受益人发出函电,要求退还保函正本,并将保函留底从档案卷中调出,用红笔注明"注销"字样,连同退回的保函正本一同归于清讫卷备查。如果保函中没有归还保函条款,或者没有明确的到期日,而是制定了一些类似申请人付完最后一笔合同款之日即失效或业主出具验收证明一年后即失效等条款,则可按照这些规定来推定到期日,在推定到期日到期之时,应及时向受益人发出撤销保函、要求退还保函正本的通知。如果是以电文形式开出的保函,应联系受益人,委托当地银行或其转开行,用加密押电文证实并通知担保行办理撤销手续。

【案例 6-1:伪造银行保函案】

上海甲船运公司按照运输合同,为新加坡乙公司(租船人)从马来西亚装运一批货物到印度孟买港。收货人为印度丙公司,是新加坡乙公司的母公司。

按照运输合同规定,租船人如要求船东在提单未到达印度卸货港前先放货给收货人,收货人应提供200%货价的银行担保。货到孟买港之前,收货人向上海船运公司出具了由收货人和印度丁银行共同签字盖章的相当于货价200%的银行保函,要求上海甲船运公司出具放货通知。上海甲船运公司据此向收货人签发了放货通知单。

两个月后,上海甲船运公司陆续收到多家货主的函件,称因收货人未在规定时间内赎单提货,提单被退回。他们要求上海船运公司归还约14 700吨货物或支付约543万美元货款。面对突如其来的情况,上海甲船运公司立即与租船人和收货人联系,要求他们为发生的事情做出解释并尽快将货款付给货主。收货人在答复上海甲船运公司时,肯定保函是银行出具的,不过银行没收取任何费用,其要求不要对银行采取法律行动。同时,收货人也承认已经凭放货单提取了货物,只是因为公司没有钱,所以只能答应每月支付5万美元货款。与此同时,上海甲船运公司通过业务银行就银行保函问题向印度丁银行进行了核查,令人惊奇的是,该行答复没有出具过这份保函。

面对上述情况,上海甲船运公司决定先从弄清保函出处入手。上海甲船运公司根据保函上所规定的管辖权条款,向伦敦法院起诉丁银行。该印度丁银行仍称没有签发这份保函,后来伦敦法院根据有关专家鉴定,裁定这份保函上的银行签字及签章都是不真实的。因而,上海甲船运公司得到的所谓银行保函是无效保函,不但没有得到赔偿,而且还要承担法院高额的诉讼费及律师费。上海甲船运公司只好依法与货主们一一协商赔偿数额,履行赔偿责任。既然排除了印度丁银行出具保函的责任,那么收货人就该承担伪造银行保函骗取上海甲船运公司放货单的责任。为此,上海甲船运公司对收货人提起了刑事诉讼。印度警方拘留了收货人公司的两名董事,扣留了他们的护照,印度银行冻结了收货人的存款以及收货人在美国拥有的旅馆等财产。

英国高等法院经过漫长复杂的诉讼程序,终于在三年后被告缺席的情况下做出裁决:收货人赔偿上海甲船运公司相应货款、银行利息和律师费。

上海甲船运公司胜诉后,代理上海甲船运公司在印度执行英国高等法院判决的印度律师对收货人情况进行了调查。调查结果发现该公司已陷入财务困难,大部分资产已经抵押给银行或其他担保债权人,净资产完全耗尽,正在申请重组或托管。同时,该收货人还面临着众多债权人的诉讼。因此,上海甲船运公司虽然胜诉,却因收货人公司的资不抵债尚未得到任何赔偿,给公司造成极大的损失。

问题:伪造保函的风险何在,如何防范?

分析:本案例涉及的是伪造保函问题。银行保函是银行根据申请人的请求向受益人开立的,担保在申请人未能按双方协议履行其责任或义务时,担保行代其履行一定金额、一定期限范围内的某种支付责任或经济赔偿责任。因此,对于受益人来说,担保行的资信极其重要,直接影响到受益人能否得到相应的保障。本案中,受益人上海甲船运公司从收货人处取得的是一份伪造保函,保函中列示的印度丁银行根本没有签发该份保函,自然不会承担担保责任。因此在收货人提取货物却又未能按约付款赎单的情况下,只能找收货人理论。尽管法院判决上海甲船运公司胜诉,但是执行判决时却发现收货人已陷入财务困难,大部分资产已经抵押给银行或其他担保债权人,净资产完全耗尽,正在申请重组或托管。同时,该收货人还面临着众多债权人的诉讼。也就是说,上海船运公司并未能得到相应的赔偿。

本案例给我们的启示主要有两点:一是保函是保障受益人合法权益的工具,保函本身的真实性、有效性直接影响到受益人的权益。因此受益人在接受保函时,务必对保函签章的真实性、担保期限、担保责任、索偿条件和办法进行仔细审核。二是保函的申请人是保函重要的当事人,受益人在接受保函时必须了解申请人的商业信誉和财务状况等。万一保函出现问题,受益人可以根据基础合同关系向申请人要求相应的权利。

六、银行保函的分类

(一) 根据保函与基础合同的关系,可以把保函分为从属性保函和见索即付保函

1. 从属性保函

从属性保函是指其效力依附于基础商务合同的保函。这种保函是基础合同的一个附属性契约,其法律效力随基础合同的存在而存在,随基础合同的改变、灭失而发生相应变化或灭失。在从属性保函下,担保人承担的付款责任是否成立,只能以基础合约的条款及背景交易的实际情况来加以确定。

2. 见索即付保函

见索即付保函(Demand Guarantee)属于独立性保函,根据国际商会《见索即付保证统一规则》(URDG 458)第2条的释义,见索即付保函"系指由银行、保险公司或其他机构或个人以书面形式出具的凭提交与承诺条件相符的书面索款通知和保函可能规定的任何其他单据(如建筑师或工程师出具的证明书、判决书或仲裁裁决书)即行付款的任何保函、付款保证书或无论如何称谓或叙述的其他付款承诺。"

在见索即付保函项下,担保人承担独立的、第一性的付款责任,不论基础交易合同的实际执行状况如何,也不论受益人是否实际履行了合同义务,担保人只要在保函有效期内收到了受

益人提交的符合保函规定的书面索赔通知书,即应立即付款或赔偿,而不得以任何理由延付或拒付。显然,无条件保函属于独立性保函的范畴,其更有助于保障受益人的利益,因而在国际担保业务中大量采用。

（二）根据担保人支付前提的不同,保函可分为付款类保函和信用类保函

1. 付款类保函

付款类保函的担保人承诺,只要受益人在规定的期限内履行了基础交易合同义务,申请人必须付款或支付,否则由担保人承担付款责任。所以,付款类保函所担保的是基础合同项下一方当事人(受益人)履约后,另一方当事人(申请人)或担保人必定向其支付合同价款,如货款、承包款、劳务费、租金等。

2. 信用类保函

信用类保函是由担保人对申请人的资信状况或履约能力进行担保,只要保函申请人不发生基础交易合同中的违约行为,担保的赔偿即不会发生。只有在申请人履约不当或未能履约时,信用类保函才会发生支付,支付的性质是对受益人的损害赔偿。

（三）根据保函开立申请人的不同,保函可分为出口类保函和进口类保函

1. 出口类保函

(1) 投标保函(Tender Guarantee)。投标保函是指担保银行应投标人(申请人)的委托向招标人(受益人)开出的书面保证文件,保证投标人在开标前不中途撤标、不片面修改投标条件,中标后不拒绝交付履约保证金、不拒绝签约,并承诺当投标人出现上述违约行为时,由担保人赔偿招标人的全部损失。投标保函用于国际工程承包的招标阶段。

投标保函金一般为投标报价的 2%～5%,不同报价有着不同的比例。投标保函的有效期从其开立之日起至开标日起 3～6 个月。若投标人中标,投标保函的有效期自动延至招标人与投标人签订合同、由投标人提交履约保函的日期。

投标保函的参考格式如下:

TENDER GUARANTEE

To：(Beneficiary)　　　　　　　　　　　　　　　　　　Date：Jan 15,2018

Re：Our Irrevocable Tender Guarantee No. 3457

This Guarantee is hereby issued to serve as the bid of A Company(hereinafter called the bidder)for the Bid No. 366 for supply of the Equipment to the B Company.

We hereby unconditionally and irrevocably guarantee to pay you immediately without recourse the sum of USD500000 representing 2% of the bid value upon receipt your written notification stating any of the followings：

(A) The Bidder has withdrawn his bid after submission of the bid and before the expiration of its validity period；or

(B) The Bidder has failed to enter into Contract with you within 30 calendar days after notification of the Contract award；or

(C) The Bidder as a successor has failed to establish acceptable Performance Guarantee within 15 calendar days after the effective date of the Contract.

It is fully understood that this Guarantee takes effect from the issuing date and shall remain valid for a period one hundred and fifty calendar days after opening date of the Bid and during the period of any extention thereof that may be agreed upon between you and the Bidder with notice to us unless sooner terminated and/or released by you.

Upon its expiration, please return this Bond to us for cancellation.

For AAA Bank

(Signature)

（2）履约保函(Performance Guarantee)。履约保函是担保银行应申请人的要求向受益人开出的保证申请人按合同条款履行各项义务,否则由担保人赔偿受益人一定金额损失的保证文件。在国际承包业务中的银行保函,中标人为申请人,招标人为受益人,保函金额一般为合同金额的 5%～10%。通常至合同执行完毕,保函的有效期自动终止,有时再加3～15 天的索偿期。若合同规定了质量保证期或工程维修期,保函的有效期可延至工程质量保证期或工程维修期期满为止,有时再加 3～15 天索偿期。

事实上,履约保函不仅仅限于工程承包业务,在进出口、来料加工、补偿贸易、融资租赁以及质量维修等方面都被广泛使用。

（3）预付款保函(Advanced Payment Guarantee)。预付款保函又称还款保函(Repayment Guarantee),是担保银行应申请人(预付款收取者)要求向受益人(预付款支付者)开出的保证文件,保证如果申请人不按合同规定履行义务,也未将受益人预付给申请人的资金偿还时,由担保银行向受益人赔付一定金额的款项。

金额较大的工程项目的承包商,通常要求业主预付部分款项,用于工程筹备、材料和设备的购置等项开支。业主为防范承包商收取预付款而不履行合同义务,在支付预付款以前,要求承包商提交由银行开立的预付款保函,以担保承包商按期履约。预付款保函的金额一般不超过业主支付的预付款总额,保函的有效期截止到合同执行完毕,再加3～15 天索偿期,或至业主从支付给承包商的工程款中全部扣完该项预付款时为止。

预付款保函除了用于国际工程承包领域外,还广泛用于一般性商品及资本货物的进出口贸易中的一切预付款和带有预付款性质的分期付款业务。

预付款保函的参考格式如下：

ADVANCE PAYMENT GUARANTEE

To:(Beneficiary)   Date:April 20,2017

Dear Sirs,

With reference to the Agreement concluded between M Company(hereinafter called the Contractor) and you, we, at the request of the Contractor, hereby issue this Letter of Guarantee in your favor to the extent of USD650000 representing 10% of the contract amount and guarantee that the Contractor shall utilize the above said advance payment for the purpose of the Project, and if the Contractor fails in fulfillment of any of its obligation for which the advance payment is made, we shall, within 15 days after our receipt of your first signed demand if any, accompanied by your statement stating that the Contractor has failed to fulfill its obligation to you, refund you the claimed amount, provided that the Contractor would not submit any evidence in the contrary.

The guarantee sum shall be automatically and proportionally reduced in the step of the progress of the Project. Our liability under this Guarantee shall not in any case exceed the sum of the advance payment.

This Guarantee shall become effective from the date of receipt of the advance payment by the Contractor and valid until September 20, 2019. Upon its expiration, please return this Guarantee to us for cancellation.

For M Bank

(Signature)

（4）透支保函（Overdraft Guarantee）。透支保函实际上是一种借款保函的特殊形式。它是担保银行应申请人的要求向被透支行开出的，保证借款人到期如数偿还透支金额及相应利息，否则由担保行赔付的保证文件。保函金额一般为透支协议规定的金额和利息，期限由双方约定或至透支额还清时为止。

在工程承包业务中，为便于资金周转与结算，承包商通常向工程所在地银行申请开立透支账户。银行在同意为其开立透支账户前，一般要求承包商提交银行出具的透支保函，凭此允许承包商在规定的期限和额度内支取透支款项。如果承包商不能按期偿还透支金额，担保行将代其偿付并补足透支账户中所欠金额及利息。

透支保函不仅适用于工程承包业务，还适用于透支银行给予申请人的其他融资便利，如信用证项下的授信额度便利、信托提货便利等。

（5）维修保函（Maintenance Guarantee）。维修保函是保证工程或设备在保修期内或保用期出现质量问题，由承包商或出口商负责维修并承担维修费用，否则将由担保行对其进行赔偿。维修保函一般为合同金额的5%，它自工程完工或设备启用之日起生效，至保修期或保用期期满时失效。

维修保函与质量保函是同一性质的保函，后者多用于货物贸易，主要是大型机电产品、成套设备、船舶、飞机等贸易，前者则多用于对工程项目的质量担保。

（6）关税保函（Customs Guarantee）。关税保函适用于国际承包工程入境机械设备的关税免征中。在国际承包工程业务中，工程所在国海关通常要对于施工、安装需要而入关的机械设备征收关税作为押金，待工程竣工、设备出关时退还。承包人为了加速资金周转，往往请担保银行开立关税保函，保证在施工结束后，将机械设备运回本国，否则由担保行支付这笔税金，借以免缴押金。关税保函以海关规定的税额为担保金额，有效期一般自机械设备入关之日生效，至出关时失效。

关税保函还可用于展品出国参展等业务，担保行保证在展出结束后，参展人将展品尽快撤出展出国；若参展人将展品在展出国变卖、销售，担保行将保证参展人补缴关税，否则由担保行代其履行纳税义务。

（7）留置金保函（Retention Money Guarantee）。留置金保函多用于国际承包工程、大型成套设备进出口业务中，业主或进口商为了确保工程质量和保证设备安装调试后能正常运转，达到设计生产能力，在支付工程价款或设备款时，往往留置一定比例款项作保留金不付给承包商或出口商，待工程或设备验收合格后再付。留置金额通常为合同金额的5%～10%。

由于留置金额一般都较大，承包商或出口商为避免款项的留置，可向工程业主或进口商提交留置金保函，以保证若发现承包工程或设备达不到合同规定的质量要求，承包商或出口商将把提前收回的留置金退还工程业主或进口商，否则由担保行进行赔偿。

留置金保函的金额一般与留置金相等，一般于支付工程进度款或支付货款时生效，至工程或设备的保修期或保用期期满结束。

2. 进口类保函

（1）付款保函（Payment Guarantee）。付款保函是担保银行应申请人（进口商）要求向受益人（出口商）开出的保证进口商在收到符合合同规定的货物后向出口商支付全部货款，否则由担保行赔偿出口商损失的书面保证文件。

付款保函适用于进出口贸易，其担保金额一般为货物价款及相应利息。有效期从保函开立之日起至出口商收到货款或双方约定的具体时间为止。

根据付款时间不同，付款保函可分为即期付款保函和远期付款保函两种。前者的担保银行的责任是保证进口商对主要货款凭出口商交来的货运单据立即付款，后者的担保行的责任是保证进口商对自己开立的远期汇票加以承兑。

（2）加工贸易保函（Processing Guarantee）。加工贸易包括来料加工、来样加工及来件装配。在加工贸易业务中，由委托方提供一定的原材料、零部件、元器件等，由承接方（加工方）按委托方的要求进行加工装配，成品的全部或大部分都交由委托方或其指定人进行销售，承接方按合同约定向委托方收取加工费等。委托方为防止承接方收到原料、样品及元器件后，不能按时加工装配成品偿还设备及零部件价款等，通常要求承接方提交加工贸易保函。如果承接方出现上述违约行为，委托方有权向担保行索赔。

加工贸易保函又可具体分为来料加工保函、来件装配保函等。

（3）补偿贸易保函（Guarantee under Compensation Trade）。补偿贸易是指贸易双方就某个项目达成协议后，由出口方提供该项目生产所需设备和技术，由进口方提供厂房、劳动力进行生产，产成品以返销的形式来补偿出口方的设备款、技术转让费及相应的利息。

在补偿贸易中，出口方为了防止因进口方违约而不能按时补偿设备价款、技术费用而使自己遭受损失的风险，通常要求进口方提交补偿贸易保函，保证在合同规定的期限内补偿设备款及相应利息，否则由担保银行负责赔付。

保函金额通常是设备价款加利息，有效期从进口方收到设备，并安装调试完毕，进行生产时开始，至保函项下全部价款清偿完毕或双方约定的具体日期止。保函通常规定担保银行的付款责任随着申请人或担保人向受益人所做的任何补偿而递减，以避免不必要的纠纷。

（4）租赁保函（Leasing Guarantee）。租赁是指某人（公司）将自己的资产设备在一定时期内出租给承租人使用，由承租人支付一定租金的业务。租赁保函是担保银行应承租人的要求向出租人开立的保证承租人按照合同的规定支付租金，否则将由担保行进行赔付的保证文件。

租赁保函的金额一般与租金及其相应利息相等，有效期一般自承租人收到租赁设备并验收合格后生效，至承租人支付全部租金完毕或双方约定的时间失效。担保行的保证责任随租金的逐笔支付而递减。

（5）提货保函（Shipping Guarantee）。在货物进出口贸易中，当货物先于提单到达目的港时，进口商为了防止货物因压仓、变质或遭遇市场价格波动而受到损失，在提单到来之前可要求担保银行出具提货保函，凭此向运输公司提前提货、报关并销售或使用。提货保函保证进口商在收到提单后立即交还运输公司,并承担因提前提货而可能给运输公司造成的损失。

提货保函又称承运货物收据保证书。保函金额由双方协商确定,自开立之日起生效,至交还提单或保函项下付款责任结束之日失效。

(6)借款保函(Loan Guarantee)。借款保函是担保行应借款人的要求向放款人开立的保证借款人到期归还借款本息,否则由担保行进行赔付的书面保证文件。

随着国际经济金融业的发展,国际借贷频繁发生,贷款人出于安全方面的考虑,往往要求借款人提交借款保函。借款保函的担保金额一般为借款总额及其利息之和,保函自开立之日起生效,至借款人还清全部本息之和之日失效。保函的担保责任随借款人的偿还而相应递减。

借款保函的参考格式如下:

LOAN GUARANTEE

To:(Beneficiary)   Date:March 25,2018

Dear Sirs:

With reference to the loan Agreement No. 2255 sighed between your goodselvs and B Corporation(hereinafter referred to as Party A) and at the request of Party A, we hereby issue this irrevocable Letter of Guarantee No. 8888 in your favor for an amount not exceeding USD1000000. We guarantee that, after you provide Party A with the loan as stipulated in the Agreement, they will repay you the sum as well as the interest at the conditions of the same Agreement.

If Party A fail to repay you the loaned amount with interest totally or partially with the time limit, we undertake to effect the repayment plus interest upon our receipt of your written demand within the validity of this L/G.

The guaranteed amount of this L/G will reduce proportionally to the amount plus interest already refunded by the Party A and/or by us.

This guarantee is valid up to March 25, 2019 and upon its expiration, this L/G shall automatically become null and cancelled whether it is returned to us or not.

For SSS Bank
(Signature)

【案例6-2:担保行开立借款保函的风险】

甲银行于某年4月为乙公司2 000万港币借款出具保函,受益人为丙银行,期限为9个月,利率12%。由于乙公司投资房地产失误,导致公司负债累累,在还款期满后未能依约归还丙银行贷款。

两年后的3月,丙银行向当地人民法院起诉乙公司和甲银行,要求归还贷款本金及利息。当地人民法院裁定如下:乙公司在4月30日之前将其债权1 100万港币收回用于偿还丙银行,余款在12月底还清;如乙公司不能履行,由甲银行承担代偿责任。

至5月底,乙公司只归还了600万港币,仍欠本金1 400万港币及相应利息未归还。鉴于此,当地人民法院执行庭多次上门要求甲银行履行担保责任,否则将采取强制措施,查封甲银行资产。而该笔担保的反担保单位丁酒店,只剩下一个空壳公司存在,难以履行反担保责任。

为维护银行声誉,经上级行批准后甲银行垫付丙银行本金1 400万港币及相应利息。

问题:本案中甲银行应汲取怎样的教训?

分析:本案例中,担保行甲银行根据乙公司的申请向丙银行开立的是借款保函。所谓借款保函,是指由借款人委托银行向贷款人出具的用以担保借款人按期还本付息的一种保函,一旦出现借款人因某种原因无力偿还或不愿偿还债务等情况,则由银行按协议对贷款人承担还本付息的责任。甲银行在乙公司申请开立保函时,没有对申请人的资信及财务状况、反担保人的资信及财务状况和项目可行性及效益等进行详尽的审查,盲目地开出了银行保函。导致银行对外承担了担保责任后又不能从申请人处得到补偿,造成了比较大的损失。

保函业务是银行重要的一项担保业务,但是银行在办理保函业务时必须注意风险的控制。保函开立之前,银行必须详尽地审查和了解申请人以及反担保人的信用;保函开立后,担保行应对申请人和反担保人进行及时的监控,一旦出现信用问题,应及时采取积极措施加以规避和减少损失。

七、银行保函相关的国际惯例

(一) 有关银行保函业务的国际惯例的制定情况

为规范国际间银行保函业务,促进国际经济金融业的发展,国际商会和联合国国际贸易法委员会等积极致力于关于保函的国际惯例的研究制定。1978 年国际商会制订并公布了《合约保函统一规则》,即国际商会 325 号出版物(以下简称"325"),"325"主要针对国际大型项目的招标、投标、承包、签约、履约等环节,制定了相关的保函种类及业务规则,其所倡导的基本原则为"在保函的各有关当事人之间谋求利益均衡"。为了保证"325"的有效实施,国际商会又于1982 年制订并公布了《合约保函示范格式》,即国际商会第 406 号出版物,对"325"所规范的几种保函提出了标准示范格式。然而从"325"的实施情况看,其所倡导的"利益均衡"原则往往难以完全贯彻。例如,"325"强调受益人只有在对方违约情况下除提交委托人违约声明外,还须提供法院判决书或仲裁机构的仲裁决定或委托人同意赔偿的书面文件,才能得到赔付。如此规定,受益人往往认为并不合理,一方面,易导致担保行被迫卷入委托人与受益人之间的合同纠纷中去,另一方面,合同纠纷要取得司法机关的判决或仲裁机构的仲裁,常常是旷日持久、不胜其烦。"325"并未得到国际银行界、商贸界的广泛认同。因此,国际商会又经过不懈努力,于1988 年 1 月重新制定了保函业务的规范化文件即《担保统一规则》。但由于种种原因,该规则并未能公布实施。1991 年国际商会所属的惯例委员会和银行技术管理委员会所组成的联合工作组,在《担保统一规则》修改稿所拟定原则的基础上,起草、制定了新的国际担保业务统一章程——《见索即付保函统一规则》(*Uniform Rule for Demand Guarantee*),即国际商会第458 号出版物,即《URDG 458》,并于 1992 年公布。该规则于 2010 年进行修订,即最新的《国际商会见索即付保函统一规则》,也就是国际商会第 758 号出版物,以下简称《URDG 758》。

(二)《**URDG 758**》内容简介

《URDG 758》所适用的是具有"见索即付"性质的保函,不适用于那些只有在确定债务人违约事实后,担保人才承担责任的附属性保函。所谓"见索即付",是指担保人对受益人的责任不再取决于申请人是否违约的事实,而是取决于受益人在规定的期限内提交的索赔证明或其他规定文件。显然,它与独立性保函成为保函业务主流的发展趋势,也易于被国际银行界、商贸界和法律界人士所接受,并有助于减少在附属性保函业务中经常出现的法律纠纷。

《URDG 758》全文共 35 条,主要内容介绍如下:

1. 适用范围

《URDG 758》第 1 条明确规定："见索即付保函统一规则（简称《URDG 758》）适用于任何明确表明适用本规则的见索即付保函或反担保函。除非见索即付保函或反担保函对本规则的内容进行了修改或排除，本规则对见索即付保函或反担保函的所有当事人均具约束力"。

2. 定义和总则

本部分由第 2～8 条组成。

第 2 条对见索即付保函的定义做了界定，并强调"保函从性质上是独立于其可能基于的合同或投标条件的交易，即使保函中包含对合同或投标条件的援引，担保人与这类合同或投标条件亦无任何关系，也不受其约束"；"担保人在保函项下的责任是在提交了在表面上与保函条款一致的书面索款通知和保函规定的其他单据时，支付保函中所述的金额"。

第 3～8 条规定了出具保函的标准等，主要有：所有保函必须具有八项内容，即委托人、受益人、担保人、需要开立保函的背景交易、应付最高金额及币种、保函失效日期及/或失效事件、索赔条件、保函金额递减的任何规定；保函项下受益人索赔权利不可转让；除非另有指示，所有保函和反担保均不可撤销；除非另有规定，保函自开立之日起生效；保函可包含明确的减额规定；等等。

3. 义务和责任

本部分由 9～14 条组成，主要规定了担保人的义务、责任及免责事项。

第 9 条规定担保人应合理审慎地审核保函项下规定和提交的包括索赔书在内的所有单据，以确定其在表面上与保函条款是否一致。第 10 条规定了担保人享有"合理审单时间"，如果担保人决定拒绝索赔，应立即以电讯等快捷方式通知受益人。第 11 条规定了担保人和批示方对索赔文件及其他单据的格式、真伪及法律效力等均不承担任何责任。第 12 条规定担保人和指示方对任何信息、信件、索赔书或单据在传送中因延误及/或丢失所造成的后果，或对电讯传递中所产生的延误、残缺或其他错误不负任何义务或责任，对上述电文不负翻译和解释之责。第 13 条规定担保人和指示方对因天灾、暴乱、内乱、暴动、战争或其他无法控制的原因导致其营业中断而产生的后果不承担任何义务或责任。第 14 条规定担保人和指示方为执行申请人的指示而向另一方发出的任何指示不被执行，担保人不负责任。

4. 索赔

本部分由第 15～26 条组成。

第 15 条规定，保函项下的索赔，应由保函所指明的其他单据所支持，并且在任何情况下均应辅之以一份受益人声明。第 16 条规定，如有索赔，担保人须毫不延迟地照样通知委托人或适当时通知其指示方。第 17 条规定了部分索赔和多次索赔以及索赔的金额。第 18 条规定，保函项下应付金额应随担保人根据保函为满足索赔所支付的任何金额而递减。当保函项下应付最高金额已经通过支付或递减而得到清偿，不管保函及其修改书是否被退回，该保函均告失效。第 19 条规定任何索赔均须在保函有效期内方为有效，否则担保人可予以拒绝。第 20 条规定保函项下的任何索赔须采用书面形式，并应随附关于委托人违约情况的书面声明。第 21 条规定担保人须毫不延迟地将受益人的索赔书和任何相关的文件转交给委托人或根据情况转交指示方以便传递给委托人。第 22 条规定了对于相符索赔文件副本的传递。第 23 条规定，当一项相符索赔中包含作为替代选择的展期请求时，担保人有权在收到索赔翌日起不超过 30 个日历日的期间内中止付款。第 24 条对于不相符索赔、不符点的放弃及通知做了规定。第 25 条规定了保函可付金额的减额与终止。第 26 条对于不可抗力与不可抗力导致的保函失效做了规定。

5. 免责规定

本部分由第 27～30 条组成,主要规定了保函的免责条款。

第 27 条是关于单据有效性的免责问题,具体说明了担保人不予承担的责任和义务。第 28 条规定了关于信息传递和翻译的免责。第 29 条是关于使用其他方服务的免责,该条明确指出为了执行指示方或反担保人的指示,担保人利用其他方的服务,有关费用和风险均由指示方或反担保人承担。第 30 条提出了免责的限制,即担保人未依诚信原则行事的情况下,第 27 条到 29 条免责条款不适用。

6. 适用法律和管辖权

本部分由 31～35 条组成。

第 31 条是关于外国法律和惯例的补偿,其中规定指示方或反担保函情况下的反担保人,应就外国法律和惯例加诸于担保人的一切义务和责任对担保人进行补偿。第 32 条规定指示其他方在本规则下提供服务的一方有责任负担被指示方因执行指示而产生的费用。第 33 条说明了保函转让与款项让渡问题,其中规定保函只有特别声明"可转让"方可转让,在此情况下,保函可以就转让时可用的全部金额多次转让。反担保函不可转让。第 34 条规定了保函适用的法律。第 35 条说明了保函的司法管辖问题,其规定除非保函另有约定,担保人与受益人之间有关保函的任何争议应由担保人开立保函的分支机构或营业场所所在地有管辖权的法院专属管辖。

第二节　备用信用证

备用信用证(Standby Letter of Credit)是一种特殊的信用担保形式,在国际信用担保业务中广为应用。

一、备用信用证的定义

国际商会第 515 号出版物《跟单信用证业务指南》(*Guide to Documentary Credits Operations*)对备用信用证的定义是:"不管其称谓或表示方式如何,备用信用证是一种信用证的安排,它表示了开证行对受益人的以下责任:偿还申请人的借款,或预支给申请人;支付由申请人承担的任何债务;对申请人不履行契约而付款。"

国际商会第 590 号出版物《国际备用信用证惯例》认为,"备用信用证被用于支持贷款或预付款在到期或债务不履行时或某一不确定事件发生或不发生时产生的义务的履行。"

通常我们认为备用信用证是指开证行根据开证申请人的请求对受益人开立的承诺承担某项义务的凭证。即开证行保证在开证申请人未能履行其应履行的义务时,受益人只要凭备用信用证的规定向开证行开具汇票(或不开汇票),并提交开证申请人未履行义务的声明或证明文件,即可取得开证行的偿付。

备用信用证是一种银行信用,开证行对受益人保证,在开证申请人未履行其义务时,即由开证行付款。因此,备用信用证对于受益人来说是备用于开证申请人发生违约时,取得补偿的一种方式。如果开证申请人按期履行合同的义务,受益人就无须要求开证行在备用信用证项下支付货款或赔款,因此它具有"备用"的性质,这也正是其名称的由来。

备用信用证原创于美国。历史上，美国法律曾经禁止商业银行为客户办理信用担保业务，一些商业银行即以信用证的派生形式——备用信用证，作为提供信用担保的工具。其后，备用信用证的适用范围逐步扩大，并演化为一种国际性的金融工具。

就其性质而言，备用信用证属于信用证范畴，适用于现行的《跟单信用证统一惯例》，即《UCP 600》。但备用信用证在应用上又有别于跟单信用证，它既可用于支付和款项结算，又可用于信用担保，故在美国，备用信用证也被称为"担保信用证"（Guarantee Credit）。备用信用证的开证人对受益人承担第一性付款责任，其担保性质等同于独立性银行保函或见索即付保函，在国际经贸活动中的应用相当广泛。

二、备用信用证的主要当事人

由于备用信用证具有信用证的性质，其涉及的当事人与跟单信用证大致相同。

（一）开证申请人

开证申请人（Applicant）是向一家银行申请开出备用信用证的当事人，多为基础商务合同中的债务人。

（二）开证人

开证人（Issuer）是应开证申请人的要求，开立备用信用证的当事人，可以是银行等金融机构，还可以是其他组织或自然人。实践中，开证人基本上是银行。

（三）受益人

受益人（Beneficiary）是接受开证行付款或信用保证的当事人，多为基础交易合同中的债权人。

（四）通知人

通知人（Advisor）是接受开证人的委托，向受益人通知备用信用证的当事人，多为受益人所在地的银行。

（五）保兑人

保兑人（Confirmer）是受开证人的委托或指定，承诺承担备用信用证项下开证人义务的当事人。《ISP 98》将备用信用证的保兑人视为一个独立的开证人，特别强调保兑人负有与开证人同样的义务与责任，保兑人的保兑相当于代表开证人开立独立的备用信用证。

三、备用信用证的业务程序

（1）基础合同的债务人（开证申请人）向开证人申请开出备用信用证。

（2）开证人严格审核该债务人的资信能力、财务状况、交易项目的可行性与效益等重要事项，若同意受理，即开出备用信用证，并通过通知人将该备用信用证通知受益人。

（3）若开证申请人按基础合同约定履行了合同义务，开证人不必因开出备用信用证而必须履行付款义务，其担保责任于信用证有效期满而解除；若开证申请人未能履约，备用信用证将发挥其支付及担保功能。在后一种情形下，受益人可按备用信用证的规定提交汇票、单据和索赔文件等，向开证人索赔。

（4）开证人收到相关索赔文件，并经审核确认其符合备用信用证规定，必须无条件地向受益人付款，即履行其担保义务。

（5）开证人对外付款后，向开证申请人索偿垫付的款项，后者有义务予以偿还。

备用信用证内容举例如下：

We(Issuing Bank)hereby issue our Irrevocable Standby Letter of Credit No 13579 in your favor for amount of USD1500000 on behalf of the applicant ABC Company available by your draft drawn at sight on us bearing the clause as following"Drawn under the Standby Letter of Credit No. 13579 of M Bank", accompanied by the Beneficiary's signed statement certifying that the amount drawn under this Credit represents and covers unpaid indebtedness because of the failure of the applicant under the Contract No. 2288.

This Credit will expire on March 15, 2019 at the counter of Issuing Bank.

We engage with you that all drafts drawn under and in compliance with the terms and conditions of the Credit will be duly honored on presentation of the documents at this office not later than the Credit expiry date.

四、备用信用证的性质

根据《ISP 98》所界定的"备用信用证在开立后即是一项不可撤销的(Irrevocable)，独立的(Independent)，要求单据的(Documentary)，具有约束力的(Binding)承诺"，备用信用证具有如下性质。

（一）不可撤销性

备用信用证一经开立，除非有关当事人同意或备用信用证内另有规定，开证人不得撤销或修改其在该备用信用证项下的义务。

（二）独立性

备用信用证一经开立，即作为一种自足文件而独立存在。其既独立于赖以开立的申请人与受益人之间的基础交易合约，又独立于申请人和开证人之间的开证契约关系；基础交易合约对备用信用证无任何法律约束力，开证人完全不介入基础交易的履约状况，其义务完全决定于备用信用证条款和受益人提交的单据是否表面上符合这些条款的规定。

（三）单据性

备用信用证也有单据要求，并且开证人付款义务的履行，取决于受益人提交的单据是否符合备用信用证的要求。备用信用证的跟单性质和跟单信用证并无二致，但后者主要用于国际贸易货款结算，其项下的单据以汇票和货运单据为主；而备用信用证则更普遍地用于国际商务担保，通常只要求受益人提交汇票以及声明申请人违约的证明文件等。

（四）强制性

不论备用信用证的开立是否由申请人授权，开证人是否收取了费用，受益人是否收到、相信该备用信用证，只要其一经开立，即对开证人具有强制性的约束力。

五、备用信用证的种类与功能

《ISP 98》根据实务中备用信用证的不同作用，对备用信用证进行了描述性的分类。

（一）履约备用信用证

履约备用信用证（Performance Standby）用于支持合约义务的履行。在履约备用信用证有效期内，如发生申请人违反合同的情况，开证人将根据受益人提交的符合备用信用证的单据，代申请人赔偿该备用信用证规定的金额。履约备用信用证在国际工程承包、BOT项目、补偿贸易、加工贸易、国际信贷、融资租赁、保险与再保险等国际经济活动中广泛应用，只要基础交易中的债权人认为商业合同对债务人的约束尚不够安全，即可要求债务人向一家银行申请开出以其（债权人）为受益人的备用信用证，用以规避风险，确保债权实现。

（二）预付款备用信用证

预付款备用信用证（Advanced Payment Standby）用于担保申请人对受益人的预付款所应承担的义务和责任。预付款备用信用证通常用于国际商务交易的预付款支付，如国际工程承包项目中业主向承包人支付的工程预付款，国际贸易中进口商向出口商支付的预付款等。

（三）招标/投标备用信用证

招标/投标备用信用证（Bid Bond/Tender Bond Standby）用于国际招投标业务，担保申请人（投标人）中标后履行合同义务，若申请人未能履行合同，开证人须按备用信用证的规定向受益人履行赔款义务。

（四）对开备用信用证

对开备用信用证（Counter Standby）又称反担保备用信用证。备用信用证的开证人对受益人履行了赔偿或支付义务以后，如果申请人拒绝偿还开证人垫付的款项，开证人将遭受损失，所以开证人通常要求申请人提供以开证人为受益人的对开备用信用证，以规避风险。

（五）融资备用信用证

融资备用信用证（Financial Standby）广泛用于国际融资活动，借款人或资金需求者可通过融资备用信用证获得商业信贷、贸易融资、出口信贷、直接融资等融资便利。

（六）直接付款备用信用证

直接付款备用信用证（Direct Payment Standby）主要用于担保债务人发行债券或其他债务契约的到期支付本息。

（七）保险备用信用证

保险备用信用证（Insurance Standby）主要用于担保申请人的保险或再保险义务的履行。

（八）商业备用信用证

商业备用信用证（Commercial Standby）主要用于担保申请人对货物或服务的付款义务的履行。实践中，出口商在使用O/A、D/A等高风险的商业性支付方式作为竞争手段的同时，可通过采用备用信用证获得来自金融机构的风险保障，以规避风险。

六、备用信用证的内容

备用信用证的内容与跟单信用证大体相似，只是对单据的要求远比跟单信用证简单，其内容一般包括：开证行名称；开证日期；开证申请人名称、地址；受益人名称、地址；声明不可撤销的性质；备用信用证的金额、使用的货币种类；对单据的要求；备用信用证的到期日（有效期）；保证文句；表明适用的惯例等。

七、备用信用证与银行保函的比较

（一）两者的相同点

（1）银行保函与备用信用证虽然在定义的具体表述上有所不同，但总的来说，它们都是由银行或其他实力雄厚的非银行金融机构，应某项交易合同项下的当事人（申请人）的指示，向受益人出立的书面文件，承诺对提交的在表面上符合其条款规定的书面索赔声明或其他单据予以付款。简单地说，银行保函与备用信用证都是用银行信用对合同履行的担保凭证。

（2）银行保函与备用信用证的适用范围相同。银行保函与备用信用证都是国际结算和担保的重要形式，适用于各种经济活动中的履约担保。从备用信用证的产生看，它正是作为保函的替代方式而产生的，它所达到的目的与银行保函有一致之处。

（3）银行保函与备用信用证都是在违约情况适用的，当交易正常进行，各有关方严格履行合同，就不会使用；只有当申请人违约时，受益人才会凭银行保函或备用信用证向担保方索赔。

（4）在业务处理上，银行保函和备用信用证都具有凭单据付款的特点。

（二）两者的不同点

（1）适用的规则不同。备用信用证适用于《UCP 600》和《ISP 98》；银行保函受《合同担保统一规则》（《URDG 325》）或《见索即付保函统一规则》（《URDG 458》）的约束。

（2）付款责任不同。备用信用证独立于申请人与受益人所签订的合同，开证人对受益人担负第一性付款责任；银行保函有从属性保函和独立性保函之分，在两类不同性质的保函项下，担保人所承担的付款责任的性质有所不同，前者担保人承担第二性的付款责任，后者担保人承担第一性的付款责任。

（3）付款依据不同。开立保函的担保行在履行责任之前，通常要进行调查，在确保申请人没有付款或没有履行基础合同义务之后，才向受益人偿付。即在一般的银行保函业务中，银行的付款依据是申请人不履行基础合同的"事实"。而备用信用证的开证人则是凭单据付款，对基础合同的履行与否不负责任。只要受益人开出的汇票和提交的单据及申请人未能履约的证明文件符合备用信用证的规定，开证行即对受益人进行无追索权的付款。

（4）要求提交的单据不同。备用信用证要求受益人索赔时不仅要提交开证申请人违约证明，通常还要求其提交汇票；银行保函一般不要求受益人提交汇票，但对于表明申请人违约的证明单据的要求比备用信用证下提交的单据要严格一些。

八、备用信用证与跟单信用证的比较

（一）两者的相同点

（1）备用信用证和跟单信用证都属于信用证范畴，都适用于《跟单信用证统一惯例》（《UCP 600》），这在《UCP 600》中有明确的规定。

（2）备用信用证和跟单信用证同属于银行信用，开证行承担第一性的付款责任。

（3）备用信用证和跟单信用证都是不依附于基础合同而存在的保证付款凭证，即使信用证中包含对基础合同的任何援引,信用证也不受基础合同条款的约束,开证行和受益人都只受信用证条款的约束。

(4) 在业务处理上,备用信用证和跟单信用证都是以单据为准而不是货物为准,即在索偿上,两者都只凭受益人提示的符合信用证规定的单据付款,而不过问货物的实际情况和合同条款如何解释,以及单据的真伪或受益人与开证申请人之间的争端和纠纷。

(二)两者的不同点

(1) 适用惯例不同。备用信用证适用于《UCP 600》和《ISP 98》;而跟单信用证适用于《UCP 600》。

(2) 适用范围不同。跟单信用证主要用于国际贸易货款结算及相关融资;而备用信用证广泛用于国际融资、国际工程承包、加工贸易、大型采购等国际经济活动。

(3) 要求的单据不同。跟单信用证在用于国际贸易货款结算时,要求受益人必须提交符合信用证条款规定的包括代表货物所有权的货运单据在内的全套单据,故被称之为"跟单信用证";而备用信用证要求提交的单据一般是索偿书、违约证明书等证明文件及汇票。

(4) 开立的目的不同。备用信用证的目的是以银行信用作为担保,通过促使申请人履约而促成交易的实现,其侧重点在于担保而不在于付款,因而,保函只有在申请人违约或具备索偿条件的情况下才发生支付;而跟单信用证的主要目的则在于由银行支付货款,而并非纯粹的信用保证,它在交易正常进行时发生支付。

九、《国际备用信用证惯例》简介

自 1983 年以来,备用信用证的运作一直适用于国际商会关于跟单信用证的国际惯例,如《UCP 600》。备用信用证虽然"出身"于跟单信用证,但在功能、操作及法律关系上,与跟单信用证有一些差异。随着备用信用证应用的日益广泛,制定专门的关于备用信用证的国际统一规则势在必行。1998 年 4 月 6 日,国际商会以第 590 号出版物的形式,公布了《国际备用信用证惯例》(*International Standby Practice*),即《ISP 98》,于 1999 年 1 月 1 日正式实施。《ISP 98》详尽规定了关于备用信用证的相关规则,是目前关于备用信用证最权威的国际惯例。鉴于备用信用证与跟单信用证的渊源,备用信用证仍可同时适用《UCP 600》。

《ISP 98》在结构安排、制定风格和方法、条款的设置及条款实质内容上都与《跟单信用证统一惯例》(《UCP 600》)有不同之处,它不仅明确了《UCP 600》中模糊不清的条款,而且解决了以往用《UCP 600》规范信用证的不足。

《ISP 98》共有十条规则,89 款。这十条规则分别为:总则;责任;交单;审单;通知拒付、放弃拒付及单据处理;转让、让渡及依法转让;取消;偿付责任;时间规定;联合/参与等。

《ISP 98》适用于所有类型的备用信用证,也不论其用于国内还是国外。惯例名称上的"国际"一词,旨在强调惯例的国际适用性和惯例的国际权威性,并非限定其使用对象必须是跨国使用的备用信用证。

在任何备用信用证或类似的担保书中,不论其如何称谓或描述,只要明确注明根据《ISP 98》开立,则适用于《ISP 98》。一份备用信用证可同时注明依据《ISP 98》和《UCP 600》开立,此时《ISP 98》优先于《UCP 600》,即只有在《ISP 98》未涉及或另有明确规定的情况下,才可依据

《UCP 600》原则解释和处理有关条款。

《ISP 98》中将依本惯例开立的备用信用证和类似担保书均命名为"standby",以区别于《UCP 600》中的"Standby Letter of Credit",这样它所使用的范围可以更广泛。《ISP 98》明确规定,适用本惯例的备用信用证无须完全按照惯例规定执行,各方当事人可以根据实际需要在备用证文本中声明惯例中的某具体条款不适用于本备用信用证。

【案例6-3:履约备用信用证的使用】

中国A公司与美国B公司签订一份贸易合同,约定由A公司从B公司引进某生产线,价格为500万美元,A公司以30%现金及该生产线生产的产品作为价款,合同履行期限为4年。A公司应B公司要求向国内C银行申请开立备用信用证,以保证合同的履行。C银行根据A公司的委托,开出了一份以B公司为受益人,金额为350万美元的备用信用证。在C银行开立的备用信用证的担保下,B公司与A公司间的贸易合同生效。后来,A公司因经营出现问题,未能于合同规定的日期内履约,B公司便签发汇票连同一份声明提交C银行,要求其支付备用信用证项下的款项。C银行对B公司提交的汇票和声明进行审查后认为"单证相符",便向B公司偿付了350万美元。

分析:在备用信用证中,履约备用信用证的使用最为广泛。它是开证行应申请人的请求开立给受益人的一个承诺承担某项义务的凭证,主要用于对某项履约义务进行的担保,包括对由于申请人在基础交易中不履约所致损失的赔偿义务。即开证行保证在开证申请人未履行其应履行的义务时,受益人只要按照备用信用证的规定向开证银行开具汇票(或不开汇票),并提交开证申请人未履行义务的声明或证明文件,即可取得开证行的偿付。备用信用证属于银行信用,开证行保证在开证申请人不履行其义务时,即由开证行付款。如果开证申请人履行了约定的义务,该信用证则不必使用。

在本案中,由于A公司因经营出现问题,不能履行合同,此时备用信用证方可生效,受益人B公司只需要提供履约备用信用证项下的单据或证明文件,经C银行审核无误,获得C银行偿付350万美元。

通过这个案例我们可以看到,在履行合同之前,B公司要求A公司通过C银行开立履约备用信用证,才使得A公司在违约后,B公司的合法权益得到保障,所以履约备用信用证对于贸易业务中的出口方而言较为有利,它等同于有了商业信用和银行信用双保险。履约备用信用证除了可以保障出口方的合法权益外,还能在一定程度上约束进口方的行为,使进口方有一定的履约压力。显然,在实际业务中,担保行履行了备用信用证项下的义务后,保留了对违约方的追索权。

本章小结

1. 国际信用担保作为一种金融信用工具,在国际商务和融资活动中的应用极为广泛。国际信用担保的形式主要有保函、备用信用证等,保函与备用信用证都有很多种类,用途与功能各有不同。它们作为特殊的信用担保形式,在国际信用担保业务中广为应用,两者的实质是将商业信用转变为银行信用,在一定程度上降低了业务风险,保障了受益人的利益,同时保函的申请人也可以获得一些实际的经济利益,因此银行保函和备用信用证问世后一直很受欢迎,特别在一些发达国家,开立银行保函和备用信用证非常普遍。

2. 从20世纪60年代起,关于银行保函和备用信用证的国际规范不断完善,比如《ISP 98》《URDG 458》等规则的产生在相当程度上促进了信用担保业务的全球发展。在这一过程中,国际商会和联合国国际贸易法委员会作出了积极努力和贡献。

基本概念

银行保函 担保行 申请人 受益人 通知行 备用信用证

复习思考题

一、选择题

1. 银行向国外某代理行开出保函,委托其凭银行的保函向当地受益人开立保函,在此情况下银行的地位是(   )。

A. 担保人　　　　　B. 反担保人　　　　　C. 申请人　　　　　D. 保兑人

2 银行出具担保保证投标人在报价有效期内不撤标、中标后与业主签订合同并提交履约保函,此种保函属于(   )。

A. 投标保函　　　　B. 预付款保函　　　　C. 履约保函　　　　D. 付款保函

3. 进口商在货到港而尚未收到卖方寄来的提单的情况下,为避免滞港费用等损失,会向银行申请向航运公司开立(   )。

A. 关税保函　　　　B. 保释金保函　　　　C. 提货担保　　　　D. 费用保付保函

4. 正常情况下,(   )的生效条款不应为"从开立之日起生效"。

A. 投标保函　　　　B. 履约保函　　　　C. 预付款保函　　　　D. 付款保函

5. 下面对备用信用证的性质描述不正确的是(   )。

A. 不可撤销的　　　B. 独立的　　　　　C. 第二性付款责任的 D. 跟单的

6. 备用信用证和保函的相同点是(   )。

A. 可撤销性质　　　　　　　　　　B. 业务交易基础都是单据

C. 付款依据　　　　　　　　　　　D. 银行付款责任

二、简答题

1. 什么是银行保函? 银行保函有哪些类型?

2. 银行保函的业务程序是怎样的?

3. 备用信用证的含义是什么? 它具有哪些性质?

4. 比较备用信用证与银行保函。

5. 备用信用证与跟单信用证的区别与联系分别是什么?

第七章　国际保理和福费廷

学习目标与要求：

1. 理解国际保理业务和福费廷业务的服务内容、特征和作用。
2. 掌握国际保理业务和福费廷的基本流程和运作。
3. 了解国际保理业务和福费廷的产生和发展。
4. 能够对我国的保理业务和福费廷提出自己的看法和观点，达到学以致用的目的。

第一节　国际保理概述

一、国际保理的产生和发展

（一）国际保理的含义

保理又称保付代理，源于英文"Factoring"一词，在中国内地译为"保理""代理融通""包销代理""承购应收账款"；在香港译作"销售保管"；在台湾一般称作"应收账款收买业务"；实践中，Factoring的业务范围不仅仅指"应收账款收买业务"或"应收账款管理服务"某一方面，还包括坏账担保、支付、融资等一系列服务。

国际保理（International Factoring），又称国际付款保理或保付代理，是商业银行或其附属机构通过收购货物出口债权而向出口商提供坏账担保、应收账款管理、贸易融资等服务的综合性金融业务。

提供保理服务的公司即保理商或保理公司，通常是国际上一些信誉卓著、实力雄厚的跨国银行或其全资附属公司。

（二）国际保理的起源及发展

在现代商品交换中，随着科技与市场的不断发展，买方的地位不断提高，卖方为了实现商品销售及出于控制交易成本加速资金周转等因素的考虑有时不得不以赊销方式对买方融资。卖方自然希望早日实现销售收入，加快资金周转增值，同时也希望得到有实力和信用的第三方的担保，以转移不能收款的风险。当商品交换迅速发展到一定阶段时，就产生了一种利用自身的资金、信用、网络优势等资源在经济活动中通过向交易双方提供应收账款融资服务来分享商品交换的增值成果的个人或组织。

保理是指销售商以商业信用形式销售商品或提供服务,并将其债权卖断给保理商收回全部或部分款项,取得资金融通的一种结算方式。这是一般的概念。而应用于国际间的保理业务就称为国际保理业务(International Factoring)。具体的理解就是指出口商以商业信用方式出卖商品,在货物装船后立即将发票、汇票、提单等有关资料,卖断给经营保理业务的财务公司或专门组织(比如说银行),收进全部或一部分货款,从而取得资金融通的一种国际贸易结算方式。保理制度最大的优点就是可以提供无追索权的短期贸易的融资,并且操作的手段较容易且方便,与 T/T 相比风险小,与信用证相比成本低。保理和打包放款、进出口押汇、票据贴现、凭信托收据借单、提货担保、出口信贷等一样是贸易融资(结算)方式的一种。

在国际保理发展的历程中,最初主要是间接保理,即由供应商所在国的一个保理商(简称出口保理商)和债务人所在国的一个保理商(简称进口保理商)参与提供保理服务,由进口保理商作资信调查,应收账款由供应商转让给出口保理商,再由其转让给进口保理商,进口保理商收取货款,提供坏账担保,出口商只同本国的保理商打交道。现在的国际保理主要是涉及四方当事人的间接保理。但近年来的发展趋势表明:在某些情况下,特别是保理商、供应商、债务人已建立长期业务关系的情况下,已不再需要两个保理商介入,由出口保理商与国外的债务人或供应商与国外的进口保理商直接联系的直接保理呈上升趋势。在欧洲一些国家,直接出口保理交易的数额逐渐增长,大约占到 50% 以上。

由于国际保理应用于不同国家和地区间的贸易,会碰到语言、法律、贸易习惯等方面的障碍,客观上需要不同国家保理商之间的合作和统一的法律规则。

目前,许多保理公司不仅到国外设立分支机构,与外国保理机构签订业务往来协议,还在全世界范围内形成了一些较大的国际保理组织。主要有国际保理商联合会(FCI)、国际保理协会(IFG)和哈拉尔海外公司(HOC)。其中最大的也是在国际上最具影响力的组织是国际保理商联合会,成立于 1968 年,总部设在荷兰阿姆斯特丹,由各国保理公司组成,它不限制每个国家的会员数目,允许一个国家有多家保理公司参加,而国际保理协会和哈拉尔海外公司只允许一个国家的一个保理公司参加。国际保理商联合会鼓励所有优秀的保理公司加盟,在吸纳新成员时对财务实力和服务水准进行严格审查,现有 50 个国家和地区的 140 个会员公司,营业总额占世界国际保理营业总额的 50%。

FCI 有 3 项宗旨:扩大跨越国境的保理服务合作;开发统一的保理服务技术;协助解决国际保理服务的法律和技术问题以及其他直接或间接与保理服务有关的问题。其目标主要在于为会员提供国际保理服务的统一标准、程序、法律依据和规章制度,负责组织协调和技术培训。1994 年,FCI 还建立了会员公司间的电子数据交换系统(Electronic Data Interchange,EDI),从而提高了会员间的业务处理速度,也适应了当今电子商务的发展趋势。FCI 成员的国际保理业务已从 1972 年的 47 亿美元上升到 2010 年的 2 380 亿美元;FCI 颁布的《国际保理业务惯例规则》已成为国际保理界经常采用的惯例。除了确立全球性国际保理惯例规则外,FCI 还通过一揽子培训计划,通过建立现代及有效的协调机制以及在世界范围内提高人们对国际保理的认识,帮助其会员在国际贸易融资服务方面创造竞争优势。FCI 还颁布了一套《仲裁规则》,这套规则正日益得到商业界和保理业界的广泛理解和接受。另外,国际统一私法协会颁布通过的《国际保理公约》也对国际保理的发展起到了一定的促进作用。

二、国际保理的服务项目

从国际保理的概念可以看出，单一的服务并没有什么特殊的地方，银行、财务公司、资信调查和评估机构、保险公司等长期以来都在提供此类服务，但将一揽子服务项目综合起来由一个窗口提供，则是保理的特色所在，也是保理之所以越来越得到贸易人士青睐的原因之一。国际保理提供的服务项目主要包括以下五个方面。

（一）进口商的资信调查及信用评估

中小公司一般有几个至几十个长期和经常性的贸易客户，大公司可以有几百个这样的贸易客户。如何掌握这些客户的资信变化状况，以控制切合实际的信用销售限额和采取必要的防范措施，避免或减少存在的收汇风险，对公司来讲是个至关重要的问题。而对大多数出口商来说，要建立四通八达、渠道畅通的情报网来收集信息，以便制定相应的经营策略，是力所不及的。但保理商可利用国际保理商联合会广泛的网络和官方民间的咨询机构，也可利用其母银行的分支机构和代理网络，通过各种渠道，收集有关进口商的背景、实力、潜在的发展机会，以及对客户资信有直接影响的外汇管制、外贸体制、金融政策、国家政局变化的最新动态资料。保理公司本身也有高效率的调研部门及企业信息数据库，拥有专业的、有经验的资信人才和信贷专家，这些便利条件，使保理商能够迅速及时掌握客户资信变化情况，并对企业资信做出权威、专业、迅捷的评估，并应出口商要求，提供资信报告。在此基础上，对出口商的每个客户核定合理的信用销售额度，并将坏账风险降至最低。

（二）债款回收

几乎所有的贸易公司在向海外客户收取债款时，都会遇到同一难题，即如何在不损害彼此良好关系的情况下收回欠款。彼此间的语言隔膜，加上商业程序和法律制度互异，往往造成收债效果不佳，使大量的营运资金束缚在应收账款上。而企业资金周转不灵，又给企业正常营运带来巨大障碍。这些问题，在保理业务中可得到妥善解决。保理公司有一批训练有素的专业收账专家和法律顾问，拥有一套完整有效的追债程序，知道何时用何种方式向何人收债，处理起来得心应手。可见，使用保理业务既节省了出口商的营运资金，又免除了其对收款而存在的忧虑。

（三）销售分户账管理

销售分户账是出口商与债务人（进口商）交易的记录。在保理业务中，出口商可将其管理权授予保理公司，从而可集中力量进行生产、经营管理和销售，并减少了相应的财务管理人员和办公设备，从而缩小了办公占用面积。保理公司可利用其完备的账户管理制度和先进的办公设备，利用电脑自动进行诸如记账、催收、清算、计息收费、打印等工作，向出口商提供各种统计报表和往来账户对账单。由于保理商负责收取货款、寄送账单和查询催收工作，供应商还可节省大量的邮电费和电话费等管理费用。

（四）信用风险担保

保理的一个十分重要的功能，也是出口商所特别看重的一点，就是保理商对已核准的应收账款提供100％的坏账风险担保。通常在保理协议生效前，出口商要填写信用额度申请表，如实填报进口商概况、出口产品、预计出口总额、价格条件、付款条件等,请求为自己的客户核定一个信用销售额度。保理公司以书面通知核准的应收账款,保理公司对已核准应收账款(Approved Account Receivable),提供100％的坏账担保。

(五)贸易融资

保理公司应客户要求,可在信用额度内预付发票金额70％~80％货款,这种保理下的融资方式,有以下特点:

(1)在通常情况下,这70％~80％的融资是一种丧失追索权的融资。出口商可将其作为正常销售收入对待,而不必像银行贷款那样显示在平衡表的负债方。因此,可以改善速动比率,有利于提高公司的资信等级和清偿能力,并进一步融资。

(2)融资总额与出口商发票金额成正比,两者保持同步增长。这样,一方面可自动调整,满足出口商渐渐加大的资金需求,保证资金供应和商品销售同步增长;另一方面也可有效地防止处于发展时期中的企业超营运资金运营(Overtrading)。

(3)融资方式手续简便、简单易行。既不像信用放款那样需要办理复杂的审批手续,也不像抵押放款那样需要办理抵押品的移交和过户手续,供应商在发货或提供技术服务后,凭发票通知保理商就可立即获得不超过发票金额80％的无追索权的预付款融资。

以上所述的各项服务项目,出口商可根据本公司和具体业务的实际情况,要求提供全部和部分服务,因此,保理具有相当的灵活性。

三、国际保理的作用

从上述国际保理的含义和服务项目来看,可以看出保理在国际贸易中对进出口商和保理商所发挥的作用,尤其是对进出口商的作用是很明显的。

(一)对进口商的作用

对进口商来说,国际保理业务有利于资金周转,扩大营业额。首先,减少或避免了资金占用。进口商能以承兑交单D/A和赊销方式O/A与出口商达成交易,使进口商可以在收到货物甚至将货物出售后一定期限内不必动用自有资金从事经营活动,在有限的资金内扩大营业额;其次,由于进口采用非信用证结算方式,进口商可以免交开证押金和有关的银行费用,避免资金占用,降低了营运成本,从而降低进口成本;再次,进口商还可以避免货物风险。保理商对出口商承担买方信用风险,担保的前提是出口商严格履行买卖合同的各项条件,出口商为顺利收回货款,一般会按照合同的规定发货并提交单据,从而保证了进口商所收到的货物与合同规定的相符。

(二)对出口商的作用

对出口商而言,第一,保理商可以代出口商对进口商的资信和销售状况展开调查和监督,从而为出口商提供决定其销售所需的信息和数据。第二,有利于扩大出口业务量。由于采用赊销的方式,大大地增强了出口产品的竞争力,有利于出口商对新市场和新客户的培养,扩大出口商的贸易份额。第三,能够规避收汇风险。只要出口商的交货条件符合合同约定,就可以避免诸如进口商破产等到期收不回货款的商业信用风险,减少坏账损失。第四,出口商在进口保理商提供的信用担保额度内,可以从出口保理商处预先获得50％~80％的融资,从而满足出口商资金流转的需要。第五,保理商负责账务处理、催收货款等管理工作,可减少出口企业管理成本,使出口企业集中精力参与国际竞争,为开拓市场提供必要的技术保障。第六,国际保理的手续简单。与信用证相比,出口商可以避免最烦琐的单证手续和信用证条款的约束,免除因哪怕是无关紧要的个别打字错误都会引起单证不符而遭拒付的风险,同时可以随时应进口商的需求和运输情况发运货物,免除因等待国外来证或修改信用证而错过装运、销售时机的损失。

（三）对保理商的作用

对保理商而言,办理保理业务不仅丰富了业务品种、开拓了其对金融服务的领域和赢利的市场范围,而且可以从中获得更多的利润。进口保理商可以获得按承担服务的发票金额一定比例的佣金。出口保理商还可以获得对进口商的资信调查费,以及向出口商提供融资收取的融资利息。

四、国际保理的分类

国际保理与国内保理的差异主要在于所服务的贸易范围不同,因而从理论上讲,凡是国内保理的各种形式都可用于国际保理。国际保理根据不同的标准可以分为不同的种类。

（一）按是否应将债权转让通知给债务人分类

根据供应商与保理商签订保理协议后,是否应将保理商的参与即债权转让给保理商的事实通知债务人,国际保理业务可分为公开型保理（Disclosed Factoring）与隐蔽型保理（Undisclosed Factoring）两种。

1. 公开型保理

也称明保理,是指出口商必须以书面形式将保理商的参与通知进口商,通知进口商应直接将货款付给保理商。目前的国际保理业务多是公开型的。

2. 隐蔽型保理

也称暗保理,是指虽然出口商与保理商签订了保理协议将债权转让给保理商,但保理商的参与对外是保密的,进口商仍直接付款给出口商,至于融资与费用的清算,则在保理商和供应商之间直接进行。

（二）按是否提供融资分类

根据国际保理业务项目是否包括融资,即保理商在受让的应收账款未到期时是否向供应商付款,国际保理分为到期保理（Maturity Factoring）和预付保理（Advance Factoring）两种。

1. 到期保理

在到期保理业务中,供应商发运货物并向保理商提交发票、提单等单据副本后,保理商不向出口商提供融资,而是在付款到期日向其支付发票金额。付款到期日通常是保理商根据出口商所给予进口商的付款期限计算出的平均到期日,即平均预计收款日。

2. 预付保理

预付保理也称融资保理（Financed Factoring）,即保理商在收到供应商提交的代表应收账款的票据后就立即支付一定额度的预付货款,剩余的于货款收妥后再进行清算。它是在到期保理业务的基础上发展起来的,在如今供应商经常不得不接受以商业信用方式销售的情况下,满足了供应商对资金的需求,因而更受欢迎,又有标准保理(Standard Factoring, Conventional Factoring)之称。预付保理为出口商授予进口商商业信用奠定了金融基础。

(三) 按保理商是否享有追索权分类

根据进口商未能付款时保理商是否对出口商享有追索权,国际保理分为无追索权保理(Non-Recourse Factoring)与有追索权保理(Recourse Factoring)两种。

1. 无追索权保理

在无追索权的保理业务中,保理商根据出口商所提供的进口商名单进行资信调查,并为每个债务人核定相应的信用额度,然后在此信用额度内为出口商提供坏账担保。出口商在有关信用额度内的销售,因为已得到保理商的核准,所以保理商对这部分应收账款的收购没有追索权,即如果保理商因债务人资信问题或清偿能力不足而无法收回应收账款时,不能再向出口商追回款项。这种保理银行承担的业务风险相对较大,所以银行收取的相关费用也较高。

2. 有追索权保理

在有追索权保理业务中,保理商不负责为债务人核定信用额度和提供坏账担保,仅提供包括融资在内的其他服务。无论债务人因何种原因不能支付而形成坏账、呆账,保理商都有权向出口商索回已付款项。

(四) 根据运作机制的不同分类

按照运作机制的不同,保理可分为双保理(Double Factoring)和单保理(Single Factoring)。

1. 双保理

双保理业务涉及两个保理商,即出口保理商和进口保理商。出口保理商受出口商的委托向出口商提供包括预付款融资在内的全部保理服务,进口保理商受出口保理商的委托,直接向债务人(进口商)收款,并在核准的信用额度内提供坏账担保,进口保理商不直接接受出口商的委托。进口保理商在提供服务时,应被认为是按照签订的代理协议代表出口保理商行事,并不对出口商承担任何责任。双保理业务中,出口商收款方便安全,融资便利,故在保理业务中多采用这一方式,但相对于单保理,费用较高,资金划转的速度较慢。

2. 单保理

单保理业务一般只涉及一个保理商,即进口保理商。在单保理业务中,货物出运后,出口商将所有单据直接寄交进口商,而将发票副本寄送进口保理商,委托其向进口商收取货款,进口保理商将承担信用额度以内的收账风险。进口商须于发票到期日向进口保理商支付货款,后者将全部款项转付出口商。进口保理商也可应出口商的要求,于收到出口商的发票副本后对其预付 80% 的销售货款,其余部分于收回全部货款后结清。尽管单保理业务中收费较低,划款速度较快,但收款难度相对较大,实践中应用较少。它主要适用于进、出口方有经常性业务往来,收款不复杂,进口方资信较好的结算业务。

五、保理业务的当事人及办理程序(双保理)

在国际保理业务中,双保理方式是最重要也是运用最为广泛的一种。双保理业务的有关当事人及办理程序如下。

（一）有关当事人

双保理业务中，主要当事人有四方：出口商、出口保理商、进口商、进口保理商。

1. 出口商

出口商即供应商，其应与出口保理商签订保理业务协议，并委托其办理协议约定的保理事项。

2. 出口保理商

出口保理商根据与出口商签订的保理业务协议，通过进口保理商的协作，为出口商提供进口商资信调查、购入应收账款、款项催收、销售分户账管理、贸易融资、风险担保等服务。

3. 进口商

进口商应通过进口保理商办理款项结算，对出口商提供的货物或服务所产生的应收账款承担付款的义务。

4. 进口保理商

进口保理商同意向进口商代收以出口发票表示的、并已转让给出口保理商的应收账款。进口保理商负责核准进口商的信用额度、提供信用风险担保、向进口商催收货款。进口保理商应对其核准的信用额度内的坏账损失承担付款责任。

（二）国际双保理的业务流程

（1）出口商请求出口保理公司提供保理服务，欲通过国际保理与进口商达成交易并结算货款。出口保理商审核并决定是否向出口商提供保理服务。欲获得保理服务的出口商必须具备保理公司规定的各项条件。出口商能否获得保理服务，主要取决于其资信状况、财务能力、进口地市场及进口商资信情况等因素。

（2）出口保理商同意对出口商提供保理服务后与进口保理商取得联系，并将有关情况及资料通报进口保理商，请求对进口商进行资信调查，核批信用限额，提出业务收费报价。

（3）进口保理商对进口商资信及销售状况进行调查。

（4）进口保理商将调查结果、准许向进口商赊销的限额（即进口保理商核准的信用限额）及报价通知出口保理公司。

（5）出口商接受报价后与出口保理商签订保理协议。根据国际保理业务惯例，保理协议的主要内容包括：协议双方应遵守的惯例，业务范围，货币及账务处理方法，信用额度的申请、通知及取消，收费标准，保理融资，单据要求，协议双方的责任，协议的有效期限，协议的修改或取消等。

（6）出口商与进口商签订贸易合同，并在合同中规定以国际保理形式结算货款，付款期限应为 180 天以内。

（7）出口商按照经进口保理商核准的信用限额出运货物。除非收到信用额度变化的通知，出口商可多次循环使用所批额度，不必逐次申请。

（8）出口商将全套单据直接寄送进口商，并将发票副本交至出口保理商，向其转让货物售出后的应收账款。

出口商此时可考虑向出口保理商提出融资要求，出口保理商当即预付发票金额 80% 的款项，但要收取融资利息及承购费用，其余部分待从进口商处收回全部货款后付清。出口商也可按国际保理协议规定的日期，从出口保理商处取得销售货款。根据国际保理业务惯例，出口商与出口保理公司结算应收款的方式有：① 无论进口商能否付款，出口保理公司都有责任于付款到期日向出口商垫付全部货款。② 根据双方的结账习惯，出口保理商只在双方约定的日期（如每月的平均付款日）将款项支付给出口商，付款日期可根据需要加以定期调整。

（9）出口保理商以无追索权方式购入应收账款后，将一份发票副本寄送进口保理商。

（10）出口保理商向出口商预付发票金额 80% 的贸易融资款项，余下货款待从进口商处收回全部货款后付清。

（11）进口保理商收到发票副本后，对应收账款进行管理，待付款到期日向进口商收取款项。

（12）进口商向进口保理公司付款。

（13）进口保理商将款项转付出口保理商。若进口商未在规定期限内付款，进口保理商应对出口保理商承担付款责任。

（14）出口保理商将剩余货款付给出口商。

国际双保理业务流程如图 7 - 1 所示。

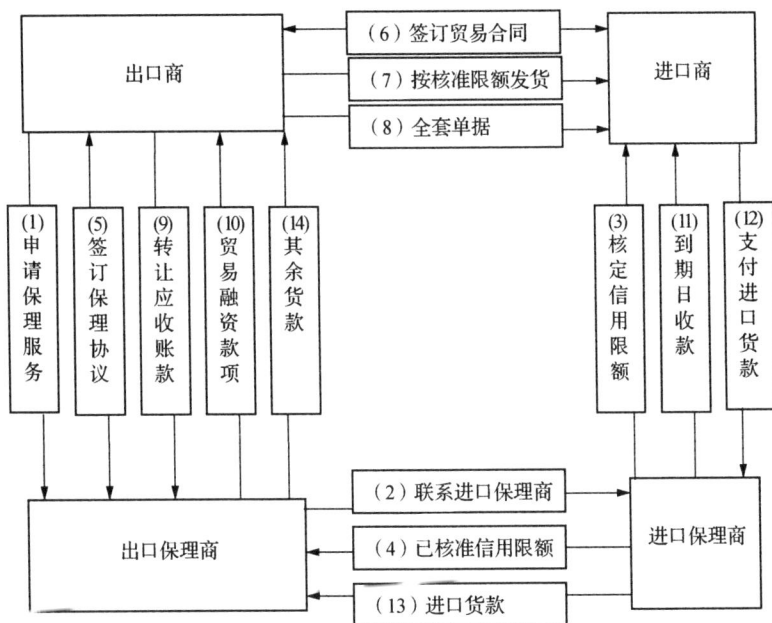

图 7 - 1　国际双保理业务流程

六、国际保理业务与其他业务的比较

（一）国际保理业务与出口信用保险方式的比较

出口信用保险也具有保理业务中坏账担保的功能。尽管信用保险和保理业务的坏账担保服务同样具有消除或减少因信用风险而形成呆账、坏账损失的功能，但两者之间存在着较大的差别，主要有以下几点：

（1）保理业务的坏账担保服务可向出口商提供 100% 的坏账担保，并于形成呆账、坏账即期偿付，而信用保险通常仅赔付呆账、坏账金额的 70%~90%，并于形成呆账、坏账 4~6 个月后才赔付。

（2）在采用信用保险的情况下,出口商除按期向信用保险机构提供销售统计报表、逾期应收账款清单等,还必须提供规定的有关文件和证明以对形成的呆账、坏账提出索赔,供应商为此要做许多管理和文字工作。而保理商对呆账、坏账的赔付并不要求供应商提供额外的文件和证明。

（3）在费用上保理也优于信用保险。虽然保理商因为提供了坏账担保和其他服务要收取管理费,但这些费用相对于信用保险费比较低,且并不一定增加供应商的费用开支。在采用综合保理和到期保理的情况下,供应商因使用保理而节省的管理费用完全可以抵消保理商的收费。两者的比较如表7-1所示。

正是由于在较低的费用下提供了包括信用保险在内的综合服务,保理在许多国家的对外贸易中取得优于信用保险的地位。

表7-1　保理与出口信用保险的比较

项　目	出口保理	出口信用保险
费用	1%～1.5%(发票金额)	4%(出口金额)
最高保障(核准额度内)	100%	70%～90%
赔偿期限(贷款到期日起)	90天	120～150天
进口商资信调查评估	详细	一般
财务信用风险保障	全部	部分
应收账款追收及管理	有	无
财务会计记录及管理	有	无
贸易融资的提供	有	无

（二）国际保理业务与其他结算方式的比较

经保兑的不可撤销的信用证虽然有最大的收款保证,但是由于其较高的开证费用、管理费用以及对进口商较高的资金占用率,削弱了出口商的竞争力;而且信用证业务遵循严格的单单一致、单证相符原则,如果信用证下的有关单证出现些微不符,也可能使原先收汇相对安全的信用证业务变成风险重重的托收业务。而单独以承兑交单(D/A)、付款交单(D/P)方式成交虽然增强了出口商的竞争力,但收汇风险又过大。因此,将保理与 D/A 及 D/P 相结合是最佳的选择。保理与 D/A,D/P 以及 L/C 付款方式的比较如表7-2所示。

表7-2　国际保理与 L/C, D/P 以及 D/A 付款方式的比较

项　目	国际保理	信用证	付款交单	承兑交单
信用种类	银行	银行	商业	商业
出口商费用	有	有	有	有
进口商费用	无	有	有	有
进口商财务灵活性	极高	极低	一般	极高
收汇风险	几乎没有	极低	较高	极高
出口商竞争力	极高	极低	较高	极高

七、国际保理中的风险及防范

国际保理业务运作中存在着潜在风险,有必要加以防范与控制。由于进口商是凭着自身信用获得保理商对其债务的担保,所以风险主要由保理商和出口商承担。

(一) 保理商面临的风险及其控制

1. 保理商面临的风险

(1) 进口商信用风险。保理商买断出口商的应收账款,便成为账款的债权人,同时也承担了原先由出口商承担的应收账款不能收回的风险。如果保理商对进口商的审查缺乏客观性和全面性,可能高估进口商的资信程度,对进口商履约情况作出错误判断;或者进口商提供了虚假的财务信息,伪造反映其还款能力的数据;或者进口商在履约过程中,由于进口的商品不适销对路、进口国的政治经济状况发生突然变化等客观原因,使得资信水平下降,无法继续履约,等等这些情况都可能导致保理商遭受巨额损失且难以得到补偿。

(2) 出口商信用风险。在保理商为出口商提供了融资服务的情况下,如果出现了合同纠纷或进口商拒付货款等问题,保理商可能会因出口商破产而导致融资款项无法追偿。

2. 保理商的风险控制

(1) 加强进出口商资信调查。在国际保理运作中,保理商要全方位、深层次、多渠道地对进出口商的综合经济状况和商业形象进行调查。其内容包括进出口商的工商注册情况、财务状况、公司结构、管理人员、重大交易的历史记录、法庭诉讼记录以及专业信用评估机构作出的信用等级评估等。在对进出口商进行资信评价时,要注重静态分析和动态分析相结合,不仅要对其过去的资信状况做全面了解,也要根据其经营发展的变化趋势,对其未来资信作出预测。通过资信调查,保理商可以掌握进出口商的详细资料,从而作出科学评估与决策,减小风险。

(2) 选择优质保理商开展合作。对出口保理商而言,选择信誉卓著、富有经验的进口保理商,不仅可以获得更好的服务,建立长期的合作关系,防止其可能与买方勾结骗取卖方的货物,同时还可以利用进口保理商的资源及信息优势,增加盈利渠道,扩大市场份额。

(3) 选择合适的保理类型。在不同类型的国际保理中,保理商面临的风险是不同的。因此保理商要根据对进出口商的了解程度、资信评价结果以及经济形势等多方面因素,选择恰当的保理类型。从国际保理业务实践来看,双保理模式的应用明显多于单保理模式。在国际双保理中,出口保理商将出口债权转让给进口保理商,进口保理商在其核准的信用销售额度内无追索权地接受该债权转让,并负责对进口商催收货款,承担进口商到期不付款的风险。在这种安排下,出口保理商可以依赖进口保理商,转移债务人核准的信用额度,分散风险。同时,保理商在不能准确把握进口商的资信水平时,可优先采用有追索权的保理方式。这样,不论买方因何种原因不能支付,保理商对卖方都具有追索权,可大大降低风险。可以说,保理商选择了恰当的保理类型,也就选择了相对小的风险。

(二) 出口商面临的风险及其控制

在国际保理业务中,出口商主要承担货物的质量风险。不同于信用证以单证相符为付款依据的是,保理商在商品与合同相符的前提下才承担付款责任。如果由于货物品质、数量、交货期等方面的纠纷而导致进口商不付款,保理商不承担付款义务,故出口商应严格履行合同。

另外,进口商可能会联合保理商对出口商进行欺诈。尽管保理商对其授信额度要承担100%的责任,但一旦保理商和进口商勾结,夸大进口商的信用度,在没有融资的条件下,出口商容易造成财货两空的局面。对出口商而言,除了要选择信誉良好的进口商和保理商之外,还要做到以下两点。

1. 仔细研究和制定合同条款

在国际保理业务中,如果进出口双方对货物质量存在争议,保理商概不承担付款责任。因此,出口商要特别注意销售合同中和货物质量有关的条款,确保不出现争议。

(1)品质条款。出口商对品质条款的规定一定要给予足够的重视,因为其内容一旦出现疏漏,进口方就很可能指控出口商违约。但是,由于合同中商品品质表示方法的局限性,实务中卖方交付的货物很难做到与合同规定的货物质量绝对一致。因此,出口商在订立品质条款时应注意以下问题:规定商品品质的公差和机动幅度,以避免交货品质与合同稍有出入而造成违约的风险;条款用语应明确、具体、严密、准确,不要用"大约""左右""公平合理"等模糊字眼;在以文字说明表示商品品质时,合同中应注明规格、等级、标准颁布或制定的年代、版本等;明确规定说明书的法律效力,图案说明应与商品内容、品质完全一致。

(2)检验条款。一般来说,合同规定的检验机构作出的检验结论,既是确定卖方所交货物是否符合合同规定的依据,也是买方对货物品质等提出异议、拒收货物、提出索赔的依据。因此,在合同中应明确规定商品检验的时间与地点、以何种检验机构签发的何种检验证书为准、采用的检验标准和检验方法等。

2. 严格履行合同

国际保理合同和销售合同主体不同,标的各异,相互独立。但出口商既是保理合同的一方当事人,也是销售合同的一方当事人,两个原本独立的合同就通过共同的一方当事人即出口商联系起来。保理合同的标的是产生于销售合同的应收账款权利,销售合同中的条款影响产生于该合同的应收账款能否成为保理合同的标的,并制约保理商的收款权。因此,保理商为维护自身权益,就会通过保理合同要求出口商在销售合同中列入某些条款。而身受两个合同约束的出口商,应全面地履行在两个合同项下的义务,从而使国际保理带来的效益达到最优、最大。

八、有关保理的国际惯例

(一)《国际保理服务公约》

1.《国际保理服务公约》的产生

在20世纪70年代以前,国际保理服务尚未形成统一的国际法律制度和权威的国际规则,各国保理当事人都以本国法律来解释和运用保理服务,这就难免产生争议和矛盾。为了克服这些问题,促进国际保理服务的发展及其在国际结算中的运用,国际统一私法协会于1974年决定将普通债权转让及保理合同列入工作计划并成立研究小组。该小组起草了《国际保理服务公约》(简称"公约"),之后经多次讨论修改,于1988年5月提交在加拿大渥太华召开的由55国代表参加的外交会议审议,会议对公约草案做了进一步修改后通过。我国也派代表参加了审议,并签署了最后文件。

2.《国际保理服务公约》的主要内容

《公约》共四章23条,主要内容简介如下:

（1）适用范围。《公约》规定，适用国际保理服务合同和应收账款的转让。保理服务合同是指一方当事人（供应商）与另一方当事人（保理商）之间达成的合同。

（2）保理商的职责。保理商至少须履行下述职责中的两项：

①"向供应商融资，包括贷款和预付货款"。

②"保存与应收账款有关账户（分类账）"，即提供售后服务。

③"代收应收账款"，即收取债款。

④"防止债务人拖欠付款"，即提供坏账担保。

（3）应收账款的转让。根据规定，"供应商应将其与客户（债务人）订立的货物销售合同的应收账款转让给保理商"。只要在销售合同中订明采用 D/A 或 O/A 方式，并规定"发票日期后××天付款"，供应商在发货后，即可转让债权而不必通知客户，也不必征得其同意。但是，保理商应向债务人以书面形式通知应收账款的转让。

（4）债务人的权利和义务。《公约》规定，"债务人有义务向保理商付款"，但如果供应商不履行或不完全履行或延期履行合同，债务人有权从保理商那里收回已付货款。

3.《公约》的管辖

只有符合下列两项条件，保理业务才受公约的管辖：一是供应商和保理商的国家均为公约签字国；二是销售合同和保理合同均受公约签字国法律管辖。但是，公约不是强制性的法律文件，即使是公约签字国的供应商和保理商，只要双方同意，就可以用书面协议的形式排除公约管辖。不过，公约已成为国际保理业务中有广泛代表性和权威性的法律文件，为国际保理业务提供了统一的法律依据和业务标准。

（二）《国际保理惯例规则》

《国际保理惯例规则》是国际保理商联合会（FCI）制定颁布的为世界各国保理商所接受的有关保理业务的统一惯例（简称《规则》），现简要介绍其 1990 年修订本的主要内容。

1. 适用范围

（1）适用的当事人。进出口保理商均为 FCI 会员，或一方为会员，另一方虽不是会员但同意采用此规则。

（2）业务范围。仅限于与出口保理商签有协议的供应商以信用方式向债务人销售货物或提供服务所产生的应收账款，且该债务人所在国有进口保理商提供保理服务。不包括任何以信用证（备用信用证除外）、D/P 或现金交易为基础的销售。

2. 进口保理商的主要责任

（1）进口保理商必须在收到信用额度申请后的 14 天内将其是否接受保理申请的决定通知出口保理商。

（2）进口保理商在核准限额内对转让给他的应收账款的信用风险承担责任。但如果进口保理商在卖方发货前获得不利的资信报告，他有权撤销已核准的限额。

（3）进口保理商在收妥债务人的应收账款后，不迟于下一个银行工作日将等值货款付给出口保理商。

（4）如果已核准的应收账款于到期日后第 90 天仍未由债务人偿付，进口保理商应于第 90 天向出口保理商付款。

（5）进口保理商在提供服务时，应被认为是代表出口保理商行事，并不对出口保理商的销售商承担任何责任。

(6) 对于核准限额以外的应收账款仅应采取托收方式,但进口保理商应尽最大努力收款。

(7) 进口保理商应就所有的交易至少每月一次向出口保理商报告账务。进口保理商受让应收账款后,将有权以自己的名义采取诉讼或其他方式强行收款,此外还享有留置权、停运权等权利。

3. 出口保理商的主要责任

(1) 出口保理商应将供应商出售给自己的所有应收账款提供给进口保理商。

(2) 当进口保理商不准备对单笔交易核准信用风险或取消信用限额时,出口保理商的有关责任继续存在,直到收回全部已核准应收账款。

(3) 出口保理商应代表自己和其供应商保证每笔应收账款均代表一笔在正常业务过程中产生的并符合供应商经营范围和付款条件,实际正当销售和发货或提供服务。

(4) 出口保理商应尽其所能协助进口保理商收款并提供进口保理商要求的单据。

(5) 向进口保理商支付有关费用。

4. 关于争端的解决

(1) 如果在申请仲裁时双方均为 FCI 成员,出口保理商和进口保理商之间发生的关于国际保理业务的一切争端应按照 FCI《仲裁规则》解决。

(2) 如果在申请仲裁时仅一方为 FCI 成员,而另一方亦接受上述仲裁规则,一切争端也可如此解决。

(3) 仲裁裁决是终局性和有约束力的。

【案例 7－1:国际保理中的贸易纠纷】

我国某出口商就出口电视机到香港向某保理商申请 100 万美元信用额度。保理商在调查评估进口商资信的基础上批准 20 万美元的信用额度。出口商遂与香港进口商签订 23 万美元的出口合同。发货后出口商向保理商申请融资,保理商预付 16 万美元。到期日进口商以货物质量有问题为由拒付(理由是该批货物与以前所购货物为同一型号,而前批货物有问题),进口保理商以贸易纠纷为由免除坏账担保责任。出口商认为对方拒付理由不成立,并进一步了解到对方拒付的实际理由是香港进口商的下家土耳其进口商破产,货物被银行控制,香港进口商无法收回货款。因此,出口方要求香港进口商提供质检证,未果。90 天赔偿期过后,进口保理商仍未能付款。出口方委托进口保理商在香港起诉进口商,但进口保理商态度十分消极,仅凭香港进口商的一家之辞就认同存在贸易纠纷,结果败诉。

问题:如何防范因贸易纠纷导致的保理商担保责任的解除?

分析:这是一起典型的贸易纠纷导致保理商免除坏账担保责任的保理案例。但对于引发贸易纠纷的货物质量问题是否存在,进出口双方各执一词。进口商认为货物质量有问题的理由过于牵强,根本原因是自己从下家处已无法收回货款,从而面临损失的风险。为了避免自己受损,进口商自然不会配合出口商解决贸易纠纷,对出口商提出的提供质检证的要求自然也就置之不理。进口保理商由于贸易纠纷的原因免除坏账担保责任,在 90 天赔付期内拒付是正当的行为,符合国际保理惯例的相关规定。但同样根据国际保理惯例的规定,进口保理商有义务尽力协助解决纠纷,包括提出法律诉讼。但本案中,进口保理商作为出口商的代理在诉讼过程中,态度却十分消极,并不想打赢官司,原因很简单,因为赢了官司的后果是自己承担付款的责任,并因为进口商偿付困难的现实,从而有可能最终是由自己承担 16 万的损失。本案中,出口保理商为出口商提供了买方资信调查与坏账担保服务,因而提供的融资应该属于无追索权融资。如果事先与出口商未就贸易纠纷下的追索权问题达成协议,则国外拒付的风险将由出口保理商承担。

保理业务的主要风险就是出现贸易纠纷。因此,对于贸易纠纷的风险,有关当事人应事先加以防范。对于出口商而言,首先应严格按照合同要求发货,尽量避免贸易纠纷的产生,同时为了防止进口商假借贸易纠纷理由拒付从而免除保理商的付款责任,在贸易合同中应就贸易纠纷的解决方法与进口商事先达成一致意见,比如确定一家双方都愿意接受的商检机构日后对出现质量纠纷的货物进行检验,检验结果作为判定纠纷是否存在的依据;对于提供无追索权融资的出口保理商而言,有必要通过合同、发票、提单等文件单据去了解掌握交易背景的情况,也有必要在与出口商签订的保理协议中就发生贸易纠纷后的追索权重新获得问题加以明确规定,以防承担由贸易纠纷产生的海外正当拒付的风险;另外,进口保理商的选择也非常重要。进口保理商是坏账担保人,能否勇于承担坏账担保的责任,关键在于其资信状况如何。本案中的进口保理商显然关注自己的利益胜过关注自己的信誉,资信状况欠佳。因而,在实务中,出口保理商无论是为出口商着想,还是为自己的利益考虑,对进口保理商都应做出慎重的选择。

【案例 7-2:保理服务对进口商的作用】

经营服装的美国 A 公司和我国某外贸公司有长期业务往来。前几年,当 A 公司最初从我国进口商品时,一直采用的是信用证的结算方式。这种方式可以较好地规避贸易风险,对我国的外贸公司尤其有利,但是随着进口量的增长,美国 A 公司越来越觉得这种方式的不灵活,而且必须向开证行提供足够的抵押和较高的开证手续费用。为了继续保持业务增长,A 公司希望卖方能够提供至少 90 天的赊销付款方式。虽然他们与我国的出口商已经建立了良好的合作关系,但是我方认为这种方式收汇风险较大,因此没有同意这一付款条件。后来 A 公司转向国内保理商 B 寻求保理服务。美国的进口保理商为该公司核定了一定的信用额度,并通过中国银行通知了我国出口商。通过保理服务,进口商得到赊销的优惠付款条件,而出口商也得到了100％的风险保障以及发票金额80％的贸易融资。目前 A 公司通过保理服务使得贸易规模和范围不断扩大。

分析:在本案例中,美国 A 公司积极寻求保理服务的原因是因为保理业务可以为进口商提供无担保的延期付款,也解决了我国出口商的收款之忧,使买卖双方能够以赊销方式来支付货款,从而扩大了 A 公司从我国的进口量。

保理服务不仅帮助进出口双方控制了业务风险,同时对于进口商而言,由于进口成本在签订交易合同时就已经确定了,进口商不需要再负担信用证手续费、押金等其他费用,降低了企业的经营成本。

此案例告诉我们,尽管保理服务是面向出口商提供的,但实际上其对进口商也是有利的,是一种双赢的结算与融资模式。因此,无论是贸易中的买方还是卖方,都应该积极主动地去采取保理结算方式,进而争取到对自己有利的销售方式。

第二节　福费廷

一、福费廷的概念

福费廷,源于法语"a forfit"和德文"forfaiterung",字面意思是"放弃权利"。福费廷是指出口商将其已承兑的票据以无追索权方式转售给出口地的包买商,从而获得贸易融资,提前取得出口销售货款。由于福费廷业务是由提供融资的机构(通常是银行或其附属机构)无追索权地买断远期票据,因此也被称为包买票据业务,而提供融资的机构被称为包买商(Forfaitor)。福费廷业务中所使用的票据通常是出口商开立的汇票,或者是进口商开立的本票。如果使用的是汇票,就需要进口商承兑和进口地银行的担保;如果是本票,则只需进口地银行担保。

福费廷可单独使用或与其他融资产品联合使用,广泛用于建设项目融资,机器设备、大宗产品贸易的出口前融资、出口后融资,结构性贸易融资和项目融资。福费廷的融资期短则一个月,长可至 10 年;金额少则数万美元,多至数亿美元。

福费廷起源于瑞士。第二次世界大战以后,各国需要进口大量建设物资和日用品。如东欧各国向美国购买大量谷物,因为缺乏外汇资金而需要向银行贷款,但银行融资能力有限,于是瑞士苏黎世银行协会首先开创了福费廷融资业务。到了 20 世纪 50 年代后期,随着各国经济实力的恢复与发展,资本性货物贸易规模越来越大,出口竞争日益加剧,卖方市场逐步转变为买方市场,买方已不再满足于 90～180 天的付款期限,要求延长付款期限。由于不断延长的信贷期限大大超出了卖方所能承受的限度,不得不向银行提出期限越来越长的融资需求,从而进一步推动了福费廷的活跃发展,有效地解决了进出口商双方的利益矛盾,买方达到了延期付款的目的,卖方获得了资金支持,因而在西方国家得到推广。进入 20 世纪 80 年代,发展中国家饱受债务危机的困扰,再加上国际局势动荡不安,银行信贷受到抑制,福费廷业务则持续增长,逐渐由欧洲发展至全球。福费廷二级市场也在这一时期逐渐形成,福费廷的交易方式日益灵活,交易金额快速增加,逐步形成了一个世界范围内的福费廷交易市场。

二、福费廷业务的主要当事人

(一)包买商

包买商也称融资商,多为出口商所在国的银行或金融公司。当包买商与出口商达成福费廷协议,并购入出口商转让的票据后,即成为该项延期付款交易的信贷机构,又承担了向进口商分期收回货款以及利率、汇率变动的风险。

(二)出口商

出口商是国际贸易中的供货方。当出口商以延期付款方式与进口商达成交易而需要资金支持时,可向包买商申请福费廷融资。当出口商将表明交易金额的若干张票据全部转售给包买商并向其支付贴息后,即可取得贴现净款,提前收回货款。

(三)进口商

进口商为国际贸易中的进货方,福费廷交易的债务人,承担到期支付票据款项的主要责任。进口商与出口商达成协议,在交易项下从事包买票据融资,可以出口商提供的延期付款方式进口货物。进口商要按出口商和包买商的要求提供自己的资信证明,承兑出口商出具的远期汇票或找银行对自己开具的远期本票进行担保。当票据到期,包买商持票向进口商提出付款要求时,进口商应无条件地按期付款,不能因为任何有关货物和服务的贸易纠纷拒付或拖延付款。

(四)担保人

担保人是应进口商的要求为福费廷业务中贴现远期票据提供担保的机构,一般是进口商所在地的银行。担保人可以从进口商处获得担保费收入,担保人对到期的债权凭证负有绝对的、无条件的付款责任。一旦进口商到期不能履行付款责任,担保人就要承担起无条件的还款责任。在担保人履行还款责任后,他可以向进口商追索款项。担保人通常为进口地的银行或金融机构。

三、福费廷的特点

（一）无追索权融资

在福费廷业务项下，出口商向包买商转让汇票实际上是一种权利的卖断，包买商以无追索权方式从出口商处买断票据，即使票据到期进口商拒付，包买商也无权向出口商追索。这样，出口商不仅可以提前锁定成本、固定收益，而且消除了国家风险、买方风险、汇率风险、利率风险和信用风险。并且，福费廷手续简单、方便易行，具有很强的实用性和可操作性。

（二）应收账款贴现

出口商将远期应收账款出售给包买商，在票据上加注"无追索权"，承诺放弃一切权益，从而获得包买商的即期付款，其实质是将债权出售给包买商，是一种债权贴现。通过票据贴现，赊销变为立即收款，有利于企业融通资金，扩展业务，提高资金使用效率，便于会计核算，财务结构更趋合理。在我国，出口商获得包买商无追索权的贴现款后，即被视为完成了收汇，便可办理出口收汇核销和出口退税手续。

（三）融合商业信用和银行信用于一体

福费廷业务中使用的远期商业汇票或本票，须经进口方银行承兑或担保后方可办理福费廷业务，因而福费廷是融合了商业信用和银行信用于一体的融资方式。

（四）融资期限灵活

福费廷曾经适用于中长期国际贸易融资，付款期限一般为 1～5 年。随着国际贸易的发展和融资需求的变化，福费廷可适用于各种期限的国际贸易融资，付款期限短则 1 个月，长则 10 年。

（五）融资利率比较合理

福费廷融资利率主要取决于进口国及担保人的风险程度，一般是 LIBOR（伦敦同业拆借利率）加上国家风险系数，目前有些低风险国家的福费廷利率接近或低于押汇利率。

四、福费廷的优势分析

福费廷的优势体现在多个方面，参与福费廷业务的当事人可获得相应的利益和好处。

（一）对出口商的益处

1. 剔除风险

福费廷是无追索权的贴现融资，出口商一旦将远期票据出售给包买商，同时也就售断了一切风险，免除了后顾之忧。

2. 事先锁定成本

由于福费廷采用固定利率计收融资费用，出口商可预知业务的成本，售断以后的一切费用均由贴现银行承担，有利于事先锁定成本。

3. 增强出口竞争力

出口商采用福费廷方式，可以为国外买方提供延期付款的支付便利，且不要求进口商支付定金,从而提高出口竞争力。

4. 服务便捷

福费廷融资操作简便,融资迅速,不需要办理复杂的手续和提供过多的文件,可以节省时间,提高融资效率。

（二）对进口商的益处

1. 获得延期付款便利

进口商采用福费廷方式,可获得全额延期付款的便利,避免了提前支付现金,大大地提高了进口商的经营能力,增加了商务运作的机会。

2. 利于成本核算

对进口商来讲,福费廷的所有费用均计算于货价之内,虽然货价较高,但却有利于进口商了解真实货价,核算进口成本。

3. 简便、灵活

福费廷手续较简便,融资期限可从 1 个月至 10 年;融资币种适用于所有主要货币;融资金额由数万美元至上亿美元不等。此外,福费廷业务虽然一般要求进口商提供一流银行的担保,但也可接受实力雄厚、财力强大的进口公司直接为自己担保。

（三）对包买商的益处

1. 赚取融资收益

包买商通过多方位地满足客户的融资需求,有助于扩大服务范围,获取融资收益,还可在代理包买和转让过程中赚取利差和手续费。

2. 拓宽融资领域

包买商可以通过包买或是在二级市场转让的方式转移风险,也可弥补可能出现的资金缺口。由于福费廷的票据由进口商所在国的一流银行担保,风险较小,票据可以在国际金融市场上流通、买卖,有利于包买商拓宽融资领域。

3. 有助于参与国际金融合作

福费廷的参与方涉及国外的进口商和银行,促使包买商必须与国际惯例接轨,加强与国际金融同业的交流与合作。由于包买商的报价实际上是基于对国家、地区、机构和业务风险的评估,在这一过程中,其可以获取大量有用的信息。

五、福费廷业务的运作

（一）票据在福费廷业务中的运用

与国际保理不同的是,票据是福费廷业务中必须使用的支付及融资工具,同时也是体现交易债权的凭证。出口商将票据转让给包买商后,作为票据的出让人而获得债权的实现,提前取得出口销售货款;包买商购入票据后,既承担了融资风险,又作为票据的正当持票人,有权向进口商要求偿还已到期票据的票款。

福费廷业务中使用的票据种类主要是汇票和本票。

（1）汇票。在福费廷业务中,远期汇票须经付款人承兑并经担保人担保,再由出口商以无追索权方式转让给包买商。

（2）本票。远期本票无须承兑,在福费廷业务中,只需担保人担保后由付款人将本票交付出口商,再由出口商以无追索权方式转让给包买商。

（二）福费廷的担保方式

福费廷融资的特点是金额大、期限长,而包买商又以无追索权方式一次性购入出口商的多张票据,故包买商将承担汇率、利率、信用等多重风险。为此,包买商在购入票据前,要求进口商的担保人对进口商的资信及偿债能力承担保证责任。担保人须经包买商认可,其担保才产生效力。票据经担保后,不仅可降低包买商承担的风险,而且易于得到转贴现或在二级市场上售出。担保的费用一般由进口商负担。

担保人提供担保的方式有两种:

（1）由担保人在票据上加注"Per Aval"字样,并由担保人签字,从而构成担保人不可撤销的担保责任。此种担保不需另出具保函,手续简便,是最为常见的福费廷的担保方式。

（2）由担保人另外出具担保文件。有些包买商不接受直接加注"Per Aval"字样的担保票据,而要求担保人另外出立具有法律约束力的担保文件,如银行保函（Letter of Guarantee）或备用信用证（Standby Credit）,它们与在票据上直接加保具有同等效力。

（三）福费廷的业务程序

1. 询价

一般来说,出口商在与进口商签订商务合同之前就应作好融资的准备。有时为了争取订单,出口商往往主动或被动同意向进口商提供远期信用融资,并将延付利率打入货价。为了确保出口商能按时得到融资,并且不承担利率损失,出口商应及早与银行联系询价,得到银行的正式答复及报价后再核算成本,与进口商谈判并签约。有些出口商因缺乏对福费廷业务的了解,签约以后才找银行做福费廷,结果发现延付利率低于银行贴现率,只好蒙受损失。

出口商在向银行询价时,须提供下列有关情况:

（1）合同金额、期限、币种。

（2）出口商简介、注册资本、资信材料、签字印鉴及其他有关情况。

（3）进口商详细情况、注册地点、财务状况、支付能力等。

（4）货款支付方式、结算票据种类。

（5）开证行/担保行名称,所在国家及其资信情况。

（6）出口商品名称、数量及发运情况。

（7）分期付款票据的面额和不同的到期日。

（8）有关进口国的进口许可和支付许可。

（9）有关出口项目的批准和许可。

（10）票据付款地点。

2. 报价

银行接到出口商的询价后,首先要分析进口商所在国的政治风险、商业风险和外汇汇出风险,核定对该国的信用额度,然后审核担保人的资信情况、偿付能力,以及出口货物是否属正常的国际贸易、合同金额期限是否能够接受等等。如以上几个方面均达到满意,银行便根据国际福费廷市场情况作出报价,报价的高低主要由贴现率、承担费、多收期贴息等因素来决定。

3. 签约

若出口商接受了银行的报价,便须与银行正式签订福费廷协议,协议的内容包括:

(1) 项目概况及债务凭证。

(2) 贴现金额、货币、期限。

(3) 贴现率及承担费率。

(4) 有关当事人的责任义务。

(5) 违约事件及其处理。

(6) 其他。

4. 交单

根据福费廷协议的有关规定,出口商在发货之后应立即将全套的装船单据交银行议付,议付行将远期票据寄开证行/担保行承兑后退给出口商。出口商在银行承兑的远期汇票或本票上背书并注明"无追索权"字样后,正式连同其他的单据在承诺期内交贴现银行审核。一般须提交的单据有以下几种:本票或银行承兑汇票等;提单副本;发票副本;合同副本;信用证或保函副本;出口商对其签字及文件真实性的证明;出口商债权转让函。

5. 审单及付款

银行在收到出口商提交的单据后须认真审核,尤其对出口商签字的真伪要核实。若该贴现银行是投资性贴现(即自留票据,到期后向进口方银行索偿),应事先得到进口方银行的付款承诺及进口国有关政府和法律的许可文件,经审核单据无误后向出口商付款。

若该贴现银行是代理性贴现(即同时转贴给二级市场),则须事先与二级市场的有关银行达成默契。在收到出口商的全套单据后,再背书给下一手银行,并提供其他有关资料和证明,收到付款后再支付给出口商。

银行在贴现付款时,须按出口商的指示,将贴现款项汇到其指定的银行账户上,同时向出口商提供一份贴现清单,列明贴现票据面值、贴现率、期限、承担费以及贴现后的净额,并抄送进口方银行作为一份存档文件,以便在到期日索偿时参考。

6. 到期索偿

贴现银行对出口商付款后,将远期票据妥善保存,在到期日之前,将票据寄付款银行索偿。付款银行按照贴现银行的指示将款项汇到贴现行指定的账户。这样,一笔福费廷业务就完成了。

如果付款银行未能在到期日正常付款,贴现银行可委托律师对付款银行起诉,同时向出口商通报拒付事实,以便取得出口商的协助。若真是由于进口国的政治风险和外汇短缺造成无力支付,贴现银行也只能承担一切损失。

六、福费廷的费用

(一)贴现费

贴现费(Discount Interest)是包买商从贴现的票据金额中扣收的融资费用,是福费廷业务收费的主要部分。票据的票面金额、期限及贴现率是计算贴现费用的三个要项,其中贴现率的确定至关重要。一般情况下,贴现率由基本利率(Basic Rate)与附加利率构成。基本利率是贴现率的主体部分,多参照与融资票据期限同期的实际利率制定。

附加利率是包买商为转嫁转贴现支出及防范各种风险而向出口商额外收取的费用比率。首先,包买商贴入票据后,极有可能因资金需要而将票据以转贴现形式转让出去,若转贴现费用高于包买商贴入票据的贴息收入,包买商将有所损失,所以包买商会考虑以附加利率的形式,将其损失转由出口商承担。其次,包买商会将其在该项融资过程中可能因各种风险造成的损失也转由出口商承担,从而构成了附加利率的另一部分。包买商将根据风险程度、支付的交易费用及预期利润最终确定附加利率的幅度。

（二）选择费

从出口商向进口商正式报价至进口商接受报价确认成交签订包买协议的期间为包买业务中包买商给出口商的选择期(Option Period)。在选择期内,由于出口商不能确定进口商是否接受报价而最终接受福费廷融资,而包买商又必须准备融资资金而不能挪作他用,将承担汇率风险和利息损失。一般情况下,若选择期不超过48小时为免费选择期,包买商免收费用;若选择期超过48小时,包买商则要向出口商一次性收取选择费(Option Fee),费率通常为票据面额的1‰～1.5‰。

（三）承担费

承担费又称为承诺费,是包买商针对承诺期所收取的补偿费用。承担期(承诺期)是包买协议签订日到实际贴现日的一段时间,通常是1个月至6个月,最长可达18个月。在承担期内,包买商对出口商承担了融资责任而相应减少了其他投资机会,或包买商也需借入资金以安排该项融资,因此要向出口商收取承担费(Commitment Fee)。也就是说,承担费是对福费廷融资商在承担期内备付资金的机会成本的补偿。此外,在承担期内,包买商与出口商均对该项包买业务负有法律责任。例如,出口商必须按规定日期发货并向包买商转售已经担保的票据,否则包买商为安排该项融资而承担的费用及损失应由出口商承担;同样,包买商必须按既定的贴现率贴现出口商提交的有效票据,否则包买商也要承担出口商重新要求融资而发生的所有费用及损失。

承担费率一般为年率0.5%～2%。承担费计算公式为:

$$承担费＝票面值×承担费率×承诺天数÷360$$

（四）罚金

若出口商未按福费廷协议交付票据,而使福费廷业务未能实现,包买商要向出口商收取罚金(Penalty Fee)。

（五）多收期贴息

多收期是指票据到期日至实际收款日的估计期天数。多收期贴息是指福费廷融资商为补偿应收账款到期日与实际收款日之间可能出现的付款延期带来的损失而向申请人收取的费用。通常,福费廷融资商在报价时都会在每笔应收账款实际贴现天数的基础上根据债务人所在地的不同而多加2～7天的多收期。多收期贴息的计算通常将多收期加到贴息息计算期内一并计算而不单独计算。对于多收期的估算一般凭经验进行,比如欧洲、北美、大洋洲以及亚洲的日本、韩国、中国香港等地区通常为0～3天;亚洲的东南亚地区通常为3～5天;亚洲的西亚、南美和非洲等地区通常为5～7天。

七、福费廷与其他融资结算方式的比较

(一) 福费廷与国际保理的比较

国际保理是出口商将其出口的应收账款转让给出口保理商后,预先从出口保理商那里收回部分货款,再由出口保理商向进口商或者进口保理商收取货款的一种融资与结算方式。而福费廷是金融机构对出口商持有的经承兑、担保的远期票据进行无追索权的贴现,在收取一定费用后,付给出口商全部现款的一种出口信贷融资方式。虽然在形式上,两者都是由金融机构买入国际贸易中的远期债权,以实现融资与结算的目的,但两者存在着较大的不同。

1. 适用范围不同

福费廷业务主要针对资本性货物的进出口交易,金额较大而且都是一次性交易;而国际保理业务一般适用于日用消费品或劳务的交易,每笔交易金额相对较小,一般是经常性持续进行的。

2. 融资期限不同

福费廷业务的融资期限取决于票据的付款期限,融资期限至少在 6 个月以上,一般长达数年,属于中长期贸易融资。保理业务的融资期限取决于赊销期限,一般都在发货后 1 个月到 6 个月,个别的可以延长至 9 个月,但绝对不能超过 1 年,属于短期融资业务。

3. 出口商承担的风险不同

在福费廷业务中,出口商获得包买商贴现融资后,便把票据拒付的风险完全转嫁给了包买商,有效地提高了收回货款的安全性。出口商转嫁风险的代价是必须向包买商支付较高的费用,但实际上这些费用往往都被纳入货价由进口商承担了。

而在国际保理业务中,保理商提供在其核准的应收账款信用额度内的 100% 的信用担保,保理商对未核准的应收账款不承担任何责任,出口商仍面临着各种风险。

4. 融资比例不同

福费廷属于无追索权的融资,融资金额最高可达发票金额的 100%;而在保理方式下,出口商发货后,保理商收到代表应收账款的销售发票,应出口商的融资要求,一般会以预付款方式提供不超过 80% 发票净额的融资给出口商,剩余 20% 的款项待货款收妥后再进行清算。

(二) 福费廷与一般贴现的比较

福费廷业务属于票据贴现的范畴。包买商作为贴现人贴现出口商提交的票据,从贴现金额中扣除贴息及手续费后,将净款支付给出口商。包买商作为正当持票人或于到期日要求付款人付款,或将票据转售他人。但福费廷与一般票据贴现具有如下不同点。

1. 追索权不同

福费廷的主要特征在于包买商以无追索权方式贴入票据,当付款人拒付票款时,包买商虽具有对付款人的优先债权或向担保银行提出赔偿的权利,却唯独没有向出口商追还所付贴现净款的权利。但一般贴现业务的贴现公司贴入票据后,仍享有向票据出让人追索票款的权利。

2. 融资对象不同

福费廷的主要融资对象为资本货物贸易,通常需使用固定间隔期的多张等值票据;而一般贴现的票据主要用于一般交易,一次交易只涉及一张体现交易金额的票据。

3. 担保要求不同

福费廷业务中的票据须担保人担保后，包买商才予以贴现融资；而一般贴现只需付款人对票据（指汇票）进行承兑，持票人对票据进行背书即可，无须担保。

4. 费用不同

福费廷的费用除贴现利息及手续费外，还包括选择费、承担费及罚金；而一般贴现业务中，贴现公司只按当时市场利率扣收贴现息及手续费，所以福费廷的费用高于一般贴现。

八、福费廷业务中包买商面临的风险及防范

在福费廷业务中，包买商以无追索权的方式提供融资便利，因而其承担了巨大风险，必须进行风险控制。

（一）包买商面临的风险

1. 汇价风险

汇价风险又称汇率风险（Risk of Exchange Rate），是当包买商买断票据、采用外币支付时，因汇率变动可能蒙受的损失。由于福费廷是一种国际贸易融资业务，凡以自由交易货币计价的商品交易，原则上都可采用福费廷，所以包买商不可避免地面临汇价风险。例如，包买商从市场上拆入英镑换成美元，向出口商购买美元票据，成为票据持有人，在票据到期日收入美元，再将美元换成英镑偿还借款。在此交易中，英镑对美元的市场汇率在包买商借入英镑和到期之日用美元兑换英镑这两个时点上可能会发生变化。在包买商收到美元并偿还英镑时，如果英镑对美元的汇率下降，包买商将比预期收入得更多；但如果英镑对美元汇率上升，包买商的美元收入将不足以补偿英镑借款，汇价风险随之产生。

2. 利率风险

利率风险（Risk of Interest Rate）是由于包买商所买断的票据资产与筹集的资金，在期限或利率差价上匹配不当而引发的风险。

福费廷业务中出口商与进口商采用延期付款方式，当出口商将体现延期付款的一套远期票据（汇票或本票）卖断给包买商，包买商贴入票据，将扣除贴息后的净值支付给出口商。之后，包买商成为票据持有人，在票据到期之日要求进口商对该票据进行偿付。当然，包买商也可将这些票据在二级市场上背书转让。如果剔除其他可能的风险，包买商赚取的是对出口商贴现的贴息，支付的成本是筹借的资金成本。因此，包买商应考虑其收入（贴现息）和支出（筹资成本）能否相抵，是否有盈余。由于包买商使用的贴现率是固定利率，而在筹资时往往采用市场浮动利率。在包买商持有票据期间，如果市场利率上升，包买商的筹资成本将上升，从而导致其净收益下降，发生利率风险。

3. 票据风险

票据风险（Documentation Risk）是指在福费廷业务中，因进口商可能拒付或无力支付票款给包买商带来票据纠纷的风险。

（1）汇票风险。福费廷业务使用的汇票是出口商向进口商签发的，经进口方承兑、担保行担保的远期汇票。出口商可以通过无追索权背书（即背书时加注"Without Recourse"字样）的方式，将这些远期汇票转让给善意持有人，也即转移了汇票风险。包买商将向出口商出具书面担保，保证所购汇票遭拒付时，不对出口商行使追索权。

(2) 本票风险。福费廷所用本票是进口商向出口商开具的经担保行担保的远期本票。对包买商而言,本票风险小于汇票风险。原因是:本票就是请求权证据,本票持有人(包买商)不必提出其他证据证明其请求权;进口商对本票提出的抗辩有限,一般只能提出伪造本票、时效终止和已付款等;本票担保手续简单,只要保证人在本票上做担保签字,即可产生法律效力。

4. 信用风险

信用风险(Credit Risk)包括银行担保风险和国家风险。

(1) 银行担保风险。银行担保风险是指福费廷票据的担保人没有足够的清偿能力来按期履行对外支付义务而引发的风险。实务中,几乎所有的福费廷票据都由进口国的商业银行担保,担保银行的信用级别是构成信用风险的一个关键因素。如果担保银行信用级别低,清偿能力差,或票据到期前发生突然倒闭等意外事件,就会给包买商带来票据不能被偿付的风险。

(2) 国家风险(Country Risk)。国家风险是指与国家主权有关的因素给包买商带来损失的可能性。例如,有些国家实施外汇管制,对外支付需经政府有关部门批准,如果进口商未经批准而对外签约,则到期不能按时支付货款。另外,若进口国政权更替,新政府拒绝履行前政府时期所欠债务,那么包买商的票款也可能收不回来。再者,若进口国对出口国实施经济制裁或封锁,包买商的损失会更大。

(二)包买商的福费廷风险控制

1. 汇价风险控制

(1) 选择硬通货。包买商应尽量购买以硬通货计价的票据,因为这些货币较为坚挺,可完全自由兑换,是国际上的主要通用货币,有助于规避汇价风险。

(2) 利用金融衍生工具。有三种方式:① 货币互换。它是指以一种货币表示的资本及利息支付义务与另一种货币表示的资本及利息支付义务进行交换。包买商可利用比较优势原则,将自己的货币债权、债务交换他人的债权、债务,以降低汇价风险。② 货币期权。如果包买商预计欲筹资的货币汇率上升,则可购买一份看涨期权,在筹资日有权选择按约定汇率交割,锁定成本;若汇率下降,可不执行期权,只付期权费。③ 远期外汇合同。包买商在购买票据付出外汇的同时,签订一份按约定汇率在票据到期日出售约定金额外汇的远期合同,避免汇率波动的损失。

2. 利率风险控制

福费廷中的利率风险主要依靠与风险对等的收益来补偿,包括选择费、承诺费、贴现利息和手续费、电报费、延期付款费等其他费用,这些向出口商收取的费用其实就是包买商的收入,可用来补偿其所承担的相应的风险。

3. 票据风险控制

福费廷实际上是票据买卖和票据贴现交易,所以票据的应用一定要有可靠保障,应坚持每票必保的原则,应选择国际著名银行或进口国的一流银行,也可选用包买商在进口国的海外分支或代理机构,为票据支付提供担保。担保形式可采取保付签字、担保函、备用信用证等。

福费廷业务中,包买商先期支出的票款最终由进口商支付的货款偿还。只有基础合同得以正常履行,票款回收才有保障。包买商应采取相应措施,督促进出口商及时、准确、完整地履行合同义务。

4. 信用风险控制

（1）担保银行风险控制。包买商可借助本行在进口国的分支或代理机构，对担保行进行实地调查，评估担保行的信用状况，核定担保行的信用额度。为此，应建立严密的操作规程，实施严格的审批权限，降低操作风险。

（2）国家风险控制。福费廷融资期限内，进口国的经济、政治和社会环境可能发生变化，从而产生国家风险。鉴此，应动态监测评估进口国国家风险；分析进口国外汇储备水平和偿债记录；参考多方面数据信息，制定融资的国别政策。

【案例 7-3：福费廷业务中包买商的风险防范】

瑞士某汽轮机制造公司向拉脱维亚某能源公司出售汽轮机，价值 3 000 000 美元。因当时汽轮机市场很不景气，而拉脱维亚公司坚持延期付款，因而瑞士公司找到其往来银行 ABC 银行寻求福费廷融资。该银行表示只要拉脱维亚公司能提供拉脱维亚 XYZ 银行出具的票据担保即可。在获悉拉脱维亚 XYZ 银行同意出保之后，ABC 银行与瑞士公司签署包买票据合约，贴现条件是：6 张 500 000 美元的汇票，每隔 6 个月一个到期日，第一张汇票在装货后的 6 个月到期，贴现率为 9.75% p.a.，宽限期为 25 天。瑞士公司于 2×17 年 12 月 30 日装货，签发全套 6 张汇票寄往拉脱维亚公司。汇票于次年 1 月 8 日经拉脱维亚公司承兑并交拉脱维亚 XYZ 银行出具保函担保后，连同保函一同寄给 ABC 银行。该行于 1 月 15 日贴现全套汇票。由于汽轮机的质量有问题，拉脱维亚公司拒绝支付到期的第一张汇票，拉脱维亚 XYZ 银行因保函签发人越权签发保函并且出保前未得到中央银行用汇许可，而声明保函无效，并根据拉脱维亚法律，保函未注明"不可撤销"，即为可撤销保函。而此时，瑞士公司因另一场官司败诉，资不抵债而倒闭。

问题：本案中包买商的处境如何？如何防范包买风险？

分析：此案例中的包买商 ABC 银行受损基本成为定局。按照福费廷业务程序，ABC 银行在票据到期日应首先向担保行拉脱维亚 XYZ 银行提示要求付款。但由于该银行签发的保函因不符合本国保函出具的政策规定及银行保函签发人的权限规定而无效，并根据该国法律的规定，即便有效，因未注明"不可撤销"，该行如不愿付款，也可随时撤销保函下的付款责任。因此，ABC 银行通过第一收款途径已不可能收回款项。如果转向进口商要求付款，进口商作为汇票的承兑人，应该履行其对正当持票人即包买商的付款责任，该责任不应受到基础合同履行情况的影响。但由于拉脱维亚属于外汇管制国家，没有用汇许可，进口商也无法对外付款，因而，虽然包买商在法理上占据优势地位，但事实上从进口商处收款同样受阻。福费廷属于无追索贴现融资，即便为了防范风险，ABC 银行已与出口商瑞士公司事先就贸易纠纷的免责问题达成协议，但由于瑞士公司已经倒闭，因而即使 ABC 银行重新获得追索权，也难以通过追索弥补损失。

福费廷公司在签订福费廷协议、办理福费廷业务之前，一定要重视对出口商、进口商以及担保人本身资信情况和进口商所在国情况的调查。这些情况对于福费廷公司判断一笔业务的风险、确定报价，甚至决定是否接受这笔业务都具有非常重要的意义。担保人的资信尤为关键，因而在实务中，担保人通常由包买商来指定。此案中，ABC 银行也是自己指定了一家担保行，但实际上对这家担保行的资信并非特别重视，至本案发生时，该行成立也才两年多时间，办理业务的时间非常短，业务经验包括业务办理程序方面都不是很成熟，对于福费廷这样的复杂业务，接触更少。也正是因为此种原因，办理过程中出现了许多违反政策及业务规定的问题。其次，本案中的包买商对进口国的相关政策法律也不十分清楚，对基础交易情况、货物情况不具足够的了解，对客户资信也未做必要的审查和把握。另外，还有一点很重要的是，在包买时，包买商对一些重要的单据文件（如用以了解交易背景的合同副本、用以防范进口国政策管制风险的进口及用汇许可证等）也未做出提交的规定和要求。此案中包买商的教训告诉我们，风险的发生就源自于对风险的疏于防范。

第三节　国际结算方式的最新发展

随着国际贸易中卖方之间的竞争日益激烈,竞争手段不断增加,国际结算作为清偿国与国之间债权债务关系的跨国货币收付活动,其方式也经历着一次重大变革,国际结算方式多元化成为新的发展趋势。

一、传统的国际结算方式运用呈下降趋势

随着国际贸易的深入发展,汇付、托收、信用证在国际结算中的运用呈下降趋势。究其原因主要是传统结算方式存在的缺陷。

(一) 信用证

信用证是银行介入国际贸易的产物,它解决了进出口双方互不信任的矛盾,从而促进了国际贸易的发展,它以银行信用代替了商业信用,因此被视为可靠的国际结算方式,被广泛运用于国际贸易中,曾经占据国际结算主导地位达一个世纪之久。但进入20世纪90年代以后,国际结算方式发生了巨变,信用证的使用率迅速下降。这是由于从开证申请人的角度出发,除了要支付高额的保证金之外,还要接受开证行严格的审查。当今国际商品市场处于典型的买方市场状态,出口商品的竞争异常激烈,对买方相对有利,买方越来越倾向于选择一些对自己有利的支付方式,而不大愿意采用信用证这种相对有利于卖方,不利于买方的方式进行结算。而且,在越来越注重效率的国际商务活动中,信用证的运作程序过于复杂而且又缺乏变通,在国际商务纠纷案件中,信用证纠纷案件占有相当高的比重。此外,在信用证方式下,风险并没有完全排除。出口商仍有可能遭到进口商不开证或不按期开证的风险,出口方银行有可能遭到开证行倒闭或无理拒付的风险。

(二) 汇付

赊销和预付货款是汇付方式的两种表现形式。赊销是一种简便的支付安排,出口商允许进口商在收到货物以后的一定时期内偿付货款,不仅向进口商提供了资金融通,而且承担了进口商有可能拒付货款的风险,对出口商最为不利,因此出口商很难愿意以单一的赊销支付方式达成交易。预付货款是汇付的另一种形式,是买方为了争取货源而采取的一种方式,买方要承担卖方不发运货物的风险。汇付方式中无论赊销还是预付货款,都不能实现钱货两讫,因而无法约束对方,风险较大。

(三) 托收

托收方式中,参与交易的银行只是担当法律上代理人的角色,不承担保证付款的责任,出口商能否收回货款,在很大程度上取决于进口商的信誉。在付款交单条件下,出口商要承担进口商不去提货的风险以及转售货物可能发生的价格损失;在承兑交单条件下,出口商有可能既失去货物,又无法收回货款。

二、国际贸易结算方式的新发展

国际结算领域出现了结算方式多元化的趋势,其原因是多方面的,除了传统结算方式的缺陷外,由于现代商业银行可以在国际结算中提供多层次中介服务,其对国际结算的影响在逐步扩大,从而使国际结算方式多元化成为可能。因而,国际保理、福费廷以及备用信用证等新兴的国际结算方式以其运用范围广泛、针对性强等特点而越来越多地被引入贸易、劳务和经济活动中。

(一)国际贸易支付组合机制的建立

国际贸易支付组合机制是以商业信用为主、银行信用为辅,体现自我约束和外部约束有机结合的支付组合机制。在支付方式的采用上,以汇付和托收为主,以备用信用证为辅。

1. 备用信用证和汇付方式的结合使用

采用汇付结算方式,费用最为低廉。在采用预付货款的情况下,买方最为担心的是卖方能否按照合同的规定发运货物,如果卖方违约,买方将遭受钱货两空的损失。如果和备用信用证结合起来使用,不仅使买方能够以优惠的条件争取到货源,而且在很大程度上保证了买方的利益。在采用赊销的情况下,卖方所担心的是货物发出后,买方能否支付货款。如果和备用信用证结合使用,则不仅使卖方的销售渠道得以畅通,而且在很大程度上保证了卖方的收款。

2. 备用信用证和托收方式结合使用

同汇付方式相比,托收方式相对来讲风险较小。但是基于托收先发货,后收款的特点,卖方将承担买方不提货的风险,尤其是在承兑交单的情况下,卖方很容易遭受钱货两空的损失,如果仅仅出于安全的考虑,选取付款交单的风险要相对小一些。但是,在买方处于决定地位的国际市场上,支付方式的优惠与否,直接关系到交易的成功与失败。承兑交单支付方式如果同备用信用证结合使用,既可以使买方得到资金融通,为卖方争取到更多的客户,又可以使卖方在买方违约时得到赔偿。

3. 国际结算支付组合机制的优点

从备用信用证和汇付、托收方式的结合使用中明显地看出,国际贸易支付组合机制具有以下优点:

(1)增加了交易的安全性和灵活性,兼顾了买卖双方的利益。长期以来,交易者选取什么样的支付方式,大都出于安全的考虑,因而信用证成为一种传统的首选的支付方式。然而,随着世界范围内买方市场的逐步形成,通讯技术的快速发展,国际信用体系的建立,国际贸易法规的逐步完善,交易者选取支付方式不仅出于安全的考虑,而且对灵活性也有了需求。备用信用证和汇付托收两种商业信用的结合使用,既消除了买卖双方互不信任的疑虑,又为卖方畅通了销售渠道、为买方争取到稳定的货源,兼顾了买卖双方的利益。

(2)降低了交易成本,提高了商品在国际市场上的竞争力。在传统的单一的信用证支付方式下,开证申请人须向银行交纳一笔可观的保证金,安全性和低成本容易顾此失彼。而国际贸易支付组合机制,基于便捷的支付程序,具有明显的低成本优势;商业信用和银行信用的有机结合,备用信用证只在违约时采用的特点,大大降低了交易的成本。

(3)综合性风险规避机制的建立。在预付、赊销方式下,不仅节约了费用,而且通过备用信用证的采用,建立了风险预警机制。作为进口商来讲,一般乐于采用赊销和承兑交单的付款方式,这样可以缓解他支付货款的压力,从而降低了支付费用;但是,出口商顾虑重重,他可能更愿意采用预付货款和付款交单的支付方式。进出口商出于安全的考虑往往丧失商机。而以商业信用为主,银行信用为辅,体现自我约束和外部约束有机结合的国际贸易支付组合机制,使风险规避机制向综合性的方向发展,无论是采取赊销和承兑交单的付款方式,还是采用预付货款和付款交单的支付方式,交易双方的利益都得到了保证。

(二)国际保理业务的新发展

由于国际贸易项下生产经营的专业化和集约化程度的不断加深,国际保理业务得以迅速发展。发展国际保理业务对出口商、进口商和银行都有独特的优势。对进口商而言,运用国际保理业务最大的优势在于能获得无追索权的、手续简便的贸易融资,出口商出口货物后,就可以获80%的预付款融资和100%的贴现融资;借助保理业务可以向客户提供赊销、付款交单、承兑交单等商业结算方式,因而大大增强了产品出口的竞争力。特别是那些出口业务增长性极好的急需资金的中小企业,运用保理业务,不仅可增强产品出口的竞争力,而且可以得到融资。

(三)福费廷

随着国际买方市场环境的形成,许多出口商开始选择赊销的结算方式,使自身的资金压力加大,这为福费廷业务的发展创造了条件。近年来,福费廷业务在欧美及亚太地区的国际贸易中得到了广泛使用,国内出口企业对于该项业务的需求也有所增加。

总之,随着世界经济一体化程度的日益加深,国际结算方式也在向多样化、个性化发展。新兴国际结算方式的出现使得国际结算手段更灵活,资金划拨更快捷,安全更有保障。

本章小结

1. 国际保理是指出口商出售货物以后,由保理商购买出口商的应收账款,并向其提供进口商资信评估、销售账户管理、账款催收、资金融通、坏账担保等一系列服务的综合金融安排。国际保理业务能为出口商和进口商带来增加营业额、风险保障、节约成本、简化手续、扩大利润等益处。对商业银行来说,开展国际保理业务有助于吸引优质客户、完善商业银行业务体系、提高商业银行收入水平、提升商业银行的国际知名度。

2. 国际保理业务风险主要由保理商和出口商来承担。保理商面临的风险主要是进口商信用风险和出口商信用风险。保理商可以从以下几个方面实现对风险的控制:做好对进出口商的资信调查;选择信誉卓著、富有经验的合作保理商以及合适的保理类型;注重保理协议条款。出口商则主要承担货物的质量风险。对出口商而言,保障货物质量不发生争议的措施就是降低风险的措施,出口商应仔细研究合同质量条款,防止欺诈;严格遵守、履行合同。

3. 福费廷是指出口商将经过银行担保的、代表货物价值的远期票据,以无追索权方式转售给出口地的包买商,从而获得贸易融资,提前取得出口销售货款。福费廷业务的主要当事人有出口商、进口商、包买商、担保人等。福费廷具有显著的优势特征,参与福费廷业务的当事人可获得相应的利益和好处。

4. 票据是福费廷业务中必须使用的支付及融资工具,同时也是体现交易债权的凭证。出口商将票据转让给包买商后,作为票据的出让人而获得债权的实现,提前取得出口销售货款。包买商购入票据后,既承担了融资风险,又作为票据的正当持票人,有权向进口商要求偿还已到期票据的票款;包买商在购入票据前,要求进口商的担保人对进口商的资信及偿债能力承担保证责任。担保人必须经包买商认可,其担保才产生效力。票据经担保后,不仅可降低包买商承担的风险,而且易于得到转贴现或在二级市场上售出。

5. 在福费廷业务中,包买商以无追索权的方式提供融资便利,因而承担了相关风险,如汇价风险、利率风险、票据风险和信用风险等,必须进行风险控制。

基本概念

国际保理　到期保理　融资保理　双保理　出口保理　进口保理　无追索权保理
福费廷　包买商

复习思考题

一、判断题

1. 大多数保理业务都是无追索权保理。　　　　　　　　　　　　　　　　　　（　　）

2. 出口商向其自身供应商销售货物而产生的债权,对保理商来说是不合格应收账款,应不予收购。　　　　　　　　　　　　　　　　　　　　　　　　　　　　　　　（　　）

3. 福费廷业务主要针对日用消费品或劳务的交易,每笔交易金额相对较小。　（　　）

4. 包买商为出口商承做的福费廷业务,大多需要进口商的银行做担保。　　（　　）

5. 公开型保付代理下出口商作为保理商的代理人进行账务管理和催收账款,因此这种保理也被看做是一种"代理保理"。　　　　　　　　　　　　　　　　　　　　　　（　　）

二、问答题

1. 国际保理对出口商与进口商有何益处?

2. 国际保理业务中,保理商与出口商如何防范风险?

3. 开展国际保理业务对商业银行有何益处?

4. 到期保理与融资保理有何不同?

5. 无追索权保理与有追索权保理有何不同?

6. 简述福费廷业务的基本流程。

7. 简述福费廷与国际保理的区别。

8. 简述包买商在福费廷业务中的风险控制。

第八章 国际结算中的风险与防范

学习目标与要求：

1. 掌握托收结算方式下的风险及其防范。
2. 掌握信用证结算方式下的风险及其防范。
3. 了解欺诈例外原则，熟悉信用证中的欺诈风险。

第一节 托收方式下的风险与防范

托收方式虽然是建立在商业信用基础上的一种结算方式，有关当事人面临的风险非常大，但由于其发展适应了买方市场的需要，特别是其中的 D/A，因此，托收方式在实际业务中取得了巨大的发展。

一、托收业务中各当事人面临的主要风险

托收方式下的当事人主要包括出口商、进口商、托收行和代收行，每个当事人在实际业务中面临的风险各不相同。

（一）出口商面临的风险

托收方式下的出口商按照合同的规定发运货物后，委托银行向国外进口商收取货款，其面临的风险主要有以下几个方面。

1. 因进口商信誉造成的拒付

进口商的信用风险是出口商面临的主要风险。主要表现为进口商拒绝付款赎单。进口商拒付可能存在很多种情况，如出口商并未完全掌握进口商的资信情况和经营作风，进口商如发生资金周转不灵或进口地市场行情发生变化、商品价格下跌甚至经营不善破产等情况就会长时间拖欠出口商的货款甚至拒付货款。同时货物一旦运抵进口国，出口商就要承担在进口地办理提货、交纳进口关税、存仓、保险、转售甚至被低价拍卖或被运回国内的风险。再如在承兑交单中，进口商只要在汇票上办理承兑手续，即可提取货物，一旦到期进口商仍不付款，出口商便会遭到货款两空的严重损失等。

2. 因进口国政治原因造成的拒付

进口商所处国家的政治风险通常也会影响进口商的对外支付。进口商的政治风险主要表现为：进口国因战争、骚乱、罢工等原因造成进口商不能按时付款；进口商因未能取得进口许可

证而不能付款;由于进口国加强外汇管制而造成进口商不能付款;等等。

3. 因进口国的"当地习惯"而造成的风险

托收方式按照出口商指定的交单方式不同,可分为付款交单(D/P)和承兑交单(D/A)两种。对出口商而言,承兑交单方式下面临的风险一般比付款交单方式要大。在实际业务中,尽管出口商以 D/P 方式与进口商达成交易,但在南美一些国家,由于当地存在一些习惯,即通常将 D/P 方式等同为 D/A 方式,这样出口商以 D/P 方式所做的交易在这些地区通常被按照 D/A 方式处理,因而出口商的收汇风险增大。

(二) 进口商面临的风险

由于托收方式下的进口商主要担心所购买货物的情况,因而其面临的风险主要是围绕货物而展开的。

由于国际贸易中的进出口双方主要以 FOB、CFR、CIF 等贸易条件达成交易,而这几种条件又有一个共同的特征即都属于象征性交货,因此买卖双方在实际交付货物时很难见面,通常是委托运输公司来实际支付。这样就造成货物的运输与单据的交付、付款相脱节。在 D/P 方式下,一般而言,由于进口商付款后才能获得货运单据,也才能凭单据向运输公司提取货物,因此进口商可能会面临付款后提不到货物或所提的货物与合同不符的问题。这时所面临的风险就具体表现为:

(1) 出口商以虚假单据(即伪造单据)骗取进口商付款。

(2) 出口商以残次货物骗取进口商付款。

(三) 托收行面临的风险

根据国际商会《托收统一规则》的规定,托收业务中的托收行应表面审核出口商提交的单据并按照委托人提交的托收委托书及时准确地向代收行发出与委托书内容一致的托收指示书,以便于代收行收取货款。如果发出的托收指示与托收委托书内容不符,则托收行应承担相应的责任。

此外,如果在办理托收业务的同时,还为出口商提供贸易融资如出口押汇或汇票贴现等业务,则托收行同样会面临出口商所遭遇的上述风险,尽管此时遭到进口商拒付时,托收行享有对出口商追索所融资金的权利。

(四) 代收行面临的风险

根据《托收统一规则》的规定,托收业务中的代收行有责任按照托收指示书的内容行事。如果违背托收指示,则代收行应承担相应的风险。

1. 承担远期 D/P 项下进口商凭 T/R 借单后的风险

在远期 D/P 交单方式下,代收行本应按照托收指示书的规定,在进口商对到期的汇票付款后再将出口单据交付给进口商,但鉴于进口商与代收行之间的关系,特别是进口商指定进口地的银行作为代收行时,进口商常常出于得到资金融通的目的,要求代收行在远期 D/P 项下凭其提交的信托收据(T/R),在支付货款前将出口单据预先借给进口商,以便于其提前提取货物。如果凭进口商出具的信托收据而将单据借给进口商,代收行则违背了出口商以及托收行原有的旨意,就应承担进口商借单后不能按期付款或无力付款的风险。

2. 承担"远期 D/P,即期付款"业务中进口商拒付的风险

"远期 D/P,即期付款"是近年来托收业务中一种新兴的融资业务。它是指在远期付款交

单方式下,代收行应进口商的要求凭出口地的托收行提交的远期汇票及单据而向对方即期支付款项获得单据后,对进口商进行资金融通的融资方式。在远期付款交单业务中,进口商本应于票据到期时付款赎单,但通过代收行提供的"远期 D/P,即期付款"业务,进口地的代收行代替进口商预先支付款项给出口商并取得单据,从而使得代收行承担日后票据到期时进口商拒付的风险。

二、托收方式下风险的防范

(一)出口商对风险的防范

针对托收方式下面临的主要风险,出口商可采取以下措施予以防范。

1. 加强对进口商的资信调查

在交易前,可通过互联网、驻外大使馆、展销会等对进口商的财务状况、经营情况、声誉等方面进行认真调查。在实际业务中,应该完善各项资料,建立无漏洞的合同,可对客户建立信用档案,评估其资信状况,依据不同资信状况进行业务往来。对于新客户,更应该通过多种渠道搜集客户信息,调查了解客户的状况,避免发生不必要的损失。

2. 了解进口国的市场动态及相关法律法规、商业惯例

在进出口贸易中,某些商品在进口时需申请进口许可证,或取得外汇许可。对于这些涉及进口国贸易法令、外汇管制的业务,出口商都应事先了解掌握,否则可能无法安全收汇。同时还要熟悉进口国在托收业务上的习惯做法,比如在一些国家 D/P 远期被视作 D/A。最后还要了解进口国海关的有关规定,如货到后存仓管理办法等。

3. 选择合适的托收方式和价格术语

出口商在签订合同时,应尽量掌握货物的控制权,争取以 CIF 或 CIP 价格术语成交。由出口商自己办理运输、保险,万一货物在运输途中出事,可向保险公司索偿。同时要注意远期付款方式的使用,在办理 D/P 远期时,尽量不要使远期天数与航程时间间隔太长,使进口商不能及时提货,一旦市场行情变化,造成进口商拒不提货的情况会比较麻烦。

4. 慎重选择代收行

作为交易中介,代收行至关重要,能否正确选择代收行,会影响交易的进行。信誉良好的代收行对货款起到督促作用,同时还能避免银行操作失误造成的风险。出口商应尽量选择熟悉或信赖的外国银行作为代收行,否则托收行将被默认为有权利自行指定代收行,而代收行如有失误或不当,后果还要由企业自己承担,因此选择值得信赖的代收行很有必要。

5. 投保出口信用险,以转嫁出口收汇风险

现在很多国家都开办了出口信用保险业务,即对买方不付款和买方国家因国家风险导致不能如期付款的损失进行保险。我国出口商可以向中国出口信用保险公司投保"短期出口信用保险",这项保险业务适用于以付款交单和承兑交单为结算方式、且期限不超过 180 天的出口合同。投保该险后,如果进口商无力支付货款、不按期支付货款、违约拒收货物,或因进口国实行外汇和贸易管制、发生战争和骚乱而给出口商造成的损失,保险公司将予以赔偿。

(二)进口商对风险的防范

如上所述,在托收业务中,进口商面临的风险主要是指付款交单(D/P)项下进口商付款后

凭单提取货物的风险。为防范出口商以虚假单据或发运残次货物形式蒙骗进口商付款,进口商可以规定出口商必须提交商品质量检验证书,而且这些证书须由进口商在出口地的国际公认的权威检验机构签发,如瑞士的 SGS 检验机构等。只有这样,才能有效地避免来自出口商方面的种种欺诈,才有利于进口商安全收货。

(三)托收行对风险的防范

在托收业务中,托收行的责任本来就较小。托收行只要按照《托收统一规则》的规定谨慎行事,即表面审核出口商提交的单据,向代收行寄单并按托收委托书的内容正确指示代收行,就可以免除业务中的风险。

如果托收行在办理业务的过程中还对出口商进行融资,则托收行应认真审核进口商的资信及进口国政治风险的大小,以避免日后产生不必要的麻烦。此外,尽管融资后遭到进口商拒付时可以向出口商追索融资款项,但托收行还是应严格审查出口商的资信,以期将融资后的风险控制在给予出口商的授信额度之内。

(四)代收行对风险的防范

代收行面临的风险主要是由于对进口商给予融资造成的。如果按照托收指示书的内容行事,代收行没有责任去照看或提取出口商所发运的货物,并且在进口商拒付时,也没有责任替出口商收回货款。正是由于提供了融资,代收行才面临着上面所述的风险。为防范这些风险,代收行可以采取以下措施去防范。

1. 加强对进口商的资信调查

代收行在对进口商融资时,同样面临来自进口商资信的风险,对资信欠佳或不了解的进口商,代收行不可以凭进口商提交的信托收据而给予融资,也不可以接受其要求而修改原有的远期交单付款条件。

2. 代收行提供融资时,应要求进口商提供第三方出具的担保

在进口商凭 T/R 借单融资时,尽管信托收据中已注明进口商所提取货物的所有权以及出售这些货物所得收入依然归代收行所有,但代收行应要求进口商在提交信托收据的同时,还应提交由第三方当事人出具的担保,以免日后进口商无力支付时,由担保人承担还款责任,从而避免进口商无力还款而造成的风险。

3. 代收行融资时,应要求进口商提供一定的资金做保证

在"远期 D/P,即期付款"条件下,代收行预先将资金支付给了出口商,而且是代替进口商事先垫付的,因此,代收行在以上述条件向进口商交付单据时,应要求进口商预先支付一定比例的资金当作押金,这样可在一定程度上降低代收行承担的进口商日后拒付的风险。此外,代收行只有在充分了解进口商资信的前提下,才可以允许使用"远期 D/P,即期付款"对进口商进行融资。

第二节 信用证方式下的风险与防范

尽管信用证方式是建立在银行信用基础上的支付方式,但由于此方式下的出口商、各银行以及进口商等相关当事人在业务处理的过程中以信用证条款为基础,以出口商提交的单据为

中心,而且信用证项下出口商提交的单据与实际发运的货物相分离,因此信用证项下各当事人可能面临更多、更复杂的风险。以下从出口商、进口商和银行三个不同的角度来分析信用证业务中的风险及其防范措施。

一、信用证业务中各当事人面临的风险

(一)出口商面临的风险

1. 进口商不开证或借故拖延开证

在信用证业务中,进口商往往会由于市场价格变化等原因,借故不开证、开立不合格的信用证,并拒绝或拖延修改信用证。在这种情况下,如果出口商贸然发货,将造成单证不符或单货不符的被动局面而面临拒付风险。

2. 进口商伪造信用证

进口商通过窃取银行已印好的空白信用证并冒用银行名义开立信用证,或者进口商以已经倒闭或者根本不存在的银行的名义伪造信用证,引诱出口商发货交单。如果出口商不能及时发现,很有可能导致货款两空的损失。

3. 单证不符、单单不符

在信用证结算中,进出口商交易时选择的大多数贸易术语都是象征性交货术语,这些术语的特点是"交单代替交货",出口商要做到"单证相符、单单相符"才能得到开证行的付款。因此,出口商如果不能做到"单证相符、单单相符",就会遭到开证行的拒付。而进口商往往会利用信用证的这个特征,故意开立与贸易合同条款不一致的信用证。如果出口商按合同发货,必将导致单证不符,有遭开证行拒付的风险;如果出口商按照信用证规定发货,虽然可在银行安全收汇,但进口商在收到货物后可能以货物不符合合同为由提出索赔。

4. "陷阱条款"信用证

"陷阱条款"信用证也叫软条款信用证,是指在申请人开立的信用证中附有一些限制性的、不合理的或不确定的约束性条款。按照这些条款,开证申请人或开证行具有单方面随时撤销和解除付款责任的主动权,使出口商不能如期收款。这种信用证实质上是变相的可撤销的信用证,信用证中的软条款具有较大的隐蔽性,不易被发现。

在实践中一般有以下一些情况:

(1)暂不生效信用证。如信用证规定暂不生效,待进口许可证签发后通知生效,或待货样经开证申请人确认后通知信用证生效。此种情况下业务的主动权完全掌握在开证行以及进口商手中。出口商表面上已经获得开证行的保证,但此保证被附加条件限制住了。出口商不能及时发货,其资金周转受到很大影响。例如:

This credit will be an operative instrument upon receipt of the advice from the issuing bank.

(2)信用证规定某些单据如检验证书、发票、货物收据等由申请人或其授权者签发,而且签字式样应和开证行存档的鉴样相符。在此条款下,如果进口商拖延验货或者不派人签发单据,会造成信用证过期。例如:

Cargo Receipt issued and signed by authorized signatories of the applicant whose signature must be in conformity with our records, certifying that the goods have been received in good order, showing the quantity, value of goods, date of delivery and letter of credit number.

（3）限制装运事项。如信用证规定船公司、船名、航线、目的港、起运港或验货人、装船日期须待开证申请人通知或需征得开证申请人同意,开证行将以修改书的形式另行通知。例如:

Shipment can only be effect upon receipt of applicant's shipping instructions through L/C opening bank nominating the name of carrying vessel by means of subsequent Credit amendment.

（4）开证行付款是有条件的。信用证规定,采用进口国商品检验标准,或货到目的港后通过买方检验才付款;规定相互矛盾,使受益人根本无法执行。

（5）规定 1/3 或 2/3 正本提单直接寄给开证申请人,不利于出口商控制货物,这样会导致进口商在没有付款前就凭正本提单提走货物,实际是将银行信用降级为商业信用。例如:

2/3 original ocean bill of lading must be sent to the applicant directly after the date of shipment.

（6）信用证规定的到期地点在开证行所在地。这样导致寄单耗时加长,出口商的交单日期就要提前,开证行对出口商提供的付款保证期限,从实际操作而言就缩短了。这样,出口商就难以保证准时按照信用证的要求将单据交到开证行手中,易形成不符点,因此出口商收汇将面临巨大风险。

5. 开证行倒闭

在信用证业务中,银行信用代替了商业信用,提高了收汇的安全性。但银行也不一定完全没有风险,特别是开证行是中小银行的情况下,当它们开立信用证之后倒闭或破产,就无法履行其付款责任。也就是说,当开证行倒闭或破产后,出口商就只能凭借贸易合同要求进口商付款,必须承担商业信用风险,这时候信用证就起不了任何作用。

（二）进口商面临的风险

1. 出口商伪造或使用虚假单据

出口商在对进口商实行欺诈时,一般都是和承运人勾结起来,伪造信用证所需要的单据,使其表面上符合信用证的要求。如果进口商获得的是虚假单据,进口商自然无法凭此得到货物,从而遭受巨大损失。出口商采用的伪造或使用虚假单据的欺诈手段有以下几种:

（1）出口商伪造提单和其他单证（如原产地证明书,装货清单,出仓单,保险单,动植物、卫生、质量检验证书等）,去银行结汇,骗取货款。

（2）出口商勾结承运人,由承运人出具货物在良好状态下装船的清洁提单,隐瞒货物装船前的瑕疵,以帮助出口商从银行获得付款,同时由出口商或银行出具保函,保证抵偿承运人因签发清洁提单所造成的损失。

（3）出口商勾结承运人,把未装船或晚装船的提单做成符合信用证装运期内的提单,即通过预借提单和倒签提单来欺瞒进口商。

2. 开证行审单不负责

一些开证行在国外议付行寄来单据时并不审核单据,而只是向开证申请人照转单据,或者粗略审单。开证行的这种不负责任的审单往往会造成一些导致进口商利益受到损害的不符点未能审出,开证申请人的权益得不到保护。

3. 凭单据提取的货物与合同不符

在信用证业务中,银行只关心单据的完整和表面的真伪,并不关心贸易合同和货物的质量,只要出口商提供了完整、准确的单据,且做到"单单一致,单证一致",银行就会对出口商付款。如果出口商用假货或残次货欺骗进口商,只要出口商提供的单据与信用证相符,出口商照样可以得到货款,而进口商只有在付款或承兑之后才能得到包括货运单据在内的全套单据,才能凭以提取货物。在提货之前,进口商无法知道出口商所发运的货物质量是否满足其要求,这就让进口商很被动。

4. 诈骗者以伪造提单冒领货物

提单是一种可以凭以提货的物权凭证,因此行骗者通常利用盗取的空白提单或自制的伪造提单,加盖伪造的船公司印章,做成能够以假乱真的伪造提单,然后冒充进口商直接找承运人提货。而当进口商付款赎单后去向承运人提货时,却发现货物早被冒领。

5. 汇率风险

进口商都有可能面临由于汇率波动而导致的汇率风险。在信用证业务中,无论是即期信用证还是远期信用证,从开证到进口商实际对外支付货款总有一段时间间隔,一旦这期间结算货币的汇率升值,则进口商将支付更多的本币金额,提高了进口成本。

(三)银行面临的风险

1. 开证行面临的风险

在信用证业务中,开证行承担第一性的付款责任。这意味着,即使进口商因资金周转困难不能按期付款、破产倒闭或因市场情况发生变化拒绝付款赎单,只要出口商提交的单据符合"单单相符、单证相符",开证行就必须承担付款责任。开证行对外付款后,尽管其已掌握了进口商开证时预先交付的保证金和作为物权凭证的提单,但保证金毕竟只是货款的一部分,而且有时即使货物变卖后也不足以抵偿开证行垫付的货款,这样往往会导致银行产生大量的呆坏账。同时,开证行也会面临来自进出口商的欺诈风险。一般有以下几种情况:

(1)受益人的欺诈。在信用证业务中,受益人不履行交货义务或者发运残次货物,然后通过伪造信用证项下的全套单据来骗取贷款,骗取开证行的资金,致使开证行利益受损。有的受益人甚至采取复制、印刷、涂改、剪接等方式来伪造和变造信用证,来骗取开证行的资金。

(2)开证申请人的欺诈。开证申请人为了套取银行资金,引诱国外出口商签订贸易合同,并开立无贸易背景的远期信用证。当信用证的受益人发货并提交单据后,开证申请人只要交纳少量的保证金或者出具信托收据做担保就可以取得货物的物权凭证,随后在到期付款日制造破产假象,或者在提取货物变卖后就卷款逃走。而开证行不仅丧失了货物的所有权,还需要承担到期支付货款的责任。

(3)开证申请人和受益人合谋的欺诈。在信用证结算方式下,有可能出现进出口双方相互勾结,伪造虚假的或根本不存在的买卖合同来开立远期信用证,再由所谓的出口商提交伪造单据骗取开证行的货款。我国的开证行在开展信用证业务时,往往将受益人提交的单据直接交给开证申请人审单,询问申请人是否存在不符点以及是否接受单据或对外付款。所以,在申请人的帮助下,受益人提交的伪造单据就很容易被开证行接受,成功骗取开证行资金。

（4）打包放款下的欺诈。打包放款是指出口商收到信用证后，在资金短缺时，用信用证作为抵押，向出口地银行申请贷款，用于出口货物进行加工、包装及运输过程中出现的资金短缺，是出口地银行给予出口商的一种融资行为。在这种情况下，出口商往往也是打着正常贸易的招牌，内外勾结，出口商在骗取出口地银行的融通资金后，设法将所得款项转移，使银行资金遭受损失。而一旦贷款银行到期收不回资金，就会回头来找开证行，追究开证行没有尽到审单和调查买卖双方资信情况的责任。

2. 通知行面临的风险

通知行的主要义务是审核信用证表面的真实性，而且无论其是否能确定信用证的真伪，都要将审核结果告知出口商。这就要求银行的工作人员必须有很强的责任心，如果稍有疏忽，通知行就要承担相应的责任。

3. 议付行面临的风险

议付行在付款前，需要审核出口商提交的单据，并在"单单相符，单证相符"的条件下向受益人付款，然后向开证行寄送单据，并向开证行索汇。在向开证行寄单索汇时，如果开证行发现不符点而拒付或者开证行因倒闭无力付款，议付行就有可能面临很大的损失。虽然在信用证业务中议付行议付后，有权向受益人追索，然后向开证行或其指定的银行寄单索偿，但是如果碰到信用证欺诈，议付行往往难以挽回损失。

4. 保兑行面临的风险

保兑行一旦承担了对受益人的付款责任，其所面临的风险主要来自开证行。如果开证行倒闭，保兑行将无法收回已经支付的货款；对于一些信誉不佳的开证行，即使没有倒闭，在保兑行寄单索偿时，也会千方百计地寻找不符点，借此拒付。

二、信用证中的风险防范

（一）出口商对风险的防范

1. 主动催证

在正常情况下，信用证至少应在装运期前 15 天开到出口商手中。对于资信状况不太了解的新客户原则上应坚持在装运期前 30 天或 45 天甚至更早，并且配合生产加工期限和客户的要求灵活掌握信用证的开证时间。尤其是发现客户资信不佳或者市场行情有变时，出口商更应及时经常检查进口商的开证情况。如果进口商借故拖延开证，或因资金等问题无力向开证行交纳押金，出口商就要通过信件、电报、电传或其他方式，催促对方依照贸易合同，及时办理开证手续并将信用证送达出口商，以便出口商及时备货或装运货物出口。

2. 认真鉴别信用证的真伪

进口商有时会利用伪造、变造的信用证来引诱出口商发货，骗取货物。通常伪造、变造的信用证有以下特征：来证无密押，而声称由第三家银行来电证实；信用证上的签字无法核对；信用证随附印鉴式样而该式样也是伪造的；开证行名称、地点不明；信用证及修改书直寄出口商，且信封无寄件人详细地址，邮戳模糊；信用证上的金额、日期等有改动痕迹；信用证金额一般较大，装运期较短；一般是远期信用证且许诺很高的利率；信用证中的申请人与收货人分别在不同的国家或地区。这就要求出口商要认真审核信用证，谨慎对待有疑点的信用证，一旦发现问题，应立即与通知行联系，共同研究后进行处理。

3. 正确缮制单据

出口商在缮制全套单据时应严格审核信用证和合同,按照信用证的规定制作商业发票、装箱单和从相关机构和部门取得各种检验证书、海关发票、领事发票、产地证书、货运单据、保险单据等,要做到完整、准确、及时和整洁。整套单据制作完成后,应该对照信用证再次审核,确保所有的单据与单据之间严格相符,单据与信用证严格相符,以免给对方造成拒付的机会。在具体操作时还要注意交货期、交单期不能超过信用证的规定,发票等单据的金额不能超过信用证金额。

4. 慎重订立信用证条款,防范软条款信用证

在信用证业务中,软条款形式隐蔽且变化多样,如果出口商对其认识不够或是掉以轻心,很容易落入进口商设置的陷阱。为防止进口商利用信用证软条款进行欺诈,出口商在收到信用证时,应认真审核,仔细推敲,一旦发现有对其不利的软条款,应立即联系申请人要求开证行修改信用证,拒绝接受软条款。同时,出口商也要特别留意信用证上的一些打印错误,如受益人的名称、地址、装运有效期等,虽然看上去只是一些小瑕疵,但却能直接影响单据的制作,有可能成为开证行拒付的理由。

5. 投保出口信用保险,降低收汇风险

出口商投保出口信用保险,以转移收汇的风险。出口信用保险是一国政府为出口商提供的一种非营利性的风险保障制度,目的是鼓励和扩大本国商品出口。出口商在发货前可以向出口保险机构投保出口信用保险以转移和降低收汇风险。

6. 重视对开证行的资信调查

出口商要主动调查开证行的声誉、资金运作情况、偿债能力等情况,以及开证行所在国家的政治、经济、法律、贸易惯例和外汇管制情况等。尤其是我国的出口商,要经常对开证行进行资信调查,对新老客户都不能例外,通常可以通过中国银行驻国外的分行、我国驻外领馆经商处、国内外的有关商会、金融咨询中介机构等渠道来获取开证行和进口商的资信。对开证行的情况不了解时,出口商可以要求开证行去邀请一家较大的而且资信较好的银行对信用证加具保兑,使信用证具有双重付款保障。

(二)进口商对风险的防范

1. 重视对出口商的资信调查

开立信用证之前,进口商应对出口商进行全面的资信调查,慎重选择贸易伙伴。在国际贸易中,贸易伙伴资信良好是防止信用证欺诈的关键。进口商可以通过出口商所在国的资信评估机构、商业行业协会等机构对其资信进行调查,并建立完善的出口方档案,以备日后查询。

2. 核实提单的真实性

进口商虽然无法通过开证行控制货物的质量,但可以在开证时,要求信用证中加列有关货物描述的条款,以此来约束出口商发运的货物。具体有以下几种方式:

(1)加列第三方检验条款,即要求独立的第三方对货物进行检验并出具检验证书,如出口国当地政府检验部门出具的商品检验报告,或进口商指定的在出口地的第三国公正机构出具的检验证书,或进口商在出口地自己指定的委托人出具的检验报告等。通过这些方式进口商可以对出口商发出的货物加以控制,以避免出口商不发货、发假货、发残次货物或者少发货等

情况发生。

（2）对大额商品的出口，进口商可要求出口商发货后用传真或电传发给进口商一份装船通知，内容主要包括提单号、装船日期、装运港、船名、船期、货名、装运数量等。收到装船通知后，进口商可以将有关船情资料提供给国际商会的海事局进行查询，以确定提单等内容的真伪。虽然这要花一笔费用，但是因此避免了更大的风险。

（3）要求第三方或进口商监督装货，即进口商派人到出口商所在地监督装箱、装运，并对于装箱货物加封，出具监装证书，以确保监督装货后不被置换。

（4）对出口商货物发运情况加以控制，如对货物装船日、装运港口、卸货地点、是否允许分批装运、是否允许转运等情况加以限制，以避免出口商不按时发货或货物发运后进口商不能按时取得货物等情况发生。

3. 选择适当的贸易术语

国际贸易中选择不同的贸易术语，对买卖双方责任义务的划分不一样，对买卖双方而言风险的大小也不同。进口商应尽量争取在合同中选择 FOB 术语。因为在此贸易术语下是"由买方负责租船订舱，支付运费；办理货运保险并支付保费；并将船名、装船地点和交货时间通知给卖方；买方要自负风险和费用取得进口许可证或其他证书，并办理货物进口以及必要时经由另一国过境的一切海关手续"。这样有助于买方对货物的控制和掌握，防止卖方和承运人勾结骗取货款的行为发生。

4. 选择资信好的开证行

尽管现在许多银行都可以办理国际结算业务，但各银行的素质参差不齐，各地区银行信用证业务的处理水平也不尽相同，所以进口商在办理进口业务时要尽量选择资信良好、审单能力强和责任心强的银行作为开证行。此外，进口商在接到付款通知时，应该立即仔细审查单据，如发现不符点要及时通知银行拒付。当然开证行也有审单的义务，如果其不认真履行职责而给进口商带来损失，进口商可向其主张自己的权利，要求开证行赔偿损失。

5. 进行外汇保值

外汇市场瞬息万变，进口商随时面临着汇率风险。进口商可以利用一些技术方法锁定汇率，尽可能降低、抵消汇率波动带来的不利影响。例如，在进口商品的时候争取选择有贬值趋势的货币即"软币"来进行支付。同时可以根据外汇市场行情的变化灵活选择付款时间，提前或推迟货款的支付。比如，在结算货币汇率有上升趋势时，就要设法提前付款；相反，如果结算货币汇率有下降趋势时，就应设法推迟付款。进口商还可以利用即期和远期外汇交易来锁定未来的外汇交易价格，在签订合同时与出口商订立外汇风险共担条款，由买卖双方共同分担汇率风险等方法来规避汇率风险。

6. 充分调查市场需求

进口商应对真实的市场需求做好全面、充分的调查工作，对一些大宗热门商品，尤其是对已形成炒作的商品务必保持谨慎，避免跟风抢购。无论进口的是贸易性商品还是原材料，进口商都最好能先落实买家，即在进口之前就与国内买家签订销售合同，而如果进口的商品要再出口，应与国外客户签订好出口合同，锁定销售价格，通过这种方法将进口商品的市场风险转嫁出去。

（三）银行对风险的防范

1. 开证行对风险的防范

（1）防范开证申请人的欺诈风险。开证行应加强对开证环节的审核，做好开证申请人的资信调查工作，并根据申请人的信用状况收取相应的保证金，这样当信用不佳的进口商拒绝赎单时，开证行可以减少损失。

开证行对单据的控制也要加强，由于海运提单代表持有人对货物享有的权利，因而开证行在信用证条款中可要求出口商装运货物后出具空白抬头或以开证行的指定人为收货人的提单。这样，当进口商拒绝赎单时，开证行更方便变卖提单，从而减少出现的损失。

开证行还应该通过分析进口商品来预测和控制风险，如了解进口商品是否属于许可证商品、特许商品、国家限制进口或禁止进口商品；了解企业是否有进口许可证和其他必要的进口手续；了解进口商品是否属于进口商的主营商品；了解进口商品的价格变化的情况。根据调查结果，只对资信良好，并有足够经验和能力的客户开立信用证，而对于资信不佳的客户或无许可证的进口商品，坚持不予开证。

（2）防范受益人的欺诈。开证行首先要对出口商的资信进行详细的了解，如发现异常，可以在事发之前通知开证申请人。在付款之前，必须要仔细审查提单的每个细节，对于增加信用证的金额、延展有效期、修改单据和付款条件等更要严格审查，尽量找出提单中的不符点。因为不同的船公司签发的提单通常有不同的格式和特点，熟悉提单细节的银行人员只要合理小心地审核单据，一般都能找到提单伪造的痕迹。对于可疑提单，开证行应及时通知申请人，并查询船公司和相关部门找出受益人欺诈的证据。

（3）防范开证申请人和受益人合谋的欺诈风险。开证申请人和受益人合谋的欺诈往往最难防范，对此类风险最有效的防范措施就是提高保证金的比例，要求资信差的申请人交纳高比例的保证金，最高可要求100%的保证金。此外，还应严格控制远期信用证的开证比例，并尽量将远期信用证期限控制在180天以内。尤其是对于进口商提货所出具的保函或者信托收据需要认真审核。对于大额交易，最好在信用证中规定分批出运、分批议付，这有利于开证行将一次性的巨额垫款分解成若干次的小额垫款风险。一旦发现欺诈，开证行应拒绝付款。

（4）防范利用打包放款的欺诈风险。防范此类风险往往需要开证行与出口地经营打包贷款的银行建立良好的合作关系，开证行与出口地银行应保持密切联系，仔细调查开证申请人和受益人的资信状况，以及在信用证开立之后的动态，尤其是受益人的流动资金状况和备货过程。发现问题后，银行之间应将信息及时传递，合作打击欺诈行为。

2. 通知行对风险的防范

通知行最重大的责任就是鉴别信用证的真伪，主要应认真核对信用证的印鉴或密押，确定真实无疑，杜绝伪造信用证。此外，通知行虽然没有提醒受益人软条款的义务，但是为了提高服务质量，帮助企业规避信用证业务中的风险，通知行还应审查开证行的资信、信用证内容等，并将一些敏感条款向受益人提示。

在实务中，许多出口商对软条款的危险性认识不够，而且由于软条款比较隐蔽，表述十分专业，难以被非专业人员所理解和注意，如果没有银行专业人员的提醒，一般不容易引起受益人特别是那些初涉国际贸易的出口商所察觉，在某些情况下，如果通知行实在不能确定信用证的真伪，也应及时通知受益人，避免由于自身原因而使伪造信用证过关，给受益人带来损失。

3. 议付行对风险的防范

议付行在接受议付请求时,应首先调查开证行的信用状况,当开证行面临的政治风险或者经济风险较大时,议付行可以拒绝接受议付的请求,避免由于开证行信誉不佳而造成自己垫付货款后而开证行却拒不履行偿付义务的情况出现。

此外,议付行还应不断提高银行员工的业务水平,严格审核出口商提交的单据,避免出现付款后却被开证行发现不符点,进而造成拒付的情况。当议付行不能确定信用证中是否存在欺诈时,应该推迟付款,最好在先取得开证行的承兑或取得保兑行的保兑后再付款,这样就可以避免因自身的工作失误而导致的损失。

4. 保兑行对风险的防范

保兑行在接受保兑请求时,同样应审核开证行的信誉状况及所在国的政治风险,避免发生保兑付款后因开证行拒付而给自己带来损失。当面临的风险较大时,保兑行可以拒绝接受开证行的保兑申请。保兑行接受保兑前,还可要求开证行在保兑行开有账户并存有一定金额的资金,否则被指定银行可以拒绝保兑请求。同意保兑后,保兑行应比开证行更严格地审核单据,并在付款后立即要求开证行偿付货款。

第三节　欺诈例外原则与信用证中的欺诈风险

一、信用证的独立性原则

信用证的独立性原则是信用证制度的根本特征之一,是信用证作为国际贸易主要支付方式的根本原则,也贯穿了《UCP 600》和《美国统一商法典》(以下简称 UCC)第 5 篇的始终。信用证的独立性原则的基本含义是:

(1)当单证相符时,开证行或保兑行应独立地履行其付款承诺,不应受到其他当事人的干扰。

(2)信用证是独立文件,与销售合同相分离。

(3)银行处理的是单据而不是货物,单据与货物相分离。

根据信用证的独立性原则,信用证的开证行一旦开立信用证给受益人,只要受益人交付了和信用证条款严格相符的单据,开证行就负有一项对受益人的无追索权的付款义务,而不得越过单据看基础交易的履行情况来判断是否应付款。正是由于信用证的独立性原则将单据和基础交易分开,满足了国际贸易支付所要求的迅捷和确定性,因此它成为信用证机制的基石。各国法院在处理信用证的争端时,优先考虑的就是信用证的独立性原则。

信用证自主性的基本概念是必须允许开证行承付,信用证不受法庭干预。法庭不愿干预信用证自主性是为了维护信用证承付义务的信誉,信用证的付款义务是银行业务链条维系任何一端及买卖双方之间基本权利和义务的附属担保。如果法庭向开证行发出禁付令,则国际商务中的信任将遭到破坏,银行在金融上和契约上的信誉会受到损害。

二、欺诈例外原则

根据《UCP 600》第 14 条的规定:银行只需核对单据表面的真实性,而对单据的真伪等概不负责。这样就给一些不法的受益人以可乘之机来伪造单据。但是,如果确实发现是伪造的单据,法庭应该干预有明显欺诈行为的犯罪行为,银行也应拒付伪造单据,国际上发展形成欺诈例外原则(Fraud exception principle),作为对于《UCP 600》的补充。国际商会银行委员会指出,如果银行是受欺诈的一方或者单据提交之前已获知单据欺诈,或者虽然没有注意到,但是如果单据欺诈是明显的,银行有权运用诈骗例外原则拒付信用证项下之款项,受害人即申请人也可依据欺诈例外原则向法院申请发出禁止或冻结付款命令给开证行。

(一)美国法律的规定

关于欺诈例外的最早判例是美国 1941 年的 Sztejn 诉 J. Henry Schroder Banking Corp. 案。纽约法院对此案的判决,成为法院以禁令的形式干预信用证欺诈事件的先例。此案案情是:原告 Sztejn 从印度卖方 Transea Trading Ltd. 处购买一批猪鬃。为了支付这笔货款,Sztejn 要求开证银行 J. Henry Schroder Banking Corp. 开出以印度卖方为受益人的不可撤销的信用证。卖方为了获得货款,以印度中间行 Chartered Bank 为托收代理人向开证银行提交了汇票及发票、提单等单据,发票和提单对货物的描述是猪鬃,但 Sztejn 收货后发现实际上是牛毛和一些垃圾废物。Sztejn 遂向法院起诉,要求法院判令信用证及汇票无效并发布初步禁令责令开证银行停止支付信用证项下的货款。

Shientag 法官接受了 Sztejn 的请求,并在判决中指出:第一,原告的陈述是事实,卖方把毫无价值的废物装船是企图诈取原告的钱款。Chartered Bank 不是善意的汇票持票人,而只是为了使卖方的汇票得到支付而提供协助的当事人。第二,信用证独立于买方和卖方之间的买卖合同,这是一项确定的原则。开证行同意根据提交的单据而不是货物付款,但是,这一理论的适用是以随附汇票单据的真实性及满足信用证的必要条件为前提的。第三,本案不是关于货物质量违反合同而引起的买卖双方之间的争执,而是卖方故意完全没有装运买方订购的货物。在为了取得货款而提交汇票及单据之前,卖方的这种欺诈已经提请了开证行的注意,在这种情况下,信用证项下开证行责任中的独立抽象性原则不应扩展到保护不讲道德的卖方。第四,当开证银行接到关于卖方欺诈的通知之前已将汇票支付完的情况下,即使单据是伪造的或欺诈的,只要它支付前给予了合理的注意,则仍应受到保护。本案中,开证银行是在受理汇票、兑付之前收到有关卖方实施欺诈的通知的。第五,欺诈已被申述,货物不只是质量低劣,而是一文不值的垃圾,汇票及单据在与进行欺诈的卖方处于同等地位的人手中,在等待判决的时间里,开证银行本身不愿意兑付时,及时允许其拒绝兑付也不致产生任何困难。第六,如果从申述中可以断定,为获得支付而提交汇票的银行是正当持票人,那么即使基础交易因欺诈而被污染,该银行对信用证开证行的付款起诉也不会败诉。

可见,Sztejn 案判决的基本精神构成了后来的《美国统一商法典》第五章中欺诈例外司法处理的基础,被美国许多法院引证,也被其他普通法国家的法院参照。Sztejn 案及其后一系列有关信用证欺诈问题的判决,完善了欺诈例外原则的内容,将倒签提单、预借提单、伪造清洁提单等情况也纳入了适用欺诈例外原则的范围。

美国法院向开证行发出止付禁令。根据《美国统一商法典》第五篇——信用证篇 5 - 109(b)条规定:"如果开证申请人宣称某些必要单据属于伪造,或其有实质上的欺诈性,或者兑付提示的单据将为受益人对开证行或申请人进行实质的诈骗提供便利时,具有管辖权的法院在开证行尚未付款时,可以暂时或永久禁止开证行兑付某项要求付款的提单而签发禁付令。"开证行即被禁止兑付,但是 5-109a(1) 还规定了以下四种情况例外:开证行或其他指定承兑行已承兑远期汇票;保兑行善意地已经履行了保兑责任;议付行已经议付了跟单汇票、善意地付给对价;指定延期付款行已经承担延期付款责任。允许开证行对以上情况仍应兑付提示的单据,申请人偿付开证行。

美国《统一商法典》和判例在处理信用证欺诈例外的问题上主要掌握以下原则:强调欺诈必须是实质性的;法院必须审查基础合同来确定欺诈是否具有实质性;欺诈抗辩的申请人负有严格的举证责任,其现实可能的救济手段是向法院申请主张权利;银行以欺诈为由拒付是其权利;出于对交易安全和秩序的考虑,对包括开证行、正当持票人、被指定银行的善意行为是给予充分保护的。

(二) 英国法律的规定

英国没有专门的信用证成文立法,按照英国法律规定,在欺诈例外原则下,信用证付款承诺无效。提交银行的跟单汇票,在凭票付款方面,受到英国《票据法》的保护。信用证欺诈例外原则在英国 1975 年 Discount Records Ltd. V. Barclays Banks 案中也得到了支持,Megarry 法官指出:"除非存在欺诈等充分理由,法院不应干涉信用证交易,否则会严重损害商人们对信用证机制的依赖。"丹宁勋爵在涉及银行保函的 Edward Owenza 案中的判决,确定了英国法院对待欺诈例外原则的立场。在英国关于信用证欺诈最具代表性的 1983 年的 United City Merchants 案中,经过英国法院商事庭的初审、上诉法院的再审及上议院的最终判决,明确了适用欺诈例外原则的限制,即任何欺诈必须是指受益人本人或其他交单人实施的欺诈,从而确定欺诈例外不能滥用,在受益人不知情的情况下,即使存在单据上的欺诈性陈述,也不能以欺诈例外对抗受益人。

从相关判例中可以看出,英国法院采取十分慎重的态度,一般不轻易作出禁止银行付款的禁令。丹宁勋爵坚持"唯一的例外是存在明显的欺诈且银行已知情"。原告仅声称存在欺诈不足以让法院颁布禁令,还须证实欺诈存在。此外,在 United Trading 案中,对举证问题的阐述体现了英国法院要求原告承担严格的举证责任,且明确由法院而不是银行判断欺诈是否被充分证实。

(三) 我国法律的规定

我国法院可向开证行发出冻结令,1989 年 6 月 12 日,我国最高人民法院颁发的《全国沿海地区涉外、涉港澳经济审判工作座谈会纪要》中规定:信用证交易和买卖合同属于两个不同的法律关系,如有充分证据证明卖方是利用签订合同进行欺诈,且中国的银行在合理时间内尚未对外付款,在这种情况下,人民法院可以根据买方请求冻结信用证项下的货款,在远期信用证情况下,若中国的银行已承兑了汇票,中国的银行在信用证中的责任已变成票据上的到期日无条件付款责任,人民法院就不应加以冻结。

冻结信用证项下货款根据法院原来的解释为冻结信用证开证保证金,但是按照上述纪要规定是指冻结开证行对外付款。实际上中国《民事诉讼法》第 27 条规定:对于涉外案件,申请人提供担保后,当他急于保全财产,法院可裁定准予诉前保全财产,发出临时性冻结令,其效力为 30 天,申请人必须在 30 天内起诉。当他按期起诉后冻结令效力可达 7 个月,法院审查认定确有欺诈,则判决开证行不得对外付款,可将临时冻结令视同永久冻结令。如果申请人没有要求提前保全财产,则起诉后法院裁定确有欺诈,发出永久性冻结令,不准开证行对外付款。如果中国的银行已经承兑了汇票,法院不应发出冻结令,允许开证行于到期日对外付款。

开证行收到法院发来的冻结令应立即电告寄单行不能付款并随寄法院裁定书副本及有关证明受益人欺诈的材料,以争取寄单行的理解和协助。

我国法律明文规定,仅对开证行承兑汇票,包括承兑信用证和远期汇票议付信用证,可以免除冻结令对开证行付款的限制。不是开证行的指定承兑行的承兑信用证和即期汇票议付信用证,将要受到开证行的拒绝偿付。遇此情况,需由不能获得偿付的承兑行和议付行向法院起诉,要求按照国际惯例令开证行予以偿付,同时申请人也须偿付开证行。

三、信用证中的欺诈风险及防范措施

尽管信用证方式是建立在银行信用基础上的支付方式,但由于此方式下的出口商、各银行以及进口商等相关当事人在业务处理的过程中以信用证条款为基础,以出口商提交的单据为中心,而且信用证项下出口商提交的单据与实际发运的货物相分离,因此信用证项下各当事人可能面临更多、更复杂的欺诈风险。这些风险的防范将变得更加困难。

(一)信用证欺诈的表现形式

信用证欺诈的表现形式多种多样,从不同的角度分析会有不同的结果类型。比如根据欺诈行为的表现形式可将信用证欺诈分为变造、伪造信用证,伪造单据,预借提单/倒签提单,用保函换取清洁提单,开立空信用证,"软条款"信用证等类型。

但业务中常见的是根据欺诈行为的主体来进行分类。根据这一标准,信用证欺诈主要可分为五种类型,它们分别为:受益人自谋的信用证欺诈;开证申请人自谋的信用证欺诈;受益人和船东共谋的信用证欺诈;开证申请人与开证行共谋的信用欺诈;开证申请人与受益人共谋的信用证欺诈。本节主要从这一角度出发对信用证欺诈行为进行分析。

1. 受益人自谋的信用证欺诈

它是指受益人或他人以受益人名义,用伪造或具有欺诈性陈述的单据或假货,欺诈开证行、通知行、开证申请人,以获取信用证项下银行付款的行为。这是最为常见的信用证欺诈之一,对买方风险较大。

受益人自谋的信用证欺诈的具体表现形式包括:伪造全套单据、伪造单据内容;伪造部分单据;伪造或变造信用证等。

(1)伪造全套。通过伪造全套单据进行信用证欺诈是指受益人在根本无货的情况下,以伪造跟信用证要求相符的单据使银行因表面上单证相符而无条件付款,从而达到诈取信用证项下款项的目的。实际业务中这种欺诈行为出现的概率较高。

(2)伪造单据内容。即受益人以另外一种货物、残次货物代替信用证所要求的货物而伪造单据的信用证欺诈。

(3)伪造部分单据。此类欺诈方式其做法类似于伪造全套单据的信用证欺诈,欺诈人向银行所提交的单据中,有部分是真实的,有部分是伪造的,如伪造单据上的签字。

2. 开证申请人自谋的信用证欺诈

主要表现为欺诈人以开证申请人或假冒开证申请人的身份,用假冒信用证或"软条款"信用证等方式,欺诈付款行和受益人,使受益人及付款行相信欺诈人的开证申请人的合法

身份,以达到诈取佣金、质量保证金、履约金等资金或诈取卖方货物的目的。主要有以下几种情形:

(1)假冒信用证欺诈。假冒信用证是以根本不存在的虚假银行名义开立的假信用证,或是冒用其他银行名义开立的伪造信用证,其目的是利用贸易合同中列有卖方预付佣金、质押金、履约金并规定卖方收到信用证后立即支付条款,或列有收到信用证后立即发货条款来骗取钱货。

(2)"软条款"信用证欺诈。"软条款"信用证又称"陷阱"信用证,是指开证申请人开立的此种信用证中附有"陷阱"条款,据此条款,开证申请人或开证行具有单方面随时解除付款责任的主动权,以便达到诈取保证金或使货款的收回完全依赖于买方的商业信用的目的。其根本特征在于赋予开证行或开证申请人单方面的主动权,使得信用证可随时因开证行或开证申请人单方面的意愿而撤销其保证付款责任,成为一种可撤销的"陷阱"信用证。并且这种诈骗方式十分狡猾,不易被发现。

归纳起来,"软条款"包括以下几种:

① 暂不生效信用证。如信用证规定暂不生效,待进口许可证签发后通知生效,或待货样经开证申请人确认后通知信用证生效。此种情况下业务的主动权完全掌握在开证行以及进口商手中。出口商表面上已经获得开证行的保证,但此保证被附加条件限制住了。出口商不能及时发货,其资金周转受到很大影响。例如:

This credit will be an operative instrument upon receipt of the advice from the issuing bank.

② 信用证规定某些单据如检验证书、发票、货物收据等由申请人或其授权者签发,而且签字式样应和开证行存档的鉴样相符。在此条款下,如果进口商拖延验货或者不派人签发单据,会造成信用证过期。例如:

Cargo Receipt issued and signed by authorized signatories of the applicant whose signature must be in conformity with our records, certifying that the goods have been received in good order, showing the quantity, value of goods, date of delivery and letter of credit number.

③ 限制装运事项。如信用证规定船公司、船名、航线、目的港、起运港或验货人、装船日期须待开证申请人通知或需征得开证申请人同意,开证行将以修改书的形式另行通知。例如:

Shipment can only be effect upon receipt of applicant's shipping instructions through L/C opening bank nominating the name of carrying vessel by means of subsequent Credit amendment.

④ 开证行付款是有条件的。信用证规定,采用进口国商品检验标准,或货到目的港后通过买方检验才付款;规定相互矛盾,使受益人根本无法执行。

⑤ 规定1/3或2/3正本提单直接寄给开证申请人,不利于出口商控制货物,这样会导致进口商在没有付款前就凭正本提单提走货物,实际是将银行信用降级为商业信用。例如:

2/3 original ocean bill of lading must be sent to the applicant directly after the date of shipment.

⑥ 信用证规定的到期地点在开证行所在地。这样导致寄单耗时加长,出口商的交单日期就要提前,开证行对出口商提供的付款保证期限,从实际操作而言就缩短了。这样出口商就难

以保证准时按照信用证的要求将单据交到开证行手中,易形成不符点,因此出口商收汇将面临巨大风险。

(3)利用远期信用证进行欺诈。远期信用证是指受益人开立远期汇票进行收款的信用证。由于采取远期信用证支付时,买方是先取货,后付款,在信用证到期付款前尚存有一段时间,因而能利用这段时间制造付款障碍,以达到骗取货物的目的。有的是取得货物后,将财产变卖;有的则是取得货物后,将财产转移,宣布企业破产;甚至有的国外小银行,其本身拥有的资金就少于信用证开出的金额,待买方取得货物后银行宣告资不抵债。

(4)保函欺诈。开证申请人不是向开证银行付款赎单,而是以保函向银行换取提单,将货物提取变卖后潜逃或者进入破产程序。在这种情况下,卖方因银行或者买方已潜逃而无法追究其责任,或者因买方进入破产程序而蒙受损失。

3. 受益人与承运人共谋的信用证欺诈

这种欺诈方式因为有受益人和承运人共同操作,增加了欺诈人实施欺诈行为的方便程度,对被欺诈人的危害性和危险性更大。受益人和承运人共谋的信用证欺诈表现为以下几种:

(1)伪造提单。这种欺诈方式表现为受益人和承运人共谋伪造提单及其他信用证所要求的单据用以结汇,直接诈取货款。通常情况是,受益人的货物根本不存在,而只凭受益人和承运人伪造的假提单和其他有关单据便可以从银行结汇。

(2)凭保函换取清洁提单。在国际贸易结算中,银行不能接受不清洁提单进行结汇。在货物外表状况不良或存在缺陷等情况下,船公司本应签发不清洁提单,但此时受益人为顺利结汇通过贿赂或勾结承运人等方法,出具标志货物在"良好状态"下装船的清洁提单,以隐瞒货物装船前的瑕疵,这便构成了对买方的欺诈。这通常发生于 CFR 或 CIF 价格成交的货物买卖,这两种买卖合同均由卖方负责租船订舱,这便为卖方与承运人共谋信用证欺诈提供了机会和条件。

(3)签发预借或倒签提单。所谓预借提单(Advance B/L)是指承运人已接管货物,但还未装船,或货物还未装船完毕,应托运人(受益人)请求即时签发的提单,以满足信用证的最迟有效日期,从而如期办理结汇手续。倒签提单(Anti-dated B/L)是指承运人在货物装船完毕,签发提单时,应托运人请求,将提单签发日期提前到信用证规定的装船日期。预借提单和倒签提单在实务中经常发生,这两种提单均是托运人和承运人合谋签发的不符合实际装船日期的提单,从而对收货人(买方)构成欺诈行为。因为预借/倒签提单均属于表面符合信用证条款要求的提单,卖方可凭此要求银行议付货款,即使买方收货时发现货物不符合合同要求,或交货迟延,也无法免除向银行偿还其已议付货款的责任,这往往会使买方蒙受巨大损失。

受益人与承运人共谋欺诈是信用证欺诈中最具危险性和危害性的一种欺诈方式。由于受益人和承运人二者共谋和配合,增加了欺诈人实施欺诈的方便程度,也使银行的单证审核工作成为一种无用的工作,而开证申请人也将无法通过承运人知道有关单据的真实性。

4. 开证申请人与受益人共谋的信用证欺诈

主要包括两种手段:

(1)开证申请人交付部分押金后不向银行付款赎单。在信用证业务中,大多数情况下开证行开证时通常只要求开证申请人交付合同金额 5%～10% 的押金,这样,当买卖双方联手进行欺诈时,开证行按照信用证规定的条件向受益人付款后,开证申请人拒不付款赎单,开证行的资金周转受到影响,买方缴纳的信用证保证金不足以偿还银行,银行只好处理货物,但货价是原先有意高估的,当然抵不上银行付出的款项。虽然银行可向买方追索,但买方常常是人去楼空,使开证行蒙受损失。

(2)买卖双方联手虚报、谎报进口货物名称及进口货值。由于信用证独立于贸易合同之外,一些开证申请人往往利用银行不了解进出口合同详细内容的事实,与受益人联手,或以虚假的进出口合同,或在进口时虚报、谎报进口货物及价值,由受益人提交与信用证条款相符的各种单据,骗取开证行或其指定行的付款,套取银行信贷资金。

由上可知,开证申请人与受益人共谋的信用证欺诈,欺诈人同时扮演了基础贸易中的买卖双方,既扮演着申请人的角色,又扮演着受益人的角色。而按照信用证支付方式的特征,信用证不依附于买卖合同,银行在审单中,强调的是只要提交了与信用证要求表面相符的单据,银行就会支付货款。这样,如果开证申请人和受益人是勾结在一起的欺诈集团,其危害程度就可想而知了。

5. 开证申请人与开证行共谋的信用证欺诈

开证申请人与开证行共谋的信用证欺诈多表现为开证申请人与开证行勾结,签发"软条款"信用证来欺诈受益人,或开证申请人与开证行经办人相勾结,以假合同诈取开证行信用证项下款项的信用证欺诈。由于受益人误入"软条款"的圈套,开证行免除了付款责任,买方获取欺诈利益,受益人所面临的是巨大的损失和艰难的司法救济。

(二)防范信用证欺诈的措施

1. 事前防范

实践证明,事前防范信用证欺诈最为关键,业务中可通过以下两种途径进行。

(1)建立健全信用证安全运行的外部环境。包括:① 尽快制定反信用证欺诈的国际条约。截至目前,世界上尚无完整的反信用证欺诈的国际条约。建议在国际社会紧密合作共同对付跨国犯罪经验的基础条约上,制定一部包括实体法规范和冲突法规范在内的反信用证欺诈的国际条约,在法律上谋求对人类社会共同的保护。② 开展国际合作。例如,召开反信用证欺诈的国际会议,探讨反信用证欺诈的国际合作问题。世界各国均须充分认识到信用证欺诈是危害人类共同利益的国际公害,意识到反信用证欺诈斗争的紧迫性和必要性,在达成共识的基础上,讨论反信用证欺诈国际合作的可能性,以实现相互信任、通力合作、协同行动。③ 堵塞现有国际贸易程序的漏洞。现行的国际贸易程序与国际贸易的安全和效益密切相关,为使信用证更安全、可靠、简便、易行,实施一系列改革,具体包括:单据标准化、提单电子化等。④ 完善《跟单信用证统一惯例》。这可从两个方面着手:第一,确定开证行有拒付欺诈性单据的权利和义务;第二,增列对付信用证欺诈的条款。⑤ 制定反信用证欺诈法。各国应充分借鉴英美法系国家在其法律及判例中有关反信用证欺诈的办法,制定本国相应的反信用证欺诈法。该法一般应规定:信用证欺诈可由法院采取财产保全办法;信用证欺诈侵权之诉独立于合同仲裁条款;信用证欺诈的范围和构成;信用证欺诈采取财产保全的条件;信用证欺诈申请财产保全错误给申请人和有关银行造成损害,所负法律责任等内容。另外,各国还应在其本国刑法中增列信用证诈骗罪,明确规定犯罪的认定及惩罚措施。

(2)提高自我防范能力。包括:加强对交易对象的资信调查;提高信用证当事人业务素质；严格审核单证；加强银企双方之间的配合。

2. 事中对策

一旦选择了信用证作为支付方式，信用证有关当事人面对信用证欺诈就会比较被动，但仍可采取以下措施来避免信用证欺诈的发生或减轻信用证欺诈的损失。

（1）规范业务操作和强化监装监卸和商检手段。对于大宗交易，最好到起运港当场验货；在集装箱运输方式下，最好在装箱时能够当场验货。对于对方派船或对方封装的集装箱货物或成套设备或量大价值高的货物，可派人监装监卸，并严格按照信用证要求核查货物的正确性。

（2）及时调查货运航程及行踪。买方可根据合同中运输条款，派人或委托有资信的商检机构到装运港，了解与船运有关的情况，包括船名、船东、船龄、吨数等，货物是否上船、起航日期、航行计划、抵达日期等情况。货船起航后，买方应随时了解航向动态，通常每隔几天买方应向承运人或船东查询一次货船方位以掌握货物下落，如果发现异常情况应立即报告保险公司，追查承运人、代理人、卖方、船东等，不能迟缓。

在提单的装运港雇佣代理人去查看是否有在提单日期装运提单所注明货物的船舶。确认提单是否倒签的方法比较简单，只要向装运港当局了解一下就很容易查出。一经证实提单倒签，买方完全有权拒绝收货并收回货款，还可向承运人追究赔偿责任。

（3）灵活运用信用证欺诈例外原则。所谓信用证欺诈例外原则，是指对信用证独立性原则和银行义务仅限于审核单证表面相符并在单证相符时付款的例外。也就是说，尽管有信用证关系独立于基础合同关系的规定，在存在信用证欺诈的情况下，即使单证相符，银行也不得根据信用证付款。

援引欺诈例外原则，对受信用证欺诈的银行实行民事救济的主要方式有两种：一是开证行行使拒付权，拒付信用证下的款项；二是开证申请人向法院申请禁令，禁止开证行向受益人付款。相对而言，前者是银行主动救济行为，后者是银行被动救济行为。

① 开证行拒付。当发生信用证欺诈时，根据欺诈例外原则，开证行可行使不予兑付的权利，这是欺诈情况下的一种救济手段，国外把这种手段称为"拒付"。开证行拒付意味着拒绝接受单据，拒绝履行其在信用证项下的付款责任。一般来说，根据信用证独立抽象性原则，只有在单据表面与信用证要求不符时，才可以行使拒付权，除此以外，开证行不得以其他理由拒付，包括基础买卖交易中开证申请人对受益人所拥有的各种抗辩。然而根据欺诈例外原则，当出现信用证欺诈时，即使单证严格相符，开证行也可行使拒付权，从而成为具体体现欺诈例外原则的法律效果之一。

银行在应用欺诈例外原则保护客户利益时，冒着损害信誉和经济损失的风险。因此，银行须谨慎行事，并应注意只有具备以下条件，银行才能拒付：信用证欺诈需来自受益人，即受益人对单据中的不真实性是知情的，或是亲自制造的；信用证欺诈的目的在于获取信用证项下的款项；须有足够的证据证明信用证欺诈不能仅是一种可能或声称，而必须是真实存在的；关于这种欺诈情况的通知须在银行付款或承兑之前。

如果受益人没有参与欺诈或毫不知情，或者即使存在欺诈，而开证行所面对的是汇票的正当执有人（善意第三人），银行也不能以欺诈为理由拒绝付款。

为避免银行因为拒付而受到损失，银行在拒付前常常由开证申请人提供相应担保，以便银行因拒付而蒙受损失时获取补偿。

② 法院禁令(Court Ban)。由于开证行对单证相符情况下的主动拒付普遍存在消极的态度,当申请人发现存在信用证欺诈时,为争取时间,防止遭受经济损失,他通常会直接(或在与开证行交涉的同时)向法院寻求司法救济。那些要求开证行拒付未果的申请人也会把目光转向法院。在能够对申请人合法权益起到保护作用的各种司法救济措施中,法院的禁令为各国所普遍采用,也为申请人所青睐。另一方面,开证行为了防止所拥有的担保物权落空以及因遭遇欺诈而给自己带来信誉、业务上的损失,同时出于对申请人破产导致无力清偿的担忧,也不希望见到信用证欺诈得逞。因此,开证行在收到可疑单据时会建议申请人去寻求法院禁令,并承诺自己将遵守法院的判决,因为禁令的颁布只会阻止银行履行其付款义务,而不会使银行陷入基础交易的纠纷当中;当欺诈不能成立时,禁令的颁布不会使银行因拒绝支付有欺诈的单据款项而使自己的信誉受到影响。

因此,法院禁令成了反信用证欺诈的主要措施。禁令是指司法部门根据有关当事人的申请,为防止非法损害财产或防止欺诈行为的发生而颁布的一种强制性命令,是对受害人施行的以法律手段防范损害的措施和补救方法。

信用证业务中的禁令是由法院颁布的禁止银行履行其在信用证项下付款义务的命令。无论对申请人而言,还是对开证行而言,禁令在反信用证欺诈方面具有独特的优越性,是实现欺诈例外原则最重要的途径。对申请人来说,禁令能向其提供及时、有效的救济,使之免受即将发生的不法侵害,免遭损失。对开证行而言,发生信用证欺诈时,开证行一般不会主动拒付,由法院发出禁令对开证行不会有多少不利影响。因为禁令唯一的效力是,当基础交易双方的争议悬而未决时,阻止银行履行其付款义务,因此禁令的颁布并不会令开证行陷入基础交易的纠纷之中。另外,由于禁令的性质是众所周知的,开证行不会因遵守了这一对其具有约束力的法院命令而受到指责,开证行的对外信誉并不会受到多大威胁。

3. 事后救济

当信用证欺诈结果已经发生,买方既不能请求银行拒付,也不能请求法院发布禁令强制银行止付,只能依据货物买卖合同追究欺诈人的民事责任,依法向欺诈人追偿。当事人应当在索赔期限内及时提出索赔请求,并可考虑在适当情况下启动仲裁或诉讼程序。无论是仲裁程序还是诉讼程序,当事人可以向法院申请财产保全以便及时将对方的财产予以强制扣留。裁决或判决作出后,如果对方无意履行,当事人应及时向法院申请强制执行。

在具体操作步骤上,如果先以民事诉讼追究欺诈人的民事责任,常常使对欺诈人的刑事责任的追究落空。当欺诈人已被控制或被抓获时,受害人可提起刑事附带民事诉讼。但是,信用证欺诈案件既不完全等同于刑事附带民事诉讼,也不完全等同于一般的民事侵权损害赔偿案件。在审判实务中经常的做法是,当没有控制或抓获欺诈人时,受害人首先提起民事诉讼,向欺诈人追偿经济损失。由于信用证欺诈的刑事管辖权与民事管辖权不完全一致,法院在作出民事赔偿处理后,往往导致对欺诈人的刑事责任的追究落空。这个问题不止中国是这样,而且在国际上亦具有普遍性。

只有从立法和司法制度上加以健全、完善,才能更有效地从民事和刑事两个方面制裁信用证欺诈违法行为及犯罪行为。

此外,一旦发生欺诈,受害人还可借助世界著名的国际商账追收机构,对欠款进行追讨。据统计,目前国际商账追收机构对欠款立即进行追收的成功率达98%,3个月以内追收的成功率达73%,寻求他们的帮助显然有利于买方及时挽回损失。

【案例 8－1:信用证"软条款"诈骗案】

某年 1 月,国内 A 公司通过以前的客户甲先生了解到香港 B 公司欲购买 1.2 万件皮装,随后甲以 B 公司代理的身份与 A 公司进行了贸易谈判并签订了合同,价格条件 FOB 天津,合同金额 90 余万美元,合同规定的支付条件为不可撤销即期信用证。不久,A 公司收到新加坡曼谷银行开出的信用证,不过开证申请人并不是 B 公司,而是新加坡的 C 公司。收到信用证后 A 公司即向甲支付了佣金,并从甲先生指定的工厂购进原料,积极生产备货。按照信用证规定,"受益人应于发货前一周通知开证申请人装船计划,开证申请人将通过开证行确认该计划并通知船只名称,且以上两份电文原件均为信用证要求提供的单据。"由于信用证上并未注明开证申请人的传真号码,A 公司提前将装船计划通知了 B 公司,并请 B 公司通知开证申请人对此予以确认。但 B 公司质检人员一再拖延产品检验时间,并对 A 公司的装船计划避而不谈。在 A 公司的催促下,B 公司函告 A 公司,因交货地点在香港,所以请 A 公司将货物发给 B 公司,B 公司会将货物的情况及时通知新加坡开证行。日子一天天地过去了,B 公司一方面以信用证即将过期为由催促 A 公司向其直接发货,另一方面,其保证只要 A 公司履行了合同,开证申请人一定会去银行付款赎单的。在此过程中,开证申请人方面一直音信杳无,并未按信用证的规定对卖方的装船计划予以确认,A 公司陷入了两难的境地:如果按时发货,由于没有得到开证申请人对装船计划的确认,其向银行提交的单据一定存在不符点,虽然 B 公司一再保证收汇不成问题,但是开证申请人未必会接受此不符点;如果不按时发货,信用证一旦作废,A 公司前期的投入可能就会付诸东流。在这关键的时刻,事情出现了新的转机。

一个偶然的机会,A 公司获悉与自己同在一个省的 D 公司不久前也出口过同类的货物,且中间人同为甲先生,原料购自于同一家工厂,支付方式也为信用证。不幸的是,D 公司被甲先生和香港 B 公司的伎俩所蒙骗,盲目地将货物发给了他们,而由于并未接到开证申请人的装船计划确认,造成银行以不符点为由拒付,落了个钱货两空,损失近百万美元。后 D 公司律师亲赴香港,但根本找不到所谓的 B 公司。

至此,一桩商业欺诈案水落石出。A 公司悬崖勒马,停止了货物的发运。

分析:本案一开始便存在一些疑点,但 A 公司都将它们忽略了。

第一,买家资信状况不明。出口商 A 公司以前从未与香港 B 公司有过贸易往来,对其情况可谓是一无所知,在这种情况下便与之签订了 90 余万美元的合同未免有些草率。且 A 公司从未对 B 公司的资信情况进行调查,哪怕是核实一下相关的地址是否存在这个公司(事实证明根本不存在)。

第二,买家指定原材料供货厂家。在合同洽谈阶段,B 公司的代理甲先生坚持 A 公司必须订国内某工厂的原材料,理由是其质量较好。

第三,开证申请人不是合同签订人。与 A 公司订立商业合同的为香港 B 公司,而信用证的开证申请人却为新加坡的 C 公司。虽然信用证是依据合同开立的,但它与合同是两份独立的契约。如果 C 公司为货物的最终买家,A 公司应要求采用可转让信用证或背对背信用证这种直接与中间商结算的方式,以谋求合同项下双方权利、义务与信用证项下权利、义务的统一。如果 C 公司不是最终买家,而只是受 B 公司的委托开立信用证,那应请 B 出具开证委托,以明确各方的法律关系。A 公司未就以上情况向 B 公司提出质询。

第四,信用证中存在软条款,应提出修改。A 公司收到的信用证中注明:"受益人应于发货前一周通知开证申请人装船计划,开证申请人将通过开证行确认该计划并通知船只名称,且以上两份电文原件均为信用证要求提供的单据。"以上条款使主动权完全操纵在开证申请人手中,随时可解除信用证项下的付款责任,其对卖方极为不利,对这样的条款,应坚决要求修改。

本案是一起买家利用信用证软条款进行诈骗的案例,究其根本还是由于出口商对信用证软条款的风险认识不够所致。

在国际贸易的支付方式中,跟单信用证使用广泛,被视为对卖家相当保险的一种交易方式。出口商通常认为只要不出现不符点,就可以安全收汇,因此不符点也是卖方最着力研究与避免的。但在两种情况下,卖方即使履行了应尽的义务,依然无法拿货款。一是银行倒闭,二是信用证有达不到的要求。就第二点而言,其主要体现为信用证中的软条款,由于其相对的隐蔽性,因此有不少出口商还没有充分认识到它的风险。《UCP 600》规定:"银行对任何单据的形式、完整性、明确性、真伪或法律效力概不负责。银行对于任何单据中有关的货物描述、数量、质量,对货物发运人、承运人、收货人或其他任何人的诚信、清偿能力、执行能力概不负责。"因此,进口商为保护自己的利益,在信用证基础上形成了软条款信用证。软条款信用证俗称"开口信用证",指证人向银行申请开证时,加列各种限制性条款,使单据的取得或有效性受到限制,甚至遭银行拒付。软条款信用证一般特点为:受益人议付货款时,除提供贸易合同规定的单据外,还需提供信用证条款加列的结汇单据;某些结汇单据是受益人无法通过自己履约行为来获得的,其有效性受到买方或第三方行为意志的制约。虽然软条款信用证对卖方而言存在着一定的风险,但应该看到,在国际贸易中支付方式的选择是受多种因素影响的,作为买方一种自我保护的手段,软条款屡屡被列在信用证中,完全拒绝软条款并不十分现实。"机遇与风险并存",抓住机遇并能将风险降到最低才是明智的选择。如何避开软条款设置的陷阱,本案带给我们几点启示。

启示一,当信用证存在软条款时,买家信用风险凸现。软条款信用证实质是买方掌握着货款支付的主动权,即使卖方尽力履行信用证项下义务仍不能保证获得货款,这样就使原信用证业务中的银行信用如同虚设,此时出口商不再享有信用证支付方式下对其利益的保护,信用证的银行信用变成了商业信用,买家信用风险凸现。在接受软条款信用证时,出口商应当做好买家资信调查工作,对资信状况不好的买家开具的软条款信用证不管其他条件如何优厚,一定坚持原则,要求修改,以防诈骗陷阱。千万不能像本案中的A公司那样,一味地相信"有了信用证,付款就有了保障",从而对买家的信用不闻不问。

启示二,充分利用出口信用保险规避软条款信用证的风险。由于在软条款信用证支付条件下银行信用风险与买家信用风险并存,因此十分有必要采用相应的手段规避风险。出口商应当慎重地订立合同,严格审查信用证,但其对银行、买家资信状况的了解与评估还是会有一定的局限性,出口信用保险可以帮助出口商了解银行、买家的状况,更能补偿因买家或银行信用问题导致出口商无法收汇所造成的损失。

既然软条款信用证支付条件下银行、买家信用风险并存,出口商在投保时可根据开证行所在国家及保险人提供的银行、买家的资信状况权衡各种风险发生的可能性,决定究竟是投保银行风险还是投保买家风险,或是两者都保。

启示三,关注贸易过程中买家是否有非法获利的可能性。如果买家有欺诈的意图,而在履约过程中没有机会获得非法利益,那么他便不会花费金钱开立信用证。因此,出口商可关注买家在贸易过程中是否有机会获得非法利益,如本案中买家指定原料供货厂家、指定购买原料,这些都是信用证欺诈的惯用手法,加之信用证开立后付给甲先生佣金等,这些环节中骗子的收益已经相当可观。在此种情况下应坚决拒绝买家的软条款信用证。

启示四,与法律相悖的软条款不应接受。从信用证条款本身来看,如果所设置的条件或障碍纯属人为设置或本身就违背法律及《UCP 600》的规定,这类软条款就不应接受。

【案例8-2:倒签提单欺诈案】

某年7月,中国丰和贸易公司与美国威克特贸易有限公司签订了一项出口货物的合同,合同中,双方约定货物的装船日期为11月,以信用证方式结算货款。合同签订后,中国丰和贸易公司委托我国宏盛海上运输公司运送货物到目的港美国纽约。但是,由于丰和贸易公司没有能够很好地组织货源,直到次年2月才将货物全部备妥,并于次年2月15日装船。中国丰和贸易公司为了能够如期结汇取得货款,要求宏盛海上运输公司按11月的日期签发提单,并凭借提单和其他单据向银行办理了议付手续,收清了全部货款。

但是,当货物运抵纽约港时,美国收货人威克特贸易有限公司对装船日期发生了怀疑,威克特公司遂要求查阅航海日志,运输公司的船方被迫交出航海日表。威克特公司在审查航海日志之后,发现了该批货物真正的装船日期是次年1月15日,比合同约定的装船日期迟延达两个多月,于是威克特公司向当地法院起诉,控告我国丰和贸易公司和宏盛海上运输公司串谋伪造提单,进行欺诈,即违背了双方合同约定,也违反了法律规定,要求法院扣留该宏盛运输公司的运货船只。

美国当地法院受理了威克特贸易公司的起诉,并扣留了该运货船舶。在法院的审理过程中,丰和公司承认了其违约行为,宏盛公司亦意识到其失理之处,遂经多方努力,争取庭外和解,最后我方终于和美国威克特公司达成了协议,由丰和公司和宏盛公司支付美方威克特公司赔偿金,威克特公司方撤销了起诉。

分析:提单是承运人在接管货物或把货物装船后签发给托运人的,证明双方已订立运输合同,并保证在目的港按照提单所载明的条件交付货物的一种书面凭证。可以说,提单是国际货物运输合同的一种基本形式,是一种重要的国际货物单据。

提单是托运人与承运人之间订有国际海上货物运输合同的证明。在班轮运输中,托运人和承运人之间可能已订有货运协议,也可能已经订舱,取得订舱单,或托运人已填具托运单或与承运人通过电传、电话达成装货协议,因此正反两面印有提单条款的提单不一定就是承托双方之间唯一的合同,只是运输合同已经订立的证明。但如果承托双方除提单外并无其他协议或合同,则提单就是订有提单上条款的合同的证明。

但是,当提单转让给善意的受让人或收货人时,按照有些国家的提单法或海商法规定,收货人或提单持有人与承运人之间的权利义务按提单条款办理,即此时,提单就是收货人与承运人之间的运输合同。因为收货人不是承托双方订立合同的当事人,无法知道彼此之间除提单以外的契约关系,收货人只知道手里的提单,只能以此作为运输合同。本案中,承运方宏盛公司没有意识到提单的这一重要性质,而应托运人请求倒签日期,以掩盖托运人的违约事实,属于伪造单据的违法行为。提单的日期应该是该批货物装船完毕的日期。根据买卖合同,卖方应在买方开出的信用证规定的装运日期之前或当日完成装运,原则上买方可无条件撤销买卖合约并提出索赔。

因此,在实践中有许多交货人未能在信用证规定的装运日期之前交付运输(正如本案中的丰和贸易公司),为使该提单能够符合信用证规定而发货人可以顺利结汇,交货人往往要求承运人倒签提单,即实际装运日期比提单签发日期晚。倒签提单行为是伪造单据的行为,属于托运人和船公司合谋以欺骗收货人的欺诈行为。收货人一旦有证据证明提单的装船日期是伪造的,就有权拒绝接受单据和拒收货物。收货方不仅可以追究卖方(托运方)的法律责任,而且还可以追究船公司的责任。

这种行为的法律后果无论对卖方还是船公司都是严重的。承运人在遇到托运人要求倒签提单的情况下,要格外谨慎。交货人(托运人)要求倒签提单最大的可能是利用此来欺瞒收货方,因为如果收货人同意发货延期装运,那么发货人可以利用要求对方修改信用证的方式,而不必要求倒签提单。所以,在大多数情况下,发货人要求倒签提单多是因为收货人不同意延期装运。

在这样的情况下,承运人若签发了倒签提单,会被收货人认为承运人和托运人共谋伪造单据进行欺诈,从而使承运人卷入不必要的纠纷中。承运人若签发了倒签提单,会造成何种后果呢?提单所注明的日期能否符合信用证规定是结汇的条件之一,如果日期已过,即使是一天时间,银行也会以此为理由拒绝接受,而提单日期的真实性只能由承运人一方才能保证。但如果承运人没能在提单上如实注明装船日期,那么以后,承运人要为因此而造成的损失负责。在一些国家和地区,如美国,甚至会将倒签提单案列入刑事诈骗案处理。

对于倒签提单,收货人可基于以下两点拒绝收货。

一是货物跌价。在订立合同时销路较好的货物,在货物运抵后却价格下跌,买方无利可图,甚至有可能亏本,在这种情况下,买方急于想甩掉包袱。此时,若出现倒签提单情况,买方正好有了可乘之机。买方可以通过向装运港的港口当局查看运货船的航海日志,就可以掌握真实情况。一经证实提单倒签,买方就完全有权拒绝收货,赔偿的责任则完全落在承运人身上。

二是应节货物。对于应节货物而言,如果不能在买方预计供货的节前运抵,买方的损失会很大,所以,提单倒签能为买方提供一个机会转嫁损失。

了解到以上这些情况,承运人为避免卷入不必要的纠纷和经济损失,尽量不要倒签提单。在本案中,托运人未能及时备妥货物的情况下,应该及时与美方威克特公司取得联系,请求修改信用证,并求得对方的谅解,即使对方不同意如此做,至多也只付违约金,而且只有在美方公司确有损失的前提下才付赔偿金,而不应该要求承运人倒签提单,从而造成了卖方和承运人共同成为被告,被控合谋伪造单据进行欺诈,既蒙受了经济损失,也丧失商业信誉,实属不该。

本章小结

1. 托收方式下的各当事人即出口商、进口商、托收行和代收行面临的风险各不相同。托收总的来说是一种对出口商比较不利，相对有利于进口商的结算方式。出口商在托收中面临着诸如进口商的信用风险，进口国的政治、经济风险，进口国的当地习惯，进口商指定代收行等造成的一系列风险。出口商应采取加强对进口商的资信调查，了解进口国有关法律法规和商业惯例等措施去防范这些风险。

2. 信用证中的风险主要包括出口商面临的风险，进口商面临的风险，银行（包括开证行、通知行、议付行和保兑行）面临的风险。其中出口商面临的风险主要包括进口商不开证或拖延开证，进口商伪造信用证、单证不符、单单不符、软条款信用证、开证行倒闭等风险。这些风险都会给出口商带来损失，出口商应采取主动催证、认真鉴别信用证的真伪、正确缮制各种单据等措施去加以防范。除此之外，本章也对信用证业务中进口商和银行面临的风险和防范措施进行了分析。

3. 信用证的独立性原则是信用证制度的根本特征之一，是信用证作为国际贸易主要支付机制的根本原则，但在遇到信用证欺诈时，可以引用欺诈例外原则，这个在美国和英国都出现过一些有名的判例，我国法律也有相应的规定。如果银行是受欺诈的一方或者单据提交之前已获知单据欺诈，或者虽然银行没有注意到，但是如果单据欺诈是明显的，银行有权运用诈骗例外原则拒付信用证项下之款项，受害人即申请人也可依据诈骗例外原则向法院申请发出禁止或冻结付款命令给开证行。

4. 信用证欺诈的表现形式多种多样，从不同的角度分析会有不同的结果类型。比如根据欺诈行为的表现形式可将信用证欺诈分为变造、伪造信用证，伪造单据，预借提单/倒签提单，用保函换取清洁提单，开立空信用证，"软条款"信用证等类型。

但业务中常见的是根据欺诈行为的主体来进行分类。根据这一标准，信用证欺诈主要可分为五种类型，它们分别为：受益人自谋的信用证欺诈；开证申请人自谋的信用证欺诈；受益人和船东共谋的信用证欺诈；开证申请人与开证行共谋的信用欺诈；开证申请人与受益人共谋的信用证欺诈等类型。

基本概念

托收　风险　信用证　出口商　进口商　开证行　通知行　保兑行　议付行
伪造　信用证欺诈　软条款　欺诈例外原则

复习思考题

一、简答题

1. 托收方式下出口商的风险有哪些？如何防范？

2. 托收方式下进口商应如何防范风险？

3. 信用证方式下受益人如何管理风险？

4. 信用证方式下进口商应如何防范风险？

5. 信用证方式下出口地指定的议付银行面临哪些风险？

6. 信用证欺诈的类型有哪些？

7. 受益人自谋的信用证欺诈有哪些具体形式？

8. 开证申请人自谋的信用证欺诈有哪些表现形式？

9. "软条款"信用证有哪些具体表现形式？

10. 信用证欺诈的产生原因有哪些？

11. 如何防范信用证欺诈？

二、案例分析题

1. 2018 年 3 月 11 日，我国甲公司与印度尼西亚乙公司签订一笔 2 万美元出口合同，乙公司要求以 D/P at sight 为付款方式。在货物装船起运后，乙公司又要求国内出口商将提单上的托运人和收货人均注明为乙公司，并将海运提单副本寄给他。货物到目的港后，乙公司便以暂时货款不够等原因不付款赎单，要求出口商将付款方式改为 D/A，并允许他先提取货物，否则就拒收货物。由于提单的收货人已记名为乙公司，使国内出口商无法将货物再转卖给其他客户，只能答应其要求。然后乙公司以货物是自己的为由，以保函和营业执照复印件为依据向船公司凭副本海运提单办理提货手续。货物被提走转卖后，乙公司不但不按期向银行付款，而且再也无法联系，使甲公司货、款两空。

试评析此案。

2. 我国甲公司在当前市场竞争日益激烈的情况下，通过参加展销会与韩国一客商签订了出口合同。由于双方初次合作，合同金额较小。甲公司出口货物后，对方按时付款。后来，对方提出订购金额较大的货物，并且通过其银行对甲公司开来一份不可撤销信用证。证内规定："货物发往加拿大多伦多，海运提单需作成空白抬头，且出口商发货后需将 1/3 正本提单直寄开证申请人"。甲公司按信用证要求按时发货，并将 1/3 正本提单寄给韩国客商。

试问：此案例中的甲公司面临什么样的风险？

3. 在 A 市的中国某进出口 X 公司与澳大利亚某贸易公司 Y 签订了一个贸易合同，由 Y 公司向 X 公司出口一批国内紧俏的物资，合同约定货物拟运至 A 市交付。X 公司向 Z 银行申请开出跟单信用证，该信用证未指定具体的议付行。货运期将至，X 公司怀疑 Y 公司有诈，要求银行拒绝同意向议付行议付。Y 公司找了个担保公司，该担保公司承诺，货已经装船并发往目的港。事后，申请人通知开证行授权议付行议付。议付行是 U 国际银行，该银行接到授权后，即按《UCP 600》的要求于次日向受益人 Y 公司放款。买方 X 公司一直未收到来自 Y 公司的货物，于是以受益人欺诈为由向 A 地法院申请保全令，要求法院冻结 Z 银行开出的信用证项下款项（但事实上，此时开证行已经同意议付行议付，并且议付行已经将有关款项发放给受益人）。

如果你是法官，应如何判决以上案例？

第九章　国际结算中的单据

学习目的和要求：

1. 认识国际贸易结算中单据的重要作用，单据的分类。
2. 重点掌握发票、提单和保险单等主要单据的式样和特点。
3. 熟悉其他各类单据的式样。

第一节　单据概述

一、单据的含义

在国际结算中，单据（Documents）是办理货物交付和货款支付的一系列证明文件，是贸易中物权凭证和附属凭证的总和。常见的单据包括汇票、发票、装箱单、重量单、数量单、产地证明书、质量证明书、商检证书、受益人证明、各种运输单据和保险单据等。

二、单据的作用

《联合国国际货物销售合同公约》第30条对卖方的义务规定为："卖方必须按照合同和本公约的规定，交付货物，移交一切与货物有关的单据并转移货物所有权。"国际商会《跟单信用证统一惯例》（《UCP 600》）规定："在信用证业务中，各方当事人处理的是单据，而不是与单据有关的货物、服务及/或其他行为。"

由上述规定可知，提交单据是卖方的基本义务之一。在托收和信用证结算方式中，卖方通过银行向买方提交单据，买方凭单付款；在汇付结算时，卖方直接向买方寄交单据，虽然买方不一定凭单付款，但买卖双方交接单据仍是必不可少的。

单据在国际贸易及其结算中具有十分重要的意义和作用。具体表现为以下几个方面。

（一）单据是一种履约证明

单据在法律上是一种有效的书面证据。现代国际贸易的一个重要特点是，任何一笔交易都不可能由买卖双方独立完成，而是要涉及运输、银行、保险、检验、海关等许多机构。出口商只有在履行了合同或信用证规定的义务，取得了相应的单据，才算履行了规定的义务。

（二）单据是代表货物的物权的凭证

单据中的货物往往代表着货物的物权,货运单据的转移也就意味着物权发生了变化。在国际结算业务中,卖方交付单据代表交付了货物,买方取得单据代表收到了货物。这样,通过单据的转移就达到了货物转移的目的,同时也使货物的转移合法化。

（三）单据是出口商收取货款的凭证和进口商付款的依据

出口商履行了规定的义务,就可以享受规定的权利,即收取货款,其收款的权利与交货的义务是统一的。所尽义务的大小,与所享权利的大小是一致的,义务的大小由单据来证明,权利的大小也由单据来体现。进口商一般在收到货物或单据后,在规定时间内支付货款,其货款支付的数额、时间、币种、地点等均以汇票、发票等票据为依据。

（四）单据是银行办理贸易结算的重要依据

现代国际结算是以银行为中介,以票据、单据为工具而进行的。单据的作用在信用证结算中体现最充分,信用证业务是纯单据业务。《跟单信用证统一惯例》(《UCP 600》)第 4 条规定:"在信用证业务中,各有关当事人所处理的只是单据,而不是单据所涉及的货物、服务或其他行为。"

（五）单据是进口商提货、进出口商报关、纳税的重要凭证。

无论是在进口商提货、进出口商报关还是纳税的过程中,都需要提交相关的单据,单据是重要的凭证。

三、单据的种类

随着国际贸易的发展,国际结算中的单据种类越来越多。常见的单据有跟单汇票、发票、保险单、运输单据、装箱单、重量单、产地证明书、商检证等,根据不同的标准可将单据分成不同的类型。

（一）根据单证的流向划分

1. 进口单证

进口国企业及有关部门涉及的单证,如进口许可证、信用证、进口报关单等。

2. 出口单证

出口国企业及有关部门涉的单证,如出口许可证、出口报关单、产地证、装箱单、重量单、品质证等。

（二）根据单据的作用划分

1. 基本单据

基本单据(Basic Documents)是交易中不可缺少的,也是出口商必须提供的单据。基本单据是出口商履约的主要证明,是进口商提取货物的物权凭证(物权单据),也是银行在单据业务中审查的重点。

基本单据主要有三类:商业发票、运输单据和保险单。跟单信用证汇票也通常被看成是基本单据。其中运输单据又分为海洋运输单据、铁路(公路、内河)运输单据、航空运输单据、邮包收据以及多式联运单据五种类型。

2. 附属单据

附属单据（Additional Documents）是指除基本单据以外其他单据（如装箱单、重量单、品质证、领事发票、海关发票、检疫证、出口许可证、航行证明、产地证明等），附属单据由出口商根据进口商的要求而特别提供。

（三）根据单据的签发单位不同划分

1. 出口商自制的单据

出口商自制的单据是指由出口商自行缮制签发的单据，如跟单汇票、商业发票、装箱单、重量单等。

2. 其他企业签发的单据

这是指与贸易有关的商业性服务企业签发的单据，如由承运人（运输公司）签发的各种运输单据、由保险人（保险公司）签发的保险单等。

3. 政府机关和社会团体签发的单据

政府机关和社会团体签发的单据主要是一些公务证明文件，如有关部门签发的出口许可证、贸促会签发的产地证明、商检机构签发的商检证书等。

此外，有些交易还需要通过国外有关单位提供必要的单据，如由国外轮船公司或其代理提供的船龄证明等。

第二节　商业单据

商业单据（Commercial Documents），一般是指商人（即出口商）出具的单据。有很多种类，如商业发票（Commercial Invoice）、形式发票（Proforma Invoice）、详细发票（Detailed Invoice）、证实发票（Certified Invoice）、厂商发票（Manufacturer's Invoice）、特殊格式的海关发票和领事发票、重量单（Weight Note/List）、装箱单（Packing List），等等。

一、商业发票

（一）商业发票的概念

商业发票是指出口商向进口商出具的一种记载所售货物的数量、价格、金额及包装等内容的文件，它是一种价目清单。图 9-1 给出了商业发票的式样。

ISSUER		商业发票 COMMERCIAL INVOICE		
TO				
		NO.		DATE
TRANSPORT DETAILS		S/C NO.		L/C NO.
		TERMS OF PAYMENT		
Marks and Numbers	Number and kind of package Description of goods	Quantity	Unit Price	Amount
SAY TOTAL:		TOTAL:		

图 9-1 商业发票式样

(二) 商业发票的作用

(1) 发票是出口商装运货物并表明是否履约的总说明。发票是出口商自己制作的,全面表述所装运的货物及交货条件,起中心单据的作用,其他单据内容应与发票一致或不相矛盾。

(2) 发票是记账凭证。进、出口商均需根据发票的内容逐笔登记入账,可作为核算盈亏的根据。

(3) 发票是报关征税的依据。世界上大多数国家都根据商业发票中的货物描述、货价和产地等内容征收关税,所以商业发票是进出口报关的必要文件。

(4) 发票可以代替汇票作为付款的依据。托收或信用证业务中,由于有时不要求出具汇票,发票可替代汇票进行结算。

(5) 发票还作为保险等索赔时的价位证明。

(三) 商业发票的内容和制作要求

商业发票由出口企业自行拟制,并无统一格式,但其内容大致相同,包括首文(Heading)、本文(Body)和结文(Complementary Clause)三部分内容。

1. 首文部分

首文部分应列明发票的名称、发票号码、合同、订单或信用证号码、发票的出票日期和地点,以及船名、装运港或装运地、目的港或目的地、发票抬头人、出票人名称和地址等。

(1) "发票"字样,通常是用"Invoice"(发票)字样,个别也有用"Commercial Invoice"(商业

发票)字样的,一般是事先印在空白发票上的。

(2)发票开立人的名称与地址。发票的出票人一般为出口人,其名称和地址相对固定,故出口方通常将此项内容事先印制在发票的上方。

(3)发票编号和日期。发票号码是开票人的顺序号,也被作为相应的汇票号码。发票日期为出具发票的日期,可以早于开立信用证的日期(信用证有相反规定的除外),当然不能迟于信用证有效期和交单期。

(4)发票抬头人的名称与地址。发票抬头人的名称与地址就是贸易合同买方的名称与地址,可根据具体的贸易合同即时填写。在信用证项下的发票,除非信用证另有规定,这一名称必须与信用证申请人严格一致。此栏一般印有"To""Sold to Messrs."或者"For Account and Risk of Messrs."等字样。

(5)合同或订单号码、信用证号码。为了便于核对,发票中一般还注明有关合同号码或订单号码,采用信用证结算时,一般还注明信用证号码。

(6)装运基本情况。一般发票上应列明货物的装运港(地)和目的港(地)名称。如转运,应加注中转港(地)名称。如遇世界上有重名的港口或城市,应加列国名或地区名。如果采用直达船运输时,应在发票上加注船名,如果中途需要转船,则应注明二程船名。

2. 本文部分

发票的本文主要包括唛头、货物名称、数量、规格、包装、单价、总价、毛重/净重等内容。

(1)唛头(Shipping Marks)。如信用证中有指定唛头的,发票上的唛头应与信用证中规定的唛头完全一致。如信用证未指定,出口方可自行设计。发票的唛头和件号应与运输单据和其他单据所列的相一致。

(2)货物描述。商品的名称、品质、规格等应与信用证中规定的商品名称、品质、规格完全一致。如果信用证中的商品名称有错误或漏字等并且未来得及修改,发票上的商品名称也应将错就错,以保证发票与信用证规定的完全一致。不过,可在错误的名称后面加注正确的名称。银行只负责审核单据表面上的一致性。因此,商品名称的表面性应与信用证的要求保持一致,不可使用商品名称的简写或繁写或同义名称等。其他单据的货名可用统称,但不能与信用证和发票相悖。

(3)包装件数及数量。信用证中如规定内外包装或其他明细,发票中应填写完整。发票中列明的货物的数量应与信用证中货物描述的数量完全一致,并与提单等基本单据中货物的数量和重量一致。信用证中规定注明毛、净重,发票中应列明。在信用证项下的发票,除非信用证另有规定,对以度量衡单位来计量的货物,允许其发票上记载的数量比信用证有5%的增减,而以个体或包装等件数来计量的货物,不允许其发票上记载的数量比信用证有任何增减;但如果信用证上的货物数量记载有"about"(大约)、"circa"(大约)或其他类似词语,则无论以何种计量单位来计量的货物,均允许其发票上记载的数量比信用证有10%的增减。另外,如果信用证规定有不允许分批装运条款时,发票上记载的货物数量必须同一批发运。

(4)单价和总价。发票的单价一般包括计量单位、单价金额、计价货币和贸易术语四部分内容。发票的单价应与信用证中规定的货物单价一致。发票的总价即货物总金额,也就是货物数量与货物单价之积。总价一般由大小写组成。单价和总价是发票的重要项目,必须准确计算,正确缮打,并应做到单价、数量、总价三者之间不能相互矛盾。发票的总金额不能超过信用证规定的金额(除非信用证另有规定),并注意与有关汇票金额一致。

如单价中含有佣金或折扣,则要按信用证要求在发票中显示是否减除佣金。

【例1】来证要求：From each invoice 5 percent commission must be deducted．这是要求在每一张发票中扣除5%的佣金。发票的金额应为信用证金额的95%，并在发票中显示减佣。

【例2】来证要求：Drafts to be drawn for full CIF value less 5%commission, invoice to show full CIF value. 或：Beneficiary's drafts are to be made out for 95% of invoice value. 这是要求发票上不表示扣佣。所以发票上按CIF毛额表示，而汇票则按发票毛额的95%净额出具。

【例3】来证要求：5 percent commission must be deducted from drawings under this credit at the time of negotiation, but invoice and draft to be drawn on full CIF value. 根据这种条款，发票上按CIF毛额表示，不表示扣佣过程，但在议付时由议付行负责扣除5%给开证申请人。

另外，有时根据买方的要求，对按照CIF、CIP或者CFR、CPT成交的，发票上还分别列明运费、保险费和FOB、FCA价。

【例4】来证要求：Signed commercial invoice in triplicate，original must show break down of the amount as follows：FOB value, freight charges and total amount CFR. 这是要求发票上把CFR金额拆分为FOB value, freight charges，并显示CFR总额。

如果信用证规定额外费用如附加费用、保险费、选港费、转运费等可以超征支取，受益人应将这些费用与货款加在一起并在发票上一一列明。

【例5】来证要求：In the commercial invoice full and Precise charges are required to be shown clearly for Australian Customs purposes including cost of granite, ocean freight, inland transport，stuffing packing charges, financial charges，value of outside packages, dock and port charges, transshipment charges then giving the CFR invoice total. 这是要求在发票上列明一系列费用包括成本、海洋运费、内陆运费、包装费、外包装费、码头和港口费、转运费以后，再给出CFR价的总额。

3. 结文部分

发票的结文一般包括信用证中要求加注的特别条款或文句，如在发票上加注特定费用金额等说明、有关文件号码、原产地证明文句以及要求提供"证实发票"等。例如：

The commercial invoice must certify that the goods are of Chinese origin.

The commercial invoice should bear the following clause："We hereby certify that the contents of invoice herein are true and correct."

此外，有些发票下端印有E. & O. E.（有错当查）字句，此系签发人事先声明，一旦发票有错，可以更正。若发票上加注了证实所列内容真实无误的证明文句，则应将E. & O. E.字样删除。

发票的结文还包括发票的出票人签字。发票的出票人签字一般在发票的右下角，一般包括两部分内容：一是出口商的名称（信用证的受益人）；二是出口公司经理或其他授权人的手签，有时也可用图章代替手签。

有些国家规定，写在签署人签字以下的文字内容无效。因此应特别注意，发票的各项内容应列在签署人签字之上。

《UCP 600》规定，如果信用证没有特别要求，发票可以没有签字。有些信用证却要求发票签字。如来证要求：Signed commercial invoice in duplicate（已签署的商业发票一式两份），或来证指明要求是受益人签字的商业发票，如Beneficiary's signed commercial invoice。有些信用证对签字的形式还有要求，一些国家习惯要求发票均得手签而不能是橡皮签字章。

二、其他发票

（一）海关发票

海关发票（Customs Invoice）是进口国海关制定的一种固定的发票格式，要求出口方填制，供进口商凭以报关纳税之用。通常有三种名称，即海关发票、估价和原产地联合证明书（Combined certificate of value and origin）、按照某国海关法令签发的证明发票（Certified invoice in accordance with customs regulations）。以上三种我们习惯上统称为海关发票。海关发票主要是作为估价完税、征收差别待遇关税、征收反倾销税的依据，还可作为统计之用。

海关发票制作或审核时的注意要点：

（1）各个国家或地区使用的海关发票，必须提供现在适用的正确格式，不能混用，并应注意格式变动的通知。

（2）凡是商业发票上和海关发票上共有的项目和内容必须与商业发票保持一致，不得互相矛盾。海关发票各项内容必须填全，如某一项没有发生，则标明"无"（NIL）或"不适用"（N/A）。

（3）如有出口国的"国内市场价格"一栏，其价格的高低是进口国海关作为是否征收反倾销税的重要依据，在填写这项内容时，应根据有关规定慎重处理。

（4）成交价格为 CIF 贸易条件，应分别列明 FOB 价、运费、保险费，而这三项的总和应与 CIF 货值相等。

（5）签字人和见证人（Witness）（如有的话）应以个人身份手签（个人签名上面不能有企业名称），两者不能为同一人，见证人不能与其他单据上的签字人同为一人。

（6）有的信用证既要求商业发票，又要求海关发票。还有的信用证只要求海关发票，不要求商业发票，因此海关发票就起到商业发票和海关发票的双重作用。

（二）形式发票

形式发票（Proforma Invoice）又叫预开发票，是出口商在货物出运前向进口商开立的供其申请进口许可证和外汇的发票。

它是出口商发给进口商列有出售货物名称、规格包装、价格等内容的参考性单据，供进口商参考并可凭以办理有关手续。形式发票不是正式发票，不能用于托收或信用证下议付，其所列的单价、金额等仅仅是事先估算而成，所以有时称为估价发票，正式成交后结算时还要重制正式商业发票。形式发票虽非正式，但与商业发票又有密切关联。如信用证在货物描述栏内有提及或要求加注形式发票号码时，则应照加。如来证附有形式发票，则制单时应注意发票与形式发票内容的一致性。

（三）领事发票

领事发票（Consular Invoice）是出口商根据某些进口国驻出口国领事馆所提供的特定格式填制并需经该领事馆签证的一种发票。此领事发票需在货物清关之前提交给进口当局，其主要作用是：审核是否有向进口国倾销的情况，充当进口许可证，增加领事馆收入。在获取领事发票时，出口商必须支付一定的费用。出口商可向进口国驻本国或当地领事馆或大使馆索取或购买领事发票的空白格式，依照商业发票的内容，严格按格式填写，然后送交领事馆或大使馆签证并支付其签证费用。

有时信用证不要求领事发票,而规定发票或产地证等单据,需经领事签证。这时,出口商必须将有关单据送交领事部门签证并支付签证费。这种签证发票作用同于领事发票。

目前,要求领事发票的国家不多。如果进口国在出口国或本地无领事馆、大使馆或代表机构,但进口国有此类要求,出口商应在收到信用证后要求修改或取消该要求。

(四)厂商发票

厂商发票(Manufacture's Invoice)又称制造商发票,指制造出口货物的厂家出具的发票,可用本国货币计价。进口商有时会要求出口商提供其出口商品的制造商发票(副本),以了解所进口商品的生产国国内价,核查有无倾销倾向。

三、包装单据

包装单据是指一切记载或描述商品包装情况的单据,也是商业发票的补充单据。在向银行交单要求付款、承兑或议付时,除散装货外,一般均要求提供包装单据。

不同的商品有不同的包装单据,常用的有装箱单(Packing List/Specifications)、重量单(Weight List/Certificate)和尺码单(Measurement List)等。

(一)装箱单

装箱单亦称包装单、花色码单、码单,是货物装运明细表,用以说明货物的包装细节。除散装货和裸装货外,卖方一般都向买方提供装箱单,作为发票的补充,以便在货物到达目的港后,供海关验货和收货人核对货物。装箱单主要载明货物装箱的详细情况,包括所装货物的名称、规格、数量、花色搭配等。尤其是不定量包装的商品,要列出每件(箱)包装的详细情况。装箱单有时也与重量单以联合形式出具。

出口人制作的装箱单格式不尽相同,但内容基本相同,一般应列明单据名称、编号、合同号码、信用证号码、出单日期、抬头、货物名称、唛头、规格、件数、毛重和净重、出单人签章。有时还涉及包装材料、包装方式、包装规格等。

(1)装箱单名称。装箱单名称一般用"Packing List",也有"Packing Note""Packing Specifications"或"Specifications List"等不同写法,并通常已印刷在单据上方。如果合同要求中性包装,单证名称仍为"Packing List",但装箱单上无出单人名称和签章,即为中性包装单。有时卖方采用将装箱单和重量单合并的形式,此时单据名称为"Packing List and Weight Note"。

(2)编号。装箱单编号应与发票号码一致。有的装箱单不编号,但应注明有关货物所属的发票号、合同号或者信用证号。

(3)抬头。装箱单抬头指明是向谁开立的,一般与发票抬头相同,为买方或信用证开证人。有的装箱单列明"As per Invoice"(根据发票)或"To whom it may Concern"(致有关人)。

(4)品名与规格。一般只填统称,通常也对货物包装情况作简要说明。有的对包装材料作特殊说明,如"拆箱后装入木箱"(Packed in wooden case, C. K. D.)。

(5)包装件号码。在单位包装货量或品种不固定的情况下,需注明每个包装件内的包装情况,因此包装件应编号。对每个包装件应尽可能详细地列出有关的包装细节,如规格、型号、色泽、内装量等。

（6）数量。注明每种货物的包装件数，同时注明合计数。

（7）毛重及净重。一般只列明总毛重和总净重。有时也列明货物的单件毛重、净重或皮重。不定量包装货物，通常要逐件列出单件重量。

（8）包装件尺寸。注明每个包装件的实际尺寸或者体积。

（9）唛头。有时填实际喷头，有时只注明"As per invoice No."

（10）出单人签章。一般与发票一致。出口公司是否要在装箱单上签署名称等应视信用证的具体要求而定。一般情况下，信用证中对装箱单的内容都有明确规定，有时还有特别要求，这些都必须在装箱单上有反映。对于装箱单中的数量应仔细审核，做到与信用证的要求完全一致。

（二）重量单

重量单又称磅码单、码单，是用于以重量计量、计价的商品清单，是关于货物重量的证明书，一般由出口商或厂商出具。一般列明每件包装商品的毛重和净重、该批货物的总毛重和总净重；有的还须增列皮重；按公量计量计价的商品，则须列明公量和计算公量的有关数据。凡是提供重量单的商品，一般不需提供其他包装单据。

（三）尺码单

尺码单，又称体积单，是着重记载货物的包装件的长、宽、高及总体积的清单，供买方及承运人了解货物的尺码，以便合理运输、储存及计算运费。

第三节　运输单据

运输单据（Transport Documents）是承运人收到托运货物后签发给托运人的货物收据，是承运人和托运人之间的运输契约或其证明，也是买卖双方交接货物、处理索赔与理赔以及卖方向银行结算货款或进行议付的重要单据。运输单据也是一种物权凭证，经过背书可以转让，其受让人即成为货权所有人，也可以向金融机构进行抵押获得融资。

运输单据随不同的运输方式而异。在国际货物运输中，运输单据的种类很多，包括海运提单（Ocean Bill of Lading）、海运单（Sea Waybill）、航空运单（Air Waybill）、铁路运单（Rail Waybill）、承运货物收据（Cargo Receipt）、邮包收据（Parcel Post Receipt）和多式联运单据（MTD）等。

一、海运提单

海运提单（Ocean Bill of Lading 或 Marine Bill of Lading），简称提单（Bill of Lading，B/L），是运输单据中最重要的一种，它是货物承运人或其代理人在收货后或货物装船后签发给托运人的，证明托运的货物已经收到或装运到船上，约定将该项货物运往目的地交予提单持有人的物权凭证。《汉堡规则》第一条第七款对海运提单的定义是："提单，是指用以证明海上货物运输合同和货物已经由承运人接收或者装船，以及承运人保证据以交付货物的单证。提单中载明的向记名人交付货物，或者按照指示人的指示交付货物，或者向提单持有人交付货物的条款，构成承运人据以交付货物的保证。"图 9-2 为海运提单式样。

BILL OF LADING

1. Shipper Insert Name，Address and Phone	B/L No.

中远集装箱运输有限公司
COSCO CONTAINER LINES

TLX：33057 COSCO CN
FAX：+86(021) 6545 8984

ORIGINAL
Port-to-Port or Combined Transport
BILL OF LADING

2. Consignee Insert Name，Address and Phone

RECEIVED in external apparent good order and condition except as other-Wise noted. The total number of packages or unites stuffed in the container，The description of the goods and the weights shown in this Bill of Lading areFurnished by the Merchants，and which the carrier has no reasonable meansOf checking and is not a part of this Bill of Lading contract. The carrier hasIssued the number of Bills of Lading stated below，all of this tenor and date，One of the original Bills of Lading must be surrendered and endorsed or sig-Ned against the delivery of the shipment and whereupon any other originalBills of Lading shall be void. The Merchants agree to be bound by the termsAnd conditions of this Bill of Lading as if each had personally signed this Billof Lading.

3. Notify Party Insert Name，Address and Phone
(It is agreed that no responsibility shall attach to the Carrier or his agents for failure to notify)

SEE clause 4 on the back of this Bill of Lading（Terms continued on the back Hereof，please read carefully）.
* Applicable Only When Document Used as a Combined Transport Bill of Lading.

4. Combined Transport * Pre-carriage by	5. Combined Transport* Place of Receipt
6. Ocean Vessel Voy. No.	7. Port of Loading
8. Port of Discharge	9. Combined Transport* Place of Delivery

Marks &. Nos. Container / Seal No.	No. of Containers or Packages	Description of Goods（If Dangerous Goods，See Clause 20）	Gross Weight Kgs	Measurement
		Description of Contents for Shipper's Use Only（Not part of This B/L Contract）		

10. Total Number of containers and/or packages (in words)
Subject to Clause 7 Limitation

11. Freight &. Charges Declared Value Charge	Revenue Tons		Rate	Per	Prepaid	Collect
Ex. Rate：	Prepaid at		Payable at		Place and date of issue	
	Total Prepaid		No. of Original B(s)/L		Signed for the Carrier，COSCO CONTAINER LINES	

LADEN ON BOARD THE VESSEL
DATE   BY
ENDORSED IN BLANK ON THE BACK

图 9-2　海运提单式样

（一）海运提单的作用

从上述提单的定义可知,它具有以下几个方面作用。

1. 货物收据

提单是承运人或其代理人签发的货物收据（Receipt for the Goods）,证明已按提单所列内容收到货物。作为货物收据,提单上描述的货物就是承运人收到的货物。一般认为,提单对托运人来说仅是"推定证据"或"初步证据"，只要承运人有相反证据，就可推翻提单的证据效力。但按照国际惯例，如果提单被托运人转让出去，对于善意受让人来说，提单就是"绝对证据"或"终结性证据"，承运人就一定要负责向收货人交出提单上描述的货物而不得对善意受让人提出抗辩。

2. 运输合同的证明

提单是承运人与托运人处理双方在运输中的权利和义务问题的主要依据，是运输合同证明（Evidence of the Contract of Carriage）。如果在承运人与托运人之间除提单外另订有运输合同时，则在把提单转让给第三方之前，提单条款内容只能被认为是原订合同的补充；如果提单条款与原订合同有冲突，则应以原订合同为准，故提单只是运输合同的证明。

3. 物权凭证

提单代表货物的所有权是物权凭证（Document of Title）。收货人或提单的合法持有人，有权凭提单向承运人提取货物。按西方国家法律规定，承运人可以不凭提单发货，但若提货人并非真实货主，承运人须负责任；相反若承运人凭提单出于善意发货，即使收货人不是真实货主，承运人也无责任。因此，承运人通常凭提单才发货。由于提单是一种物权凭证，所以在国际市场上，提单可以在载货船舶抵目的港交货之前办理转让或凭以向银行办理抵押贷款。所以提单具有可转让性，交付提单与交付货物所有权具有同等效力。

此外，提单还可以作为收取运费的证明，以及在运输过程中起到办理货物的装卸、托运和交付等方面的作用。

（二）海运提单的种类

1. 按签发提单时货物是否装船分为已装船提单和备运提单

（1）已装船提单（Shipped or on Board B/L），是指货物装船后，由承运人签发给托运人的提单。提单上必须载明装货船名和装船日期。已装船提单在国际贸易中被广泛使用。

（2）备运提单（Received for shipment B/L），是指承运人在收到托运货物等待装船期间，向托运人签发的提单。这种提单没有肯定的装货日期，往往不注明装运船舶的名称，因而买方和银行一般不接受备运提单。备运提单如经承运人加注"已装船"字样，注明装船名称、装船日期并签字证明，也可转为已装船提单。

2. 按提单有无不良批注分为清洁提单和不清洁提单

（1）清洁提单（Clean B/L），是指货物交运时外表状况良好，承运人未加有关货损或包装不良或其他有碍结汇批注的提单。清洁提单是国际贸易中广泛采用的提单。

（2）不清洁提单（Unclean or Foul B/L），是指承运人加注货物外表状况不良或存有缺陷等批注的提单，如"包装不固""破包""某件损坏"等。除非信用证明确规定可以接受含有上述缺陷批注的提单，银行将不接受载有此类批注的提单。

由于不清洁提单难以结汇，因此在实务中，有的出口商就开具赔偿保证书（Indemnity），表明愿对一切后果负责，请承运人在本应签发不清洁提单情况下签发清洁提单，不加任何不良批注。国际商会认为这是作伪证，是一种隐瞒货物真相、欺骗银行和收货人的行为，因此是不合法的。承运人签发这种所谓"清洁"提单于己是不利的。一旦银行不知情接受了这种提单，收货人凭以提货，承运人须承担货损赔偿的法律责任。如果托运人不认账，承运人也得不到法律的保护。所以有些承运人为了开脱责任就在出具的清洁提单上注明"根据托运人赔偿保证书签发清洁提单"或"以大副收据为准"。这类提单仍被视为不清洁提单。

3. 按提单收货人抬头分为记名提单、不记名提单和指示提单

(1) 记名提单(Straight B/L),是指在收货人栏内,具体填明收货人名称的提单。它只能由提单上所指定的收货人提货,不能转让,又称为"不可转让提单"。记名提单一般只用于运输贵重物品或有特殊用途的货物。银行多不愿接受以买主为收货人的记名提单,因为在一些国家,按惯例记名提单的收货人可以不凭提单提货,只凭"到货通知"(Notice of Arrival)上背书即可向承运人提货,以买主为收货人的提单往往不能起到物权凭证的作用,银行如垫款并不一定掌握货权,风险太大。故开证行在开证申请书中,一般都规定提单的抬头做法,避免做成以买主为收货人的记名抬头。

(2) 不记名提单(Bearer B/L),又称"空白提单"或"来人抬头提单",是指收货人一栏内不填写收货人名称而留空或者写上"给来人"(to Bearer)的提单。提单持有人可不作任何背书转让或提取货物。由于这种提单风险大,国际贸易中很少使用。

(3) 指示提单(Order B/L)是在提单收货人栏内填写了"凭指示"(To Order),或"凭某某人的指示"(To order of...)的提单。在信用证项下,指示提单的收货人栏内填写的内容应根据信用证的要求去填写。在实务中,使用最多的是填写"To Order"(凭指示)。这种"凭指示"抬头的提单在习惯上也称为"空白抬头",需由托运人背书后才能转让。"凭某某人的指示"抬头提单分为收货人的指定人提单(Order of Consignee B/L)和托运人的指定人提单(Order of Shipper B/L)。收货人的指定人提单可以做成以开证行的指定人为抬头,即在收货人栏中填写 To Order of Issuing Bank,也可以做成以买主的指定人为抬头人,即 To Order of Buyer,托运人的指定人提单可在收货人栏内填写 To Shipper's order,相当于"To Order"。

指示提单可以背书转让,又称"可转让提单"。背书的方式有两种:一种是空白背书,仅由背书人(提单转让人)在提单的背面签字盖章;另一种是记名背书,即转让人除签字盖章外,还须列明受让人(被背书人)的名称。在国际贸易中,大多使用"空白抬头、空白背书"提单。

4. 按运输方式分为直达提单、转船提单和联运提单

(1) 直达提单(Direct B/L),是指货物从装运港装船后,中途不换船而直接运到目的港使用的提单。直达提单上仅列有装运港和目的港的港口名称。在国际贸易中,如信用证规定货物不准转船,卖方就必须取得承运人签发的直达提单后才能向银行办理议付货款。

(2) 转船提单(Transshipment B/L),是指货物须经中途转船才能到达目的港而由承运人在装运港签发的全程提单。转船提单上注有"在某港转船"的字样,承运人只对第一程运输负责。

(3) 联运提单(Through B/L),是指须经两种或两种以上运输方式(海陆、海河、海空、海海等)联运的货物,由第一程海运承运人收取全程运费后,在起运地签发的到目的港或目的地的全程运输单据。联运提单虽然包括全程运输,但签发提单的海运承运人只对自己运输的一段航程中所发生的货损负责,这种提单与转船提单性质相同。

5. 按提单的签发日期分为预借提单和倒签提单

(1) 预借提单(Advanced B/L),是指承运人在货物未装船或未装船完毕时签发的提单。在托运人需要提前取得运输单据办理货款结算手续,或派作其他用途时,通常会要求承运人签发预借提单。

(2) 倒签提单(Anti-dated B/L),是指承运人在提单上签注的货物装船完毕的日期早于货物实际装船完毕的日期。这种提单与"预借提单"一样,通常被认为是非法的和欺诈性的,应禁止使用。

6. 按船舶营运方式不同分为租船合约提单和班轮提单

这两种提单的格式不同，其内容也有很大差别。班轮提单除提单正面列有托运人和承运人分别填写的有关货物与运费等记载事项外，背面还有印就的涉及承运人与货方之间的权利、义务与责任豁免的条款，租船合约提单仅在提单正面列有简单的记载事项，并表明"所有其他条款、条件和例外事项按某年某月某日租船合同办理"，而提单背面则无印就的条款。

7. 按运费支付方法不同分为运费预付提单和运费到付提单

(1) 运费预付提单(Freight Prepaid B/L)，是指托运人在装货港提交货物时就支付给承运人运费的提单。成交价格条款若是 CIF 和 CFR 时，托运人应在承运人接受货物或签发提单时支付全部运费。承运人在提单内加批"运费付讫"字样，作为运费已付的证明。支付运费后，如果发生货物灭失，承运人亦不退回运费。承运人从运费收入考虑，希望运费预付。

(2) 运费到付提单(Freight Collect B/L)，是指托运人在目的港提取货物时支付给承运人运费的提单。成交价格条款若是 FOB 时，由卖方代买方订舱而不垫付运费。待货物到达目的港后，收货人在提取货物前应支付给承运人全部运费，然后才能提货。承运人在提单内加批"运费到付"字样，作为运费未收的证明。如果发生货物灭失，承运人收不到运费，运费到付对承运人来说风险较大。

8. 按提单的格式和条款是否全面分为全式提单和简式提单

前者是指提单的正面和背面都有内容，全面记载了承运人和托运人的责任、义务和权利等方面的条款，后者只有正面有条款，而背面没有任何记载内容。

此外，海运提单出单后，出口商如不按规定或法定的期限向银行提交，则构成过期提单(Stale B/L)。过期提单(Stale B/L)是指货物装船后，卖方向当地银行提交提单时，银行按正常邮程预计收货人不能在船舶抵达目的港之前收到的提单。一般信用证中都规定有交单期，出口方向银行交单不能晚于该日期，否则构成过期提单。另外，按照《UCP 600》的规定，在提单签发 21 天后才提交的提单也属于过期提单。过期提单影响买方及时提货、转售并可能造成其他损失，因而为防止买方以此为借口而拒付货款，银行一般都拒收过期提单。海运提单作为收货的凭证、货物所有权的凭证和运输协议的证明，除备运提单、不清洁提单、过期提单等外，其他提单均可作为议付货款的凭证之一。目前我国进出口贸易中常采用清洁的、空白抬头、空白背书的已装船提单。

【案例 9-1："倒签提单"遭买方索赔案】

我某公司于某年 11 月与英国 B 公司、瑞士 S 公司签订了某种农产品分别为 2 000 吨及 1 500 吨的 2 份合同，每吨 23 英镑 CIF 鹿特丹，装运日期均为 12 月至次年 1 月。上述两客户均按时开来保兑的、不可撤销的信用证。

我公司委托中国对外贸易运输公司租船装运，外运公司原洽定的"东风"号轮船因临时损坏，在日本修理，不能按预定时间到达我装货口岸。外运公司接到上述消息后，临时改派华夏公司管理的期租船"曲兰西克"号轮前来我装货口岸装运，装船过程中又连日雨雪，直至 2 月 11 日才装完毕，2 月 13 日开航。

我公司为了取得符合信用证所规定装船日期的提单，要求外轮代理公司按 1 月 31 日签发提单。我公司凭上述提单等单据向中国银行办理议付手续，并于 2 月 22 日收清全部货款。

英国 B 公司早已知道"东风"号轮出故障，并在日本修理，曾于 1 月中旬电告我方。在我货改装"曲兰西克"号轮后，对方对装运日期发生怀疑，并于 3 月 25 日来电对"曲兰西克"号轮的装货日期表示异议，要求我公司提供 1 月份的装船证明。我公司一方面回电肯定该货是 1 月份装船的；另一方面避而不给任何证明，直至 4 月 15 日去信说明合同货是 1 月 31 日开始装载的，并强调了提单是正常的，因而无须提供证明。

4月23日"曲兰西克"号轮到达鹿特丹港,英国B公司照常提货,而瑞士S公司则来电表示:提单的装运日期是伪造的,拒不提货,并提出索赔,而我公司拒不承认。于是英国B公司和瑞士S公司采取联合行动,一面卸货,一面聘请律师上船要求查看航海日志。经查实该船1月31日到达装运港直到2月11日才装船完毕,并当场对航海日志的记载拍了照片,立即向当地法院起诉,控告船方伪造证件,要求法院扣留船只。4月25日当地法院发出通知扣留该船,致使该案复杂化,案情甚为严重。

我公司、外运公司、香港华夏公司得知"曲兰西克"号轮已被当地法院扣留,都极为关注。一方面由香港华夏公司于4月29日委托联邦德国船舶代理公司出具30 500荷兰质(约合3万英镑)的银行担保,由当局先释放被扣留的船舶。另一方面由我公司与买方协商解决索赔问题。最后双方达成协议,共赔付买方20 900英镑,由买方撤诉后,才了结此案。

分析:本案是我某公司在出口装运时遇到一些特殊情况导致货物没有在信用证规定的装船日期前装船,信用证规定的装运日期为12月至次年1月,而我公司直至次年2月11日才装完毕,2月13日开航。我公司为了取得符合信用证所规定装船日期的提单,要求外轮代理公司按1月31日签发提单,这是典型的"倒签提单",是卖方和船公司联合起来对买方和银行的欺诈行为,是《UCP 600》中所禁止使用的。国际贸易中,买方在进口商品的过程中若对货物的装船日期表示怀疑,可以要求卖方提供装船证明甚至可以要求查看船舶的航海日志。在本案中,买方通过律师查看航海日志证实提单为"倒签提单",买方向法院提出诉讼,最后卖方与买方达成赔偿协议并向买方作出赔偿后,此案才了结。

(三) 海运提单的主要内容

提单是由各航运公司自行设计的具有法律效力的单据,但它们的基本格式与基本内容是一致的。国际商会600号出版物特别强调了海运提单的下列特性:第一,应是已装船(已装运)提单,单据表面须标明货物"Shipped"或"On Board";第二,单据表面须有已装上船的具体船名,而不是不确定的船名;第三,海运提单又称港至港提单(Port to Port B/L),应载明信用证规定的装运港和目的港,这是对《海牙规则》钩至钩原则的保留。提单内容包括正面内容和背面内容。

1. 提单的正面内容

海运提单的正面一般记载的是有关当事人的情况以及运输货物的状况。

(1) 有关当事人的内容主要有四个方面:

① 托运人(Shipper or Consignor)。提单的托运人一般为信用证的受益人,即出口公司,除非信用证另有规定。但根据《UCP 600》,除非信用证有特别规定,允许银行接受以受益人以外的第三者为发货人的提单(Third Party's B/L)。托运人一栏应详细列明托运人的名称和地址,并且必须与信用证的规定完全一致。

② 承运人(Carrier)。承运人一栏应明确、详细列明承运人的名称、地址和地点,一般在提单上方有印就的详细名称和地址。

③ 收货人(Consignee)。收货人即提单的抬头人。这栏应严格根据信用证的要求正确填制,作成记名抬头、指示抬头。实际业务中以指示抬头最多,有时也用记名抬头,来人抬头由于风险大,基本不用。

④ 被通知人(Notify Party)。如果信用证规定了提单的被通知人,则这一栏应严格根据信用证的要求详细地列明被通知人的名称和地址。如果信用证没有规定提单的被通知人,这一栏可以是空白,也可以填写信用证申请人(进口方)或其代理人。

(2) 有关货物的内容主要有五个方面:

① 运输标志(唛头,Shipping Marks)。如果信用证中对货物的唛头有明确规定,则提单的唛头应与信用证的规定完全一致。另外,提单的唛头应与其他单据(商业发票、装箱单等)上

的唛头完全一致。

② 货名(Description of Goods)。提单的货名即是托运货物的名称,如果信用证列明的货物名称比较复杂,有时提单上不使用这种复杂的货名,而用统称或简写,银行也可以接受,但不能与信用证列明的货物名称有本质的冲突。另外,如果信用证中要求在提单上列明信用证号码或其他有关号码,而提单上没有信用证号码此栏,也应在这一栏中有明确反映。

③ 件数和包装种类(Number and Kind of Packages)。提单上货物的件数应以大小写两种文字准确填写,并且大小写要一致,在大写数字后面要有"仅"(Only)字样。对于无法计件的散装货,不仅应注明"散装货"(In Bulk)字样,还应注明净重。

提单上应有对货物包装的描述,如散装、托盘装、集装箱装等,并且必须与信用证中对货物包装的规定完全一致。包装应如实填写,不宜省略。

④ 毛重(Gross Weight)。毛重是按重量吨计算运费的依据。如果信用证规定提单上注明货物的净重,则也应列明在此栏内,但前面要注明"净重(Net Weight)"字样。

⑤ 尺码(Measurement)。货物的尺码是承运人按体积计算运费的依据,一般以立方米表示,应与信用证中的有关规定完全一致。

(3) 有关运输和其他内容主要有八个方面:

① 提单的号码(B/L NO.)。提单必须有承运人加注的号码,即提单的编号,如果信用证中规定其他单据中必须列明提单的号码,这时此号码必须与提单的号码完全一致。

② 船名、航次(Name of Vessel,Voyage No.)。提单中必须列明实际承运的船舶名称。航次是确定船期的依据,不同时期托运的不同货物可由同一条船承运。

③ 收货地或装货港(Place of receipt or Port of loading)。装货港即起运港,是承运人责任的起点,要填具体港口,如上海、大连,不能笼统地填中国港口。收货地在班轮提单上是不填的。在联运或集装箱运输情况下,在远离港口的某地接货时提单上才须注明收货地。

④ 卸货港或目的地(Port of discharge or Final Destination)。卸货港是承运人责任终止的地点,填列货物实际卸下的港口名称,要注意国名与港口问题。世界上不同国家有相同名称的港口,若是同名港须加注国名。在货物将于卸货港被转运时或在集装箱运输时,须填写目的地。

⑤ 运费、其他费用、付款地点和方式(Freight and Charges,Freight Payable at)。运费一栏一般仅列明运费的支付情况,无须列明具体运费金额,通常信用证中对此都有规定。运费的支付情况一般有"运费已付"(Freight Prepaid)和"运费到付"(Freight to collect)两种情况。

"运费已付"一般由托运人(出口公司)支付运费　"运费到付"一般由收货人(进口公司)支付运费。由收货人支付运费时,一般应列明运费的具体数额。出口业务中,如采用 CFR、CIF 条件成交,提单上应填"运费已付"(Freight Prepaid);如采用 FOB 条件成交,提单上应填"运费到付"(Freight to Collect 或 Freight Payable at Destination)。

如信用证有规定,则严格按照信用证规定填写,否则至少也要与价格条件以及其他单据内容等相协调,不能有矛盾;如信用证要求加注运费数,则应照加。

⑥ 提单的份数(Number of Original B/L)。提单的份数一般是指提单正本的份数。一般情况下,如果信用证对提单的份数有明确规定,提单的份数应与信用证的要求完全一致。如果信用证中未要求提单的份数,而只是要求提供"全套提单(Full set of B/L)",则提单的份数应依提单上的具体规定而定。

提单的签发人通常都规定了其所签发提单的份数。提单上列明的提单签发人签发的所有正本提单,即是"全套提单",出口公司向银行提交的提单必须是"全套提单",除非信用证另有规定。

⑦ 提单的签发地点和提单的签发日期(Place and Date of Issue)。提单必须有签发地点,通常为承运人或其代理人的营业地点。提单必须有签发日期。签发日期是承运人或其代理人签发提单的日期,已装船提单的签发日期就是货物的装船日期。此日期必须在信用证规定的货物最迟装运期之内。收妥备运提单的签发日期是承运人或其代理人收到货物的日期。收妥备运提单如已转变为已装船提单,则"Shipped on Board"字样旁边的日期为装船日期,此日期必须在信用证规定的货物最迟装运期之内。

⑧ 承运人签署(Signed for the Carrier)。按《UCP 600》规定,海运提单表面须注明承运人名称,并由承运人或代表承运人的具名代理人、船长或代表船长的具名代理人签署。签署人必须表明其身份,若为代理人签署,还须表明代理一方的名称和身份。提单只有经承运人或其代理人签字后才能生效。

(4) 有关提单正面契约文句的内容主要有四个方面:① 收货(或装船)文句,说明承运人已实际控制了货物。② 内容不知悉文句,说明承运人只对货物的表面状况进行核实,对于提单所填写的货物重量、数量、品质等内容不负核对责任,如"Ladded and Counted by Shipper"。③ 承认接受文句,表明托运人只要接受了提单就意味着接受了提单上的一切记载,包括提单背面的契约条款。④ 签署文句,表明签发了几张正本提单,凭其中 1 张提货后其余均告失效。

2. 提单的背面内容

提单背面印就的条款,规定了承运人和托运人之间、承运人和收货人及提单持有人之间的权利和义务,主要有下述几点:

(1) 适用法律条款。适用法律条款包括首要条款、管辖权条款和诉讼条款。

首要条款规定了划分提单当事人权利与责任的依据。目前大多数提单适用《海牙规则》。这一条款实际规定了承运人的责任与免责范围,很重要,故称"首要条款"。

管辖权条款和诉讼条款是规定若遇有关运输合同发生争执纠纷应按哪国法律解决、由哪国法院审理的条款。多数国家提单规定在船主所在国并按该国法律解决。

(2) 承运人责任条款。该条款说明承运人从装船开始到卸船为止,对货物承担什么责任。归纳起来,承运人的责任就是适航和适货。适航就是承运人在船舶开航前和开航时,应使船舶处于适航状态,做到装配合理,人员得当,从而保证船舶顺利航行。适货就是承运人应使船的货舱及其载货处能适宜和安全地接收载运和保管货物。如承运人对上述规定尽职尽责,谨慎处理,但仍未能防止损害发生,则承运人可不负责任,但承运人应对其已谨慎处理的事实提供详细的证明。对于因海上风险、政治风险以及其他意外事故而造成的货物灭失或损害,承运人可以免责。

(3) 运费条款。该条款包含下述事项:运费和其他费用应在承运人收到货物时即视为由承运人实现的收入,因此不得减扣和退回;如果系运费到付,则运费及其他费用应在目的港交货前结清;为准确计费,承运人有权对托运货物进行检查,以便核实货物的重量、体积、价位或性质。

(4) 留置权条款。该条款规定若货方不付应付款项,如运费、滞期费、共同海损分摊费用等,承运人有权对货物及任何单证行使留置权,甚至出售货物以抵付欠款,不足以抵付时,还可以向货方收取。

(5) 转运、换船联运条款。如有需要,承运人可以将货物用其他船只,或由铁路或其他运输工具,直接或间接地将货物运往目的港,也可以卸岸暂时储存或重新装船起运。

(6) 赔偿条款。货物到达时如遭受损坏,而且损坏明显的,收货人应立即向承运人提出书面通知;如不明显,应在提货后3日内发出书面通知。关于货物灭失或损坏赔偿的要求,应自交货之日起1年内提出,否则承运人可解除责任。承运人的赔偿金额应以发票金额外加运费和保费为基础来计算,但承运人可以规定每件货物的赔偿限额。如有部分货损,则根据该申报金额按比例赔偿。

提单背面还列有其他各种条款,如对特殊商品(舱面货、植物或鲜货、冷藏货、危险品和违禁品等)特别规定的条款,以及有关碰撞、共同海损、货主所负分摊损失的条款。

【案例9-2:提单中"清洁"字样遭删除】

某日,我议付行收到国内受益人交来的全套单据,审单员审单后认为全套单据已做到"单单一致、单证一致",于是毫不犹豫地对客户付了款。但当此单据寄对方开证行索偿时,却遭到了拒付。开证行认为:我方提交的单据中含有一张海运提单,该海运提单上原先与货物描述一起打上的"清洁已装船"批注中的"清洁"字样被删除,这样就不符合信用证提供"已装船清洁提单"的要求。由此推定提单是不清洁的。根据《UCP 600》相关规定,银行不能接受此类不清洁提单。

我方收到开证行拒付电后即刻回复道:根据《UCP 600》规定,所谓的清洁提单是指对货物包装及外表状况有缺陷的批注的提单,既然我方提供的提单无此描述,就应认为提单是清洁的,故你方的拒付是不成立的。

问题:上述"清洁"字样的删除是否构成不符点?

分析:清洁运输单据,是指单据上并无明确声称货物及(或)包装有缺陷的条文或批注。除非信用证明确规定可以接受的条款或批注,银行将不接受载有这样的条款或批注的运输单据。如果信用证要求运输单据载有"清洁已装船"条款时,银行将认为已符合信用证的条件。

上述文句阐述了清洁运输单据的含义及银行对清洁运输单据的处理原则。清洁运输单据是指未被承运人在单据上加注货物和(或)包装有缺陷的单据。按《海牙规则》第3条第3款规定:承运人应签发给送货人表面情况良好的提单,货运的表面状况不需送货人提供,而由承运人在装船时对货物进行目力所及的检查后提供。由于一般的提单上已事先印就"上列表面状况良好的货物已经装船",因此,承运人不加批有缺陷的语句,表示承认该货物外部状况良好。

不清洁运输单据又称有批注运单。这种运单的签发是由于发货人所交付的货物包装以及外表状况有缺陷,如污染、潮损、破包、缺少等,承运人为分清责任而在运单上做出批注。除非信用证明确规定可以接受不清洁运单,银行拒受载有这种批注的运输单据。

如果信用证要求"清洁已装船"时,银行的掌握方法应是:只要符合运输单据的相关规定,即为满足要求。

国际商会"411"曾经指出:增补本条款是为了使银行更好地掌握如何使运输单据符合信用证注有"清洁已装船"条款要求,从而纠正世界某些地区的不良做法,即要求承运人加批"清洁已装船"词语,因为承运人是不可能加批此类文句的。

因此,"清洁"一词明显被单据签发人删除的事实不构成不符点。

二、海运单

海运单(Sea Waybill),是承运人收到托运人交来货物时签发的货物收据,也是承运人和托运人签订的运输契约的证明。其形式与作用同海运提单相似,但其收货人抬头做成记名式的,记名收货人是唯一的收货人。收货人提货时并不需要提交海运单,而仅需证明自己是海运单载明的收货人即可提取货物。海运单不可以转让,也不是物权凭证,因此也被称为"不可转让海运单"(Non-negotiable Sea Waybill)。海运单的应用范围比较窄,主要用于跨国公司成员之间的货物运输。

三、铁路运单

铁路运单(Rail Waybill)是铁路承运人收到货物后所签发的铁路运输单据。我国对外贸易铁路运输按营运方式分为国际铁路联运和国内铁路运输两种方式。前者使用国际货协铁路运单,后者使用承运货物收据。

(一)国际铁路联运运单

国际铁路联运运单是国际铁路联运的主要运输单据,它是参加联运的发运国铁路与发货人之间签订的运输契约,其中规定了参加联运的各国铁路和收发货人的权利和义务,对收发货人和铁路都具有法律约束力。运单签发即表示承运人已收到货物并受理托运,装车后加盖承运日戳即为承运。国际铁路联运运单使用正副本方式。运单正本随同货物从始发站到终点站交给收货人,作为铁路向收货人交付货物的凭证。运单副本在发货站加盖承运期戳记,成为货物已被承运的证明,发货人凭其向银行要求结汇。国际铁路联运运单不能转让,不是物权凭证。

(二)承运货物收据

承运货物收据(Cargo Receipt)是对港澳铁路运输中使用的一种结汇单据。该收据包括大陆段和港段两段运输。内地通过国内铁路运往港澳地区的出口货物,一般都委托中国对外贸易运输公司承办,货物装车发运后,由外运公司签发一份承运货物收据给托运人,托运人以此作为结汇凭证。承运货物收据既是承运人出具的货物收据,也是承运人与托运人签署的运输契约,同时还是出口人办理结汇手续的凭证。

四、公路运单

按照《国际陆运货物公约》(CMR)所签发的公路货运单,是为国际上接受和认可的不可转让的运输单据,它适用于由公路运送货物经过或到达 CMR 的参加国家。它是由公路承运人签发的,作为收到货物的收据和对货物按 CMR 条款运送的书面证明。

对于铁路、公路及内陆水运的运输单据,要求注明起运地和目的地及货物收妥待运。这些运单可以不注明正本份数,以受益人提交的份数为准。

五、航空运单

航空运单(Air Waybill,AWB)是航空公司或其代理人收到货物后出具的运输凭证,是承运人与托运人之间签订的运输契约,也是承运人或其代理人向托运人签发的货物收据。航空运单与海运提单性质不同,它只能表示承运人已收到货物,起到货物收据的作用,却不是物权凭证。货到目的地后,收货人不是凭航空运单提货而是凭航空公司发出的到货通知单和有关证明提货。所以,航空运单必须作成记名抬头,不能背书转让,也不能作为有价证券流通。

六、邮包收据

我国虽不是万国邮政联盟(Universal Postal Union)的成员,但是我国与世界上大多数国家有双边的邮政协议,因此,我国邮局也受理国际包裹邮寄业务的委托。

邮包收据(Postal Parcel Receipt)是邮局承认收到包裹并负责邮至目的地交收货人的证明。邮包收据不是物权凭证,不能凭以提货和背书转让。因此,邮包收据也作成记名抬头。

《UCP 600》规定,证明货物收讫待运的快递收据、邮政收据,无论名称如何,必须在信用证规定的货物发运地点盖章或签署并注明日期,该日期将被视为发运日期,因此该日期不能晚于规定的装运日期。将商品、包裹交付邮局就算完成了交货任务,邮包收据即可交出口地有关银行议付。

第四节　保险单据

一、海上运输保险概述

(一)海上运输保险的承保范围

1. 可保障的风险

货物在海洋运输过程中可能遇到多种风险,但保障的风险仅限于保险单据上写明的风险,大致可分为海上风险和外来风险。

(1)海上风险(Perils of the Sea)。海上风险包括自然灾害和意外事故。自然灾害是指恶劣气候、雷电、洪水、流冰、地震、海啸以及其他人力不可抗拒的灾害,而不是指一般自然力所造成的灾害;意外事故主要包括船舶搁浅、触礁、沉没、碰撞、失火、爆炸以及失踪等具有明显海洋特征的重大意外事故。

(2)外来风险(Extraneous Risk)。外来风险是指海上风险以外的各种风险,分为一般外来风险和特殊外来风险。一般外来风险指偷窃、破碎、渗漏、沾污、受潮受热、串味、生锈、钩损、短量、淡水雨淋等;特殊外来风险主要指由于军事、政治及行政法令等原因造成的风险,从而引起货物损失,如战争、罢工、交货不到、拒收等。

2. 海上损失

海上损失,简称海损(Average),是指被保险货物在海洋运输途中,因遭受海上风险所引起的损失。海上损失按损失程度的不同分为全部损失与部分损失。

(1)全部损失(Total Loss)。全部损失主要是指运输货物的全部灭损或等同于全部灭损。全损又分为实际全损和推定全损。

① 实际全损(Actual Total Loss)又称绝对全损,指保险标的物完全灭失或已丧失原有用途或价值,或被保险人对保险标的物的所有权已无可挽回地完全被剥夺,或载货船只已失踪一定时期。

② 推定全损(Constructive Total Loss)指货物虽未全部灭失,但货物遭受损失的程度,使得对这些货物的施救、整理、修复原状并运往目的地的费用超过了这类货物在完好状态下到达目的地的价值。

(2)部分损失(Partial Loss)。部分损失指被保险货物的损失未达到全部损失的程度。部分损失分为单独海损和共同海损。

① 单独海损(Particular Average)主要是指运输途中所造成的不涉及其他货主及船方,而仅仅涉及某一特定货物的损失,这种损失是偶然的、意外的损失。

② 共同海损(General Average)主要是指为了保证同一运输途中遇险财产的共同安全或免除风险所做出的有意的、合理的支出。共同海损通常是由利害关系方的船方、货方和运费收

入方按比例共同分担。

3. 费用

海上风险还会造成费用支出，主要为施救费用和救助费用。施救费用系被保险标的物在遭受承保责任范围内的灾害事故时，被保险人或其代理人或保险单受让人，为避免或减少损失，采取各种措施而支出的合理费用。所谓救助费用，是指保险人或被保险人以外的第三者采取了有效的救助措施后，由被救方付给的酬金。保险人对上述费用都负责赔偿，但以总和不超过保险金额为限。

（二）海上运输保险的承保险别

1. 中国保险条款中的海上货物运输保险险别

由中国人民保险公司制定的货运保险条款，称为中国保险条款(C. I. C)。该条款对保险人的承保责任范围，按风险和损失的性质，制定了各种险别，分为基本险和附加险两大类。

（1）基本险。基本险可以单独投保，被保险人投保时，必须选择一种基本险投保。海洋货运保险的基本险包括平安险(Free from Paticular Average, FPA)、水渍险(With Paticular Average, WPA)和一切险(All Risks)。

平安险的承保范围，包括除了由自然灾害造成的全部损失以外，还包括意外事故所造成的全部或部分损失。水渍险的承保范围，除包括上述平安险的各项责任外，还负责自然灾害造成的部分损失。一切险的承保范围，除包括平安险和水渍险的各项责任外，还包括由一般外来风险所造成的损失。

（2）附加险。附加险承保由外来风险所造成的损失，可分成一般附加险和特殊附加险，其分别对应于一般外来风险和特殊外来风险。

一般附加险包括：偷窃、提货不着险(Theft, Pilferage and Non-Delivery, TPND)、淡水雨淋险(Fresh Water Rain Damage, FWRD)、渗漏险(Risk of Leakage)、短量险(Risk of Shortage)、钩损险(Hook Damage)、破碎碰撞险(Risk of Clash & Breakage)、受潮受热险(Sweating and Heating Risks)、锈损险(Hook Damage)、混杂玷污险(Risk of Intermixture & Contamination)、串味险(Risk of Odor)、包装破裂险(Loss or Damage Caused by Breaking of Packing)等 11 种。

特殊附加险主要有战争险(War Risk)、罢工险(Strikes Risk)、舱面险(On Deck Risk)、拒收险(Rejection Risk)、交货不到险(Failure to Delivery Risk)、黄曲霉素险(Aflatoxin Risk)、进口关税险(Import Duty Risk)以及货物出口到港澳地区的存仓火险责任扩展条款(Fire Risk Extention Clause for Storage of Cargo at Destination HongKong, Including Kowloon or Macao)等 8 种。已投保战争险后再加保罢工险不另收费，一般同时投保。战争险的责任起讫不是仓至仓，保险人只负水面责任。

附加险不能单独投保，可在投保一种基本险的基础上，根据货运需要加保其中一种或几种。投保一切险后，因为一切险中已包括了所有一般附加险的责任范围，所以只需在特殊附加险中选择加保。

2. 英国伦敦保险业协会货物保险条款

在国际保险市场上，各国保险组织都制定有自己的保险条款。但采用最为普遍的是英国伦敦保险业协会所制定的《协会货物条款》(ICC)。我国企业以 CIF 或 CIP 条件出口时，一般按中国保险条款(CIC)投保,但如果国外客户要求按《协会货物条款》投保,我们一般可予接受,中国的保险公司按该条款规定范围予以承保。

《协会货物条款》的现定版本于 1982 年 1 月 1 日修订公布,共有 6 种险别:协会货物条款(A),即 ICC(A);协会货物条款(B),即 ICC(B);协会货物条款(C),即 ICC(C);协会战争险条款(货物),即 IWCC;协会罢工险条款(货物),即 ISCC;恶意损害险(Malicious Damage Clause)。

以上 6 种险别,(A)险相当于中国保险条款中的一切险,其责任范围更广泛,故采用承保"除外责任"之外的一切风险的方式表明其承保范围。(B)险大体相当水渍险。(C)险相当于平安险,但承保范围较小。(B)险和(C)险采用列明风险方式表示其承保范围。在 6 种险别中,只有恶意损害险属于附加险别,不能单独投保。必要时,战争险和罢工险在征得保险公司同意后,也可作为独立险别投保。

二、保险单据及其种类

保险单是保险人接受被保险人(投保人)投保后,所出具的证明保险合同有效的书面文件。它证明被保险人的保险权益和保险人所承担的保险责任,并具体说明双方权利义务的范围,对双方均有约束力。一旦出险,被保险人可以凭保险单要求赔偿,而保险人则根据保险单的规定确定其理赔的内容和金额。

保险单据有保险单、保险凭证、联合凭证、预约保单、保险声明和批单。

(1) 保险单(Insurance Policy 或 Policy),俗称大保单,是保险人和被保险人之间建立保险合同关系的正式凭证,是一种正规的保险合同。保险单背面印有货物运输保险条款(一般表明承保的基本险别条款之内容),还列有保险人的责任范围及保险人与被保险人各自的权利、义务等方面的条款。

(2) 保险凭证(Insurance Certificate),俗称小保单,是保险公司签发给被保险人,表示保险公司已经接受保险的一种证明文件,证明货物已经投保和保险合同已经生效,这是一种比较简化的保险单据。它包括了保险单的基本内容,但不附有保险条款全文,表明按照本保险人的正式保险单上所载的条款办理。保险凭证具有与保险单同等的效力,但在信用证规定提交保险单时,一般不能以保险单的简化形式替代。

(3) 联合凭证(Combined Certificate),又称承保证明(Risk Note),是我国保险公司特别使用的、比保险凭证更简化的保险单据,是最简单的保险单据。保险公司仅将承保险别、保险金额及保险编号加注在我国进出口公司开具的出口货物发票上,并正式签章即作为已经保险的证据。

(4) 预约保险单(Open Policy),是进出口贸易中,被保险人与保险人之间订立的总合同。在合同规定范围内的货物,一经启运,保险公司即承担合同规定的保险责任。在实务中,预约保单较多用于进口业务中,进口商与保险公司订立预保合同(即预约保单),可以防止因漏保或迟保而可能造成的损失,也简化了逐笔投保的手续。

(5) 保险声明(Insurance Declaration)。预约保险单项下的货物一经确定装船,要求被保险人立即以保险声明书的形式,将该批货物的名称、数量、保险金额、船名、起讫港、航次、开航日期等通知保险人,银行可将保险声明书当作一项单据予以接受。

(6) 批单。保险单出具后,如需变更其内容,可由保险公司另出凭证,注明更改或补充的内容,称为批单。批单必须粘在保险单上并加盖骑缝章,作为保险单不可分割的一部分。

图 9-3 为保险单式样。

中国人民保险公司
The People's Insurance Company of China
总公司设于北京　一九四九年创立
Head Office Beijing　Established in 1949

货物运输保险单
CARGO TRANSPORTATION INSURANCE POLICY

发票号(INVOICE NO.)
合同号(CONTRACT NO.)　　　　　　　　　　　　　　　　　保单号次
信用证号(L/C NO.)　　　　　　　　　　　　　　　　　　　POLICY NO.

被保险人：
INSURED：
中国人民保险公司(以下简称本公司)根据被保险人的要求,由被保险人向本公司缴付约定的保险费,按照本保险单承保险别和背面所载条款与下列特款承保下述货物运输保险,特立本保险单。
THIS POLICY OF INSURANCE WITNESSES THAT THE PEOPLE'S INSURANCE COMPANY OF CHINA (HEREINAFTER CALLED "THE COMPANY") AT THE REQUEST OF THE INSURED AND IN CONSIDERATION OF THE AGREED PREMIUM PAID TO THE COMPANY BY THE INSURED, UNDERTAKES TO INSURE THE UNDERMENTIONED GOODS IN TRANSPORTATION SUBJECT TO THE CONDITIONS OF THIS OF THIS POLICY AS PER THE CLAUSES PRINTED OVERLEAF AND OTHER SPECIAL CLAUSES ATTACHED HEREON.

标　记 MARKS&.NOS	包装及数量 QUANTITY	保险货物项目 DESCRIPTION OF GOODS	保险金额 AMOUNT INSURED

总保险金额
TOTAL AMOUNT INSURED：_____

保费：　　　　　　　　启运日期　　　　　　　装载运输工具：
PERMIUM：AS ARRANGED　DATE OF COMMENCEMENT：_____　PER CONVEYANCE：_____
自　　　　　　　　　　经　　　　　　　　　　至
FROM：_____　　　　VIA _____　　　　　TO _____
承保险别：
CONDITIONS：

所保货物,如发生保险单项下可能引起索赔的损失或损坏,应立即通知本公司下述代理人查勘。如有索赔,应向本公司提交保单正本(本保险单共_____份正本)及有关文件。如一份正本已用于索赔,其余正本自动失效。
IN THE EVENT OF LOSS OR DAMAGE WITCH MAY RESULT IN A CLAIM UNDER THIS POLICY, IMMEDIATE NOTICE MUST BE GIVEN TO THE COMPANY'S AGENT AS MENTIONED HEREUNDER. CLAIMS, IF ANY, ONE OF THE ORIGINAL POLICY WHICH HAS BEEN ISSUED IN _____ ORIGINAL(S) TOGETHER WITH THE RELEVANT DOCUMENTS SHALL BE SURRENDERED TO THE COMPANY. IF ONE OF THE ORIGINAL POLICY HAS BEEN ACCOMPLISHED. THE OTHERS TO BE VOID.

中国人民保险公司
The People's Insurance Company of China

赔款偿付地点
CLAIM PAYABLE AT
出单日期
ISSUING DATE

Authorized Signature

图 9-3　保险单式样

三、保险单据的基本内容

保险单据中以大保单使用最为广泛。大保单既有正面内容，又有背面条款。大保单背面载明有关保险人和被保险人之间权利和义务及责任豁免等内容。正面一般包括以下基本内容：

（1）保险单据名称。保险单据一般应有"Insurance Policy"（保险单）"Insurance Certificate"（保险凭证）等字样。

（2）保险单据号码。保险公司出具保险单据时，一般应打印上完整的编号。

（3）保险人名称（Name of the Insurer）。保险单据上必须有保险人的详细名称和地址。一般在保险单的上方都印有保险公司的详细名称和地址。保险人应是承保的保险公司或代理人名称，而不能是保险经纪人。

（4）被保险人名称（The Insured's Name）。被保险人的名称应符合信用证的具体要求。信用证中对于被保险人通常有如下三种形式之一的规定：① 信用证受益人（出口公司）为被保险人。② 某一商号为被保险人。③ 银行的指定人为被保险人。

（5）唛头（Shipping Mark）。保险公司在本栏目常常仅打上"As per Invoice No."，因为发生保险索赔时，索赔方必须提供发票，便于两种单据互相参照。

（6）包装和数量（Package and Quantity）。由保险公司按投保单填列。按惯例，保险单据的货物包装和数量应与发票内容相一致。

（7）保险货物项目（Description of Goods）。可使用货物的统称，但须与提单等单据相一致，并不得与信用证中货物的描述相抵触。

（8）保险金额（The Amount Insured）和币别（Currency Code），保险金额一栏内应用阿拉伯数字填写，一般按信用证要求投保的比例投保。如信用证未规定时，保险金额不应低于货物的 CIF 或 CIP 价值的110%，如不能确定 CIF 或 CIP 的货值，则不能低于银行付款、承兑或议付金额的110%，或发票金额的110%，以金额较大者为最低保险金额。在实际业务中，一般按货物价值的110%投保。但是，保险金额最高不应超过货物价值的130%。

保险金额还应以文字表述，并以"Only"结尾。注意保险金额的大小写应一致。保险金额的币别应和信用证金额的币别一致。

（9）保险费及费率（Premium and Rate）。除非信用证另有规定，保险单据上一般只列明"As arranged"，而不列明保险费的具体金额。

（10）装载运输工具（Per Conveyance S. S.）。参照提单，注上承运人的船名和航次号。如投保时已明确要在中途转船，须在第一程船名后加注第二程船名。

（11）开航日期（Sig. on or abt.）。海运时，缮打"见提单"（as per B/L）即可，其他运输方式类同。

（12）运输起讫地点。参照提单，列明起运港、目的港，如中途须转船，应列明"转运"（With Transshipment）字样。

（13）承保险别（Conditions）。保险单据上应明确列明承保的险别，并且应与信用证上要求投保的险别完全一致。在 CIF、CIP 条件下，如信用证未明确规定，则出口方仅须选择某一保险条款投保其最低险。

（14）保险人在目的地的代理人。保险单据上应列明保险人在目的地的代理人的详细名称和地址，以便当货物受损、被保险人索赔时，能及时就近查勘，分析出原因和受损程度，以确定赔偿责任。

（15）赔付地点（Claim Payable at）。赔付地点是发生货损时进行理赔的地点，一般应按信用证上的规定填写。如果信用证对此没有规定,则应以目的地为赔付地点。一般为保险公司在目的地的保险代理人所在地。

(16) 出单日期和出单地点。保险单据应明确列明出单日期和出单地点。保险单的出单日期是保险人责任的起点,保险单的出单日期不得迟于提单的签发日期,否则银行将不予接受。保险单的出单地点涉及适用法律问题,一旦产生纠纷,如无明确规定,一般以出单地法律为依据,因此必须在保单上列明。

(17) 保险人签章(Authorized Signature)。按《UCP 600》规定,保险单据必须由保险公司或保险商或其代理人出具和签署。除非信用证另有授权,保险经纪人出具的暂保单,银行不予接受。保险单据上一般应包括保险公司名称和法人代表的签字或印章。

四、保险单的背书

海运保险单经背书可以转让。依国际保险业的习惯,保险单据经被保险人背书后,即随着被保险货物的所有权转移自动转至受让人手中。背书前后均不需通知保险公司。

保险单背书分为空白背书和记名背书。空白背书只注明被保险人(包括出口公司的名称和经办人名字)的名称。如果来证未明确使用哪一种背书时,可使用空白背书方式。

【案例 9 - 3:FOB 合同下的 W/W Clause 争议案】

有一份 FOB 合同,货物在装船后,卖方向买方发出装船通知,买方向保险公司投保了"仓至仓条款一切险"。货物在从卖方仓库运往码头的途中,被暴风雨淋湿了 10% 货物。事后卖方以保险单含有仓至仓条款为由,要求保险公司赔偿此项损失,但遭到了保险公司的拒绝。后来,卖方又请求买方以投保人的名义凭保单向保险公司索赔,也遭到了保险公司的拒绝。

问题:在上述情况下,保险公司能否拒赔? 为什么?

分析:首先要确定 FOB 合同下的风险转移界限与保险责任起讫。装船前的风险损失不在保险公司的责任范围内,保险公司不负责。其次要知道发生保险公司承保责任范围内的损失时,向保险公司索赔须具备三个基本条件:索赔人与保险公司之间必须有合法有效的合同关系;索赔人还须享有保险利益;索赔人要求赔偿的损失,必须是投保险别的承保范围。

上述案例中,由于以 FOB 术语成交,FOB 术语以装运港装上船作为划分买卖双方所承担风险的界限。即货物在装运港装上船之前的风险,包括在装船时货物跌落码头或海中所造成的损失,均由卖方承担;货物在装运港装上船之后,包括在运输过程中所发生的损坏或灭失,则由买方承担。在本案例中,虽然卖方在货物发生意外时,对该保险标的享有保险利益,保险单中也含有"仓至仓条款"(这个条款是规定保险公司所承担的保险责任,是从被保险货物运离保险单所载明的起运港发货人仓库开始,一直到货物到达保险单所载明的目的港收货人的仓库时为止),但保险单的被保险人为买方,保险公司和买方之间存在合法有效的保险合同关系,而卖方不是保险单的被保险人或合法持有人,故其没有索赔权。另外,虽然买方是本案保险单的被保险人和合法持有人,但货物在装运港装上船之前,如果受到损害,被保险人不会受到利益影响,即不具有保险利益,因此,尽管保险单中含有"仓至仓条款",买方无权就货物在装运港装上船之前的损失向保险公司索赔。

那怎样做呢? 卖方代买方办保险,货物装船后背书给买方。这样装船前卖方可索赔,装船后买方可索赔。

【案例 9 - 4:以 CIF 术语成交下的保险索赔案】

我方某外贸公司以 CIF 术语出口一个整集装箱的货物,我方在货物出运前及时投保了海运一切险。在货物从出口公司仓库运到码头装运的路途中,由于驾驶员的疏忽,集装箱货车意外翻车下崖,导致货物全部报废。

问题:试分析说明,应该由买方还是卖方向保险公司索赔? 为什么? 保险公司是否应该赔偿? 为什么?

分析：应该由卖方向保险公司索赔。因为该案例为 CIF 合同，卖方的责任界点在装运港船上，从案例情况可看出，货物还没有到达风险分界点，因此，应该由卖方承担货物责任，由卖方向保险公司索赔。

保险公司应该赔偿。首先，因为海运一切险的保险责任的起点是发货人的仓库，保险责任包括从发货人的仓库到港口的陆路运输阶段；其次，货损原因是意外翻车导致的，该原因属于一切险的承保范围。所以，保险公司应该赔偿。

第五节　附属单据

一、原产地证明书

原产地证明书（Certificate of Origin），简称产地证，是一种证明货物原产地或制造地的文件，主要是用以证明货物的原始生产或制造国，以便进口国海关核实进口来源，控制进口及核定进口货物应征税率，实行区别关税待遇。原产地证明书也是减免关税的依据。产地证一般分为一般原产地证和普惠制原产地证以及政府间协议规定的特殊原产地证。上述产地证虽然都用于证明货物的原产地，但使用范围和格式不同。

（一）一般原产地证

一般原产地证，简称产地证（C/O），系指中华人民共和国出口货物原产地证明书（Certificate of Origin of the People's Republic of China），各地商检局和贸促会均可签发此种原产地证。其主要内容如下：

（1）出口商（Exporter）。填有出口经营权的出口商名称与地址的全称。出口商应当是信用证的受益人或合同的卖方，不能填国外中间商。此栏不能留空。

（2）收货人（Consignee）。应填最终收货人名称、详址和国名。一般为合同的买方、提单通知方或信用证规定的特定收货人。如果信用证规定所有单证收货人一栏留空，可打上"To Order"或"To whom it May Concern"。

（3）运输方式和路线（Means of Transport and Route）。应填明装货港、到货地和运输方式。若经转运也应注明转运地。

（4）目的港（Destination Port）。货物最终运抵港，不要填中间商国家名称。

（5）签证机构使用栏（For Certifying Authority Use only）。出口申报单位应将此栏留空，签证机构根据需要加注。

（6）唛头和包装编号（Marks and Numbers of Package）。唛头与编号应与发票或提单一致。无唛头或散装货，应填写"N/M"。

（7）货名、包装件数、种类（Description of Goods，Number and Kind of Package）。货名应当与发票一致。货名要填具体名称，如乒乓球、核桃等。包装数量与种类要填多少包、桶、袋等。注意要在阿拉伯数字后加括号填注英文大写数字。散装货应在货名之后或下方注"IN BULK"（散装）。

（8）H. S 税目号（H. S Code）。此栏应按《协调制度》规定的四位数字税目号填写。

（9）数量或重量（Quantity or Weight）。数量应按商品的计量单位填写，如"件""套"等。以重量计量时，应注毛重或净重。

（10）发票号和发票日期（Number and Date of Invoices）。必须按申报出口货物商业发票编号填写，不能留空，日期按月、日、年顺序，月份用英文缩写。

(11) 出口商声明(Declaration by the Exporter)。声明内容为"下列签字人在此声明:上述货物的详细情况和声明是正确的,所有货物均为中国产,并完全符合中华人民共和国原产地规则"。同时加注声明地址、日期及有权签字人的签字和盖章。地址常为出口商所在地,日期应晚于或同于发票日。应加盖申报单位英汉对照章和有权签字人签字,签字与盖章不得重合。

(12) 签证机构证明(Certification)。证明内容为"兹证明出口商声明是正确的",并加注签证地址、日期、证明机构签字和盖章。签证地址应为签证机构所在地,日期应同于或晚于发票和出口商声明日期。

图9-4为一般原产地证书式样。

一般原产地证书

ORIGINAL

1. Exporter(full name and address)	Certificate No.
	CERTIFICATE OF ORIGIN
2. Consignee(full name, address, country)	OF
	THE PEOPLE'S REPUBLIC OF CHINA
3. Means of transport and route	5. For certifying authority use only
4. Country/region of destination	
6. Marks and numbers 7. Number and kind of packages/description of goods	8. H. S. Code 9. Quantity 10. Number and date of invoices

11. Declaration by the exporter
    The undersigned hereby declares that the above details and statements are correct, that all the goods were produced in China and that they comply with the Rules of Origin of the People's Republic of China.
 	
——————————————————————
Place and date, signature and stamp of authorized signatory
	12. Certification
	    It is hereby certified that the declaration by the exporter is correct.
	
	——————————————————————
	Place and date, signature and stamp of certifying authority

图9-4　一般原产地证书式样

(二)普惠制原产地证格式

普惠制全称普遍优惠制(Generalized System of Preference,简称 GSP),是发达国家(给惠国)给予发展中国家(受惠国)出口的制成品和半制成品普遍的、非歧视的、非互惠的一种关税优惠制度。目前,给我国普惠制待遇的给惠国有欧盟27国以及加拿大、瑞士、日本、澳大利亚、新西兰、挪威、波兰、俄罗斯、白俄罗斯、乌克兰、捷克、斯洛伐克、哈萨克斯坦等39个国家和地区。

普惠制原产地证是依据给惠国要求而出具的能证明出口货物原产自受惠国的证明文件,并能使货物在给惠国享受普遍优惠关税待遇。我国政府规定普惠制原产地证由各地的出入境检验检疫局(简称商检局)签发。普惠制产地证的书面格式一般采用联合国贸易开发会议规定的统一格式即普惠制(产地证)格式 A。但对新西兰除使用格式 A 外,还须提供格式 59A 证书;对澳大利亚不用任何格式,只需在商业发票上加注有关声明文句并经商检局盖章认证即可。

普惠制原产地证明书共有 12 栏,各栏的填写方法如下:

产地证标题栏(右上角),填上签证当局所编的证书号;在证头横线上方填上"在中华人民共和国签发(ISSUED IN THE PEOPLE'S REPUBLIC OF CHINA)",国名外文必须填打外文全称,不得简化。

第 1 栏:出口商的名称、地址、国别。此栏是带有强制性的,应填明在中国境内的出口商详细地址,包括街道名、门牌号码等。

第 2 栏:收货人的名称、地址、国别。一般应填给惠国最终收货人名称(即信用证上规定的提单通知人或特别声明的收货人),如最终收货人不明确,可填发票抬头人。但不要填中间转口商的名称。在特殊情况下,欧盟国家的进口商要求将此档留空,也可以接受。

第 3 栏:运输方式及路线。一般应填装货、到货地点(始发港、目的港)及运输方式(如海运、陆运、空运、陆海联运等)。如系转运商品,应加上转运港,如"Via Hong Kong"。

第 4 栏:供官方使用。此栏由签证当局填具,出口公司应将此栏留空。商检机构根据签证需要,如是"后发",加盖"Issued Retrospectively"红色印章;如是签发"复本",应在此栏注明原发证书的编号和签证日期并声明原发证书作废,其文字是:"This certificate is in replacement of Certificate of origin No ... Dated ... which is cancelled",并加盖"DUPLICATE"红色印章。正常情况下,此栏空白。

第 5 栏:顺序号。在收货人、运输条件相同的情况下,如同批出口货物有不同品种,则可按不同品种、发票号等分列"1""2""3"等。单项商品,此栏可不填。

第 6 栏:唛头及包装号。按发票上唛头填具完整的图案文字标记及包装号。如货物无唛头,应填"N/M"。如唛头字符过多,此栏不够填,可填打在第 7、8、9、10 栏的空白处。如还不够用,则另加附页,打上原证号,并由商检机构授权签证人手签、加盖签证章。

第 7 栏:包件数量及种类、商品说明。请勿忘记填上包件种类及数量,并在包装数量的阿拉伯数字后用括号加上大写的英文数字。商品名称应具体填明,其详细程度应能在 H.S 的四位数字中准确归类。不能笼统地填"MACHINE","GARMENT"等。但商品的商标、牌名(BRAND)、货号(ART NO)也可不填,因这些与国外海关税则无关。商品名称等项列完后,应在末行加上表示结束的符号,以防止外商加填伪造内容。国外信用证有时要求填具合同、信用证号码等,可加在此栏结束符号下方的空白处。

第 8 栏:原产地标准。此栏用字最少,但却是国外海关审证的核心项目。对含有进口成分的商品,因情况复杂,国外要求严格,极易弄错而造成退证,应认真审核。一般规定"P"表示完全原产,无进口成分;"W"表示含有进口成分,但符合原产地标准。

第 9 栏:毛重或其他数量。此栏应以商品的正常计量单位填,如"只""件""匹""双""台""打"等。以重量计算的则填毛重,只有净重的,填净重亦可。但要标上 N.W.(Net Weight)。

第 10 栏:发票号及日期。此栏不得留空,必须照正式商业发票填具。为避免月份、日期的误解,月份一律用英文缩写 JAN,FEB,MAR 等表示。发票内容必须与证书所列内容和货物完全相符。

第11栏:签证当局的证明。填签发地点、日期及授权签证人手签、商检机构印章。签证当局只签一份正本,不签署副本。此栏签发日期不得早于发票日期(第10栏)、申报日期(第12栏),但不迟于提单日期,手签人的字迹必须清楚。手签与签证章在证面上位置不得重合。

第12栏:出口商的申明。生产国的横线上应填"中国 CHINA"。进口国横线上的国名一定要填正确。进口国一般与最终收货人或目的港的国别一致。如果难以确定,以第3栏目的港国别为准。凡货物运往欧盟范围内,进口国不明确时,进口国可填 E. U.。申请单位的手签人员应在此栏签字,加盖中英文对照的印章,填上申报地点、时间。

图9-5为普惠制原产地证书式样。

普惠制原产地证书

ORIGINAL

1. Goods consigned from (Exporter's business name, address, country)	Reference No. GENERALIZED SYSTEM OF PREFERENCES CERTIFICATE OF ORIGIN (Combined declaration and certificate) FORM A Issued in THE PEOPLE'S REPUBLIC OF CHINA (country) See Notes, overleaf
2. Goods consigned to (Consignee's name, address, country)	
3. Means of transport and route (as far as known)	4. For official use

5. Item number	6. Marks and numbers of packages	7. Number and kind of packages; description of goods	8. Orign criterion (see Notes overleaf)	9. Gross weight or other quantity	10. Number and date of invoices

11. Certification It is hereby certified, on the basis of control carried out, that the declaration by the exporter is correct.	12. Declaration by the exporter The undersigned hereby declares that the above details and statements are correct, that all the goods were produced in ———————————— (country) and that they comply with the origin requirements specified for those goods in the Generalized System of Preferences for goods exported to ———————————— (importing country)
Place and date, signature and stamp of certifying authority ————————————	Place and date, signature and stamp of certifying authority ————————————

图9-5 普惠制原产地证明书式样

二、商品检验证书

（一）商品检验证书的含义

商品检验证书（Inspection Certificate），简称商检证，是指出口商提交的由出口方商品检验检疫部门或进口商认可的公证机构出具的证明货物品质、数量、卫生条件等内容的一种证书。

（二）商品检验证书的内容

我国商品检验证书由五个部分组成：

（1）局名头。这部分包括商检机构名、标志、地址、电话和电报挂号。

（2）证书种类名称。这部分包括商检正、副本字样，证书号码和签证日。

（3）商品识别部分。该部分内容表明证书证明批次商品的各有关项目，如发货人、收货人、商品名称、报检重量/数量、标记号码、运输工具、发货港、目的港等。

（4）证明内容。即检验、鉴定结果和评定结论部分。

（5）签署部分。该部分内容包括检验日期和地点、签证机构印章和签署人的签字，只有经过签署人签字和盖有商检机构印章并加盖钢印的证书才是有效的。出口商品检验证明一般用英文签发，如合同、信用证均为中文或客商要求使用中文本的，也可用中文签发。如进口国有法令规定或客商要求使用其他文种的，也可使用其他文种证书。

商检机构对外签发证书，一般只签发一份正本，并根据报验人需要签发若干份副本。

（三）商检证书的种类

在实际中根据不同的检验鉴定，将国家商检机构制作的商检证书分别填上标题后就成了不同种类的商检证书。

（1）品质证书。品质证书（Inspection certificate of quality）是证明进口商品品质、规格、等级等实际情况的书面证件。出口商品品质证书是卖方履行合同条款的具体证明，它是进口国通关输入的证件和银行议付的重要单据。

根据对外贸易关系人的申请，商检机构出具的"分析""规格"等检验证书，也属于品质证书的范畴。

（2）重量/数量证书。重量/数量证书（Inspection certificate of weight or quantity）是证明进出口商品重量或数量的证件。

（3）兽医证书。兽医证书（Veterinary inspection certificate）是证明出口动物产品经过检疫合格的证书。它适用于冻畜肉、冻禽、禽畜肉罐头、皮张、肠衣等出口商品，必须由主任兽医签署。

兽医证书的内容通常按照贸易合同、信用证、国家间的协定、协议以及进出口卫生检疫法令的要求办理。证书上一般要列明所采用的畜、禽等来自安全非疫区，经过宰前宰后检验，未发现检疫对象等内容，有时还加上卫生检疫内容，称为兽医卫生检验证书。

（4）卫生证书。卫生证书（Sanitary inspection certificate or inspection certificate of health），也称健康检验证书，是证明可供人类食用的出口动物产品、食品等经过卫生检疫或检验合格的证书，该证书适用于肠衣、罐头、蛋制品、乳制品、蜂蜜等产品，证书上要说明产品符合卫生要求,适合人类食用或使用。

(5)消毒证书。消毒证书(Disinfection inspection certificate)是证明出口动物产品经过消毒处理,保证安全卫生的证书。适用于猪鬃、皮张、山羊毛、羽绒制品等商品,证书的内容是证明商品经过高压蒸汽消毒等方法消毒处理,有时这些内容也可列入品质证书和卫生证书内,不另发消毒证书。

(6)熏蒸证书。熏蒸证书(Inspection certificate of fumigation)是用于证明出口粮谷、油籽、豆类、皮张等商品以及包装用的木材与植物性填充物等已经过熏蒸灭虫的证书。它主要证明使用何种药物、经过多少时间熏蒸等具体情况,有些商品只在品质证书中加列有关熏蒸的内容,不再单独签发熏蒸证书。

(7)包装证书。包装证书(Inspection certificate of packing)是用于证明进口商品包装情况的证书,出口商品的包装检验,一般在品质证书或重量证书中加以证明,如进口商要求单独证明包装情况,商检机构可以单独出具包装证书。

(8)验舱证书。验舱证书(Inspection certificate on hold/tack)是证明运输工具装运技术条件的证书。

(9)货物衡量证书。货物衡量证书(Inspection certificate on cargo Weight & measurement)是证明进出口商品的重量、体积吨位的证书。

(10)集装箱鉴定证书。集装箱鉴定证书是证明有关集装箱情况的证书,根据不同的要求对出口商品进行装箱鉴定和集装箱的清洁、测温等项目鉴定。

(11)测温鉴定。测温鉴定(Inspection certificate of temperature)是证明出口冷冻商品温度的证书。商检机构根据信用证要求,对出口冷冻商品在装运前进行测温,签发测温证书。测温结果一般列入品质证书中,也可按要求单独出具测温证书。

(12)生丝品级及公量检验证书。生丝品级及公量检验证书(Inspection certificate for raw silk classification & conditioned weight)是出口生丝的专用证书,其作用相当于品质检验证书和重量检验证书。

出口商品的商检证书签证日期必须在提单日之前。在信用证项下,商检证书的内容要与信用证中完全相同。

三、其他单据

其他单据是根据合同及信用证有关条款规定而提供的。为保证收汇安全,这些单据必须注意保持本身的完整性以及与其他单据的一致性。常见的主要有如下几种。

(一)受益人声明

受益人声明(Beneficiary's statement)是信用证结算方式下,出口商按信用证的规定出具的说明其已履行某种义务或办理某项工作的声明。实务中常见的有:

(1)关于商品品质的声明。例如,声明商品属于一流品质(Quality of first class)等。

(2)关于商品包装的声明。例如,包装未使用木材的声明(We declare that no wooden packing has been used in packing of goods)。

(3)关于商品原产地的声明。例如,声明出口货物原产地为中国(We declare that the goods are of Chinese origin)。

（4）关于已发装船通知、已寄样品或已寄副本单据的声明。例如,有些信用证规定出口商装船后寄一套副本单据给开证申请人并出具已寄出副本单据的证明(We certify that we have airmailed one set of non-negotiable documents to the applicant)。

受益人声明可以是一份单独的文件,也可以与商业发票合并,在商业发票上加注声明即可。

（二）装船通知

装船通知(Shipping Advice)是货物离开起运地后,由出口商发送给进口商通知后者一定数量的货物已经起运的通知文件。在 FOB 或 CFR 条件下,进口商需要根据装船通知来为进口货物办理保险,因此一般要求出口商在货物离开起运地后两个工作日内向进口商发出装船通知。

（三）船公司证明

船公司证明(Shipping Company's Certificate)是进口商为了满足政府要求或了解运输情况而要求出口商提供的,由船公司或船方出具的有关载货船舶及运输情况的各种证明。常见的有以下几种:

（1）船籍证明。用于证明载货船舶的国籍。

（2）船龄证明。用于证明船龄。有时进口方会对载货船舶的船龄提出具体要求(一般认为在 15 年以上的船舶为超龄船),并要求出口方提供船籍证明。

（3）船级证明。用于证明载货船舶符合一定的船级标准。

（4）黑名单证明。用于证明载货船舶未被列入黑名单。这里的黑名单是指阿拉伯国家将与以色列有来往的船舶列出的黑名单,阿拉伯国家不允许被列入黑名单的船舶与本国发生运输业务关系。

（5）收单证明。这是出口商将有关贸易单据委托船长随船转交收货人时,由船长签发的单据收据。在贸易实践中,进口商为了避免单据迟于货物到达,可要求出口商将一套正本或副本单据交由载货船舶船长随船转交收货人,这时,只要在收单证明中详列收到单据的种类和份数,出口商仍可凭船长签署的收单证明与其他须提交的单据一起向银行押汇。

（6）航线证明。用于证明载货船舶的航行路线和中途停靠港口。红海地区和波斯湾地区国家常要求船公司或船方出具这种证明。

（7）转船舶通知证明。这是在转船提单或转船海运单下,由承运人或托运人出具的,要求转运人必须将有关转船事项(如后程船的船名、航期等)及时通知收货人的证明文件。

本章小结

1. 商业发票是全部单据的中心,是出口商装运货物并表明是否履约的总说明,是进、出口商双方在当地报关和交税的计算依据,是售货凭证,进、出口商均需根据发票的内容逐笔登记入账,其可以作为核算盈亏的根据,还可以作为保险等索赔时的价值证明。在信用证不需要汇票的情况下,发票可代替汇票作为付款的依据。

2. 海关发票通常有三种名称:海关发票;估价和原产地联合证明书;依照某国海关法令签

发的证实发票。

3. 海运提单是货物收据,是运输契约证明,是物权凭证。海运提单种类较多。

4. 保险单属于基本单据。保险险别是保险单的核心内容。它由保障的风险、保障的损失确定。保障的风险有海上风险(海难)和外来风险两类。保障的损失分为全损和部分损失。保险险别分为基本险与附加险。中国保险条款(CIC)的基本险包括平安险(FPA)、水渍险(WPA)、一切险(AR)。附加险分为一般附加险、特别附加险。《协会货物条款》的基本险包括:协会货物条款(A),即 ICC(A);协会货物条款(B),即 ICC(B);协会货物条款(C),即 ICC(C);协会战争险条款(货物),即 IWCC;协会罢工险条款(货物),即 ISCC。附加险有恶意损害险(Malicious Damage Clause)。正常情况下,保险人的责任期间是仓至仓。

5. 保险单一般指内容完整、规范的大保单,但内容简单的小保单即保险凭证也是合格保单。另外,还有联合凭证、预约保单等特殊保单。

基本概念

商业发票 形式发票 海关发票 领事发票 厂商发票 提单 记名提单 不记名提单 指示提单 过期提单 清洁提单 不清洁提单 保险单 保险凭证 一般原产地证 普惠制原产地证 商品检验证书

复习思考题

1. 什么是商业单据?其作用有哪些?

2. 什么是商业发票?其作用有哪些?

3. 什么是海运提单?其作用有哪些?

4. 什么是基本的保险单据?它们有何作用?

5. 掌握商业发票、提单、保险单、一般原产地证和普遍优惠制原产地证(GSP FORM A)的制作。

第十章　国际非贸易结算

学习目标与要求：

1. 理解非贸易结算的含义。
2. 了解非贸易外汇收支的含义及具体的分类项目。
3. 掌握侨汇的解汇程序及外币兑换业务的主要内容。
4. 重点掌握旅行支票的含义、特点及业务处理的程序。
5. 重点掌握信用卡的特点，一般掌握信用卡的业务运作。
6. 了解旅行信用证、光票托收的基本内容。

国际贸易结算是国际结算的基础，在国际结算中具有主导的地位。不过引起货币跨国收付的原因很多，除了由于有形贸易（如商品的进出口）引起的国际间债权债务关系而发生的清算业务外，还有因为清偿由无形贸易（如运输、金融、保险、文化交流等劳务或服务项目、单方面转移等）引起的国际间债权债务关系而发生的清算业务。这类清算业务被称为非贸易结算业务，它也是一国外汇收入的重要来源之一，其主体是服务贸易。

第一节　非贸易外汇收支项目

非贸易外汇是贸易外汇以外所收支的一切外汇，主要包括服务贸易和单方面转移两类，具体的收支项目涵盖的范围非常广。根据我国的业务惯例可以分为以下具体的收支项目。

一、海外私人汇款

海外私人汇入款是指华侨、港澳同胞、中国血统外籍人、外国人汇入、携带或邮寄（以电汇、信汇或票汇方式）入境的外币票据，用以给中国公民或外国侨民的赡家汇款。

海外私人汇出款包括我国公民和外国侨民的赡家费、退休金、海外留学费用、旅杂费、移居出境汇款、外商或侨商企业纯利及资产汇出，华侨投资及各国使领馆在我国收入签证费、认证费的汇出以及其他一切私人外汇的支出。

二、邮政及运输行业的外汇收支项目

（一）铁路运输收支

铁路运输收支是指我国铁路运输（货运与客运）的国际营业收入以及我国列车在境外的开支。

（二）海运收支

海运收入是指我国自有船只包括远洋轮船公司经营对外运输业务所收入的客货运费、出售物料等的外汇收入，以及交通部救助打捞局的救助打捞和拖航收入等。海运支出包括我国自有和租赁船只（不包括外运公司租轮）的租金、修理费，在外国港口的使用费和在港澳地区所支出的外汇费用，以及在国外向外轮供应公司和船舶燃料供应公司购买食物、物料、燃料等支出的外汇。

（三）航空运输收支

航空运输收入是指我国航空运输的国际营业收入，包括运杂费、外国飞机在我国机场的使用费等。航空运输支出包括我国航空公司在国外机场的各项外汇支出。

（四）邮电服务收支

邮电服务收支是指我国邮电部门和外国邮电部门之间结算彼此邮电费用的应收应付费用，包括国际和国内邮政、电信业务的外汇收支，国际通讯卫星组织的红利收入等。

三、金融行业的外汇收支

（一）银行业务收支

银行业务收入指我国银行经营外汇业务的收入，包括手续费、邮电费、利息以及海外和港澳地区分支机构上缴的利润和经费等。银行业务支出指我国银行经营外汇业务的各项支出，包括我国银行委托国外业务应支付的手续费、邮电费以及向外借款应付利息等。

（二）外汇收兑

外汇收兑是指我国边境和内地银行收兑入境旅客，包括外宾、华侨、港澳台同胞、外籍华人、在华外国人等的外币、现钞、旅行支票、旅行信用证及汇票等汇兑收入。

兑换国内居民外汇是指兑换国内居民，包括归侨、侨眷、港澳同胞家属委托银行在海外收取遗产，出售房地产、股票，收取股息、红利，调回国外存款、利息等外汇收入。

（三）保险服务收支

保险服务收入是指我国保险公司经营国际业务的外汇收入，包括保费、分保费、佣金以及驻外保险分支机构上缴的利润和经费等外汇收入。保险服务支出是指我国保险公司进行国际业务的外汇支出，包括分保费、佣金和保险赔款等。

四、旅游行业的外汇收支

旅游业收支是指我国各类旅行社和其他旅游经营部门服务业务的外汇收支。

五、其他外汇收支

（一）文化交流活动的外汇收支

该收支是指我国图书进出口公司、影印公司、集邮公司进出口图书、影片、邮票的外汇收支。

（二）外轮代理与服务收入

外轮代理与服务收入是指外国轮船在我国港口所支付的一切外汇费用收入，包括外轮停泊、分水、港监、装卸和海事处理，我国外轮供应公司对远洋货轮、外国轮船及其海员供应物资和提供服务的外汇收入，以及国外海员在我国港口银行兑换的外币外钞收入。

（三）其他外汇收支

其他外汇收入是指驻外企业汇回款项收入、外资企业汇入经费收入、外国领事馆团体费用收入等；其他外汇支出是指机关、企业、团体经费外汇支出等。

由上可见，国际非贸易结算包括的范围非常广，内容也很多，而且通常涉及的单笔金额都比较小。但是，非贸易结算在整个国际结算中的重要性不可低估，所以，针对于多样化的非贸易外汇收支项目有必要采用多样、灵活的结算方式来适应各种行为主体的不同需要。常用的国际非贸易结算方式有侨汇、外币兑换、旅行支票、旅行信用证和光票信用证、信用卡以及光票托收等。

第二节　侨汇和外币兑换业务

一、侨汇

侨汇（Overseas Chinese Remittance）是华侨汇款的简称，主要是海外私人汇款，是居住在国外的华侨、外籍华人、港澳同胞从国外或港澳地区银行汇入，以境内银行为付款行或解付行，用以赡养国内亲属的汇款。侨汇按其用途，可分为赡家侨汇、建筑侨汇、捐赠侨汇和投资侨汇。

（一）侨汇的解付

为了确保侨眷的安全收汇，解付工作必须坚持"收妥解付"的原则，要做到随到随解，不得积压；谁款谁收，防止错解；存款自愿，取款自由。总之，侨汇的解付要做到安全、迅速、便利、保送、保密，防止错、乱、压、慢。

1. 汇款的解付

侨汇汇款主要有电汇、信汇、票汇和约期汇款四种，其解付方法是：

（1）电汇。电汇指港澳或国外联行以电报方式汇入的侨汇。通汇行接到电汇后，经译电核押无误，即缮制汇款通知书通知收款人前来取款。如汇款报单电抄未到，先以"港澳及国外联行往来未达户"科目列账，转入"汇入汇款"科目并抽出电抄，加盖付讫戳记，以防重复解付。这种汇款多数是急需款，应从速解付。

（2）信汇。信汇指港澳或国外联行通过信函方式航寄信汇通知书方式汇入的侨汇。大部分港澳和国外联行在办理侨汇业务时采用每日按国内通汇行、分币别在营业终了时缮制"经收侨汇总清单"并附信汇委托书等，直接寄通汇行。通汇行收到汇出行寄来的侨汇总清单后，经仔细审核汇出行签章无误，总清单所列笔数、金额与附件相符后，按所附的信汇委托书逐笔缮制汇款通知书，通知收款人取款。

通汇行解付信汇后，应在收款人签章的正副收条上加盖有行名和日期的付讫戳记，副收条可代"汇入汇款"科目借方传票或作传票附件，正收条及时寄回汇出行。

（3）票汇。票汇是海外华侨、港澳同胞在国外或港澳银行购买汇票，自带或邮寄给他们的国内亲属，由其到指定的解付行兑付的汇款方式。解付行在解付前要认真核对汇票通知书上的签字是否与印鉴样本相符，汇票上如果有收款人姓名，应由收款人背书并查验收款人提供的身份证件后方可解付。

（4）约期汇款。约期汇款是华侨和港澳同胞与汇出银行约定在指定的日期（如每月一次或每两个月一次）汇给国内侨眷一定金额的汇款。由国外汇出行寄入凭证通知国内解付行按指定的日期解付款项给收款人。

2. 侨汇收条的处理

电汇、信汇全套汇款收条包括正收条、副收条、汇款证明书和一式四联的汇款通知书。

正收条（Original Receipt）上记录有收款人签章、现金付讫章和解付日期章。海外华侨很重视正收条，通过正收条可以了解到款项是否已到亲人手中。因此，应在解讫侨汇后，及时将其寄交汇出行，交给汇款人。

副收条（Duplicate Receipt）上同样要有收款人签章、现金付讫章和解付日期章，并要有收款人身份证件号码的详细记录。如果个别汇款须加盖公章，应盖在副收条上，以备日后查考。副收条是解付侨汇后银行留存以备日后查考的主要凭证。

汇款证明书是在解付侨汇时，交给收款人持有的一联，凭以查对收款金额，或凭以参加华侨储蓄存款的凭证。

汇款通知书主要记载收款人的详细地址，以供解付侨汇的银行做通知解付的依据。

（二）侨汇的转汇及解付处理

侨汇的转汇是指当汇入行收到侨汇后，收款人在外地需要办理转汇，可委托收款人所在地银行办理解付。侨汇的转汇应严格遵照"谁款谁收"和"电来电转，信来信转"的原则，及时准确地办理转汇手续。解付行收到转汇行寄来的侨汇转汇委托书及附件，应先核对印鉴、密押，再根据转汇委托书逐笔与附件核对，按照规定手续办理解付。解付行应每天把已解讫的侨汇转汇核销并汇总进行划付。此外，解讫的正收条和通知书要盖戳随附报单寄转汇行。转汇行收到解付行的联行报单及所附的解讫侨汇正收条及通知书，经核对无误后，可以逐笔抽销信汇委托办理转账。

（三）侨汇的查询和退汇与挂失

1. 侨汇的查询

侨汇中如遇到以下问题，汇出行与汇入行应及时通电通函进行查询：收款人姓名有误、地址不详等原因导致的无法解付；密押不符或签章有误；由其他银行或金融机构代解汇款却未及时收到回条；信汇业务中汇款总清单与附件笔数、金额不符，但签章无误。

2. 侨汇的退汇

侨汇一经汇入，一般不应随便退回，但在下列情况发生时，可以办理退汇：

（1）收款人姓名有误、地址不详，查询后仍无法解付的，可以退汇。

（2）收款人死亡且无合法继承人，经联系汇出行，在收到其"退汇通知书"时，可以退汇。

（3）收款人拒收侨汇，要求退汇，解付行应与汇出行联系，在征得汇款人的同意后，再办理退汇。

（4）汇款人主动要求退汇，汇出行应来电或寄来"退汇通知书"，通知解付行办理退汇。解付行查明该笔汇款确未解付，可予以退汇。

3. 侨汇的挂失

汇入行如果收到汇出行的汇票挂失止付通知，应立即查明是否已解付，如未解付，应进行登记；如已经解付，应立即回复汇出行"票款已付"。

二、外币兑换业务

外币兑换可以分为三种情况，即外币兑换成人民币、外币兑换成另一种外币、人民币兑换成外币。依据外币兑换的实体，外币兑换业务（Exchange of Foreign Currency、Exchange of Foreign Bank of Notes）概念有广义和狭义之分。

从狭义的概念上讲外币兑换业务专指外币现钞的兑换业务；从广义的概念上讲外币兑换业务还包括旅行支票、旅行信用证、信用卡及外币票据买入的收兑等项业务。

根据我国外汇管理条例规定，中国境内的一切中外机构或个人所持有的外国货币不得在我国境内自由流通使用，除另有规定，均须结售或存入经营外汇业务的银行。国家因公或因私对个人或单位批准供给的外汇，都应按外汇牌价持等值的人民币，交指定的外汇银行兑换成外汇。外国人、华侨入境后凭护照或身份证将其外币兑换成人民币在境内使用，离境时，未用完的人民币，凭护照或身份证及原外币兑换水单，交指定的外汇银行兑换成外币携出国境。非法换取外汇，攫取国家应收的外汇，都属非法的套汇行为。外币兑换业务是经营外汇业务银行的一项经常性业务，也是国家非贸易外汇收支项目之一。

（一）兑入外币

凡属国家外汇管理局"外钞收兑牌价表"上所列的各种外币，银行通过查验顾客的护照或身份证件后可以办理收兑业务。银行应在鉴别真伪并清点数目确定合格后按当天外钞买入价折算成人民币，收点外钞和支付人民币并填写"外币兑换水单"（Exchange Memo）。外币兑换水单一式四联，第一联为兑入外币水单，由兑入行加盖业务公章交给持兑人收执；第二联为外汇买卖科目外币贷方传票；第三联为外汇买卖科目借方传票；第四联为外汇买卖统计卡，留存作备查之用。

（二）兑出外币

境外人员离境前，如要将入境时兑换的剩余人民币换回原币携带出境，可凭本人护照和未超过有效期的原外币兑换水单，在外汇指定银行的兑换机构办理。兑出外币时，必须根据外汇管理部门在"非贸易外汇申请书"上批准的余额办理，并填制"外币兑换申请书"一式两份。兑换人要再填制一式四联的兑出外币水单，第一联为兑出外币水单，由兑出行加盖业务公章后交申请人收执;第二联为外汇买卖科目人民币贷方传票;第三联为外汇买卖科目外币借方传票;第四联为外汇买卖统计卡,留存做备查之用。

第三节　旅行支票

许多人出国旅游前都习惯到银行把国家批售的外汇全部取出,以现金的形式带走。却不知道还有一种更安全,便于携带外汇出游的方式——购买旅行支票(Traveler's Cheque)。

旅行支票是其发行机构委托世界各国银行或其他机构代为发行,以发行机构作为最后付款人、以可自由兑换货币为计价货币的有固定面额的票据。因旅行支票的出票人(发行机构)与付款人(付款机构)是同一人,故旅行支票又具有本票的性质。它是一种专为旅游人士提供的非现金支付工具。

一、旅行支票概述

(一) 旅行支票的特点

(1) 面额固定,方便使用。旅行支票有多类币种和面额,能方便旅行者随意支取使用,既可以直接用于消费,也可兑换成所到国当地货币。同时发行机构为了扩大其流通范围,发挥旅行支票的支付手段职能,在世界各大城市和旅游地设立许多特约代兑机构,大大方便了旅游者的兑取。

(2) 携带安全。旅行者购买旅行支票时,需在签发银行柜台当面初签(Signature),作为预留签字,取款时,需在兑付行的柜台前当面复签(Couter Signature),核对后才能兑付。持票人如丢失旅行支票,可以及时办理挂失和补偿手续,比携带现金安全。

(3) 流通期限长。旅行支票多数不规定流通期限,可以长期使用,并具有支票"见票即付"的特点。但它实际上类似于票据业务中的银行即期汇票,只是汇款人同时也是放款人,收款的先决条件是旅行支票上初签与复签的一致。因而票据法对于支票的规定多不能适用于旅行支票,只有划线、出票与背书可以比照有关支票的规定办理。

(4) 挂失补偿。发行机构规定,旅行支票不慎遗失或被盗,可提出"挂失退款申请",只要符合发行机构的有关规定,挂失人就可得到退款或补发的新的旅行支票。

(5) 发行机构的获利性。通常旅行者从购票到国外旅游兑付票款需要较长时间,而发行机构不仅可以无息占用这笔资金,还可以收取大量的手续费,获得较优厚的利润。故银行、旅行社都乐于发行旅行支票吸揽资金。

(二) 旅行支票的关系人

(1) 出票人。是指发行旅行支票的银行或专业机构。由于旅行支票是以出票人为付款人的支付凭证,因此出票人即为付款人,它的签章预先印在票面上。

(2) 发售人。是指出售或代售旅行支票的银行或旅行社等代理机构。

(3) 持票人。是购买或持有旅行支票的人,并已在旅行支票上进行了初签。

(4) 兑付人。是指事先已与出票人签订代付协议的机构。

（5）受让人。接受旅行支票的服务部门即为支票的受让人。

二、旅行支票的业务处理

（一）旅行支票的出售

（1）代售旅行支票。旅行支票公司为了扩大其旅行支票的发售量，往往委托它在世界各地的代理行代售。代售行售出旅行支票后，即将款项拨给出票行。中国银行是境内第一家代理国外旅行支票业务的银行，目前中国银行代售的旅行支票就有美元、日元、港币、英镑等多种货币。中国银行与美国运通银行、通济隆旅行支票公司等众多银行及机构签有代售协议。

（2）签收与保管。出票行委托代售行代为出售旅行支票，首先要寄送空白的旅行支票，作为代售行的库存储备。代售行收到旅行支票后，应视为重要有价凭证，及时核对发送清单，经清点无误后，入库保管。在确认收到的回单上，由有权签字人双签后，寄回出票行。旅行支票入库时需使用"信托资产"和"信托负债"科目核算。

（3）出售。在我国，旅行支票的购买对象有外国驻华机构、境外居民、在本行存有外币现汇的境内居民、经外管局同意可用外币或现汇购买的境内居民等。代售行按购买人要求的票面配售支票，同时根据所售出支票的种类，填制相应的购买协议书。内容包括：支票号码、面额、总金额、日期等，请购买人在协议书上写清地址并签字，将购买协议书的最后一联（挂失单）交给客户。

出售旅行支票时向客户收取票面金额款并加收票面金额一定比例的手续费。代售行应要求购票人在旅行支票的初签栏内当面逐张签字，以后购票人用旅行支票进行消费或兑换现金时，客户可持本人身份证件及旅行支票在承兑受理点当面复签后进行小金额的付款或取现。凭有关部门的批汇证明，以人民币购买外汇旅行支票的，须办理购汇手续。

（4）头寸偿付。旅行支票售出后，代售行应核销"信托资产"和"信托负债"科目。每日营业终了，应按不同的货币、不同的出票行，分别填制总计单。总计单后附各笔购买协议书正本，附在代售行划拨头寸凭证之后，采取相应的办法寄出票行。

（5）挂失与补偿。旅行支票遗失或被盗窃，可向发行机构或其代办行申请挂失和补偿，说明丢失的时间、地点、面额、数量以及初签与复签等有关情况。各行可按协议要求办理挂失和补偿手续。

代办行等要按照发行机构的要求逐项审核所填写的内容。客户的旅行支票无初签或已复签，均不能办理挂失和补偿。对已初签而没有复签已丢失旅行支票，应审核申请人原购买合约上的签字与补偿申请书上的签字是否一致，无误后将客户护照号码抄录在申请书上，并由有权签字人在申请表上签字，受理挂失和补偿。如果客户无法提供购买合同或客户有疑问的，可先电询发行机构，获得授权后方可办理。

补偿时，应重新填写购买合约，并在合约上注明"补偿"，将最后一联购买合约连同当面初签的支票交给客户，同时将新的购买合约，连同收回的客户原购买合约及补偿申请书一并寄发行机构。办理补偿是不收客户手续费的，而由发行机构按协议规定付给补偿手续费。客户要求补领现金或补领的金额超过发行机构规定的限额，应电询发行机构获得授权后方可办理。

（二）旅行支票的兑付

兑付旅行支票业务实际上属于买入外币票据业务范畴。兑付银行兑付时,扣收贴息并垫款买入外币票据,同时保留追索权。对于流通性质不同的旅行支票,兑付银行的处理方法也有所区别。对可转让(Negotiable Traveler's Cheque)的支票,原购票人在转让时是对受让人当面复签,并填上受让人姓名,由受让人到银行在支票背面背书领取票款。不可转让的支票(Non-negotiable Traveler's Cheque)只能由原购票人在兑付时当面复签,确认复签真实后,给予兑付。旅行支票的兑付需要注意以下几个问题:

(1) 旅行支票的识别。兑付行的经办人员兑付旅行支票时要认真审视旅行支票上所记载的支付范围、有效期、发行机构名称、面额、币别、版面、纸质及记载的文字等,必要时应查看原票样。对没有票样的旅行支票,原则上不买入。此外,对于挂失和伪造的支票要注意分辨,一旦发现不仅要立即没收,还应及时向国外出票机构和有关部门报告。

(2) 检视兑付范围。兑付银行应对发行机构名单内的旅行支票予以兑付,不在名单内的有疑点的,可用托收方式处理。对不同币种的旅行支票要检视其是否有地区限制,若有不允许在我国兑付者,就不能受理。此外,对规定有效期的旅行支票,要检视其是否逾期,逾期则不能接受。

(3) 持票人身份的查验。对认为可以兑付的旅行支票,还要请持票人出示购买协议和护照,以验明持票人身份。

(4) 初签、复签的比对。旅行支票上持票人的复签是否与初签一致是进行兑付的重要条件,也是发行机构检验兑付行是否正确履行了付款手续的唯一依据。因此兑付时,应请持票人在兑付工作人员面前复签,若事先已复签,可要求持票人在旅行支票背面当场再复签一次。核对签字时,要注意原签名是否有被涂改过的痕迹、复签的斜向、复签姓名的拼写等,相符后方可办理兑付。如果票上没有初签,因无法比对兑付一般不予办理。

(5) 旅行支票的兑付。兑付行填制兑换水单抬头人姓名时要按护照上全名写清楚,留底一联要注明支票号码、护照号码,以便发生疑问时查验。另外要请持票人填写《购买外钞申请书》一式两份,注明旅行支票的行号、号码和面额。兑付时,兑付行在扣收旅行支票票面金额7.5‰的贴息后按客户要求给付不同的币种。

(6) 索偿。兑付后的旅行支票应在票面上加盖兑付行名的特别画线章,并在背面作兑付行的背书,迅速寄往国外发行机构索偿票款以补回垫款。

(7) 可转让的旅行支票。旅行支票分可转让和不可转让两种。不可转让旅行支票注有不可流通转让字样,或没有印上"Pay to the order of _____"或虽印上但没有写抬头人名称,这种旅行支票由持票人在兑付行当面复签,与初签相符,即予以兑付。可流通转让的旅行支票上面印有"付给某人的指定人"的文句,通常把这类旅行支票转让给提供服务的单位或部门。

持票人复签后,在指定人的空格内填写受让人的名称,再由受让人到兑付行进行票款兑现。由于银行没有见到持票人当面复签,对复签的真实性没有确切把握,因此,兑付行要区别对待:如果受让人为国内服务机构,则可在保留追索权的条件下融通兑付;如果受让人在国外,银行就不宜买入该种旅行支票,应按托收处理。

第四节　其他非贸易结算业务

一、旅行信用证

（一）旅行信用证的概念

旅行信用证是银行为了方便旅行者在国外各地旅游支取用款而开出的一种信用证，它准许持证人（受益人）在一定金额和有效期内，在该证开证行指定的分支机构或代理行支取款项。

（二）旅行信用证的特点

（1）用于非贸易活动。旅行信用证只供旅游者使用，不附带任何单据，不能用于贸易结算，只能用于旅游业等非贸易活动。

（2）申请人即是受益人。在旅行信用证的关系人中，申请人为旅游者，其申请旅行信用证的目的是，在国外旅行时能从当地银行支取所需款项，故又为受益人。

（3）属于银行信用。与其他信用证一样，旅行信用证也是基于银行信用。旅游者申请开证，开证行受托开证，但开证行一经开出此种信用证，就确切地承担了付款责任。

（4）不可转让性。旅行信用证不能转让，只能由受益人本人使用。

（5）有期限和总额限制。旅行信用证应在其有效期内使用。受益人在不超过旅行信用证总金额的限额内，可一次或多次支款，并在信用证上做记录。

（三）旅行信用证的兑付手续

旅行信用证的受益人持证到该证指定的兑付行进行兑付时，兑付行应按如下程序操作：

（1）审核。应审查旅行信用证的各项内容，如指定的兑付行是否为本行、有无涂改、信用证上的签字与签字样本相符与否、信用证是否过期、取款金额是否超过限额。

（2）填单。经审核确认可以兑付时，由受益人在柜台当面填写取款收据一式两联。第一联是正收条，随报单寄开证行；第二联是副收条，由兑付行作借方传票附件备查。

（3）兑付。兑付行将支款日期、金额及本次支付后的金额、行名在信用证上背书并加盖兑付行行章，收取贴息 7.5‰ 后，将信用证及应付外汇折成等值人民币一并交还持证人。同时将收据或汇票寄开证行索偿，由开证行偿还垫款。旅行信用证的支取金额一般不得超过信用证金额，如超过，作为透支加收罚息。

（4）注销。如果信用证金额已全部用完，在最后一次付款后，在信用证上加盖"用完"或"注销"戳记，不再退回持证人，而是将其连同取款收据或汇票一并寄开证行注销原证。

二、信用卡

（一）信用卡的概念

信用卡（Credit Card）是银行或专业机构向消费者提供短期消费信贷而发放的一种信用凭证。

由于具有可直接购物及支取现金的功能,信用卡已成为很盛行的一种消费信贷方式和支付手段。随着国际交往的日趋频繁和世界旅游经济的蓬勃发展,信用卡已成为世界范围跨地区、跨国境使用的一种支付凭证。

（二）信用卡的种类

信用卡的种类很多,可以按照不同的标准将其分类。

（1）按发卡机构不同,信用卡可分为银行卡和非银行卡。银行和其他金融机构发行的信用卡为金融卡,专营公司发行的为非金融卡。

（2）按清偿方式不同,信用卡分为贷记卡（Credit Card）和借记卡（Debit Card）。贷记卡的发卡金融机构允许持卡人在给予的信用额度内先使用,后还款;借记卡的持卡人只能先存款、后使用,没有信用额度。

（3）按发卡对象不同,信用卡分为个人卡和公司卡。个人卡是持卡者个人付账的信用卡。公司卡,亦称商务卡,可分为主卡和附属卡,是从某个单位的账户内付款的信用卡。

（4）按持卡人的信誉、地位等资信情况的不同,分为普通卡、金卡和白金卡。

（5）根据流通范围不同,信用卡分为国际卡和地区卡。我国各商业银行所发行的限于本国国内流通的信用卡均属地区卡。

（三）信用卡的特点

信用卡是当今发展最快的一项金融业务之一,其特点有:

（1）通用性。我国各商业银行发售的各类信用卡,其持卡人均可在全国各地的银行分支机构存取款。此外,我国也发行可以在国际间流通使用的国际信用卡,同时兑付知名境外集团发行的信用卡。

（2）便利性。信用卡既可以凭以提现,又可以用于储蓄,特约商户的直接消费和办理转账结算。另外,其携带方便,申领和挂失也并不复杂。

（3）安全性。信用卡作为一种可在一定范围内替代传统现金流通的电子货币,本身被设计了多数防伪标志,还可以通过密码设置和每日提现最高金额设定以及身份证件确认等手段保证其安全性。即便信用卡遗失也可以向发卡银行申请挂失补办,防止不必要的损失。

（4）快捷性。信用卡的使用简便,清算及时,可以通过 ATM 机、POS 机进行直接消费或存取款,免去了在银行柜台排队办业务的时间,提高了结算服务的效率。信用卡是集金融业务与电脑技术于一体的高科技产物。

（5）增值优势。许多的发卡机构都通过给予回扣、现金返还、慈善捐赠等特殊增值功能吸引客户使用信用卡,这一点是现金支付无法比拟的。

（四）信用卡的申请与使用

1. 申请

单位或个人向银行申请办理信用卡时,应填写"信用卡申请表",交发卡银行审核,发卡行要审查申请人的收入、信誉、担保等情况,符合条件者即可得到发卡行发给的信用卡。

2. 使用

（1）支取现金。持卡人凭卡支取现金,可去指定的代付行办理,填写一式三联的取现单,连同信用卡一起交代付行审查。

核对无误后,将信用卡的卡号、持卡人姓名、有效期压在取现单上,由经办人员根据持卡人所取金额(在该卡规定取现的最高限额内),加上按协议规定的附加手续费,分别填写在取现单的有关栏目内,交与持卡人签字确认。

经核对其签字与信用卡预留印鉴相符,即可兑付其所需的资金。然后将取现单的"顾客联"和信用卡交还持卡人,另将一联取现单连同一联总计单寄发卡行索偿。

若持卡人支取现金超过了最高用款限额时,代付行必须先用电传与发卡行联系,取得授权后,将授权号码填入取现单,办理兑付。

(2)直接购物消费。持卡人在特约商户购物时,特约商户依上述程序进行处理后缮制总计单,并根据总计单上的余额缮制银行送款单或转账进账单,并附总计单和购货人的签购单送交代办行。

代办行应审核各项单据的金额及有关内容,无误后,根据持卡购货金额内扣4%的手续费给付。具体扣费及分成情况视代办行与委托行的协议而定,不是固定不变,各卡情况也不尽相同。

(五)信用卡的挂失止付

持卡人对其信用卡提出挂失或止付要求时,应直接与发卡机构联系。若代办行受理信用卡挂失申请书,应立即将持卡人的姓名、卡号等以电传或电报通知发卡机构办理挂失止付,并以最快的方式通知各代办行和特约单位停止受理挂失的信用卡,并将信用卡挂失申请书寄往发卡机构。

在办理业务过程中,若发现有被注销或止付的信用卡要求兑付,应立即予以扣留收回,并寄往发卡机构。

三、光票托收

(一)光票托收的适用范围

光票托收(Clean Bill for Collection)是指银行受票据合法持有人的委托,将票据(不附带任何商业单据)寄交境外银行代收款项的一种结算方式。由于这种托收方式仅凭票据进行,不附带发票、运输单据等,故称"光票托收"。就客户群分类,光票托收分为企业票据与私人票据;根据票据种类分类,光票托收分为汇票、本票和支票(含旅行支票)托收。

(二)光票托收的特点

(1)安全。直接向付款人邮寄收款存在较大风险,通过银行间的国际网络收款可以避免这些风险,是较安全的收款方式。

(2)方便。国际化银行的网络遍布全球,可以十分便捷地帮助收款人收妥来自世界各地的款项。

(3)快捷。如托收行与付款行/代收行签有"立即贷记"协议,则可大大缩短收款时间,服务十分便捷。

(4)费用低廉。光票托收的银行费用相对较低。

(三)光票托收的适用范围

(1)贸易、非贸易项下的小额支付。

（2）在国内不能兑换的外币现钞(含残币)。

（3）外汇支票、本票、国外债券、存单等有价凭证的托收业务。

（4）不能或不便提供商业单据的交易，如寄送样品、软件等高科技产品交易、时令性商品交易，以及服务、技术转让等无形贸易。

（四）光票托收的手续

办理光票托收业务，需携带本人(收款人)的身份证件，如委托他人代办，还要携带代办人的身份证件，并填写托收申请书，在票据上背书后，连同票据托收申请书及身份证件一起交银行审核。

银行审核无误后，将托收申请书的一联盖章后交给收款人或代办人保存，待票款收妥后凭此联及身份证件到银行办理取款手续。受托行另将一联托收申请书寄国外付款行向其收回款项。

本章小结

国际非贸易结算具有与贸易结算不同的特点，其涉及范围广泛、内容繁杂，结算相对灵活简单。本章首先根据国际惯例和我国传统的分类方法，对国际非贸易结算的范围进行了概括，之后重点介绍了侨汇、外币兑换、旅行支票、旅行信用证、信用卡、光票托收等几种主要的国际非贸易结算业务。

基本概念

非贸易结算　侨汇　外币兑换　旅行支票　信用卡　旅行信用证　光票托收

复习思考题

一、名词解释

1. 非贸易结算；2. 侨汇；3. 外币兑换业务；4. 旅行支票；5. 信用卡

二、选择题

1. 侨汇汇款的解付工作应坚持"收妥解付"的原则，其主要的解付方式有(　　)。

A. 电汇　　　　　　　　　B. 信汇　　　　　　　　C. 票汇　　　　　　　　D. 约期汇款

2. 旅行支票的特点是(　　)。

A. 便利性、安全性、流通期限受限、获利性

B. 安全性、面额不固定、流通期限长、获利性

C. 便利性、安全性、流通期限长、发行机构的获利性

D. 面额固定、安全性、流通期限短、发行机构的获利性

3. 在我国可以购买旅行支票的主体有(　　)。

A. 外国驻华机构

B. 境外居民

C. 在本行存有外币现钞的境内居民

D. 经外管局同意可用外币或现汇购买的境内居民

4. 旅行支票的兑付需要注意的问题有( )。

A. 审查旅行支票的有效性　　　　　　　B. 要求持票人签字

C. 持票人身份的查验　　　　　　　　　C. 旅行支票的兑付

5. 以下几点不属于信用卡特点的是( )。

A. 便利性　　　　　　D. 安全性　　　　　　C. 增值优势　　　　　　D. 流通性

E. 快捷性

6. 以下关于信用卡的叙述错误的有( )。

A. 它是消费信用的一种形式,是货币流通职能的延伸与发展

B. 我国国内商业银行发行的信用卡大多属于贷记卡、地区卡

C. 发展特约商户和代办行是一项可以创造多赢局面的业务

D. 我国信用卡业务虽然发展的时间短,但是速度快,目前已比较成熟

三、简答题

1. 侨汇解付的原则及主要方式。

2. 我国办理外币兑换业务的相关规定。

3. 如何办理旅行支票的兑付业务?

4. 结合信用卡的特点及我国的发展现状,分析我国信用卡业务的发展前景。

参考文献

[1] 苏宗祥,徐杰.国际结算(第六版)[M].北京:中国金融出版社,2015.

[2] 吴国新等.国际结算(第二版)[M].北京:清华大学出版社,2017.

[3] 贺培.国际结算 [M].北京:电子工业出版社,2016.

[4] 华坚,侯方淼.国际结算(第3版)[M].北京:电子工业出版社,2018.

[5] 姚新超.国际结算实务与操作(第三版)[M].北京:对外经济贸易大学出版社,2018.

[6] 庞红,尹继红,沈瑞年.国际结算(第五版)[M].北京:中国人民大学出版社,2016.

[7] 尤宏兵.国际结算(双语)[M].北京:机械工业出版社,2018.

[8] 王学惠.国际结算教程[M].北京:清华大学出版社,2017.

[9] 程祖伟,韩玉军,娄钰.国际贸易结算与融资(双语版)[M].北京:中国人民大学出版社,2016.

[10] 李晓洁.国际贸易结算(第5版)[M].上海:上海财经大学出版社,2018.

[11] 高洁,罗立彬.国际结算(第三版)[M].北京:中国人民大学出版社,2015.

[12] 赵绩竹,熊涓.国际结算(双语)[M].北京:人民邮电出版社,2015.

[13] 李昭华,冯丽.国际结算 [M].北京:对外经济贸易大学出版社,2011.

[14] 张晓芬.国际结算(第2版)[M].北京:北京大学出版社,2011.

[15] 许南,张雅.国际结算 [M].北京:中国人民大学出版社,2013.

[16] 张慧,翟士军.国际结算[M].北京:北京大学出版社,2012.

[17] 张东祥.国际结算(第四版)[M].北京:首都经济贸易大学出版社,2015.

[18] 王瑛,杨碧琴,张玉荣.国际结算(双语版)[M].北京:清华大学出版社,2016.

[19] 梁琦.国际结算(第三版)[M].北京:高等教育出版社,2014.

[20] 刘卫红.国际结算(第二版)[M].大连:东北财经大学出版社,2014.

[21] 许南.国际结算 [M].北京:中国人民大学出版社,2015.

[22] 张晓明.国际结算 [M].北京:清华大学出版社,2013.

[23] 刘振.国际结算(第2版)[M].北京:中国人民大学出版社,2014.

[24] 李春梅.国际结算[M].西安:西安交通大学出版社,2017.

[25] 国际商会.国际贸易术语解释通则 [M].北京:中国民主法治出版社,2010.

[26] 景乃权,黑祖庆.国际结算与贸易融资 [M].北京:中国人民大学出版社,2014.

[27] 徐进量,李俊.国际结算 [M].北京:机械工业出版社,2016.

[28] 石月华.国际结算(第2版)[M].大连:东北财经大学出版社,2014.

[29] 李昭华,潘小春.国际结算(第二版)[M].北京:北京大学出版社,2015.

[30] 吴国新,孙丽江.国际结算[M].北京:清华大学出版社,2015.

[31] 刘铁敏.国际结算(第2版)[M].北京:清华大学出版社,2019.

[32] 李立秋.国际结算 [M].北京:人民邮电出版社,2017.

[33] 冯明好.国际结算与单证[M].南京:南京大学出版社,2018.